ラスト1行でわかる名作300選

斎藤美奈子
Minako Saito

中央公論新社

ラスト1行でわかる名作300選

目次

はじめに　作品のラスト1行に注目しよう……10

日本の小説篇

海外の小説篇

ノンフィクション篇

はじめに　作品のラスト1行に注目しよう

国境の長いトンネルを抜けると雪国であった。（川端康成『雪国』）
木曽路はすべて山の中である。（島崎藤村『夜明け前』）
天は人の上に人を造らず人の下に人を造らずと言えり。（福沢諭吉『学問のすゝめ』）

よく知られた名作の書き出し、すなわち「アタマ」の部分である。では同じ作品のラスト、すなわち「オシリ」の一文はご存じだろうか。

ご存じない？　では調べてみよう。それが本書のコンセプトである。

名作の「アタマ」ばかりがもてはやされ、「オシリ」が無視されてきたのはなぜなのか。おそらくあなたはいうだろう。

だってラストがわかっちゃったら、読む楽しみが減るじゃんか。

主人公が結末でどうなるかなんて、読む前から知りたかないよ。

小説の筋や結末を「ネタバレ」と称して伏せる傾向は、たしかに近年強まっている。

しかし、あえていおう。結末まで読まなければ、作品の全体像はわからない。ラストを視野に入れて、はじめて作者の意図に接近できるのだ、と。

だいたい、ラストが割れたくらいで興味が失われる本など、最初からたいした価値はないのである。私たちは『ハムレット』のラストでハムレットが死ぬことを知っている。『坊っちゃん』のラストで坊っちゃんが四国を去ることも知っている。知っていても、『ハムレット』や『坊っちゃん』の魅力が減ることはあり得ない。

そんなわけで本書では、全体の内容を視野に入れつつ、作品のラスト一行に注目し、なぜその一行だったのか、あるいはその一行でよかったのか、考えてみることにした。書き出しの一行が開幕のファンファーレなら、ラストは輝かしいフィナーレである。そこを読まずに本を閉じるのは、あまりにもったいない。

作品の選定に当たっては、よく知られた作品、よく売れた作品、評価が高かった作品を中心にし、かつ物故作家の作品に限定した。現存作家の場合は、今後テキストに手が入り、ラストが書き換えられる可能性がないとはいえないからである。

電子書籍のラインナップが充実し、ネット経由で古書も手に入りやすくなった今日、旧作にふれる機会は、以前に比べて大きく広がった。オシリに注目すると、さて何が見えてくるか。ぜひこの機に確かめていただきたい。

斎藤美奈子

編集付記

一、本書収録原稿の初出は「読売新聞」連載「名作うしろ読み」(二〇〇九年四月三日〜二〇一五年三月二七日)です。
一、本書は右記の連載をもとにまとめた『名作うしろ読み』(中公文庫・二〇一六年)、『吾輩はライ麦畑の青い鳥　名作うしろ読み』(同・二〇一九年)の二冊を合本にし、加筆・修正の上、各書の刊行年順に編集し直したものです。
一、各書の刊行年については、単行本の初版刊行年を記しました。
一、複数巻にまたがる長編作品については、原則として全巻完結年を、また後にシリーズ化された作品については第一巻刊行年とシリーズ完結年を記しました。
一、左記一一作品は初収録です。
『てんやわんや』『母子像』『木かげの家の小人たち』『忍ぶ川』『悪魔の涎』『アウラ』『綴方教室』『長崎の鐘』『貝のうた』『洟をたらした神』『わたしの渡世日記』
一、左記二六作品は書き下ろしです。
『真珠夫人』『伸子』『青い山脈』『太陽の季節』『芽むしり仔撃ち』『橋のない川』『感傷旅行』『美は乱調にあり』『笹まくら』『火垂るの墓』『白い巨塔』『冥途の家族』『祭りの場』『人間の証明』『枯木灘』『桃尻娘』『光の領分』『神聖喜劇』『ウホッホ探険隊』『失楽園』『ペスト』『マディソン郡の橋』『日本の下層社会』『まっくら』『苦海浄土——わが水俣病』『嘘つきアーニャの真っ赤な真実』

ラスト1行でわかる名作300選

日本の小説篇

遂にこう決心して、そして一《ひ》と先《まず》二階へ戻った。

『浮雲』（一八九一年）二葉亭四迷

●リストラされた「負け組」男子の胸中は

名作は読んでみなくちゃわからない。二葉亭四迷『浮雲』は言文一致体による初の小説、日本近代文学の祖、である。それが、こんなお話だと誰が想像するだろう。

ご大層な序文の後、仕事を終えて官僚たちが役所を出てくる場面から小説ははじまる。

〈千早振《ちはやふ》る神無月《かみなづき》ももはや跡二日《ふつか》の余波《なごり》となッた二十八日の午後三時頃に、神田見附《かんだみつけ》の内より、塗渡《とわた》る蟻《あり》、散る蜘蛛《くも》の子とうようよぞよぞよ沸出《わきい》でて来るのは、孰《いず》れも顋《おとがい》を気にし給《たま》う方々〉

ときは晩秋。神田見附の内とは現在の千代田区大手町あたりである。この役人の集団にまじっていたのが主人公の内海《うつみ》文三《ぶんぞう》、二三歳。叔父の家に下宿して下級官僚になった青年である。だがその日、彼は役所をリストラされていた。

ここから彼の苦悩がはじまる。

悩みとは主に女の子のことだ。結婚するつもりだった従妹のお勢が、失業以来冷たくなり、しかも彼女に元同僚の本田が急接近しているのが、文三にはおもしろくない。で、お勢を浮気者呼ばわりしたあげく、スネて自室にとじこもる。『浮雲』は非モテ男子のひきこもり小説だったのだ。

物語は文三がお勢にもう一度話をして、ダメだったら叔父の家を出ようと決心するところで唐突に終わる。

〈今一度運を試して聴かれたらその通り、若《も》し聴かれん時にはその時こそ断然叔父の家を辞し去ろうと、遂にこう決心して、そして一《ひ》と先《まず》二階へ戻った〉

ウジウジとしたこの態度。ひとまず二階……とかいわないで、さっさと彼女を追いかければ？　と思ってしまうが、このウジウジぶりが表現史的には画期的だった。文語体ではじまった小説が、書き終わりは言文一致の口語体。悩める青年の内面を描くなどそれまでの文学は想定外で、そして内面を描くためには言文一致体が必要だったのだ。

立身出世コースから落ちこぼれた「負け組」の文三。俗物だが「勝ち組」の本田。ふたりの男を天秤にかける一八歳のお勢。内容的には現代のテレビドラマみたい。この現代性ゆえ、彼が二階に戻って以来、近代文学は幾多の内海文三を生むことになったのである。

じつは未完ともいわれている作品。しかし物語の結末を放棄したような、あるいは読者にゆだねたような、プツンと終わる終わり方（オープン・エンディング）も現代小説っぽい。

二葉亭四迷（ふたばてい・しめい　一八六四〜一九〇九）ロシア文学から強い影響を受け、坪内逍遥とも深く親交を結んだ。『浮雲』は日本の近代小説の先駆けと言われている。ツルゲーネフの翻訳でも有名。

百有余年の今になるまで、譚《はなし》は活《い》きて遺《のこ》りける。

『五重塔』（一八九二年）幸田露伴

●「ガテン系」歴史小説の傑作

東京のシンボルといえば東京スカイツリー。だが、元祖日本の塔は、そりゃもう五重塔である。幸田露伴『五重塔』はその建設に取材したガテン系小説の傑作だ。

ときは江戸中期。腕はいいが気が利かぬ性格ゆえに「のっそり十兵衛」とあだ名されている大工の十兵衛。十兵衛の親分格で、仏教建築の実績もある棟梁の「川越の源太」。谷中の感応寺が五重塔を再建するに際して、十兵衛、源太、そして感応寺の住職朗円上人がどうしたか。この、つまり工事落札劇が前半の主なストーリーである。

実績もないくせに、絶対にこの仕事がやりたいと思いつめ、感応寺の朗円上人に涙ながら直訴する十兵衛は、いわば下請け専門の工務店主。彼の願いをただひとり理解する上人は、人間ができたクライアント。ひとりよがりな十兵衛に、手を焼き、腹を立てつつも、結局は十兵衛に仕事を譲り、裏で職人や資材の手配をつけてやる源太は、太っ腹なゼネコンの社長。文語文の小説とはいえ、その展開はまるで今日の企業ドラマのようである。

けれど、職人の世界は厳しい。はじめて大きな仕事を任された十兵衛にはいくたの試練がふりかかる。とりわけ大きな困難は、落成が迫ったある日、江戸を襲った大嵐だった。

「大丈夫でございます」「暴風雨《あらし》が怖いものでもなければ地震が怖うもござりませぬ」

塔はびくともしなかった。小説はファンファーレみたいな賛辞で閉じられる。

〈それより宝塔長《とこしな》へに天に聳《そび》えて、西より瞻《み》れば飛檐《ひえん》ある時素月《そげつ》を吐き、東より望めば勾欄《こうらん》夕《ゆうべ》に紅日《こうじつ》を呑んで、百有余年の今になるまで、譚《はなし》は活《い》きて遺《のこ》りける〉

ときには月を、ときには夕陽を背にそびえたつ塔。小説はここで百年の時間をいっきに飛びこす。新聞紙上でこの小説の連載がはじまったのは、感応寺五重塔が再建された一七九一（寛政三）年からちょうど百年目だった（最初の塔は一七七二年の明和の大火で焼失）。最後の一行で、これは感応寺二代目五重塔の縁起（起源）だったのだとわかる仕掛け。それを宗教者ではなく職人の目の高さで描いたところが、自身も職人芸的美文の名手だった露伴らしい。

十兵衛の予言通り、関東大震災にも戦災にも負けなかった感応寺の塔は、東京タワーの建設がはじまった一九五七年、放火心中事件がもとで焼失した。現在の跡地には礎石のみが残っている。

幸田露伴（こうだ・ろはん　一八六七〜一九四七）文語体で作品を書き、『露団々』『風流仏』で文壇的地位を確固たるものとした。尾崎紅葉と共に「紅露時代」と称される時代を作り、古典にも通じた。作家の幸田文は娘。

聞くともなしに伝へ聞くその明けの日は信如が何がしの学林に袖の色かへぬべき当日なりしとぞ。

『たけくらべ』（一八九六年）樋口一葉

●美登利の友禅、信如の水仙

東京下町、吉原界隈。樋口一葉『たけくらべ』は子どもから大人に移行する少年少女の時間を描いた名作である。

吉原のナンバーワン遊女の妹で、自身も将来は遊女になる運命の美登利《みどり》は、男の子たちを向こうに回してケンカするほどお転婆な少女。一方、龍華寺《りゅうげじ》の息子で将来は僧侶になることが決まっている信如《しんによ》は気弱な少年だ。環境も性格も対照的なふたりの間の淡い感情。文語体の作品だが、彼らの気分を切りとる一葉の筆は、映像作家のカメラのよう。

美登利が住む大黒屋の前で、信如のゲタの鼻緒が切れたことがあった。障子の内からそれを見た美登利は、急ぎ表に出て、鼻緒にするための紅色の友仙（友禅）の布きれを投げてやる。しかし、信如は通りかかった友達のゲタを借りて行ってしまった。そこを一葉はこのように書く。〈紅入《べにいり》の友仙は可憐《いぢら》しき姿を空しく格子門の外にと止《とど》めぬ〉

格子門の間から下に落ちた紅色の布の鮮やかさ！　美登利が島田の髷《まげ》を結わされるのは、それから間もなくのことだった。店に出る日が近づいていたのである。

ラストシーンは、この場面に対応している。

ある朝、美登利がふと見ると、格子門の外から水仙の造花がさしてある。誰の仕業ともわからぬまま、〈何ゆゑとなく懐《なつ》かしき思ひにて〉美登利は造花をちがい棚の一輪ざしにさして眺める。そして一葉は、この後に絶妙な一言を記す。〈聞くともなしに伝へ聞くその明けの日は信如が何がしの学林に袖の色かへぬべき当日なりしとぞ〉

学林とは僧侶を育てる学校のこと。水仙の一件の翌日、信如は僧侶への第一歩を踏みだすために、この町を出たのである。格子門にさされた白い水仙は、美登利が投げた紅い布への信如の返礼だったのか、詫びだったのか。

紅色の布と白い水仙の対比が、もう胸キュン。

遊女になった美登利と、僧侶になった信如が、この先会うことはないだろう。最後の一文はふたりの決定的な別れを意味するが、それを感じさせない余韻の残し方がすばらしい。子どもの時間はここで終わったのである。

美登利が最終節で急におとなしくなるのは、初経のせいか初店のせいか論争になったことがあった。少年の成長は進学と、少女の成長は肉体的な変化と不可分らしい。

樋口一葉（ひぐち・いちよう　一八七二〜一八九六）父の死後、一家の家計を支えつつ、歌塾・萩の舎に入門。同門の三宅花圃が書いた『藪の鶯』に触発されて作家に。高い評価を得るも、二四歳で結核により死去。

ああ、久しぶり、武男さん、一処《いっしょ》に行って、寛々《ゆるゆる》台湾の話でも聞こう！

『不如帰』（一九〇〇年）徳冨蘆花

夫婦なのに純愛、夫婦だけど悲恋

いまや読む人がめっきり減ったとはいえ、なんたって近代日本の元祖メロドラマである。徳冨蘆花『不如帰《ほととぎす》』は明治の大ベストセラーだった。

冒頭で〈上州伊香保千明《ちぎら》の三階の障子開きて、夕景色を眺むる婦人。年は十八九。品好《よ》き丸髷《まげ》に結いて、草色の紐つけし小紋縮緬《ちりめん》の被布《ひふ》を着たり〉と紹介されるのがヒロインの浪子。陸軍中将・片岡毅の娘である。彼女の夫は海軍少尉・川島武男。結婚したばかりのふたりは、新婚旅行で伊香保温泉に来ているのだ。

ところが、浪子はやがて肺結核を患い、武男の航海中に川島家を離縁されてしまう。引き裂かれたふたり。「ああ辛《つら》い！　辛い！　もう――もう婦人《おんな》なんぞに――生れはしませんよ。――あああ！」というせりふを残して死んだ浪子。夫婦なのに純愛。夫婦だけど悲恋。不治の病と家制度にはばまれた、明治ならではのラブストーリーである。

しかし、このラストはどうなのか。出征先から戻り、浪子が眠る青山墓地を訪れた武男の前に浪子の父・片岡中将があらわれ、彼の肩をたたいていうのである。

〈武男君《さん》、浪は死んでも、な、わたしはやっぱいあんたの爺《おやじ》じゃ。確《しっ》かい頼んますぞ。――前途遼遠《とお》しじゃ。――ああ、久しぶり、武男さん、一処《いっしょ》に行って、寛々《ゆるゆる》台湾の話でも聞こう！〉

なんなの、父と娘婿との妙に和気あいあいとした、この雰囲気は。直前の〈互に手を握りつつ、二人が涙は滴々として墓標の下《もと》に落ちたり〉で終わったほうがメロドラマっぽく決まるのに、と思ってしまう。が、そこは片岡中将も武男も軍人である。ときは日清戦争の頃。富国強兵の時代にいつまでもめそめそしてたら「男がすたる」のだね。

ちなみに国民新聞で『不如帰』の連載がはじまった一八九八（明治三一）年は明治民法の「親族」の項が公布され、家制度が制度として確立した年だった。

夫婦なのに純愛モードの武男と浪子は、家制度の犠牲になった夫婦だったともいえる。そして日本のカップルは、この後、長くこの制度に苦しめられることになるのである。

新派の人気演目になった。「生きたいわ！　千年も万年も生きたいわ！」という浪子のせりふは有名。一〇〇版を記念した序文に蘆花自身は「お坊ちゃん小説である」と書いている。

徳冨蘆花（とくとみ・ろか　一八六八～一九二七）徳富蘇峰の弟。蘇峰の経営する「民友社」での下積みを経て『不如帰』『思出の記』を発表、名声を得た。熱心なクリスチャンだった時代があり、トルストイにも傾倒した。

返す返す情《なさけ》無《な》く相《あい》成《なり》候《そうらい》て、心ならぬ未練も出《い》で申候《もうしそうろう》。

『金色夜叉』（一九〇三年）尾崎紅葉

熱海の海岸で蹴とばされたお宮のその後

「可《い》いか、宮さん、一月の十七日だ。来年の今月今夜になったならば、僕の涙で必ず月は曇らして見せるから」というせりふ。すがりつくお宮を蹴とばす学帽にマント姿の間《はざま》貫一。お芝居のイメージが先行してはいるものの、尾崎紅葉『金色《こんじき》夜叉《やしゃ》』の有名なシーンを知る人は多いだろう。熱海の海岸に建つ貫一お宮の像は観光名所になっているほどだ。

主人公の間貫一は旧制一高生。寄留先の娘・鴫沢《しぎさわ》宮と結婚できるものと思っていたが、宮とその両親は裕福な銀行家の息子・富山唯継《とみやまただつぐ》との結婚を選び、貫一は袖にされるのである。くだんの熱海の場は許嫁《いいなずけ》の心変わりを知った貫一がカッとなって別れを告げる場面。この後、彼は自分を捨てた女と世間への復讐を誓って高利貸しとなる。

ときは資本主義の発展期。やっぱ女は金のある男を選ぶのかい、と思っちゃうが、そう単純でもない。貫一は異常にキレやすい男だし、宮は美貌を武器に世渡りできると思っている女。富山と結婚したのはよかったが、貫一の荒れっぷりに心を痛め、二人はその後ニアミスを繰り返す。

そんなこんなでラストは宮から貫一への手紙である。

〈私独《ひと》り亡きものに相成候《あいなりそうらい》て、人には草花の枯れたるほどにも思はれ候はぬ儚《はかな》さなどを考へ候へば、返す返す情《なさけ》無《な》く相成候て、心ならぬ未練も出《い》で申候《もうしそうろう》〉

自分ひとりが死んだとて、誰も気にとめぬと思うと情けない……。宮はどうやら死の床にあるらしい。

さあ、どうする貫一。ところが、残念、小説はここで突然終わるのだ。『金色夜叉』は紅葉の死によって断絶された未完の大作なのである。

この後どうなったかは誰にもわからない。ただ、くだんの熱海の場でも、宮は「私は考へてゐる事がある」「言遺した事がある」と何度も訴えていたのだった。それを「聞きたくない！」と一蹴したのは貫一である。最初は話のわからぬ恋人のせいで、最後は作者の死で肝心なことを語れなかった宮。おかげで「愛より金をとった女」の汚名を着たまま海岸に建つ像になってしまった。しかもこの像の場面はいまでいうDVだし。まさに〈返す返す情無く相成候〉である。

『不如帰《ほととぎす》』が伊香保を有名にしたように、『金色夜叉』は熱海を有名にした。文語文の中に口語体の会話が混じる雅俗折衷体の文章は、取っつきは悪いが、慣れると病みつきになる。

尾崎紅葉（おざき・こうよう　一八六八～一九〇三）近代日本初の文学結社「硯友社」、文芸雑誌「我楽多文庫」をおこし、門下生に泉鏡花や徳田秋声などがいた。文豪として確固たる地位を築いたが、胃癌のため三五歳にして病没。

だから清《きよ》の墓は小日向の養源寺にある。

『坊っちゃん』（一九〇六年）夏目漱石

●『坊っちゃん』はなぜ「坊っちゃん」？

東京の物理学校を卒業し、新米の数学教師として四国松山の旧制中学に赴任した坊っちゃん。夏目漱石『坊っちゃん』は近代文学ナンバーワンの国民的な文学。愛媛県松山市は坊っちゃんだらけだ。坊っちゃん列車、坊っちゃんスタジアム、そして名物の坊っちゃん団子！

ところで『坊っちゃん』はなぜ「坊っちゃん」なのだろうか。

『坊っちゃん』は「おれ」が語り手をつとめる一人称小説だ。校長の狸《たぬき》、教頭の赤シャツ、赤シャツの腰巾着たる野だこと野だいこ、山嵐、うらなり、そしてうらなりの婚約者のマドンナら、作中にはあだ名で呼ばれる多くの人物が登場するが、それは「おれ」が勝手につけたニックネームであって、『吾輩は猫である』の猫と同様「おれ」自身には名前がない。中学校の悪童たちが彼につけたあだ名は「赤手拭」だ。それなのになにゆえ、坊っちゃん？

小説をうしろから読み直すと、理由は判明する。

〈清《きよ》のことを話すのを忘れていた〉と前置きして彼が最後に語るのは、終生「おれ」の味方だったばあやの清のことである。〈死ぬ前日おれを呼んで坊っちゃん後生だから清が死んだら、坊っちゃんのお寺へ埋めてください。お墓の中で坊っちゃんの来るのを楽しみに待っておりますと言った。だから清の墓は小日向の養源寺にある〉

そう、陰で彼を「勇み肌の坊っちゃん」と茶化した野だを別にすれば、彼を「坊っちゃん」と呼んだのはただひとり清だけだった。それを念頭に読み直すと、痛快な勧善懲悪劇という『坊っちゃん』のイメージは修正を迫られる。『坊っちゃん』は一度は書きかけて挫折した清への長い手紙、あるいは追悼だったのではないか。大好きなばあやの前で懸命に虚勢を張る男の子、の像が浮かび上がってくる。

〈親譲りの無鉄砲で子供の時から損ばかりしている〉という冒頭の一文で、私たちは「おれ」を快活な熱血漢と思いこんできた。が、近年では『坊っちゃん』は暗さを秘めた敗者の文学だと主張する研究者もいる。いずれにしても「おれ」にとってのマドンナは清だった。だから小説は松山ではなく、東京の墓の話で終わるのである。

この「だから」を日本文学史上もっとも美しい「だから」だと評したのは井上ひさし『自家製文章読本』。その通りだと思う。

夏目漱石（なつめ・そうせき　一八六七～一九一六）松山や熊本で英語教師として勤務後、イギリスに二年間留学。帰国後、ラフカディオ・ハーンの後任として東京帝大で教鞭をとるも、作家に転向し、数々の名作を生んだ。

幽明遥《はる》けく隔つとも僕の心は一日も民子の上を去らぬ。

『野菊の墓』（一九〇六年）伊藤左千夫

●過ぎ去った純愛は美しい

「民さんは野菊のような人だ」
「政夫さんはりんどうのような人だ」

そんな幼い愛の告白シーンで知られる純愛小説、伊藤左千夫『野菊の墓』は、はじめて（改めて）読むと「えっ、これだけ？」というようなお話である。

「僕」こと政夫は小学校を出たばかりの満一三歳。従姉の民子は一五歳。ふたりは大の仲良しだったが、親しくなりすぎることを恐れた母の手で政夫は中学校に追いやられ、一方民子は嫁にやられ、流産して死んでしまう。死の床で民子は政夫の写真と手紙を抱いていた……。

たしかに悲恋ではある。悲恋ではあるのだが、周囲がふたりを裂いた理由は民子が政夫より年上だという一点だけで、いまいち説得力がない。それでもこの作品が読者の心を打つとしたら「僕」の回想形式で書かれているためだろう。

〈後《のち》の月という時分が来ると、どうも思わずにはいられない〉

これが書き出し。「後の月」とは十三夜、すなわち月見の行事が行われる旧暦の九月一三日のこと。政夫と民子が連れだって山を歩いた日、「民さんは野菊」「政夫さんはりんどう」と告白しあったその日のことを、「僕」は一〇年以上たった時点から、〈悲しくもあり楽しくもありというような状態《ありさま》〉で回想しているのである。

小説は最後で再び現在に戻ってくる。よって末尾も「僕」の感慨である。

〈幽明遥《はる》けく隔つとも僕の心は一日も民子の上を去らぬ〉

「幽明遥けく隔つとも」とは「死がふたりを分かつとも」くらいの意味。永遠の愛の誓いみたいだが、しかし純愛を貫いたわけでもなくて〈僕は余儀なき結婚をして長らえている〉。

余裕の書き出しと大仰な末尾は幼い悲恋を縁取る「額縁」だ。過ぎ去った日の甘美な思い出だからこそ、それは一幅の絵と化し、存分に涙をしぼれるわけだね。

後年、同じ手法で成功したのは片山恭一『世界の中心で、愛をさけぶ』である。生き延びた男が語る死んだ女との恋。「一日も民子の上を去らぬ」なんて……ほんとですかね。

小説の舞台は千葉県松戸市。千葉県を代表するご当地文学は『南総里見八犬伝』と『野菊の墓』の二つだろう。また山武《さんむ》市には伊藤左千夫の生家が残り、政夫と民子の像も建っている。

伊藤左千夫（いとう・さちお　一八六四～一九一三）正岡子規に師事し、『万葉集』の研究に参加。子規没後は雑誌「馬酔木」を創刊、作歌と『万葉集』研究の両面で活躍。『野菊の墓』は初の小説として「ホトトギス」に発表された。

薄暗い一室、戸外には風が吹暴《ふきあ》れていた。

『蒲団』（一九〇七年）田山花袋

●一線を越せないオジサンの純情

田山花袋『蒲団《ふとん》』は文学史的にめちゃめちゃ有名な作品だ。女弟子が残していった蒲団に中年の作家が顔を埋《うず》めて泣く――サワリだけ聞くとワケのわからぬ小説である。

〈小石川の切支丹坂《きりしたんざか》から極楽水《ごくらくすい》に出る道のだらだら坂を下りようとして渠《かれ》は考えた〉という客観的な情景描写の後、おもむろに物語ははじまる。

主人公は作家の竹中時雄、三六歳。ことの発端は、弟子にしてくれといって、彼のもとに横山芳子という女学生が上京してきたことだった。妻と三人の子がいる身ながら、知的でハイカラな芳子に彼は胸をときめかせるが、東京での保護者という立場は崩せない。芳子にはやがて田中という神学生の恋人ができる。立場上、なおも二人を見守る時雄。が、事態は急転。田中と肉体関係をもったことがわかり、芳子は岡山の親元に帰還させられるのだ。

そして小説は、タイトルの由来にもなった問題のラストシーンへと向かう。

〈時雄はそれを引出した。女のなつかしい油の匂いと汗のにおいとが言いも知らず時雄の胸をときめかした。夜着の襟の天鵞絨《びろうど》の際立って汚れているのに顔を押附けて、心のゆくばかりなつかしい女の匂いを嗅いだ。／性慾と悲哀と絶望とが忽《たちま》ち時雄の胸を襲った。時雄はその蒲団を敷き、夜着をかけ、冷めたい汚れた天鵞絨の襟に顔を埋めて泣いた〉

ここで終われば、分別のある作家が醜態を大胆にさらしたという点で、むしろ衝撃的だっただろう。語り手はしかし、最後にもう一言つけ加える。

〈薄暗い一室、戸外には風が吹暴《ふきあ》れていた〉

冒頭と同様、いかにもシリアスぶった「客観描写でございな終わり方。戸外の暴風は、そりゃもう、時雄の心の内の暴風と呼応しているのである。

明治の三六歳は十分にオジサンだった。そばをうろちょろする若い女を意識しながらも、一線を越えない（越せない）オジサンの純情。ハタから見れば滑稽でも、最後のシーンは蒲団相手のほとんど濡れ場だ。「客観的なふり」でも装わなきゃ、恰好がつかないでしょう。

作家自身の内面を赤裸々に告白する自然主義文学（私小説）の端緒を開いた小説として、文学史に名を残す作品。これをパロった中島京子『ＦＵＴＯＮ』とセットで読むとおもしろい。

田山花袋（たやま・かたい　一八七一～一九三〇）自然主義を標榜し、事実を事実のまま客観的に描く作風で多くの小説を残した。明治末期から大正にかけての日本文学界に大きな影響を及ぼしたといわれる。

お蔦《つた》の黒髪を抱きながら、早瀬は潔く毒を仰いだのである。

『婦系図』（一九〇七年）泉鏡花

●師を棄てるか、女を棄てるか

泉鏡花『婦系図《おんな》』といえば悲恋の物語。元芸者のお蔦《つた》が湯島天神で口にする「切れるの別れるのって、そんなことは、芸者のときにいうものよ。私にゃ死ねと云って下さい」というせりふも有名だ。ところが舞台や映画で有名なこのせりふは、『婦系図』を探しても出てこない。原作は悲恋というより復讐劇で、お芝居とはだいぶ異なる作品なのだ。

主人公の早瀬主税《ちから》は恩師・酒井俊蔵の下でドイツ語を修めた陸軍参謀本部の翻訳官。柳橋の芸妓だったお蔦と所帯をもつが、恩師の酒井にはないしょである。

そこへもちあがった酒井の娘・妙子と静岡の名家の御曹司・河野英吉の縁談。英吉に妙子の身元調査を依頼された早瀬は怒ってこれを断るが、その早瀬もお蔦との関係を見とがめられ、酒井に〈俺を棄てるか、婦《おんな》を棄てるか〉と迫られて〈婦を棄てます。先生〉と誓うのだ。

ここまでが前半で、東京での職を追われ、お蔦とも別れて静岡に移った早瀬は、後半、人を血筋や経歴で判断する世間と河野一家への復讐に生きることになる。

ここからはもう「えーっ」「ええーっ」の連続。ラストへの道も急転直下である。

河野家の家長・英臣と久能山東照宮で対決した早瀬は、修羅場の中で河野家の人々が次々に死んでゆくのを見届ける。そして唐突に訪れる結末。

〈其夜、清水港の旅店に於て（略）お蔦の黒髪を抱きながら、早瀬は潔く毒を仰いだのである〉

文庫版の『婦系図』にはこの後、「いまのは全部ウソでした」的な早瀬の遺書がつき、その後さらに〈早瀬は潔く云々以下、二十一行抹消〉という作者の断り書きがある。モデル問題などもからみ、鏡花は結末でかなり悩んだらしい。

しかし、作者の意図に従えば、やはり新聞連載時の結語〈早瀬は潔く毒を仰いだのである〉を末尾と考えるべきだろう。日本文学には珍しいピカレスクロマン（悪漢小説）。早瀬もワルだが、河野家の女たちの悪女ぶりも相当なものである。それに比べたら途中で病に倒れて死ぬお蔦など、ほんの端役だ。最後に遺髪で登場するのがせめてもの慰めか。でも遺髪だからな。

くだんの「切れるの別れるのって……」は『婦系図』のスピンオフ的な戯曲『湯島の境内』（一九一四年）のなかの一節。存在感の薄いお蔦に、鏡花はせめて花を持たせようとした？

泉鏡花（いずみ・きょうか　一八七三〜一九三九）尾崎紅葉門下で修業を積む。主要作には芸妓がしばしば登場し、彼女たちの心の悲しみを描いた。夏目漱石や志賀直哉、芥川龍之介らによる評価も高い。

『吾輩は猫である』（一九〇七年）夏目漱石

南無阿弥陀仏南無阿弥陀仏。難有《ありがた》い難有い。

●猫はほんとに死んだのか

中学校で英語を教える苦沙弥《くしゃみ》先生の家に住み着いた猫。〈吾輩は猫である。名前はまだ無い〉という書き出しで知られる『吾輩は猫である』は夏目漱石の小説デビュー作である。

一九〇五年の『ホトトギス』に「一話」のみが載るが、好評を得て「十一話」まで続いたという、いまも人気の書。先生の友人で美学者の迷亭、教え子で理学士の寒月、新体詩人の東風《こち》、哲学者の独仙など、この家に集う変人たちのバカ話がほとんどすべてという異色の長編ながら、人間に対する「吾輩」の滑稽味をおびた批評は何度読んでもおもしろい。

だけど、ラストは悲しい。

台所で飲み残しのビールを飲んだ「吾輩」は、酔って水甕《みずがめ》に転落するのだ。もがけどもがけど甕の縁に爪はかからない。彼は抵抗を断念する。〈もうよそう。勝手にするがいい。がりがりはこれぎり御免蒙《こうむ》るよ〉そして〈吾輩は死ぬ。死んでこの太平を得る。太平は死ななければ得られぬ。南無阿弥陀仏南無阿弥陀仏。難有《ありがた》い難有い〉。

おお、水甕で溺れ死んだ哀れな猫！　最終話の「吾輩」は〈主人は早晩胃病で死ぬ〉だの〈早く死ぬだけが賢こいかも知れない〉だのと妙に厭世的だった。

だからやはり……と思いこんでいたけれど、もう一度よく読んでみよう。遠ざかる意識の中で〈吾輩は死ぬ〉とつぶやいているだけで、その後の彼がどうなったかはわからないのだ。

そもそも「吾輩」は何度も九死に一生を得た死に損ないだ。生まれたばかりで捨てられた「一話」では餓死寸前でこの家に入りこみ、お手伝いに何度も放り出されたところを苦沙弥の「そんなら内へ置いてやれ」の一言で命拾いした。「二話」で食べ残しの雑煮の餅が歯にからまって悶絶したときも「まあ餅をとって遣《や》れ」という苦沙弥の号令で救われた。

今度も失神寸前に「早く出してやれ」という苦沙弥の一声がかかり、ずぶ濡れの姿で甕から救出されてもおかしくない。高みの見物に徹しているような「吾輩」だけど、じつは食い意地の張った苦労人。「永遠の死に損ない」という不格好なキャラクターのほうが似合う気がする。

「猫」の第一回が発表された一九〇五年は日露戦争の最中。作中でも愚かな戦争を猫が皮肉った箇所が見つかる。「猫」執筆当時の漱石の家は明治村（愛知県犬山市）で公開されている。

夏目漱石（なつめ・そうせき　一八六七〜一九一六）プロフィールは21ページ参照。

三四郎はなんとも答えなかった。ただ口の中で迷羊《ストレイ・シープ》、迷羊《ストレイ・シープ》と繰り返した。

『三四郎』（一九〇九年）夏目漱石

●上京青年は都会の女子に憧れる

大学に入るために九州から上京してきた小川三四郎は、元祖草食男子みたいな純情ボーイ。彼の前に現れた里見美禰子《みねこ》は当世風で知性にあふれたシティガール。

東京育ちの青年が「都落ち」する『坊っちゃん』とは逆に、夏目漱石『三四郎』は田舎の秀才が東京に出てきて目を白黒させる「上京小説」だ。

三四郎が美禰子をはじめて見かけたのは、上京してまもなくの夏の日だった。大学のキャンパスの池のほとりで、団扇《うちわ》をかざす若い女。それが美禰子と知るのは後のことだが、以来、三四郎は彼女を意識しっぱなしである。

広田先生なる教師のサロンに出入りするようになった三四郎。サロンのメンバーで団子坂の菊人形を見に出かけた日、三四郎と美禰子は人混みをぬけだし、二人だけになる。美禰子はいう。「迷子の英訳を知っていらしって」「教えてあげましょうか」「迷える子《ストレイ・シープ》――わかって？」

その後、二匹の羊の絵を添えた葉書なんかも送ってくる美禰子。ところが、彼女は自分のことが好きなのかも、と誤解する三四郎を尻目に、美禰子は唐突に結婚してしまうのだ。残ったのは、美禰子をモデルにした一枚の絵。

ラストは、展覧会に訪れた三四郎と友人の与次郎が、この絵の前で語り合う場面である。

〈「どうだ森の女は」／「森の女という題が悪い」／「じゃ、なんとすればよいんだ」／三四郎はなんとも答えなかった。ただ口の中で迷羊《ストレイ・シープ》、迷羊《ストレイ・シープ》と繰り返した〉

額面通りに受け取れば、最後の「迷羊」は三四郎が思いついた、絵の題の代案である。しかし、事情はもう少し複雑だ。その絵は、あの夏の日の、団扇を手にした美禰子の姿を描いていたからだ。美禰子がそれを望んだという。ってことは彼女もやっぱり三四郎が好きだった？

ここは解釈の割れるところである。「迷羊」とは愛に迷える美禰子なのか、何かにつけて迷える三四郎なのか。美禰子が誰を好きかは、でも読めばわかると思うんですけどね。三四郎ではないです、私の見立てでは。

「迷羊（迷える羊）」は九九匹をおいても一匹の迷える羊を追うという聖書の言葉。もとは「罪人《つみびと》」の意味だが、『三四郎』ではこの語自体が一種の謎として存在する。

夏目漱石（なつめ・そうせき　一八六七〜一九一六）プロフィールは21ページ参照。

「左様なら」を凱歌の如く思つて、そこを引きあげた。

『耽溺』（一九〇九年）岩野泡鳴

●田舎芸者とのぐだぐだな関係

岩野泡鳴は田山花袋や島崎藤村と並ぶ、自然主義台頭期の作家である。だが、出世作『耽溺《たんでき》』を読んだ人は「しょーもない小説！」とあきれるだろう。

テキストは〈僕は一夏を国府津《こうづ》の海岸に送ることになつた〉と書き出され、相模湾に面した国府津（現神奈川県小田原市）を主な舞台に、妻子持ちの作家の「僕」こと田村義雄と、この地の芸者・吉彌《きちや》とのぐだぐだした関係をつづってゆく。「女優にしてやる」という甘言で彼女を釣るも、金の工面ができず、妻に着物の質入れを命じる田村も田村。他にも身請けを約束した男が複数いることを隠し、実の母ともども田村にたかれるだけたかる吉彌も吉彌。

愚にもつかない男女の情痴話が、なぜ文学史に名を残したのか。それはこの小説が「一元描写」の嚆矢《こうし》とされているからだ。「僕」という一人称で「僕」の知り得たことだけ書く。今日では一般的なこのスタイルは泡鳴が唱えた方法だった（まあ『野菊の墓』も一人称ですけどね）。

実際、この方法を用いると、語り手の主観が自在に書ける。〈妻が焼け半分の厭《いや》みッたらしい文句ばかりを云つて来る〉とか、〈僕はなけなしの財布を懐に、相変らず陰鬱な、不愉快な家を出た〉とか、〈自分の自由になる物は、——犬猫を飼つてもさうだらうが——それが人間であれば、如何《いか》なお多福でも、一層可愛くなるのが人情だ〉とか。「僕」はもう言いたい放題だ。

終盤、吉彌は性病由来とおぼしき眼病を患い、妻は夫の放蕩と金策に疲れ果てて病に伏す。「僕」は〈復讐に出かける様な意気込み〉で東京で療養中の吉彌を訪ねるが、すでに同情心のかけらもない。〈先生、私も目がよけりやアお供致しますのに——」／僕はそれには答へないで、友人と共に、／「左様なら」を凱歌の如く思つて、そこを引きあげた〉

なんという不埒《ふらち》な幕切れか。こうしてみると、似たような題材を扱った川端康成『雪国』など相当洗練されていたのだなと思わざるを得ない。ひとりよがりな男と小ずるい女の泥臭いすったもんだ。「凱歌」はしかし本心？　やせ我慢？　そのへんの揺らぎも一元小説の妙味ではある。

日本型の「自然主義」はダメ男のダメな行状を赤裸々に描く点に特徴がある。その点では田山花袋『蒲団』などと同類だが、泡鳴は三人称の平面描写を主張した花袋と表現方法で対立した。

岩野泡鳴（いわの・ほうめい　一八七三〜一九二〇）詩人として文壇入りし、『耽溺』が成功を収めるも、樺太に缶詰製造業を興して失敗。女性関係も奔放かつ露骨に作品に投影し、精力的に執筆した。

彼は心づいた時俄《にわか》に怖れたように内儀《かみ》さんを顧《ふりかえ》ってじゃらりとその銭を財布の底に落した。

『土』（一九一二年）長塚節

●妻を亡くした貧農一家の悲惨

〈余の娘が年頃になって、音楽会がどうだの、帝国座がどうだのと云い募る時分になったら、余は是非この『土』を読ましたいと思っている〉長塚節『土』に序文を寄せた夏目漱石が、そう評したのは有名な話である。漱石はしかし、こうも述べる。〈面白いから読めというのではない。苦しいから読めというのだ〉あとは推して知るべし。

〈烈しい西風が目に見えぬ大きな塊をごうっと打ちつけては又ごうっと打ちつけて皆瘦《やせ》こけた落葉木の林を一日苛《いじ》め通した〉これが書き出し。明治後半、茨城県の鬼怒川に面した村。お品《しな》は貧農の勘次の妻である。夫妻には一五歳になる娘と幼い息子がいるが、小作農の暮らしはきびしく、勘次は利根川の工事の出稼ぎに行き、妻のお品は豆腐やこんにゃくの行商に出る。しかし身ごもった子を堕胎した後、お品は感染症で死に、盗癖のある勘次は近所の畑や林で盗みをはたらくようになる。五、六年後、お品の養父を引き取るが、この老舅・卯平との仲がまたうまくいかない。

序盤だけでこのありさま。というか、どこまでも救いがないのがこの小説で、終盤、一家はさらに大きな災厄にみまわれる。近隣を巻きこむ火事を出し、自らも家を失い、卯平は大火傷をする。焼けぼっくいで建てた小屋で寒さをしのぎつつ、勘次はとうとう地主の家に借金をしにいく。地主の家のおかみさんは話のわかる人物だが、とはいえ地主の家も焼けたのだ。「わしもこれ、罰《ばち》当ったんでがしょう」うなだれる勘次におかみさんは追及する気も失い、わずかな銀貨を出す。〈彼は心づいた時俄《にわか》に怖れたように内儀《かみ》さんを顧《ふりかえ》ってじゃらりとその銭を財布の底に落した〉

ここで小説は終わる。勘次の心配はざっと見積もっても三つある。当座の生活。地主の家を焼いたこと。焼け跡で拾った卯平の銭をネコババしたこと。だから「怖れたよう」な態度をとってしまうのだが、どうです、この卑屈さ。そもそもはお品の死からはじまった不幸の連鎖。日本の近代文学史上、唯一に近い貧農小説は、うっかり涙するヒマも与えない。

会話もすべて常総弁。長塚節は茨城県の豪農の生まれで、勘次のような貧農の出ではなかったが、このスーパーリアリズムは写生文の修業で養われた観察眼の賜かもしれない。

長塚節（ながつか・たかし　一八七九〜一九一五）正岡子規門下で作歌に励み、同人誌「ホトトギス」で小説も発表。日本の農民文学を確立したといわれる『土』は夏目漱石からも高く評価された。結核により夭折。

しかし彼の父はもうそろそろ彼の絵を描くことにも叱言《こごと》を言い出してきた。

『清兵衛と瓢箪』（一九一三年）志賀直哉

志賀直哉は子どもを主役にした短編小説を何編も残したが、とりわけ『清兵衛と瓢箪《ひょうたん》』は、『小僧の神様』と並んでよく知られた作品だろう。

清兵衛はいまでいうマニア、ないしオタクのはしりである。彼は瓢箪に凝っていて一〇個ほど持っていたが、その凝りようは激しく、父の飲み残した酒で毎日手入れに励んでいる。そしてとうとう、一〇銭で手に入れたお気に入りの瓢箪を学校の修身の時間にも机の下で磨いて教員に怒鳴られるのである。「到底将来見込みのある人間ではない」

●ジジむさい趣味にハマった一二歳

まだ一二歳の少年が瓢箪の収集などというジジむさい趣味にハマっているのが、この小説の妙味。そのうえ彼は非常な目利きで、教員に没収された瓢箪は後に五〇円で骨董店に売られ、最後は六〇〇円にまで値を上げるのだ。しかし、非凡なマニアは概して孤独だ。父は「馬琴の瓢箪」と称する名品をほめるような凡人で、息子が教員に怒られたと知るや、玄《げん》能《のう》（大型のかなづち）で瓢箪をすべてたたき割ってしまう。

ここに直哉を認めなかった父との確執を見る向きもあるが、それはつまらない読み方だ。「子どもの個性を伸ばしましょう」式の、戦後民主主義的な解釈もつまらない。それより注目すべきはラストである。父に愛瓢を割られた清兵衛は、あっさり瓢箪熱が冷め、次は絵にハマった。が、語り手はここで絶妙な一文を繰り出すのである。

〈しかし彼の父はもうそろそろ彼の絵を描くことにも叱言《こごと》を言い出してきた〉

子どもの興味をことごとつぶしにかかる父。今日の価値観から見れば望ましくない親だろう。しかし、強権を発動して反対してやるのも親心である。親と闘ってこそ子は伸びる。下手な応援など、この際、邪魔なだけである。

その意味では、父も父だが清兵衛も清兵衛だ。瓢箪をあっさり捨てた彼は、父が心配するまでもなく絵も捨てるだろう。子どもは概して飽きっぽい。ただ、彼はまた別の趣味にハマる。マニアは一生懲りないのである。

小説の舞台は広島県尾道市。尾道の「志賀直哉旧居」には数個の絵入り瓢箪が飾ってあった。ひとつは『清兵衛と瓢箪』の本文入り。骨董としての価値があるのかどうかはわからない。

志賀直哉（しが・なおや　一八八三〜一九七一）白樺派同人。実父との確執とその後の和解が、主要作の主題を構成する。佐藤春夫、菊池寛、芥川龍之介ら同時代の作家に崇敬された。「小説の神様」の異名をとる。

読者は無用の臆測をせぬが好い。

『雁』（一九一五年）森鷗外

●サバの味噌煮がもたらした悲劇

漱石の描く青年たちがいまもそれなりに愛されているのに対し、鷗外が描く青年たちは概して評判が悪い。彼らはイケメンでモテすぎるのだ。自意識過剰で、出世と恋を天秤にかけたら、出世をとりそうなタイプ。『舞姫』もそう。『青年』もそう。『雁《がん》』もその系統かもしれない。

〈古い話である。僕は偶然それが明治十三年の出来事だと云うことを記憶している〉小説は語り手の「僕」が同じ下宿の医学生・岡田と無縁坂の「格子戸のある家」に住むお玉のことを、第三者の立場から報告する形で書かれている。

岡田は美男だ。お玉は毎日家の前を通る岡田に思いを寄せていた。小鳥を襲おうとした蛇を岡田が退治したのを機にふたりは一瞬近づくが、それ以上は進まない。「高利貸しの妾《めかけ》」という境遇から逃れたいお玉はしかし、ある日意を決して、岡田を家の外で待っていた。

ところがその日、下宿で「僕」の嫌いなサバの味噌煮が出たのである。外で食事をしようと「僕」は岡田を誘っていつもの道に出たが、「僕」というお邪魔虫のおかげで、お玉は岡田に声がかけられない。しかもその日は洋行を控えた岡田が下宿を引き払う前日だった。

夕飯のおかずが招いたボタンのかけちがい。サバの味噌煮がもたらした悲劇！

『雁』はしかし、妙な終わり方をする。この小説ができるまでの経緯を「僕」が読者に直接説明するのである。半分は自分で見た話、半分は後日、お玉と知り合って聞いた話だと。読者は当然疑問をもつ。えっ、あなたはいつどうやってお玉と知り合ったわけ？

言い訳がましく「僕」は答える。それは物語の範囲外だ。〈只僕にお玉の情人になる要約の備わっていぬことは論を須《ま》たぬから、読者は無用の臆測をせぬが好い〉

余計な気を回しなさんな。岡田とちがって、自分にはお玉の情人になれる条件はないんだから、と。

ちょっとあやしい。思えば『雁』には天然キャラの岡田に対する軽い嫉妬が流れている。お玉の恋路を「僕」は最初から邪魔したかったのではないか。女に選ばれなかった男が、読者に八つ当たりしているような終わり方だ。

『雁』というタイトルは、岡田が投げた石が池の雁に当たって死なせてしまうくだりに由来する。雁はもちろんお玉のメタファ。「僕」も岡田もやはりちょっとヤな男である。

森鷗外（もり・おうがい　一八六二～一九二二）軍医として陸軍に入る。軍医総監、医務局長という軍医として最高の地位に上りつめながら、翻訳、創作、評論など多岐にわたる文筆活動でも数々の功績を残した。

お島《しま》は順吉にそうも言って、この頃考えている自分の企画《もくろみ》をほのめかした。

『あらくれ』（一九一五年）徳田秋声

●懲りない女の人生遍歴

三〇歳も年下の愛人・山田順子との関係をつづった私小説『仮装人物』などで知られる徳田秋声は、もともとは市井の人を描くのが得意な作家だった。ひとりの女性の人生を描いた『あらくれ』もそのひとつ。

〈お島《しま》が養親《やしないおや》の口から、近いうちに自分に入婿《いりむこ》の来るよしをほのめかされた時に、彼女《かのおんな》の頭脳《あたま》には、まだ何等《なんら》の分明《はっきり》した考えとても起って来なかった〉

ときに主人公のお島は一八歳。彼女は七歳で園芸農家から製紙業を営むこの家に養女に来た。が、家でじっとしているより外での力仕事が好き。男たちのセクハラにも敢然と立ち向かう娘で、作太郎なる養父の甥との結婚話にも抵抗する。「厭《いや》だ厭だ、私死んでも作なんぞと一緒になるのは厭です」そして婚礼の日の夜、彼女は家を飛び出すのだ。

こうしてはじまるお島の人生遍歴。その後、缶詰屋の後妻に行くも、夫の放蕩癖に嫌気がさしてまた飛び出し、町場の旅館や山間《やまあい》の温泉宿で働くも、また飛び出し……。

お島にとっての悲劇は、明治末期とおぼしきこの時代には、女がひとりで生きてゆく条件が整っていなかったことだろう。独立心旺盛なお島ほどの女でも、だから結局は男に頼るか、養家や実家の世話にならざるを得ない。

後半、彼女は小野田なる男と結婚して洋服店を開くが、相変わらず人生のビジョンはない。昔いたのとはまた別の温泉場を訪れたお島は、店の若い衆を呼んでいうのである。「上さんあの店を出て、この人に裁《たち》をやってもらって、独立《ひとりだち》でやるかも知れないよ」〈お島は順吉にそうも言って、この頃考えている自分の企画《もくろみ》をほのめかした〉

順吉とは小僧さんの名前だが、「この人」と呼ばれた若い職人をお島は憎からず思っている。つまるところは色じかけである。男にも商売にも人生にも、まったく懲りていないお島。〈何等の分明した考えとても起って来なかった〉頃から成長の跡なし。だけど、このバイタリティー。ラストに示された「企画」の一語に気迫がこもる。

日本の「自然主義文学」は私小説に矮小化されていったが、もともとの自然主義はこういうタイプの小説のことだった。エミール・ゾラの『居酒屋』や『ナナ』を思わせる。

徳田秋声（とくだ・しゅうせい　一八七一〜一九四三）泉鏡花の勧めで尾崎紅葉門下に入る。自らの私生活を題材に、徹底した客観描写を貫いた作品を執筆。自然主義文学の大家で、私小説の典型も形作った。

次第に更《ふ》けて行く朧夜《おぼろよ》に、沈黙の人二人を載せた高瀬舟は、黒い水の面をすべって行った。

『高瀬舟』（一九一六年）森鷗外

●権力に疑問を抱いた小役人の動揺

ときは江戸中期、寛政年間（一七八九〜一八〇一年）のころ。森鷗外『高瀬舟』は〈高瀬舟は京都の高瀬川を上下する小舟である〉と書き出される。

同心の庄兵衛《しょうべえ》はある日、弟殺しの罪で遠島になった喜助《きすけ》の護送を命じられる。喜助は他の罪人とちがい晴れ晴れとしている。聞けば、自分は悲惨な生活をしてきたが、寝食を与えられ、金をもらって遠島になるのは幸せだという。わが身に引き比べ、喜助の無欲に驚く庄兵衛。

さらに聞けば、喜助は病を苦に自殺を図って失敗した弟の苦しみを見かね、「剃刀《かみそり》を抜いてくれたら死ねる」「早く抜いてくれ」という弟の頼みにしたがって、剃刀を抜いてやったのだという。庄兵衛は考える。〈これが果して弟殺しと云うものだろうか〉

鷗外が自注（「高瀬舟縁起」）で物語のモチーフとして〈死に瀕して苦むものがあったら、楽に死なせて、その苦を救って遣るが好い〉という「医学社会の論」を紹介していることもあり、この作品のテーマは従来「知足」ないしは「安楽死」だとされてきた。しかし、テキストがあくまで庄兵衛の動揺を軸に組み立てられている点に注目したい。

ラスト近くにいたって、庄兵衛は考える。自分は〈お奉行様の判断を、そのまま自分の判断にしよう〉と思ってきたが、〈どこやらに腑に落ちぬものが残っているので、なんだかお奉行様に聞いて見たくてならなかった〉。続く末尾の一文は〈次第に更《ふ》けて行く朧夜《おぼろよ》に、沈黙の人二人を載せた高瀬舟は、黒い水の面をすべって行った〉。

喜助は社会に見捨てられたワーキングプア。下級武士の庄兵衛はしがない小役人。ともに生活は苦しいが、庄兵衛は自分より悲惨な喜助を見て、お奉行という権力にはじめて疑問を抱くのだ。制度に従順だった人物の社会性の獲得、あるいは階級の発見。彼は近代人への第一歩を踏み出したことになろう。自身も高級官僚だった鷗外は、組織の歯車である自分と個の自由をどう見ていたのか。高瀬舟は護送船の別名だ。そう思って読むと、小さな舟が国家の縮図に思えてくる。

『阿部一族』『大塩平八郎』『堺事件』『山椒大夫』『渋江抽斎』など、晩年の森鷗外は歴史上の人物や過去の説話に取材した作品を多く残した。『高瀬舟』もその系列の短編である。

森鷗外（もり・おうがい　一八六二〜一九二二）プロフィールは30ページ参照。

自分は脊椎カリエスになるだけは助かった。

『城の崎にて』（一九一七年）志賀直哉

表題に似合わぬ残酷物語

城崎《きのさき》は兵庫県をいまも昔も代表する温泉地である。しかし、旅情を求めて志賀直哉『城の崎にて』を手にした人は、予想を裏切る内容にギョッとするだろう。

小説は〈山の手線の電車に跳ね飛ばされて怪我《けが》をした、その後《あと》養生に、一人で但馬《たじま》の城崎温泉へ出掛けた〉とはじまる。ああ、湯治に訪れたのだなとわかる書き出しだが、力点は前半の「怪我をした」のほうにある。だいたい電車に跳ね飛ばされて生きているほうが奇跡なわけで、実際、作品はこの後、〈背中の傷が脊椎カリエスになれば致命傷になりかねないが〉と続くのである。

脊椎カリエスは結核菌が脊椎に達して発症する病で、怪我と直接の関係はない。が、背中の痛みが当時は不治の病だったカリエスを連想させたのか、語り手の「自分」は死の恐怖におびえている。そんな状態で彼が目撃した三つの小さな事件。それが文庫本で九ページほどのこの短編のほとんどすべてだ。小さな事件とは、すべて小動物の死だ。最初は宿の窓から見たハチの死骸。次が川に落ちてもがき苦しむ瀕死のネズミ。最後に石に当たって死ぬイモリ。死におびえているからこそ見えた光景、とかいうけどさ。

この小説を有名にしたのは谷崎潤一郎『文章読本』だった。同書の第一章で谷崎はくだんのハチの場面を引用し、簡にして要を得た文章だと賞賛したのである。もっとも『文章読本』は世の美文信仰をいさめた本だ。『城の崎にて』を引いたのは、美しい描写を喜ぶ読者への嫌がらせだったかも。

直哉も直哉だ。彼が事故で重傷を負い城崎に逗留したのは実話だが、残酷シーンを書くことで彼は読者にも死の恐怖を味わわせたかったのではないか。

〈それから、もう三年以上になる。自分は脊椎カリエスになるだけは助かった〉

素っ気ない、自己中心的な報告で小説はぷつんと終わる。最初と最後を読む限り、これが動物虐待を含む残酷物語とは誰も思わないだろう。加えて紀行文風の表題。かくて読者はまんまとだまされる。「小説の神様」は、こういう悪魔みたいなこともやる作家なのだ。

多くの文人墨客が訪れた城崎には文学碑も多い。直哉の碑の碑文は『城の崎にて』の冒頭と〈彼方の、路へ差し出した桑の枝で、或一つの葉だけが……〉云々で、残酷シーンは避けられている。

志賀直哉（しが・なおや　一八八三～一九七一）プロフィールは29ページ参照。

もはやことき れ遊ばしました。

『出家とその弟子』（一九一七年）倉田百三

倉田百三『出家とその弟子』。といっても、なーにそれ、って人が多いかもしれない。だがこれは大正～昭和戦前期のベストセラー。とりわけ旧制高校生には必読の書であった。

六幕の戯曲の形で仕立てられたこの作品は、浄土真宗の開祖・親鸞と『歎異抄』の著者と伝えられる弟子の唯円《ゆいえん》を中心に展開する。

●親鸞《しんらん》の息子はバカ息子

親鸞には善鸞《ぜんらん》という息子がいたが、こいつが困った放蕩息子で、ある奥方との恋愛沙汰のあげくに彼女を死なせ、父に勘当されたいまは遊女と遊蕩にふけっている。

この父子の不仲をたいそう気に病んでいるのが、親鸞の弟子の唯円だった。幼き日、彼は一夜の宿を乞うた親鸞にひどい仕打ちをした父を親鸞が許す場面を目撃していた。「お師匠様、善鸞様に遇《あ》ってあげて下さい」「あなたは厳し過ぎます。あの方にだけ酷過ぎます」

さて、その唯円が遊女のかえでに恋をした。かえではしかし、自分は汚れた体だから唯円の求愛に応えられないという。しかも先輩の僧たちには「法か恋かを選べ」と迫られ……。

親子の確執。師弟愛。信仰と恋愛の板挟みになった若き僧。設定は鎌倉時代のはずだが、登場する人々の内面は完全に近代人。「悪人正機説」に基づいているといわれるが、発想はむしろキリスト教に近く、物わかりのいい親鸞は恋愛の教祖のよう。戦前のインテリ青年は、恋に性欲に学業に悶々と悩んでいたのだ、唯円みたいに。

ラストは一五年後、九〇歳になった親鸞の臨終の場面である。唯円の懇願に応じ、親鸞は善鸞とついに会うことを承諾する。「わたしは悪い人間です」と語る息子に父はいう。「ゆるされているのだよ。だあれも裁くものはない」

瀕死のわりには長々しゃべって「なむあみだぶつ」と唱える親鸞。直後、侍医のひと言で物語は幕を閉じる。「もはやこときれ遊ばしました」

そ、そこで終わるんだ。もちょっと愛想のある終わり方はできなかったのか。物語より議論の中身で読ませる人生相談みたいな本。作者二六歳の、ま、青春の書である。

「宗教と恋愛の相克」「父と子の和解」は万国共通のテーマともいえ、『出家とその弟子』は世界各国で翻訳された。フランス語版にはロマン・ロランが序文を寄せている。

倉田百三（くらた・ひゃくぞう　一八九一～一九四三）旧制一高に入学するも病のため中退、生涯の多くを闘病に費やす。求道的な文学者として出発し、社会問題にも関心を寄せたが、満州事変前後から日本主義に傾倒。

いよいよ友蔵に似て来たので、わたしは早々に逃げ出した。

『半七捕物帳』（一九一七〜三七年）岡本綺堂

●江戸のシャーロック・ホームズ登場

捕物帳とは、探偵小説と時代小説の特徴を兼ねそなえたジャンルである。その先駆として後世に道を開いたのが、岡本綺堂『半七捕物帳』だ。

〈半七は七十を三つ越したとか云っていたが、まだ元気の好い、不思議なくらいに水々しいお爺さんであった〉

ときは明治二〇年代。この老人こそ幕末には岡っ引きだった半七で、物語は後に新聞記者となる「わたし」が彼の昔語りを再現する形をとる。第一話『お文の魂』の末尾近くで語り手はいう。〈彼は江戸時代に於ける隠れたシャアロック・ホームズであった〉

明治には岡っ引きの爺さんがまだ生きていて、天保とか嘉永とか安政とかの手柄話を語るという趣向がまず唸《うな》らせる。しかも老人は大変親切で、岡っ引き、与力、同心といった警察機構のあらましから、当時の風習、江戸の町々の地誌まで丁寧に説明してくれるのだ。シリーズは中断を挟んで二〇年続き、後の推理小説作家に多大な影響を与えた。

最終話に当たる第六八話『二人《ににん》女房』もいつも通り「わたし」と老人の茶飲み話ではじまり、〈忘れもしない嘉永二年……〉と語り出される。舞台は甲州街道の府中宿。六所《ろくしょ》明神の例祭の晩、二人の女性（伊豆屋の女房お八重と、和泉屋の女房お大）が神隠しにあった。話を聞きつけた半七が府中宿を訪ねると、宿の外れで鵜《う》を売るあやしげな男がいる。もともと悪い噂のあった友蔵である。半七は最後にはこの友蔵をお縄にするのだが……。

半七いわく〈お話はもうお仕舞いです〉〈あとはあなたの御想像に任せますよ〉。

明治の世となった今日では警察のやり方もすっかり変わったが、昔は勘がものをいったと語る半七。行方不明になった二人の女房も相当なわけありだった。

ラスト、花見に出かけた「わたし」は府中で、話に出てきた友蔵と同じように鵜を売る男を見る。まさか、あの事件の再来⁉〈いよいよ友蔵に似て来たので、わたしは早々に逃げ出した〉過去と現在の一瞬の交錯。ワトスン役の「わたし」の去り方もおみごとだ。

イギリス公使館勤めの父を持ち、江戸風の武家屋敷に住み、歌舞伎ファンでもあった綺堂は、英語の本を読み、江戸の芝居も見るという両刀遣いの粋人だった。と聞けば、なるほどである。

岡本綺堂（おかもと・きどう　一八七二〜一九三九）劇作家を志し、新聞社を転々としながら劇評や劇作に励む。二代目市川左團次と組んで多くの歌舞伎作品を生み、新歌舞伎の路線を定着させた。

が今は唯《ただ》、彼の頭も身体も、彼の子供と同じように、休息を欲した。

『子をつれて』（一九一八年）葛西善蔵

貧乏作家はバカ正直

破滅型の作家といったら、多くの人が思い出すのは太宰治だろう。しかし、同じ青森県出身の先輩作家・葛西善蔵は、自虐にもっと気合いが入っている。彼は自分や親族を題材にした私小説専門の作家である。『子をつれて』は葛西三〇歳のときの出世作だ。

家賃を滞納して借家を追い出された貧乏作家。妻は下の娘を連れて実家に金の工面に行っている。仕方なく「彼」は小学生の息子と就学前の娘を連れて、あてもなく夜道をさまようハメになる。「彼」と記されるこの作家は、金がなくなれば友人の借金に頼る、金が入れば飲んでしまう。金銭感覚ゼロ。そもそも父親失格なのである。

そのダメっぷりは末尾にもあらわれている。夜風の中で「彼」は友人たちの忠告を思い出す。〈生存が出来なくなるぞ！　斯《こ》う云ったKの顔、警部の顔――併《しか》し実際それがそれ程大したことなんだろうか。／「……が、子供等までも自分の巻添えにするということは？・」〉ここでようやく「彼」はことの重さに気づくのだ。〈そうだ！　それは確かに怖ろしいことに違いない！／が今は唯《ただ》、彼の頭も身体も、彼の子供と同じように、休息を欲した〉

休息を欲した……。率直というか、バカ正直というか。

しかし半面、「彼」には子煩悩なところもあって、〈掃除をしたり、お菜《さい》を煮たり、糠味噌《ぬかみそ》を出したりして、子供等に晩飯を済まさせ、彼はようやく西日の引いた縁側近くへお膳を据えて、淋しい気持で晩酌の盃を嘗《な》めていた〉という冒頭など、まるで今日のイクメンだ。家を追い出された後も、バーで自分は酒を飲み、子どもには豪勢に寿司やエビフライをおごっている。要は「彼」自身が子どもなのだ。

子どもには過去も未来もない。常に現在があるだけだ。そして作家は自分自身を「彼」と呼び、わざと幼児性を強調して書くのである。末尾の一文も突っ込んでくれといわんばかり。ま、「子を捨てて」にならなかっただけマシ。

作品が書かれた一九一八年は第一次大戦の只中で物価は高いが景気はよかった。ハナから働く気のない「彼」に景気は関係ないけどね。

とはいえ葛西は後に妻子と別れ、別の女性と同棲した。「生活の破産、人間の破産、そこから僕の芸術生活が始まる」が自説だったのは有名な話。私小説の自虐趣味きわまれりである。

葛西善蔵（かさい・ぜんぞう　一八八七～一九二八）上京後、谷崎精二らと同人誌「奇蹟」を創刊、『哀しき父』で世に出た。家族を連れて、東京と郷里の青森を往復する貧窮生活を続けながら創作をしたが、四一歳で死去。

極楽ももう午《ひる》に近くなったのでございましょう。

『蜘蛛の糸』（一九一八年）芥川龍之介

●極楽と地獄の格差社会

物語の内容は紹介するまでもないだろう。初出媒体は鈴木三重吉が主宰する「赤い鳥」。『蜘蛛の糸』は芥川龍之介がはじめて書いた少年少女向けの童話である。

地獄の底であえぐ大泥棒の犍陀多《カンダタ》は生前極悪非道の限りを尽くしたが、一度だけ善行をした。小さな蜘蛛を踏みつぶそうとしてとどまったのである。それを思い出したお釈迦様は、犍陀多を救ってやろうと地獄の底に蜘蛛の糸を垂らす。ところが犍陀多が糸を登る途中で下を見ると、無数の罪人が登ってくる。糸が切れるのを恐れた犍陀多は叫ぶ。「この蜘蛛の糸は己《おれ》のものだぞ」そのとたんに糸は切れ、犍陀多は地獄の底にまっさかさまに落ちてしまった。

通常は、エゴイズムをいさめる教訓話として読まれてきた作品。しかし、今日ここから連想されるのは、過酷な競争社会、格差社会である。ポイントは犍陀多の物語（二）の前後に配置されたお釈迦様目線で書かれた部分だ（一&三）。

ある日のこと〈御釈迦様は極楽の蓮池のふちを、独りでぶらぶら御歩きになっていらっしゃいました〉。これが書き出し。お釈迦様、やけに余裕をカマしているではないか。〈極楽は丁度朝なのでございましょう〉蓮池の真下に見える血の池地獄。お釈迦様が蜘蛛の糸を垂らしたのはほんの気まぐれ、朝の散歩のついでにすぎない。

ラストは再び極楽。蓮池のふちで一部始終を見ていたお釈迦様は落ちる犍陀多を見て悲しそうな顔をするが、〈またぶらぶら御歩きになり始めました〉。地獄の喧噪に極楽は頓着しない。蓮の花の芳香があふれる。〈極楽ももう午《ひる》に近くなったのでございましょう〉

これほどの騒動は、わずか数時間の出来事だったのである。血の池であえぐ地獄の住人と、花咲く池で高みの見物をする極楽の住人。これを格差社会といわずして。

細い糸にすがって争うビンボー人。蜘蛛を踏まなかったのがそれほどの善行なのかという疑問も、セレブなお釈迦様の退屈しのぎと思えば納得できるではないか。

芥川には古典に取材した作品が多く、『蜘蛛の糸』はポール・ケーラス『カルマ』（一八九四年）の中の一話。鈴木大拙が『因果の小車』の邦題で訳しているが、元は短い小話だ。

芥川龍之介（あくたがわ・りゅうのすけ　一八九二〜一九二七）夏目漱石に『鼻』を激賞され、大正文壇に華々しくデビュー。東西の古典に想を得つつ、理知的な構成の短編小説を数多く発表した。「ぼんやりとした不安」による睡眠薬自殺は社会に大きな衝撃を与えた。

悲しげな叫び声は、大雨の後の晴れやかな夏の朝の空気をかき乱して、惨《いた》ましく聞え続けた。

『或る女』（一九一九年）有島武郎

●船上で火がついた世紀の恋

アンナ・カレーニナやスカーレット・オハラ（『風と共に去りぬ』）のような、文学界に君臨する「ザ・ヒロイン」が日本文学には少ない。しいていえばこれ、有島武郎『或る女』だろうか。主人公は早月《さつき》葉子という美貌の女性である。

二〇歳で結婚したものの二か月で別れた葉子。離婚後に生まれた娘はばあやに預けられた。

二五歳になった葉子は周囲の説得で在米実業家の木村と婚約し、彼が待つシアトル行きの船に乗る。ところが、この船に運命の人がいた。船の事務長・倉地である。

〈始めて猛獣のようなこの男を見た時から、稲妻のように鋭く葉子はこの男の優越を感受した〉葉子は倉地との恋を貫くべく、米国に着いても体調不良を理由に上陸を拒み、木村を残して日本に帰ってしまうのだ。

いやあ、倉地が猛獣なら、葉子も相当な肉食系である。

しかし、これだけの掟破りをやらかして、無事にすむはずもない。日本に帰ってからの後編は、これでもか、というほどの不幸の連続攻撃となる。

倉地には妻と三人の娘がいることを知っての恋愛のはずだった。しかし、二人の恋愛スキャンダルは新聞に書きたてられ、倉地は会社をクビになり、葉子は嫉妬に苦しみ、妹二人を引き取って暮らしはじめるも、今度は上の妹と倉地の仲を疑い、下の妹が病に冒され、愛想をつかした倉地が葉子のもとを去り、やがて葉子自身も病床の人となる。

〈「痛い痛い痛い……痛い」／葉子が前後を忘れ我れを忘れて、魂を搾り出すようにこう呻《うめ》く悲しげな叫び声は、大雨の後の晴れやかな夏の朝の空気をかき乱して、惨《いた》ましく聞え続けた〉子宮内膜症で手術を受けた葉子が激痛の中で死を悟る場面である。「痛い痛い痛い……痛い」という声が空に響く。葉子二六歳。凄絶すぎるラストである。

恋愛自体がレジスタンスとされた時。これはこれで奔放な生き方とはいえるけれども、恋愛至上主義は身を滅ぼす、の見本みたい。自由な女は結局作者に殺されるのだ。

葉子のモデルは国木田独歩の最初の妻・佐々城信子。有島は当初『或る女のグリンプス』（一九一三年）として前半だけを発表した。モデルの信子は新たなパートナーを得て七一歳で没した。

有島武郎（ありしま・たけお　一八七八〜一九二三）弟は画家の有島生馬、小説家の里見弴。欧米留学から帰国後、弟たちと共に白樺派運動に加わる。軽井沢の別荘で「婦人公論」記者・波多野秋子と心中。

今後なお耐えなければならないのか、全く一人で。神よ助け給え。

『友情』（一九二〇年）武者小路実篤

ストーカー男子の妄想と孤独

武者小路実篤『友情』はかつて『坊っちゃん』や『伊豆の踊子』と並ぶティーンエイジャーの必読図書だった。失恋した主人公がベートーヴェンの像を叩き割る結末は、よく知られている。が、大人になって再読した人は驚くだろう。こんなにアブナイ小説だったなんて。

〈野島が初めて杉子に会ったのは帝劇の二階の正面の廊下だった〉

これが書き出し。このとき杉子は一六歳。野島は二三歳。以後彼は「杉子萌え～♡」の状態になってしまうのであるが、親友の大宮に恋愛相談をもちかけるばかりで、彼女とはろくに言葉もかわせない。そのくせ彼は、女性と見れば結婚を考えるタイプ。妄想だけは果てしなく広がっていくのである。野島、いまの言葉でいえば、ストーカー体質だ。

そんな野島に小説は残酷な結末を用意する。

じつは相思相愛だった親友の大宮と杉子という衝撃の事実。それを小説仕立ての大宮の告白で知った野島は、大宮がパリから送ってきたベートーヴェンのマスクを庭石に叩きつけ、大宮に手紙を書く。〈君よ、仕事の上で決闘しよう〉〈僕のことは心配しないでくれ、傷ついても僕は僕だ〉

ここで終わればカッコよかったのに、野島は泣く。泣きながら日記に書くのである。

〈自分は淋しさをやっとたえて来た。今後なお耐えなければならないのか、全く一人で。神よ助け給え〉

学習院の出身者らでつくられた文学の同人・白樺派。武者小路実篤は、その中心的な存在だった。愛する人と親友に裏切られてもなお彼らを恨まず、神に救いを求めるあたりに、白樺派の理想主義が表れている？

三角関係を描いたこの作品の表題が『友情』である点に注意したい。主題はあくまで男同士の友情（の強さと試練）で、失恋は最大の関心事ではないのである。

ひとりでさびしさに耐えなければならないのかという嘆きも、恋愛以上に、何でも相談できる親友を失った痛みのほうが大きいように見える。親友への虚勢を張った手紙と、日記に綴られた情けない心情との落差。神に助けを乞うほどの苦痛。見栄っ張りな男の子の悲劇である。

小説は野島の手紙と日記で終わるが、興味深いのは手紙を読んだ大宮の反応である。野島の怨念に震え上がり、やはり「神よ助け給え」と思ったんじゃないか。友情おそるべし！

武者小路実篤（むしゃのこうじ・さねあつ　一八八五～一九七六）志賀直哉らと「白樺」を創刊、白樺派の中心的存在。平和で理想的な共同生活を目指した「新しき村」設営に没頭。その後も、旺盛に作品を執筆した。

われわれは彼女を安心して、直也の手に委《まか》せておいてもいいだろうと思う。

『真珠夫人』（一九二一年）菊池寛

●復讐に次ぐ復讐の結末は

主人公の唐沢瑠璃子は女学校を出たての男爵の令嬢。恋人の杉野直也は学習院出の子爵の令息。菊池寛『真珠夫人』は美貌を武器に男たちへの復讐を誓う女性の物語だ。

ことの発端は金満家の荘田勝平が主催する園遊会。瑠璃子と直也もこの会に出席するが、成金趣味をバカにして荘田の逆鱗にふれてしまうのだ。妻を失い二人の子のいる荘田は、意趣返しに多額の支度金をちらつかせ、親子ほども歳の違う瑠璃子に結婚を申し込んできた。貴族院議員でもある瑠璃子の父が金に困っていることを知っていたのだ。

〈妾《わたくし》の力で荘田を罰してやります〉

そう誓って結婚を承諾した瑠璃子だったが、復讐に燃えた直也が荘田家に乗り込み、誤って娘の美奈子をピストルで撃ってしまう。一命をとりとめた美奈子の懇願で通報は免れるも、その日から直也は姿を消した。

一方、嫁いだ瑠璃子は思わぬ展開で本懐を遂げる。瑠璃子を父の暴行から守ろうとした荘田の息子の一撃により、荘田は命を落とすのである。

本来なら、ここで終わってもいいはずだ。だが、二年後、瑠璃子は自宅の居間に男たちを集めるサロンの女主人になっていた。瑠璃子の色香に惑わされ、次々に身を滅ぼしていく男たち。この小説では、誰も彼もが復讐に燃えていて、振った振られた、切った張ったの波状攻撃が続く。

ラストシーンは箱根のホテルだ。瑠璃子は瀕死の重傷を負っていた。彼女が振った若い男に刺されたのだ。そこに突然現れた直也。瑠璃子は〈美奈さんを、貴君《あなた》にお頼みしたいのです〉と義娘を直也に託して絶命した。

〈瑠璃子を失った美奈子の運命が、この先どうなって行くか、それは未来のことであるから、この小説の作者にも分らない。が、われわれは彼女を安心して、直也の手に委《まか》せておいてもいいだろうと思う〉

なんちゅう無責任な終わり方。物語の序盤で姿を消して最終盤に戻って来たこんな男、あてになるわけないじゃんか。作者はおそらく是が非でもハッピーエンドにしたかったのだろう。でも直也に年頃の娘の後見役は無理。ラストの一文は新たな確執の予兆だね。

二〇〇二年にドラマ化され、一時的に人気が復活した大正期のベストセラー。瑠璃子はただの悪女に見えるがフェミニスト的感性の持ち主で、復讐の相手は男社会そのものだったようにも思われる。

菊池寛（きくち・かん　一八八八〜一九四八）旧制一高の同級生である芥川龍之介や久米正雄に比べ、評価が高まるには時間を要したが、後年は文藝春秋社をおこし、芥川賞、直木賞を創設、「文壇の大御所」と呼ばれた。

そのふもとの町はほろびて、滅《な》くなってしまいました。

『赤いろうそくと人魚』（一九二一年）小川未明

●はかなげな童話の秘めたるパワー

〈人魚は、南の方の海にばかり棲《す》んでいるのではありません。北の海にも棲んでいたのであります〉という書き出しで一気に物語の世界に引きこまれる。『赤いろうそくと人魚』は「日本のアンデルセン」とも呼ばれる小川未明の代表作だ。

北の海に棲む孤独な人魚はせめて子どもには人間の世界で幸せになってほしいと願い、海辺の町に生まれたばかりの娘を捨てた。娘はろうそく屋の老夫婦に拾われて美しく成長し、ろうそくに絵を描くようになる。

海難を避ける力があるというろうそくはよく売れたが、評判を聞きつけてきた香具師《やし》が示した大金に目がくらみ、夫婦は娘を売り飛ばしてしまう。せかされた娘は急いで赤く塗りつぶしたろうそくを残したが……。

多くの創作童話で戦前の児童文学に大きな影響を与えた未明。だが彼は、戦後の児童文学界で激しい批判にあった。理由のひとつは詩的で幻想的な未明のメルヘンはリアリズムとは乖離していること。もうひとつは運命論的な暗さかな。たとえば、この物語の結末はどうか。

娘が残した赤いろうそくを、ある晩、不気味な女が買っていく。以来、お宮に赤いろうそくがともると海は荒れ、ろうそくは不吉の印になってしまった。ラストシーンは再び海。暗い海からお宮に登っていく赤いろうそくの灯。そして物語は唐突な結末を迎える。

〈幾年もたたずして、そのふもとの町はほろびて、滅《な》くなってしまいました〉

人魚の恨み、おそるべし！　こんな呪術的な物語では、なるほど子どもたちに希望も勇気も与えまい。戦後の児童文学はいわば「未明の否定」から出発したのだった。

とはいえ、ラスト一行の非情な展開に、この童話の魅力はむしろ凝縮されていよう。

アンデルセンの『人魚姫』は人間の王子に恋した人魚の自己犠牲の物語だったが、同じ悲劇は悲劇でも、こっちの人魚はなにせ町を丸ごとつぶすのである。ほとんどゴジラ並みのパワー。中途半端に希望のある結末より、よほどインパクトは強い。人魚だからとナメてはいけない。一見はかなげな人魚は、冬の日本海並みに冷たくて強いのだ。

小川未明は日本海に近い新潟県高田（現上越市）の出身。未明に限らずこの時代の童話はすべて短編だった。戦後の児童文学は子どもに自我と内面を与えることで長編への可能性を開いた。

小川未明（おがわ・みめい　一八八二〜一九六一）日本初の創作童話集『赤い船』を出版。社会主義、アナーキズムなど思想的変遷を経ながらも、数多くの童話を執筆し、日本の児童文学の発展に貢献した。

大理石のような白い美しい手はどこにも見つかりません。

『一房の葡萄』（一九二二年）有島武郎

絵の具を盗《と》った「僕」と先生

『一房の葡萄《ぶどう》』は雑誌「赤い鳥」に載った有島武郎の児童文学作品のひとつである。

物語は〈僕は小さい時に絵を描《か》くことが好きでした〉という一文ではじまる。「僕」は通学路である横浜の海岸を絵に描こうとするが、手持ちの絵の具では〈透きとおるような海の藍色と、白い帆前船《ほまえせん》などの水際近くに塗ってある洋紅色《ようこうしょく》〉が出せない。

そこである日、ジムという年長の少年の机の中から藍と洋紅の絵の具を盗んでしまう。級友たちにとがめられて泣きじゃくる「僕」。担任の女性教師は「よくわかったらそれでいいから泣くのをやめましょう、ね」と諭した後、二階の窓から西洋葡萄の房をもぎとって「僕」のひざにのせるのだ。翌日、仲直りの証しに一房の葡萄を半分に切って「僕」とジムにくれた先生。

〈秋になるといつでも葡萄の房はむらさきに色づいて美しく粉をふきますけれども、それを受けた大理石のような白い美しい手はどこにも見つかりません〉

という、その手のイメージで小説は閉じられる。

道徳的、教育的にも読める作品ながら、それ以上に印象的なのは色彩の豊かさだ。藍色と洋紅色。その二色をあわせた色である紫色の葡萄と、それを受ける先生の白い手。

うっかりすると読み飛ばしてしまうが、「大理石のような白い美しい手」の先生は西洋人である。クラスメートも西洋人なら、教室での会話も英語。

だとしたら、〈体も心も弱い子〉で〈友達もない方〉だった「僕」はここではむしろマイノリティ。そう考えると彼の孤独にも、「二人は今からいいお友達になればそれでいいんです」という先生の言葉にも、人種や国籍や文化がからんだ複雑なニュアンスが加わる。

先生が葡萄作戦で示したのは許すことの大切さだった。ただ、「僕」がジムにきちんと謝罪していない点が気にかかる。〈その時から前より少しいい子になり、少しはにかみ屋でなくなった〉彼はともかく、一房の葡萄でごまかされたジムは納得したのだろうか。先生の手だけ思い出すのは、ジムのことは忘れちゃいたい反動なのかも。

横浜の学校で外国人とともに学んだ自身の経験をもとにした作品。妻を失った作者が、三人の子どもを励ますために書いたといわれる。と考えると、最後の一言は悲痛な叫びにも思える。

有島武郎（ありしま・たけお　一八七八〜一九二三）プロフィールは38ページ参照。

その濃《こまやか》なはだをとおしてもれだす甘い匂をかぎながらまた新《あらた》な涙を流した。

『銀の匙』（一九一二年）中勘助

●甘く切ない、泣き虫少年の思い出

〈私の書斎のいろいろながらくた物などいれた本箱の抽匣《ひきだし》に昔からひとつの小箱がしまってある〉

中勘助『銀の匙《さじ》』の書き出しである。

作者の子ども時代を回想した自伝的作品。前編と後編からなり、前編では幼年期から小学生時代までが、後編では高等小学校と中学校時代の話がつづられている。

病弱な母に代わって「私」を育ててくれた伯母は、ひ弱だった「私」（描写を読むとアトピー性皮膚炎だったように思われる）にいつも銀の匙で薬を飲ませてくれた。それが小箱の中にしまってあり、表題にもなった銀の匙の由来である。

彼が生まれ育ったのは東京の神田のど真ん中。が、チャキチャキした土地柄に反して「私」は弱虫で泣き虫で意気地なし。『銀の匙』は、「なよなよ」「めそめそ」とした少年時代をそうっと慰撫するような作品なのだ。

ラストにもその感じがよく表れている。一七歳の夏、友達の別荘で友達の美しい姉に会った「私」。しかし彼女は「ごきげんよう」という言葉を残し、水蜜《すいみつ》（桃）を置いて別荘を去ってしまった。そして「私」がとった行動は……。

〈力なく机に両方の肱《ひじ》をついて、頬《ほお》のようにほのかに赤らみ、腭《あご》のようにふくらかにくびれた水蜜を手のひらにそうっとつつむように唇にあててその濃《こまやか》なはだをとおしてもれだす甘い匂をかぎながらまた新《あらた》な涙を流した〉

つまるところは失恋である。でも妙になまめかしいこの描写！　ここに至るまでにも『銀の匙』には何人もの女たちとの甘く切ない別れが織り込まれている。はじめて友達になったお国さん。学校にいっしょに通ったお蕙《けい》ちゃん。目も耳も弱って死んだ伯母。

この本が一躍脚光を浴びたのは一九八七年だった。岩波文庫の創刊六〇周年を記念して行われた「岩波文庫　私の三冊」という有識者へのアンケートで、もっとも多くの票を集めたのが『銀の匙』だったのだ。いわば、みんなの「心の小箱にしまってあった」本。桃をなでまわして泣くんだもん。じつは淫靡《いんび》な作品なのだ、といっておこう。

夏目漱石の推薦で朝日新聞に連載された小説。中勘助はモテモテの色男だったが、どう見てもロリコンのマゾヒスト。詳しくは富岡多恵子『中勘助の恋』を参照されたい。

中勘助（なか・かんすけ　一八八五〜一九六五）旧制一高、東京帝大で夏目漱石に学び、父の死と兄の病気で危うくなった家計を助けようと創作を開始。漱石の推薦で『銀の匙』を朝日新聞に連載。文壇とは距離を置いた。

おれはそれぎり永久に、中有《ちゅうう》の闇へ沈んでしまった。……

『藪の中』（一九二二年）芥川龍之介

裁判劇を裁判員の目で読めば

芥川龍之介の短編の中でも『藪《やぶ》の中』ほど多様な読み方をされてきた作品はないだろう。『今昔物語集』の一話を換骨奪胎したこの短編は、七人の証言者による一種の裁判劇である。

ときは平安。藪の中に放置された男の死体が焦点だ。〈さようでございます。あの死骸を見つけたのは、わたしに違いございません〉という第一発見者の木樵《きこり》を皮切りに、検非違使《けびいし》に問われた関係者四人が証言した後、事件の当事者三人が登場する。

三人の話は激しく食いちがっている。男を殺したのは自分だと述べる盗人（第一の被疑者）。自分が夫を刺したと神仏に懺悔する妻（第二の被疑者）。自分は自害したのだとイタコの口を借りて語る男の死霊（被害者）。

さあ真犯人は誰なのか、と探偵の目で読む人がいれば、いや事実はひとつじゃないんですよ、と文学的に読む人あり。しかし、いま私たちがこれを読むとしたら裁判官ならぬ「裁判員の目」で読んでみることだろう。

盗人は最後に〈どうか極刑《ごくけい》に遇《あ》わせてください〉と〈昂然たる態度〉で述べる。女は最後に言葉を失い〈一体わたしは、――わたしは、――〉とすすり泣く。有罪か無罪か。量刑はいかほどか。相当悩む。小説でさえこうなのだ。現実の裁判だったら判断できます？

小説のラストは男の死霊がイタコを介して語った言葉の最後の部分である。

〈その誰かは見えない手に、そっと胸の小刀《さすが》を抜いた。同時におれの口の中には、もう一度血潮が溢れて来る。おれはそれぎり永久に、中有《ちゅうう》の闇へ沈んでしまった。…………〉

中有とは次の生を受けるまでの死後の世界。男はここでコト切れて、だから「……」なのだが、小刀を抜かれたのが致命傷になったのか。すると「見えない手」って誰の手だ！「真相は藪の中」という表現の産みの親でもある『藪の中』は、このように最後の最後で新たな謎を突きつける。ここまで来ると、死者でなくとも判断が中有に沈んで絶句するしかない。凶器が見つからない以上、盗人も被害者の妻も、裁判員としては無罪とするのが妥当だろう。それでも自白に惑わされる私たち。まるで読者が試されているようだ。

当事者がみな「自分が犯人」と述べているのが不思議な作品。これを原作とした黒澤映画『羅生門』では一応の解が与えられている。

芥川龍之介（あくたがわ・りゅうのすけ　一八九二〜一九二七）プロフィールは37ページ参照。

今晩のあなたの夢はきっといつもとは違うでしょう

『一千一秒物語』（一九二三年）稲垣足穂

●月も星もタバコの煙

〈ある晩　ムーヴィから帰りに石を投げた／その石が　煙突の上で唄をうたっていたお月様に当った〉（「月とシガレット」）〈ある晩露台に白ッぽいものが落ちていた　口へ入れると　冷たくてカルシュームみたいな味がした〉（「星を食べた話」）

　詩なのか童話なのかSFなのかコントなのか。こんな書き出しのショートショートばかり七〇編。稲垣足穂『一千一秒物語』は読者に衝撃を与えたシュールな作品集である。

　月や星がよく登場するため、ついファンタジーとかメルヘンとか呼びたくなるが、ここに出てくる月や星はみな、そこらのチンピラか野良猫のような風情。しかも物語の中身はロマンチックとほど遠く、突き飛ばす、はね飛ばす、突き落とす、衝突する、殴り合う、石を投げる、ピストルを撃つ……不良のケンカみたいな話ばかりだ。

　最終話「A　MOONSHINE」は友人のAが竹竿につけた針金で三日月をとる話である。Aがサイダーを注いだコップに月を入れると〈へんな紫色の煙がモヤモヤと立ち昇つ〉て月は消え、それを飲んだAはおかしくなってしまった。S氏に話すと、シガーの煙を輪に吐いて「ムーンシャインさ！」と笑い出した。そして語り手はいうのである。

〈いったい話はどうなっているんだって云うのかね？　そうさ　それが今日に至るまでも判然としないものだから　きみにきいてみようと思っていたのだよ〉

　moonshineを辞書で引くと「ばからしい考え。たわごと」、さらに続けて「密造酒」。そうだったの⁉　それじゃ落語か小咄《こばなし》やん。足穂を言葉の魔術師と信じてきた人は小咄の線で読み直したほうがいいかもしれない。と思う間もなく最後のだめ押し。〈ではグッドナイト！　お寝《やす》みなさい　今晩のあなたの夢はきっといつもとは違うでしょう〉

　可愛く終わるが、全部冗談かもしれぬ掌編集。巻頭には〈いろんなタバコが取り揃えてあります　どれからなりとおためし下さい〉。読者を煙に巻く意図が見えませんかラストにも。

二〇〇編の作品から自選した作品集。足穂は「私の其後《そのご》の作品は―エッセイ類も合わして―みんな最初の『一千一秒物語』の註である」（「『一千一秒物語』の倫理」）と述べている。

稲垣足穂（いながき・たるほ　一九〇〇〜一九七七）佐藤春夫の知遇を得て作家デビュー。反リアリズム的な表現手法で注目を浴びた。その後、アルコール・ニコチン依存症となり創作から遠ざかるも、戦後に活動を再開。天体や器械類への嗜好、少年愛などをテーマに、独自の小宇宙を構築した。

「そんなもん見てはいけまへん。」と、むっとしたように私の手から其等《それら》の写真を奪いとった。

『黒髪』（一九二四年）近松秋江

●じらす女のテクがスゴイ

日本文学には「中年男が芸者に入れあげて身を持ち崩す」というパターンの物語が少なからず存在する。名づけて情痴小説。谷崎潤一郎に「情痴小説もこゝまで来れば一つの極致」といわしめたのが近松秋江『黒髪』である。

同じ情痴小説でも、『黒髪』の雰囲気は岩野泡鳴の『耽溺』とはかなり異なる。まず語り手の女に対する思い入れが半端じゃない。「女」とだけ記される彼女は京都の芸妓。知り合って足かけ五年。「私」は彼女にぞっこんで〈まるで熱病にでも罹《かか》っている如き状態〉だが、彼女には別の身請け話もあり、気が気ではない。アイドル同様、芸妓は「みんなのもの」だから恋した男は辛いのだ。

じらしのテクがまたすごい。「私」に対する女のじらし方も、読者に対する作者のじらし方もだ。一年半ぶりに会ったのに、何を聞いても女は「こゝではそのことも云えませんから、私、かえります」「下河原の家へこれからいて待っとくれやす」。指定の料理屋に行けば行ったで「こゝではいえまへん」「あんたはん、私、ちょっと帰ります」。

じらされた読者はつい語り手に肩入れしてしまう。「あとでいいます云いますって、それが、あんたの癖だ。もうそれを云って聴かしてくれてもいゝ時分じゃないか」そーだ、早くいえ！

なにゆえ女はこんなにじらすのか。ラストですべてが明らかになる。彼女の母の手引きでようやく案内された民家の二階。安堵した彼は長逗留するが、ある日、仏壇の中に洋装の四十男と和服の三十男、二枚の写真を見つけるのだ。「おい、これは何《ど》うした人？」〈すると女は、すぐ此方《こちら》を振顧《ふりかえ》りながら立って来て、／「そんなもん見てはいけまへん。」と、むっとしたように私の手から其等《それら》の写真を奪いとった〉なんのことはない、女はもう別の男に囲われていた⁉　というオチである。

二股、三股をかけつつ男を巧みに操る女。好きすぎてそれに気づかない男。こうなると純情というよりバカだけど、ストーカー誕生の瞬間を思わせるラスト。で、その後は！

『黒髪』は『狂乱』『霜凍る宵』を合わせた三部作の第一作。続編では男は姿を消したくだんの芸妓（お園）を追い続ける。「つづく」と入れたくなる『黒髪』のラストも、その意味では上手い。

近松秋江（ちかまつ・しゅうこう　一八七六～一九四四）職を転々とした後、『別れたる妻に送る手紙』が評価される。評論家から撲滅すべき遊蕩文学の作者と批判されるも、旺盛に執筆。晩年は両目を失明した。

そして私は活動写真の看板画が奇体な趣きで街を彩っている京極を下って行った。

『檸檬』（一九二五年）梶井基次郎

●じつは格差社会を撃つ小説？

梶井基次郎の作品は短いけれど難解だ。『檸檬』もそうで、丸善の本の棚にレモンを置く、それがどうしたと高校生の私は首をひねった覚えがある。

小説は〈えたいの知れない不吉な塊が私の心を始終圧《おさ》えつけていた〉と書き出される。おかげで「私」はかつて好きだったセレブでオシャレな（上位の）世界を楽しめなくなり、みすぼらしくて安っぽい（下位の）世界にひかれている。〈どうしたことだろう〉と「私」は考える。〈私の心を充《みた》していた幸福な感情はだんだん逃げて行った。香水の壜《びん》にも煙管《きせる》にも私の心はのしかかってはゆかなかった〉

もしや『檸檬』は格差社会を撃つ小説だったのではないか。洋書や輸入文具を扱うオシャレな店の代名詞だった当時の丸善。その丸善に「私」は町の八百屋で買った〈黄金色に輝く恐ろしい爆弾〉をしかけ、〈あの丸善が美術の棚を中心として大爆発をするのだったらどんなに面白いだろう〉という空想にひたるのだ。

〈私はこの想像を熱心に追求した。「そうしたらあの気詰りな丸善も粉葉《こっぱ》みじんだろう」／そして私は活動写真の看板画が奇体な趣きで街を彩っている京極を下って行った〉

ここで小説は終わる。セレブな世界に爆弾をしかけた「私」は再び俗悪な世界に戻っていく。「丸善の美術の棚」と「活動写真の看板画」のコントラスト。このラストを視野に入れるとき、『檸檬』はがぜん社会性を帯びはじめる。

『檸檬』が書かれた大正末期から昭和初期にかけては華やかなモダニズム文化が都市で開花する一方、『女工哀史』に象徴される貧困も顕在化した格差社会（階級社会）の時代だった。三高から東京帝大に進みながら肺病と借金に苦しんでいた、当時二三歳の梶井基次郎。

イメージの中だけとはいえ、「私」がしかけたレモン爆弾には、自身の「不吉な塊」と同時に丸善的なる気取った世界を破壊したいという衝動が感じられる。バカヤロー、何が舶来品じゃ。こんな青年、現代の都市にもいそうじゃない？

『檸檬』と細井和喜蔵『女工哀史』は、同じ年に出版され、和喜蔵も二八歳の若さで夭折した。ちなみにこの年は普通選挙法と治安維持法が制定された年でもある。

梶井基次郎（かじい・もとじろう　一九〇一〜一九三二）一〇代で胸を病み、病と闘いながら執筆。志賀直哉やボードレールから影響を受ける。肺結核で亡くなる直前、文壇に認められ、死後その評価は高まった。

ナオミは今年二十三で私は三十六になります。

『痴人の愛』（一九二五年）谷崎潤一郎

上昇志向に逆らって落ちていく男

年長の男性が少女を手もとに置いて理想の女性に仕立てようと考える。日本文学きってのロリコン小説・谷崎潤一郎『痴人の愛』は、『源氏物語』第五帖「若紫」や映画の『マイ・フェア・レディ』を連想させる小説である。

物語は〈私は此れから、あまり世間に類例がないだろうと思われる私達夫婦の間柄に就いて、出来るだけ正直に、ざっくばらんに、有りのまゝの事実を書いて見ようと思います〉と書き出され、読者への呼びかけを挟みながら、手記か手紙のような調子で進む。

語り手の河合譲治は二八歳。宇都宮出身、東京の工業高校を出て電気会社に勤める技師である。彼はある日、浅草のカフェで新米ウエートレスのナオミ（奈緒美）に目をつける。数えで一五歳のナオミはメリー・ピクフォード似の西洋人のような顔立ちだった。

下町の貧しい家庭で育ったナオミを譲治は引き取り、着せ替え人形よろしく着飾らせ、贅沢をさせ、楽しく毎日をすごすが、ナオミはなにしろ勉強嫌い。英語を教えて教養ある女性に育てようという譲治のもくろみはもろくも崩れる。

立派なレディに育った若紫やイライザとは逆に、わがままなナオミに譲治が負け続けるのが、この小説のポイントだろう。複数の男性との浮気を繰り返すナオミ。そのたびに、怒りにふるえながらも許してしまう譲治。河合譲治のような上京青年は近代文学の典型的な人物像だけど、彼らの上昇志向に逆らうように、彼は女に溺れて落ちていくのだ。

ラストでついに彼は開き直る。〈馬鹿々々しいと思う人は笑って下さい。教訓になると思う人は、いゝ見せしめにして下さい。私自身は、ナオミに惚れているのですから、どう思われても仕方がありません〉そして小説は自分らが「いい大人」であることを強調して閉じる。〈ナオミは今年二十三で私は三十六になります〉

西洋かぶれで頭でっかちな近代日本への批評と見るか、単なる援助交際のなれの果てと考えるか。長編らしい波瀾万丈の展開もほとんどない長編小説。「痴人」には「知識人」に偏重した日本文学への反逆の気分が込められている？

ナオミのモデルは谷崎の妻だった千代の妹・小林せい子とか。二〇一五年には『痴人の愛』をトリビュートした山田詠美『賢者の愛』が出版された。こちらは中年女性と少年の物語である。

谷崎潤一郎（たにざき・じゅんいちろう　一八八六〜一九六五）性や美、古典や純日本的な文化など、さまざまなモチーフで執筆し、作風を変化させた。『源氏物語』の現代語訳でも功績を残す。

頭が澄んだ水になってしまっていて、それがぽろぽろ零《こぼ》れ、その後には何も残らないような甘い快さだった。

『伊豆の踊子』（一九二六年）川端康成

●途中はロリコン、最後はBL

川端康成の『伊豆の踊子』はまさに「新感覚派」の作品だ。〈道がつづら折りになって、いよいよ天城峠《あまぎとうげ》に近づいたと思う頃、雨脚《あまあし》が杉の密林を白く染めながら、すさまじい早さで麓《ふもと》から私を追って来た〉

衛生画像で空から峠を見ているような書き出し。雨脚を主語にするなど、普通はやらないだろう。

二〇歳の旧制高校生が旅先の伊豆で出会った旅芸人の一行の少女に淡い恋をする物語である。ただ彼はそれが恋とは気づいていない。一高生と旅芸人では身分が違いすぎるから。彼が心配なのは、彼女が宿で客を取らせられるのではないかということで、それを思うと夜も眠れない。

しかし翌朝、温泉場の脱衣場で裸の踊子が手を振る姿を見て「私」の屈託は晴れてゆく。子どもなんだ！　ときは朝。天城峠を越えて、その先は海へと続く道。伊豆半島の地形と天候は主人公の気分とも重なり合う。

最後の場面は一転、暗い船室である。彼女と別れ、下田から東京行きの船に乗った「私」はぽろぽろ涙を流している。隣には進学先への入学準備で東京に行く少年が寝ていた。「何か御不幸でもおありになったのですか」「いいえ、今人と別れてきたんです」

そして「私」は少年がくれた海苔巻きを食べ、〈少年の学生マントの中にもぐり込〉むのだ。〈真暗ななかで少年の体温に温まりながら、私は涙を出委《でまか》せにしていた。頭が澄んだ水になってしまっていて、それがぽろぽろ零《こぼ》れ、その後には何も残らないような甘い快さだった〉

この表現も相当に「新感覚派」である。頭が水になってこぼれ出るのだ。まるで春先の雪解け並みの涙である。

波止場での別れではなく船室の場面で終わるのは、異境から日常へと「私」を帰すため。伊豆での数日は一時の夢。この船は『雪国』のトンネルといっしょである。

にしても途中まではロリコンで最後はボーイズラブ！　もっとも「私」が少年のマントの下で泣くのは、自分と同類の少年と出会って緊張が解けたからだろう。別れた後であれは恋だったと気づいた「私」。遅すぎるんだよ。

田中絹代、美空ひばり、鰐淵晴子、吉永小百合、内藤洋子、山口百恵。映画では各時代のトップアイドルが主役を演じた青春小説。

川端康成（かわばた・やすなり　一八九九～一九七二）幼くして両親を亡くし、一〇代から早熟な文才を発揮した。一九六八年、日本人として初のノーベル文学賞を受賞し世界的な名声を得るも、七二年にガス自殺。

圭一郎は幾度も幾度も寝返りを打った。――

『業苦』（一九二八年）嘉村礒多

気張って私小説を書いてはみたが

嘉村礒多は『子をつれて』の葛西善蔵の弟子とされる作家である。雑誌記者として晩年の葛西の口述筆記を務めるなどし、やがて自らも小説を発表するようになった。

『業苦』はそんな嘉村三〇歳の、当時としては遅いデビュー作。師匠同様、自身の生活を題材にしているが、なるほど師匠に負けず劣らずの困ったちゃんだ。

東京で千登世という女性と同棲している圭一郎に郷里Y県（山口県？）の妹から手紙がくる。「お兄さまもよくよく罪の深い方じゃありませんか。それでも人間と言えますか」

彼は実家に妻とまだ幼い息子とを残し、深い関係になった千登世と駆け落ちしてきたのだった。

二人の女との関係にけじめをつけない兄を妹は責めているのだが、妻の咲子も負けてはいず、慰謝料一万円を払わぬ限り離婚には応じないと粘っているという。そもそも圭一郎が咲子への愛情を失ったのは、彼女が結婚前に付き合っていた男がいると知ったからだった。

〈彼は疑ぐり出した。疑ぐりの心が頭を擡《もた》げるともう自制出来る圭一郎ではなかった。／「咲子、お前は処女だったろうな？」／「何を出抜けにそんなことを……失敬な」〉

しょうもな。もうちょっと「らしい」争いのタネはなかったのかね。

破滅型ぶってるが、ここから類推するに、嘉村はじつは愚直な常識人だったのではないか。末尾にもそれがあらわれている。貧乏がたたり、ひどくやせた千登世が青白い顔で眠っている。故郷に捨て置いてきた妻や子より、千登世に対する罪悪感や憐憫《れんびん》がつのる。が、一方で〈かと思うとポカンと放心した気持にもさせられた〉とも述べる語り手。

〈全体これから奈何《どう》すればいいのか？　又奈何なることだろうか？　圭一郎は幾度も幾度も寝返りを打った。――〉

意外にフツウだ。寝返りを打ったくらいじゃ人は驚かない。圭一郎は安月給とはいえいちおう勤め人だし、実家は地主で故郷に帰れば生活にも困らない。

私小説は読者をあきれさせてナンボの「たわけ自慢」の世界である。その点では師匠に完全に負けている。

続編の『崖の下』では置いてきた子どもをめぐる千登世との小さな確執が、晩年の『神前結婚』では二人のその後が描かれる。自身の人生の切り取り方もなんとなく律儀。

嘉村礒多（かむら・いそた　一八九七〜一九三三）裕福な農家に生まれる。最初の妻と不仲になり、別の女性と出奔し上京。葛西善蔵の口述筆記を務め、『途上』で私小説作家としての評価を得た。結核を患い死去。

先生は多分こう答えるでしょう。／「へそをなでています」

『ああ玉杯に花うけて』（一九二八年）佐藤紅緑

●貧乏だって出世はできる

「ああ玉杯に花うけて」とは旧制第一高校の寮歌の歌い出し。佐藤紅緑『ああ玉杯に花うけて』は五〇歳をすぎた佐藤紅緑が編集者の説得ではじめて書いた少年小説だ。

　主人公の青木千三《せんぞう》は一五歳。身体が小さく「チビ公」と呼ばれている。幼い頃に父を亡くし、いまは母と二人、豆腐屋を営む伯父夫妻の家に身を寄せている。成績優秀なのに家が貧しく進学をあきらめた彼は、中学で学ぶ少年たちがうらやましくて仕方がない。

　旧制中学への進学率が一〇％以下だった時代。浦和（現さいたま市）を舞台にした少年たちのドラマは、貧富の差、持てる者と持たざる者の差を残酷なまでにあぶり出す。

　とはいえそこは少年小説である。スーパーマン的優等生の柳《やなぎ》光一。助役の息子で、千三が売り歩く豆腐を強奪するジャイアン級に乱暴な阪井巌《いわお》。医者の息子で、スネ夫よろしくずる賢く立ち回る手塚……。これが戦後だったら絶対マンガになっただろうな。

　豆腐屋を手伝いながら、黙々《もくもく》先生なる人物が開く私塾に夜だけ通いはじめた千三は、そこで塾ＯＢの安場《やすば》五郎に出会う。貧しい境遇から自力で一高に進学した安場は、黙々先生の教えを千三に伝えるのだ。強くなりたければ臍《せい》下《か》丹田《たんでん》に力を入れろ。先生は「へそをなでろ」といっていた、と。

　かくしてラスト。物語は唐突に打ち切られ、少年たちの後日談を記すのだ。千三も光一も、後に改心した巌も一高に進学した。安場の消息を知りたければ、黙々先生を訪ねなさい。安場はロンドンの日本大使館にいると教えてくれるだろう。ロンドンでは何を？〈先生は多分こう答えるでしょう。／「へそをなでています」〉

　ときは日米英が軍縮をめぐってモメていた頃。若き外交官となった安場もそりゃあ悩んでいただろう。

　物語の根底に流れているのは、勉学に励んで貧しさから抜け出せという明治以来の立身出世主義である。勉学に励めば未来は開けるというメッセージ。未来のすべてが一高に集約されている点が現実的すぎて白けますけど。

〈読者諸君！　少年時代に一番つつしまねばならぬのは娯楽である〉といった叱咤激励も満載。「少年倶楽部」でこの小説の連載がはじまるや、紅緑は一躍少年にも人気の作家となった。

佐藤紅緑（さとう・こうろく　一八七四〜一九四九）新聞記者をしながら正岡子規に学び、俳人として認められる。その後は劇作、さらに小説執筆に軸足を移し、また本作を契機に少年少女小説も手がけ、人気を博す。

（「両雄殉節之碑」は）諸氏が骨を折って建てたものである。

『新選組始末記』（一九二八年）子母澤寛

●リアルな新選組は血に飢えたテロ集団

この本なくしては、どんな新選組の物語も生まれなかっただろう。子母澤寛『新選組始末記』は、後に書かれた『新選組遺聞』（一九二九年）、『新選組物語』（一九三一年）と合わせた「新選組三部作」の最初の一冊である。

　書き出しは〈近藤勇《こんどういさみ》の道場は、小石川小日向《こびなた》柳町《やなぎちょう》の坂の上にあった〉。作者が〈歴史を書くつもりなどはない〉と序文で述べているように、すべてが史実ではないまでも、残された史料や手紙、永倉新八翁ほか当時を知る人々の証言をまじえて描かれた新選組の姿は、物語性を排しているぶん、実像に近いのではないかと思われる。

　近藤のなじみの深雪太夫《みゆきだゆう》の弁によれば、〈その頃新選組の人は人を斬る事を楽しみにした位で〉、酒席でも〈今日は誰を斬ったの、明日は誰を斬ろうのと、それはそれは怖い話ばかりでした〉。金は持ってる、カッとなってすぐ人は斬る。近藤勇も土方歳三も芹沢鴨も、後世の物語が描く人間的な姿とはほど遠い。幕府方の特別警察とはいいながら、印象はほとんど刀を持った愚連隊。不良に近い脱藩浪士の集まりにプチ権力を与えた結果がこれだった。

　それでも、薩長中心の歴史の中で埋もれていた若者たちに光をあてて供養してやりたいと作者は考えたのだろう。「勇

の墓」と題された最終章は、近藤の墓は三か所にあり、東京市下には近藤と土方の「両雄殉節之碑」が建つことを伝えて終わる。

〈明治九年四月の建立。松平旧会津侯の篆額《てんがく》で、日野の佐藤彦五郎、土方の実兄粕谷《かすや》良循《りょうじゅん》、近藤勇五郎（勇次郎とある）の諸氏が骨を折って建てたものである〉

　味も素っ気もないラストである。もっとも旧会津侯が字を書き、土方の兄、近藤の養子に加え、故郷・日野宿の名主も碑の建立に尽力したのだから、近藤と土方にとってはささやかな名誉だったことが強調されるのだ。

　外面観察に徹した結果、浮かび上がるのは、血なまぐさいテロリスト集団の顔である。ここを原点に後世、数々の華やかな新選組伝説が生まれたのが、皮肉といえば皮肉。

昭和初期には、新選組を知る人がまだ存命だった。新聞記者だった子母澤が自らインタビューして集めた幕末の一級史料。三部作の残りの二冊（特に『新選組物語』）は物語性が高い。

子母澤寛（しもざわ・かん　一八九二～一九六八）彰義隊員を祖父に持ち、新聞記者時代から幕末・維新史に関する著作を発表。『国定忠治』の成功を契機に作家専業となり、大衆文学で広く活躍した。

庭の松が黒く見えた。非常に鮮やかにくっきり、松葉の一本一本が黒く見えた。

『伸子』（一九二八年）宮本百合子

●大正モダンガールの結婚の顚末

一八歳でデビューし、天才少女と騒がれた宮本（中條）百合子。『伸子』はそんな彼女の自伝的小説だ。

物語は第一次世界大戦が終結する一九一八年のニューヨークから始まる。一九歳の佐々伸子は父とともにここに滞在、父の帰国後も残って勉学を続ける予定だった。

ところが父が悪性感冒（スペイン風邪）に感染。このとき助けてくれた留学生の佃《つくだ》一郎と親しくなり、その後、大恋愛に発展するのだ。佃は三五歳。大学で比較言語学を研究する地味な男だ。ニューヨークで研究活動をしばらく続けた後、二人は周囲の反対を押し切って結婚。が、母が急病との報を受け、帰国したのが運命の分かれ目だった。

米国では自由でも日本では別。収入のない二人は東京の佐々家の二階で生活を始めるが、伸子の母の「いびり」は過熱し、佃は部屋から出てこなくなる。

プロレタリア文学作家のイメージが強い百合子だが、もともとはお嬢さま。自身の結婚に取材したこの小説は、日本の近代文学で離婚を正面から描いた最初の作品になった。

結婚して四年。新居に移転はしたものの、二人の関係はこじれており、伸子は別れを切り出した。それまで煮え切らぬ態度を続けてきた佃は激しく抵抗した。〈こんなに頼んでも思い返してくれないんですか〉〈どうして、こんなに愛している私のとこから去ろうとするの？〉

佃は突然奇妙な行動に出た。作り付けの鳥籠の網をハサミで切り始めたのだ。一度は解放された小鳥たち。だが一羽の十姉妹《じゅうしまつ》が籠に戻ってきた。〈ああ、ああ、鳥でさえ帰って来るのに——……君は……君は……〉

夫の芝居がかった台詞を聞きながら〈飼鳥になっては堪らない〉と伸子は考える。そしてラストの一文。〈都会の卵色の濁った夕空の前に庭の松が黒く見えた。非常に鮮やかにくっきり、松葉の一本一本が黒く見えた〉

白けた気分の伸子の目に映る庭の松の木。彼女の目は戻ってきた小鳥の、もっと向こうを見すえている。別れを決意した人は強い。黒々とした松のごとし。

宮本百合子が共産主義に傾倒するのは一九三〇年代。湯浅芳子とのソ連旅行が契機ともいわれる。湯浅芳子は『伸子』では吉見素子の名で登場。後に二人の深い親交を予感させる描き方になっている。

宮本百合子（みやもと・ゆりこ　一八九九〜一九五一）一九一六年、『貧しき人々の群』でデビュー。米国留学中に結婚した荒木茂との結婚生活を『伸子』として描き、ソ連留学後、日本共産党に入党し、共産党員の宮本顕治と結婚。たびたび検挙、拘留される。戦後は新日本文学会や婦人民主クラブの設立に参加し、多くの作品を書いた。

そして、彼等は、立ち上った。――もう一度！

『蟹工船』（一九二九年）小林多喜二

●地獄の底から立ち上がる労働者

小林多喜二『蟹工船』。格差社会の現実が顕在化した二〇〇八年、まさかのベストセラーになった、プロレタリア文学の代表的な作品である。長く文学史の中で眠っていた作品が再び脚光を浴びたのは、現代の派遣労働者らの実態が『蟹工船』と重なるからだったといわれる。

小説は〈「おい、地獄さ行《え》ぐんだで！」〉という強烈な台詞ではじまり、函館からオホーツク海に出航した蟹工船・博光丸のなかの過酷な日々を追う。名前で呼ばれるのは漁業監督の浅川くらいで、あとは固有名詞をもたない雑多な労働者たちの群像だ。古さを感じさせないルポルタージュ風のタッチも、若い読者をひきつけた要因だろう。

ラストも、書き出しに負けず劣らず強烈である。「やめたやめた！」漁夫のそんな一言から広がったサボタージュ。三〇〇人規模のストライキへと発展するも、結局敗れた労働者たち。しかし「糞壺《くそつぼ》」と呼ばれる船室で彼らは話し合うのである。「このま、仕事していたんじゃ、俺達本当に殺されるよ」「死ぬか、生きるか、だからな」「ん、もう一回だ！」

そして印象的な、幕切れの一文。

〈そして、彼等は、立ち上った。――もう一度！〉

もう一度！　このラストに『蟹工船』が共感を呼んだ理由の一端があらわれている。そこにあるのは、あきらめるな、というメッセージである。「地獄に行く」ところからはじまり、地獄の底から立ち上がる直前で終わる。昭和のプロレタリア文学式にいえば「階級的な目覚め」だが、平成の格差社会風にいえば「ワーキングプアの逆襲」だろう。

『蟹工船』が発表された一九二九年は世界大恐慌の年で、リーマンショック後の二〇一〇年前後と状況が似ていた。

小説には〈二度目の、完全な「サボ」は、マンマと成功した〉云々という短い「附記」（後日談）がつき、〈この一篇は、「殖民地に於ける資本主義侵入史」の一頁である〉という蛇足で閉じられるのだが、ここはオマケと考えたい。

サボが成功したかどうかは別の話。立ち上がる寸前で終わるから『蟹工船』はカッコイイのだ。

とはいえ『蟹工船』の欠点は、イデオロギーが先行し、蟹缶作りの労働現場が描かれていないことだろう。実際の蟹工船については、五稜郭に近い函館市北洋資料館などで学ぶことができる。二〇〇九年には、松田龍平、西島秀俊らの出演で映画化された。

小林多喜二（こばやし・たきじ　一九〇三～一九三三）北海道拓殖銀行に勤めながら共産主義運動に傾倒、プロレタリア文学の旗手となる。共産党員労働者の人間像や権力による思想弾圧への憎悪を描いた。特別高等警察により拷問、虐殺された。

〈老人は〉背後の闇の中へ溶け込む様に消えて行ったのである。

『押絵と旅する男』（一九二九年）江戸川乱歩

●すべては蜃気楼だったのか

『鏡地獄』とか『人間椅子』とか、江戸川乱歩の短編にはサーカスも真似のできない大仰なしかけの物語が多い。『押絵と旅する男』もそんな一編。

　物語は富山県の魚津からはじまる。富山湾で蜃気楼を見た「私」は、上野に向かう帰りの列車で、四〇歳にも六〇歳にも見える老人と乗り合わせる。老人は風呂敷包みから額を出して窓辺に立てかけた。額の中には老人と娘が寄りそう押絵。双眼鏡を手わたされた「私」が絵を覗くと、老人はいった。「あれらは、生きて居りましたろう」こうして謎の老人は、押絵の中の男が自分の兄であることを明かし、彼の身の上話をはじめるのである。

　巧妙な構成である。浅草で「覗き絵」の中の八百屋お七に恋した兄。その兄が「覗き絵」に入りこむまでのいきさつを語る老人。列車の中で老人の話を聞く「私」。物語が二重三重の入れ子構造になっていて、それ自体が「覗き絵」のごとし。「私」といっしょに読者は「覗き絵」の世界にまんまと引きずりこまれるという寸法である。

　こういうお話は、読者を「覗き絵」の外に連れ出さなくては終われない。語り終えた老人は、かくして山間の小さな駅で汽車を降りる。〈窓から見ていると、細長い老人の後姿は（それが何と押絵の老人そのままの姿であったか）簡略な柵の所で、駅員に切符を渡したかと見ると、そのまま、背後の闇の中へ溶け込む様に消えて行ったのである〉

　幽霊のように闇に溶けていく老人。一見エンディングらしいエンディングである。

　しかし、いまひとつ釈然としない。そもそもこの小説は富山湾の蜃気楼からはじまっている。しかも書き出しは〈この話が私の夢か私の一時的狂気の幻でなかったならば、あの押絵と旅をしていた男こそ狂人であったに相違ない〉。テキストは最初から「すべては頭の中でこしらえた蜃気楼かもよ」というエクスキューズを発していたのだ。

　主人公は「押絵の男」ではなく「押絵と旅する男」。老人が闇に消えた後、東京までの旅を続ける「私」はまだ夢から覚めていない。である以上、読者も夢から覚め切れないのだ。

押絵とは羽子板の絵のように布地と綿で立体感を出した工芸品のこと。作中には「十二階（浅草に実在した凌雲閣のこと）」なども登場。浅草の雰囲気を伝える小説としても知られる。

江戸川乱歩（えどがわ・らんぽ　一八九四～一九六五）貿易会社や新聞記者など十数回の転職後、作家デビュー。探偵作家クラブ初代会長や雑誌「宝石」の編集など、日本の推理小説界の発展に大きく貢献した。

その匂いこそ、(略)明るく、清く、しめやかに、懐かしく牧子の心に浸み入ったのである——。

『わすれなぐさ』(一九三二年) 吉屋信子

●不良なお嬢様が大暴走

佐藤紅緑が戦前の少年雑誌のスターなら、吉屋信子は少女たちに熱狂的に愛された作家だった。

『わすれなぐさ』を読んでみよう。舞台は東京の女学校。三年A級《クラス》に属する三人の少女が登場する。相庭《あいば》陽子はオシャレで派手でわがままな「軟派の女王」。父は羽振りのいい実業家である。佐伯一枝《かずえ》は勉強一筋、ロボットのあだ名をもつ「硬派の大将」。軍人だった父を亡くし、妹の面倒もよくみる模範生だ。個性的な二人の同級生に対し、やや存在感が薄いのが弓削《ゆげ》牧子。知的な個人主義者だが、無口で風変わり。父は石頭の理学博士で母は病気がち。

三人組の物語は今日のライトノベルやコミックでもわりと定番である。しかし彼女らのパワーは侮れない。

ことにスゴいのは、とても昭和戦前期の女学生とは思えない、少女マンガの登場人物みたいな相庭陽子のキャラクターだろう。このわがままなお嬢は、香水はつけるわ、夏の臨海学校でムチャクチャやるわ、母を亡くして意気消沈する牧子を横浜にひっぱり出して豪遊するわ、マジメな牧子をさんざん翻弄するのである。陽子の誘惑に逆らえない牧子はしかし、一方では一枝のことも気になっていて……。気がつけば、おっとこれは三角関係か⁉

しかし、作者は女同士の対立を放置しない。ラストは一度絶縁した後、病気になった陽子を牧子が見舞う場面だ。「早くお丈夫になって頂戴《ちょうだい》、そして私達三人で仲よしになって——」陽子の髪から匂うわすれなぐさの香水。牧子にとって、それは悪徳の匂い。だがテキストは「否」という言葉をはさむ。〈否、その匂いこそ、これからの三人の少女の結び合う友情のあかしの如く、明るく、清く、しめやかに、懐かしく牧子の心に浸み入ったのである——〉

悪役スターだった陽子の位置づけが、最後の一文でみごとに反転する。おそるべし、香水の力。

ちなみにわすれなぐさの花言葉のひとつは「真実の友情」。花の香りの香水が、友情のあかしとして立ちのぼっちゃうんだもん。少女小説ならではですよね。

「少女の友」に連載されて人気を博した作品。当時の女学生の熱狂ぶりを知るには、自身も吉屋信子の熱烈なファンだったという田辺聖子『ゆめはるか吉屋信子』がおすすめだ。

吉屋信子(よしや・のぶこ　一八九六〜一九七三)栃木高等女学校在学中から少女雑誌に投稿をはじめ、『花物語』を「少女画報」に連載する一方で、『地の果まで』が大阪朝日新聞の懸賞作に選ばれて文壇デビュー。戦後は家庭小説の書き手として女性読者から高い支持を得た。

彼女はたぶんあまり名のある詩人ではなかったのであろう。

『第七官界彷徨』（一九三三年）尾崎翠

●理科系の乙女チックロマン

尾崎翠『第七官界彷徨』は奇妙な味わい、いや匂いの小説である。書き出しはこんな感じ。

〈よほど遠い過去のこと、秋から冬にかけての短い期間を、私は、変な家庭の一員としてすごした。そしてそのあいだに私はひとつの恋をしたようである〉

事実、この家は「変な家庭」だ。長兄の小野一助は「分裂心理学」が専門の心理医者。次兄の小野二助は「コケの恋愛」を研究中。従兄の佐田三五郎は音楽学校の受験生。そして「私」こと語り手の小野町子は「人間の第七官にひびくような詩」を書きたいと願っている。

「第七官」とは五官（目、耳、鼻、舌、皮膚）を超えた第六官（直感）、それも超えた七番目の感覚器官のことらしい。実際、読みながら気づくのは、この小説には五官を刺激する要素がやたらと多いことである。二助は人糞を原料とするこやしを自室で煮ているし、三五郎はぼろなピアノに手を焼いているし、この家には絶えずひどい匂いや音が充満しているのである。口に入るものも、浜納豆、酸っぱい蜜柑、つるし柿、塩水……と、極端な味のものばかり。

五官が麻痺しそうな環境のなかで、では冒頭にいう町子の「ひとつの恋」はどうなったのか。たしかに町子は、柳浩六なる人物に首巻きを買ってもらうなど、恋に似た経験をする。けれども柳浩六は、町子に似ているという女性詩人の話をしたまま、遠くへ越してしまうのだ。彼女は〈柳氏の好きであった詩人について知ろうとした〉が、結末は……。

〈しかし、私の読んだ本のなかにはそれらしい詩人は一人もいなかった。彼女はたぶんあまり名のある詩人ではなかったのであろう〉

一助、二助、三五郎という数字をもった「五官の人」である家族。六（第六官？）という数字をもった「浩六」に失恋した町子。実験的な理科系の乙女チックロマンですね。

尾崎翠は三四歳でこの作品を発表した後、故郷の鳥取に戻り、それ以後は七四歳で没するまで表舞台に出なかった。一九六〇年代に再評価されるまで、こやしの匂いとともに眠り続けた作品。作者ないしヒロインの「その後」を暗示しているようなラストに、少しドキッとする。

ちくま文庫版の解説で、矢川澄子は、この作品にかかる霧の正体はエロティシズムだと述べている。第七官界を究極の無意識と考えれば、たしかにこれは「コケの恋愛」に近いかも。

尾崎翠（おさき・みどり　一八九六～一九七一）ポーの翻訳や映画時評などを雑誌に執筆した。『第七官界彷徨』の独特な表現世界が注目されたが、身心の不調を抱えながら郷里に戻る。再び小説を書くことなく死去。

「ほんとうに人間はいいものかしら。ほんとうに人間はいいものかしら。」とつぶやきました。

『手袋を買いに』（一九三三年）新美南吉

母性神話をゆるがす童話

新美南吉は国語教科書界のアイドルだ。『ごん狐《ぎつね》』は小学四年生の定番教材。が、教科書から消えた作品もある。やはり狐が主役の『手袋を買いに』である。

〈寒い冬が北方から、狐の親子のすんでいる森へもやってきました〉という一文で物語ははじまる。

雪で手が冷たいと訴える子狐。母子は手袋を買いに出かけるが、母は途中でおじけづき、子どもだけを町に行かせるのだ。子狐の片方の手を人間の手に変え、「けっして、こっちの手を出しちゃいけないよ、こっちの方、ほら人間の手の方をさしだすんだよ」といい含めて。

ところが子狐は、案の定、まちがって狐のほうの手を出してしまう。それでも帽子屋はお金（白銅貨）が本物と知って手袋を売ってくれた。「母ちゃん、人間ってちっともこわかないや」と語る子狐。結末の一文は意味深である。

〈お母さん狐は、／「まあ！」とあきれましたが、「ほんとうに人間はいいものかしら。ほんとうに人間はいいものかしら。」とつぶやきました〉

かわいいけれど、よく考えると、ツッコミどころの多いお話でもある。

なぜ母は両手を人間の手にしてやらなかったのか。手袋は前足と後ろ足の分で四つ必要ではないのか。狐なのになぜ本物の白銅貨を持っていたのか。そして、母はなぜ子どもだけを町に行かせたのか。無責任ではないか。ここで気がつく。あ、そーか。だから『手袋を買いに』は教科書から消えたんだ。この母は半ば母親失格なのだ。

しかし、「人間ってほんとにこわいものなんだよ」と子どもに言い聞かせていた母親が「ほんとうに人間はいいものかしら」と自問する。それがこの作品の「深い」ところだ。逡巡する母とはむしろ母の自然な姿だし、そんな母を超えて子どもは巣立つ。子狐は母とはちがった経験を経て、自立への第一歩を踏み出す。母性神話を壊す童話。子どもを守りぬく完璧な母より、ずっと人間的（狐だけど）だと思うけど。

二九歳で夭折した南吉の二〇歳のときの作品。『ごん狐』は一八歳のときの作品。南吉の故郷・愛知県半田市には新美南吉記念館が建ち、帽子屋と子狐の場面が再現されている。

新美南吉（にいみ・なんきち　一九一三〜一九四三）鈴木三重吉、北原白秋に認められ、高等女学校教師として勤める傍ら童謡や小説、詩を創作する。没後、先の童話集二つが出版され、一般に知られた。

(赤おには)戸に手をかけて、顔をおしつけ、しくしくと、なみだをながして泣きました。

『泣いた赤おに』(一九三三年) 浜田廣介

●「こころ」を持った鬼のこころは

浜田廣介『泣いた赤おに』は、多くの謎と疑問をはらんだ作品だ。

人間と仲良くなりたい赤鬼が戸口の前に立て札を出した。「ココロノ　ヤサシイ　オニノ　ウチデス。／ドナタデモ　オイデ　クダサイ」おいしいお菓子もお茶もございます、とも書いたのに人間は寄りつかない。

そこで友人の青鬼が一計を案じた。自分が村で暴れるから君は僕をやっつけろ。作戦は成功し、赤鬼は人間と親しくなるが、その後青鬼を訪ねると、「ボクハ、コレカラ　タビニ　デル　コトニ　シマシタ」「ドコマデモ　キミノ　トモダチ／アオオニ」と記した手紙を戸口に貼って青鬼は姿を消した後だった。

学校式の解釈では、これは友情と自己犠牲の物語である。やや大人っぽい目で読めば、異文化を拒む共同体(人間)と、異文化との交流を望む異形の者(鬼)の物語だろうか。

だが、どうも釈然としない。赤鬼が人間と親しくなれたのは、彼らを芝居でだますことに成功したからだし、青鬼が旅に出たのはウソがバレるのを恐れたからだ。つまり人間と鬼の間に本当の信頼関係は成立していないのである。

〈赤おには、だまって、それを読みました。二ども、三ども、読みました。戸に手をかけて、顔をおしつけ、しくしくと、なみだをながして泣きました〉というラストの解釈も難しい。赤鬼が泣いたのは、かけがえのない友を失った悲しみなのか。それとも人間とばかり仲良くし、同胞の青鬼を忘れた自分の浅薄さに気づいたためなのか。

『桃太郎』でも『一寸法師』でも昔話の悪役だった鬼にヒューマンな「こころ」を与えたことが『泣いた赤おに』が画期的に新しかった点である。ただ、鬼に人間性が加わった代わり、ここに出てくる人間たちはあまりに愚かで単純だ。外見で相手を判断する。芝居にはだまされる。ころっと態度を変える。赤鬼はなぜすべてを詫びて、青鬼を人間に紹介しなかったのだろう。青鬼が去ったのは、そんな思慮の浅い赤鬼に失望したせいってことはないですかね。

浜田廣介が生まれた山形県高畠町には浜田広介記念館が建ち、鬼をモチーフにした石像などが屋外展示されている。3DCGアニメ映画の原案にもなった、現在でも人気の高い作品。

浜田廣介(はまだ・ひろすけ　一八九三〜一九七三)小川未明とともに、日本の児童文学の先駆け的な存在。半世紀の作家生活で約一〇〇〇編の作品を発表し、その叙情的幼年童話が「ひろすけ童話」として親しまれる。

風はまだやまず、窓がらすは雨つぶのために曇りながらまだがたがた鳴りました。

『風の又三郎』（一九三四年）宮沢賢治

泣くのを我慢していた転校生

〈どっどどどうど　どどうど　どどう、／青いくるみも吹きとばせ／すっぱいかりんもふきとばせ／どっどどどうど　どどうど　どどう〉

印象的な歌ではじまる宮沢賢治『風の又三郎』は、九月一日、二学期がはじまる日に谷川の岸の小学校に転校してきた高田三郎少年が、学校を去るまでの一二日間を描いている。

賢治には『風の又三郎』に先行する『風野又三郎』という作品があって、こっちは完全に異界の住人である風の精（又三郎）が風としての体験と気象学の知見をしゃべりまくって去っていく。一方『風の又三郎』では、高田三郎が伝説の風の精（又三郎）なのかただの転校生なのか、作中の子どもたちの間で（読者の間でも）意見が割れるのだ。

「やっぱりあいづ又三郎だぞ。あいつ何かするときっと風吹いてくるぞ」と主張する嘉助。「そだないよ」と否定する一郎。三郎の超人性に無邪気に感動する嘉助に対し、六年生の一郎は三郎の人間的な部分を見ているのだ。

物語のラストは九月一二日の朝である。外は嵐。嘉助と一郎は学校に急ぎ、三郎が昨一一日に転校していったことを先生から聞く。顔を見合わせる二人。そしてラストの一文。

〈風はまだやまず、窓がらすは雨つぶのために曇りながらまだがたがた鳴りました〉

三郎が来た日も去った日も風が吹いていた。しかし、ラストシーンのポイントは風ではなくて雨だろう。三郎が転校してきた九月一日も強風だったが、空は青く、〈日光は運動場いっぱいでした〉。一方、一二日は教室の〈窓のすきまから雨が板にはいって〉いる。都会的で鼻っ柱が強く浮いたところのある三郎は、いつも泣くのを我慢して唇をかみしめていた。三郎が別れを惜しんで泣いている？

強風の特異日とされる二百十日（九月一日）にやってきて、二百二十日（九月一一日）に去った三郎。謎の転校生はいつだって暴風雨。が、三郎の側から見れば、『風の又三郎』は共同体に入れなかった子どもの物語に思えるのだ。

『風野又三郎』では最後、ガラスのマント姿の又三郎が「さよなら、一郎さん」と挨拶をして去る。「又三郎さん。さよなら」と返す一郎。ラストはこちらのほうが穏当である。

宮沢賢治（みやざわ・けんじ　一八九六〜一九三三）岩手の農学校で教え、農村生活をしながら、『雨ニモ負ケズ』『銀河鉄道の夜』など多数の詩や童話を創作した。東北の貧しい農民たちに尽くし、信心の篤い仏教徒でもあった。

一つの音の後には、また他の音が続いた。

『夜明け前』（一九三五年）島崎藤村

●明治維新を非薩長から眺めれば

〈木曽路はすべて山の中である〉

誰もが知っているにちがいない、島崎藤村『夜明け前』の書き出しである。観光地としての馬籠《まごめ》宿（岐阜県中津川市）の知名度はこの作品によるところ大だろう。

小説は馬籠本陣の当主・青山半蔵を主人公に、黒船来航の噂が山深い木曽路に届いたころから、維新前後の激動の時代を経て、半蔵が五六年の生涯を閉じる明治一〇年代までを描く。半蔵のモデルが藤村の父（島崎正樹）であったのはよく知られた事実である。

とはいえ文庫で全四冊の大作だ。読みかけて挫折したっていう人も多いのではないかと想像する。

いささかイレギュラーながら、読み通すコツは、うしろから、つまり第二部の下巻を先に読んでから、第一巻に戻ること。『夜明け前』は維新後の宿場と半蔵を描いた四冊目がもっともドラマチックで、おもしろいのだ。

参勤交代がなくなり、維新前後の一時的なにぎわいも去って、さびれゆく宿場町。疲弊した地域経済を木材で立て直そうとするも、山林が官有地に組み込まれて狼狽する人々。そこには今日にも通じる中央と地方、国家と国民の齟齬《そご》が凝縮されている。

終盤の半蔵は辛い立場に追い込まれる。奇行が目立ち、寺に火を放って自宅の座敷牢に監禁され、最後は狂気の中で死を迎えるのだ（狂気と称される彼の症状は、今日でいうアルツハイマー型認知症に近いように思われる）。

ラストシーンは、「フム、ヨウ」の掛け声で、半蔵の墓を掘る男たちのようすである。

〈強い匂いを放つ土中をめがけて佐吉等が鍬を打ち込む度に、その鍬の響が重く勝重のはらわたに徹《こた》えた。一つの音の後には、また他の音が続いた〉

直前には「わたしは、おてんとうさまも見ずに死ぬ」というせりふもあって、維新に希望を託すも、失意のうちに一生を終えた半蔵の悲劇性を際立たせる。ただ、この「音」は夜明け（未来）を拓く槌音《つちおと》にも感じられる。主役は死んでも歴史は続く。勝ち組である薩長土肥ではない、一地方から見た明治維新史として興味深い。

木曽路を旅した後で『夜明け前』を読むと、驚くほど頭に入るから不思議。中山道馬籠宿（岐阜県中津川市）には藤村の生家（本書の舞台）がいまも残り、藤村記念館として公開されている。

島崎藤村（しまざき・とうそん　一八七二～一九四三）フランス、ドイツ、ロシアの自然主義に影響を受け、主要作では情欲や嫉妬など、人間の自然性が深く洞察されている。近代詩の確立者としても評価が高い。

……ブウウ――ンン――ンンン…………。

『ドグラ・マグラ』（一九三五年）夢野久作

迷路みたいなテキストにクラッ

思わず「なんじゃ、これ」といいたくなる、近代文学史上きってのケッタイなラストである。が、驚くのは早い。この小説は冒頭もこうなのだ。

〈……………ブウウ――ンン――ンンン…………〉

夢野久作『ドグラ・マグラ』は噂にたがわぬ、悪夢みたいな小説である。

タネを明かせば最初と最後の「ブウーン」は時計の音。大正一五（一九二六）年、物語は〈蜜蜂の唸るような音〉で語り手の「私」が目覚めるところからはじまる。

「私」の四方を取り囲むコンクリートの壁。やがて現れた若林博士によると、そこは九州帝国大学の精神病棟という。「私」は記憶を失っているが、どうやら過去の猟奇的な犯罪にかかわっているらしい。隣室には「私」の許嫁だったという従妹の美少女が眠っている。自殺した正木教授が残したという資料をわたされた「私」は、それらを読むうちに、徐々に「自分は誰か」を知りはじめるが……。

と、大枠はそういうことになるのだが、読者を惑わす要素が山ほど仕込まれ、頭がこんがらがること必至。「私」は『ドグラ・マグラ』なる入院患者の手記を読む。

それはこんな手記である。〈一番最初の第一行が……ブウウ――ンンン――ンンンン……という片仮名の行列から始まっているようであるが、最終の一行が、やはり……ブウウ――ンンン――ンンンン……という同じ片仮名の行列で終っているところを見ると、全部一続きの小説みたような物ではないかと思われる〉あれあれ、この小説といっしょ？

だが、若林博士は告げるのだ。

〈それは、やはり精神病者の心理状態の不可思議さを表現した珍奇な、面白い製作の一つです〉後半は忌まわしいドラマだが、錯綜するテキストが読者を迷路に迷い込ませる。悶絶する「私」の耳に響く音で物語は幕を閉じる。

〈……ブウウ――ンン――ンンン…………〉

オノマトペの多用。人を喰った展開。博覧強記な小説でもある半面、作者の頭にあったのは劇画のようなビジュアルだったのではないかと想像する。難解。でも漫画チックなのだ。

構想と執筆に一〇年をかけた、書き下ろし作品。「これを読む者は一度は精神に異常を来たす」という文庫のキャッチコピーも有名だ。作者は本作発表の翌年、脳溢血で急死した。

夢野久作（ゆめの・きゅうさく　一八八九～一九三六）僧侶、謡曲教授、新聞記者などを経て、三七歳のとき「新青年」に『あやかしの鼓』を発表。以降、探偵小説の枠にとらわれず狂気や神秘の世界を探究する、異色の作品群を生み出した。

『黒死館殺人事件』（一九三五年）小栗虫太郎

湧き起る合唱と香煙の渦の中を、裏庭の墓コウをさして運ばれて行ったのである――閉幕《カーテン・フォール》。

科学か魔術かオカルト趣味か

神奈川県の某所に建つ、尖塔をそなえた西洋の城もかくやの古めかしい洋館。通称「黒死館」。小栗虫太郎『黒死館殺人事件』の舞台である。

外観も名前もおどろおどろしいが、ここに住む降矢木《ふりやぎ》一族の来歴がまた凄い。ルーツは天正遣欧少年使節のひとり千々《ちぢ》石《わ》ミゲル（清左衛門）と、カテリナ・ディ・メディチの隠し子といわれる妖妃カペルロ・ビアンカの密通によって生まれた子。一三代目の当主は医学博士の降矢木算哲《さんてつ》だが、彼が弟夫妻に館を任せている間、変死事件が相次いで起こり、三十余年後、算哲自身も謎の自殺をとげる。

一方、現在の館には次の当主となった遺児の旗太郎《はたたろう》、算哲の秘書、図書係、執事らが住み、ほかに弦楽四重奏団を組む四人の男女が起居していた。彼らは算哲の留学先のヨーロッパから乳児の頃に送られてきたが、館の外へは一歩も出さず四〇年余が経過した。

はい、もうこれだけでお腹いっぱい。

しかし、こんなのはまだ序の口で、算哲の死と過去の連続殺人事件をめぐって名探偵・法水麟《のりみずりん》太郎《たろう》が活躍する。というのもじつは枝葉末節《しようまっせつ》で、テキストの大部分をしめるのは法水が繰り出す、科学とも魔術ともウソともホントともつかぬウンチクの山なのだ。

そんな奇書にも、やがて結末が訪れる。ラストシーンは、とある人物の葬儀が行われている黒死館。この死者こそが一連の奇怪な事件の犯人であり、降矢木一族の最後のひとりだった。動機は何かと問う支倉《はぜくら》検事に法水は答える。〈一口に云えば遊戯的感情――一種の生理的洗滌《カタルシス》さ〉その名を告げた法水は、最後だけでもふさわしい形で送ってやろうと提案し、フィレンツェの市旗におおわれた棺は僧侶の肩にかつがれる。〈そして、湧き起る合唱と香煙の渦の中を、裏庭の墓コウをさして運ばれて行ったのである――閉幕《カーテン・フォール》〉

オカルティズムと衒学趣味全開の長編。作者はゲーテ『ファウスト』を下敷きにしたと述べるが、雰囲気はエーコ『薔薇の名前』風？　棺の運ばれ方まで思いっきり大仰だ。

初出誌は一時は横溝正史も編集長を務めた「新青年」。私立探偵・法水麟太郎が活躍するシリーズの一冊だが、他とは一線を画している。「法水」は「ホームズ」のもじりともいわれる。

小栗虫太郎（おぐり・むしたろう　一九〇一～一九四六）中学卒業後に書き続けた探偵小説は発表に至らず、三二歳の時の作品『完全犯罪』が評価され、一躍流行作家に。異国情緒と衒学趣味に溢れる作品を生み出した。

倒れ死すべき鶏《けい》頭《とう》の一茎と／ならびて立てる心はいかに。

『濹東綺譚』（一九三七年）永井荷風

●初老の作家の「ひと夏の経験」

「濹」というめったに使わない字は一文字で隅田川を意味するのだそうだ。濹東《ぼくとう》とは文字通り隅田川の東側、墨田区の向島あたりのこと。永井荷風『濹東綺譚』の舞台である。

『濹東綺譚』は川端康成『雪国』と同工異曲、いわば東京版の『雪国』だ。『雪国』の主人公・島村が国境のトンネルを抜けたように、『濹東綺譚』の語り手である小説家の「わたくし」こと大江匡《ただす》は隅田川をわたる。トンネルや橋は日常性と切れたアナザーワールドへの入り口で、むこう側には、ほのかに色香の匂う女が待っている。

というわけで小説は、散策の末に「わたくし」が私娼のお雪と出会うまでの経緯からはじまる。

季節は六月の末。突然の雷雨に「檀那、そこまで入れてってよ」と傘に入ってきた女。あっちから傘に飛びこんでくるのである。これを男の夢といわずして。

『濹東綺譚』はしかし、きわめて文人趣味の強い小説でもある。作中には俳句や漢詩、はては「わたくし」が執筆中の小説の一部までが挿入されるのだ。

ラストでも語り手は〈筆の行くまま、詩だか散文だか訳のわからぬものを書して此夜の愁《うれい》を慰めよう〉と書く。〈残る蚊に額さされしわが血汐〉という俳句のような一文に続くのは〈ふところ紙に／君は拭いて捨てし庭の隅〉ではじまり、〈君とわかれしわが身ひとり、／倒れ死すべき鶏頭《けいとう》の一茎と／ならびて立てる心はいかに〉で終わる、まさに「詩みたいなもの」。

蚊の季節も去って、いまはもう葉鶏頭も終わろうとする晩秋。——という一応別れの詩だけれど、どことなくふざけた印象がないでもない。『濹東綺譚』にはなぜか蚊がよく出てくるのである。あなたは色鮮やかな葉鶏頭、わたくしは一夏だけのしがない蚊、と解釈もできるが、お雪との出会いも別れも蚊に刺された程度の話だったともいえる。

〈わたくしは殆《ほとん》ど活動写真を見に行ったことがない〉という書き出しも、要は濹東が映画に代わる暇つぶしだったとの言い訳か。このへんのシレッとした感覚も『雪国』と同じ。お雪、二六歳。大江、五八歳。そもそも初老の男性のお伽話ですから。ひと夏の夢だったということで。

太宰治『女生徒』には『濹東綺譚』を批評した箇所がある。「ところどころ作者の気取りが目について、それがなんだか、やっぱり古い」「お年寄りのせいであろうか」いうよね女生徒。

永井荷風（ながい・かふう　一八七九～一九五九）良家に生まれるも芝居や遊里で遊興し、青年期はアメリカ、フランスに外遊した。帰国後、本格的な執筆活動に入って評価され、大家としての地位を確立した。

「（略）兎に角、自分はこの人を離れず、何所《どこ》までもこの人に随《つ》いて行くのだ」というような事を切《しきり》に思いつづけた。

『暗夜行路』（一九三七年）志賀直哉

世代をまたぐ不適切な関係

志賀直哉唯一の長編『暗夜行路』は、自然描写が高く評価される作品だが、男女の不適切な関係が主人公を悩ませる点では、不義の後遺症小説だ。

幼くして母を亡くし、なぜか突然、祖父に引き取られた主人公の時任謙作《ときとうけんさく》は、祖父の死後、兄から衝撃の事実を知らされる。謙作は父の外遊中、母と祖父の過失によって生まれた子どもだったのだ。作家を志すも、謙作の生活は荒れる一方だ。しかも祖父のお妾《めかけ》としてともに暮らしてきたお栄を女として意識しだし、思いあまって尾道に居を移す。縁談はうまくいかない。小説の筆もはかどらない。前編は「出生の秘密に悩む青年」の物語である。

後編では一転、謙作は平安を得る。京都で出会った女性・直子と結婚、静かな新婚生活をスタートさせるのだ。けれども、生まれた子どもはまもなく病死。またもや悩みのタネが浮上する。それは彼の留守中に起きた妻と従兄との不貞行為だった。「不義の子」から「妻を寝取られた男」へ。妻を許そうと思いながらも、気持ちが鎮まらない謙作。

気分転換に鳥取県の大山《だいせん》を訪れた謙作は、ひとり感慨にふける。〈疲れ切ってはいるが、それが不思議な陶酔感となって彼に感ぜられた。彼は自分の精神も肉体も、今、この大きな自然の中に溶込んで行くのを感じた〉

ここからラストまでは急転直下だ。

下山した彼は大腸カタルで倒れ、京都から妻が駆けつけるのだ。自然との一体感を体験し、「私は今、実にいい気持なのだよ」と語る謙作。その穏やかな寝顔を見て、この人は助からないのではないかと感じる直子。

〈そして、直子は、／「助かるにしろ、助からぬにしろ、兎に角、自分はこの人を離れず、何所《どこ》までもこの人に随《つ》いて行くのだ」というような事を切《しきり》に思いつづけた〉

謙作の視点で語られてきたここまでのルールに反し、突然妻の視点に移行する不自然なエンディング。「この人に随いて行く」と直子が考えるのは夫への贖罪か。それとも夫の願望か。むりやり和解に持ち込んでいるあたりがわざとらしい。

前編の雑誌連載がスタートしたのが一九二一年。完結したのは一九三七年。構想から完成までに二十数年を要した作品。一部は志賀直哉の実体験に基づくが、フィクションがかなり混じっている。

志賀直哉（しが・なおや　一八八三〜一九七一）プロフィールは29ページ参照。

文蔵が常用の棒紅とともに畳に散り落ちた一ひらの花、骸骨のぶっちがえの附いた紫色の小壜であった。

『普賢』（一九三七年）**石川淳**

一瞬、何が起きたかわからぬ結末

石川淳を読むとは句読点も改行も極端に少なく息の長い文章を読むことにほかならない。

『普賢』は石川淳三七歳の芥川賞受賞作。語り手の「わたし」は、ジャンヌ・ダルクを讃仰した中世の女流詩人クリスティヌ・ド・ピザンの伝記を書こうとしているが、茶々は入るし当人も町をほっつき歩いているしで、仕事ははかどらない。彼をとりまくのがまた生活破綻者ばかり。数年ぶりに再会した旧友の文蔵は「わたし」とともに私大を中退した男だが、酒びたりで昼間から寝てばかりいる始末だ。

このへんで本を放り出したくなるところを我慢して先に進むと、終盤にいたって「わたし」のテンションはみるみる上がり物語は劇的な展開を見せる。かつて「わたし」は文蔵の妹のユカリをジャンヌ・ダルクか普賢菩薩のように崇拝していたが、一〇年ぶりに再会したユカリは男とともに非合法な活動に身を投じて「醜悪な姿」になっていた。「奇異の感」に打たれた「わたし」は同じ晩に寝た身持ちの悪いお綱こそ自分に相応しい普賢ではないかと考え、旅支度を整えるべく、意気込んで下宿に戻るのだが……。

〈廊下によろよろと倒れかかったのは、襖のかげに隠れたベッドの上の烈烈たるたたずまいが此世の生臭さを禁断したのであろうか、その一刹那にわたしの眼を焼き通したものは文蔵が常用の棒紅とともに畳に散り落ちた一ひらの花、骸骨のぶっちがえの附いた紫色の小壜であった〉

意味わかります？　顔色の悪さを隠すため、文蔵は棒紅（口紅）を常用していた。不気味なデザインの壜の中身はモルヒネの粉。事故か故意か、文蔵はモルヒネで絶命していたのである。現実に目覚め明日への希望を見つけた「わたし」と、現実逃避の果てに死んだ文蔵の対比が切ない。凄まじい幕切れなのに一瞬ポカンとしてしまう。

聖なる者（ピザン、ジャンヌ・ダルク、ユカリ）と俗なる者（わたし、文蔵、お綱）が縄のごとく撚《よ》りあわされた奇異なるテキスト。前衛文学は幽玄の世界と紙一重なのだ。

「わたしの努力は醜悪を奇異にまで高めることだ」（『佳人』）と書いた石川淳らしい一編。普賢菩薩は慈悲を象徴する仏で、知恵を司る文殊菩薩とともに釈迦如来の両脇に侍すことが多い。

石川淳（いしかわ・じゅん　一八九九～一九八七）フランス文学の翻訳家を経て三〇代後半で作家デビューするも、『マルスの歌』が発禁処分を受ける。江戸文学への沈潜によって時流に抗し、戦後に旺盛な創作活動を展開。徹底した虚構性を通じて幻想的な文学世界を現出させた。

風の余りらしいものが、私の足もとでも二つ三つの落葉を他の落葉の上にさらさらと弱い音を立てながら移している……。

『風立ちぬ』（一九三八年）堀辰雄

●結核の婚約者を送った後で

〈風立ちぬ、いざ生きめやも〉というポール・ヴァレリーの詩からとった一節を印象的に覚えている読者も少なくないだろう。堀辰雄『風立ちぬ』の舞台は信州の八ヶ岳山麓。結核でサナトリウムに入った婚約者・節子との最後の日々をつづった自伝的小説である。

〈それらの夏の日々、一面に薄《すすき》の生い茂った草原の中で、お前が立ったまま熱心に絵を描いていると、私はいつもその傍らの一本の白樺の木蔭に身を横たえていたものだった〉ではじまる冒頭からしてロマンチックな叙情画だ。もっとも、この直後には一陣の風が吹き、節子のキャンバスが倒れるという不吉な出来事が報告される。『風立ちぬ』では、ここぞという場面でよく風が吹くのである。

そんなわけなので、小説の末尾も風である。節子はすでに亡く、「私」は浅間山麓に滞在している。そこは静かだ。〈遠くからやっと届いた風〉が枯れ枝を鳴らす。

〈また、どうかするとそんな風の余りらしいものが、私の足もとでも二つ三つの落葉を他の落葉の上にさらさらと弱い音を立てながら移している……〉

このラストには万感の思いがこもっていると見るべきだろう。というのも、『風立ちぬ』の中で「私」は自分と節子のことを小説に書こうとしており、しかも結末をどうするかで悩んでいたからである。死の床にある恋人に〈おれにはどうしても好い結末が思い浮ばないのだ〉と相談するのもどうかと思うが、ラストの「風の余り」という表現は、彼の心からはもう嵐が去っていることを示していよう。

この「風の余り」は亡き節子からのメッセージと解せぬでもない。落ち葉を小さくゆらす風となり「ほら、私はあの夏の日と同じようにここにいるわ」とかね。

もっともこれではまるで、私はお墓の中にはいませんと歌うヒットソング「千の風になって」である。小説の中の節子は、終始一貫、存在感が薄い。美しすぎる結末に「私」は満足したろうが、節子は意外とムカついてるかも。

小説は節子の死を直接的には描かない。一九三五年一二月五日を最後に節子の姿は消え、最終章は翌三六年一二月。ラストは一二月三〇日である。この日が節子の命日なのだろうか。

堀辰雄（ほり・たつお　一九〇四～一九五三）旧制一高在学中に室生犀星、芥川龍之介の知遇を得、芥川の自殺に材をとった『聖家族』で文壇に認められる。結核のため療養生活を送りつつ執筆するも四八歳で死去。

年々にわが悲しみは深くして／いよよ華やぐいのちなりけり

『老妓抄』（一九三八年）岡本かの子

●若い男を、囲うか、飼うか

岡本かの子とは、あの「芸術は爆発だ！」の岡本太郎のママである。歌人としての名声のほうが高かったが、晩年の小説にはゾクッとする佳編が多い。

『老妓抄』は四九歳、死の直前に書かれた彼女の代表作。まず目をひくのは末尾に添えられた歌だろう。

〈年々にわが悲しみは深くして／いよよ華やぐいのちなりけり〉

有名な「いよよ華やぐ」の出典はここだったのだ。

作中で「老妓」と呼ばれる主人公の小そのは引退した芸妓。辛苦の末に財を築き、住まいを改装して芸者屋と切り離したり、養女をもらって女学校に通わせるなど、一〇年ほど前から健康的な生活を望むようになっていた。

その小そのが、何を思ったか、柚木《ゆき》という若い電気技師を貸し屋に住まわせることになる。発明家を志す柚木のために工房を用意し、機械類も買い与えるという厚遇ぶり。柚木も最初は喜ぶが、怠け心は湧くし、小そのの真意は不明だし、そのうえ養女のみち子が小娘のくせに色目を使ってくるしで嫌気がさし、結局は逃げ出してしまう。だが、その後も逃げたり帰ったりを繰り返し……。

いったいこの二人の関係は何なのか。ありがちなのは擬似的な母と子だが、そういう感じはない。小そのはいった。〈仕事であれ、男女の間柄であれ、混り気のない没頭した一途な姿を見たいと思う。／私はそういうものを身近に見て、素直に死にたいと思う〉柚木は気づく。自分ができなかったことを彼女は柚木にさせたがっているのだと。

なんと太っ腹な老妓！　しかしながら、くだんの小そのが詠んだ歌が「いよよ華やぐ」云々なのだ。年々募る悲しみと華やぎ。矛盾する語句から浮かび上がる老いの心境は複雑だ。「老いてますます華やかに」なんていう単純なアンチエイジングの歌じゃないのである。

この感じは、そうだな『きみはペット』かな。母子でもなく、まして恋人同士でもなく若い男の子を「飼う」。ペットだから一方的に与える関係。ペットだから愛もある。成功した実業家が書生を置くのにも似ているが、ともあれ相当に甲斐性がなければできない芸当だ。

「いよよ華やぐ」は老女を描いた瀬戸内寂聴の小説の表題や、居酒屋チェーンの日本酒名にもなっている。『きみはペット』は小川彌生のマンガ作品。キャリア女性が年下の男子を飼う物語だ。

岡本かの子（おかもと・かのこ　一八八九〜一九三九）夫はマンガ家の岡本一平、長男は芸術家の岡本太郎。夫婦間の対立から大乗仏教に辿りつき、仏教研究家としても名を上げる。小説に専念すると猛烈な勢いで作品を発表、高い評価を得た。

甲府の富士は、山々のうしろから、三分の一ほど顔を出している。酸漿《ほおずき》に似ていた。

『富嶽百景』（一九三九年）太宰治

失意の作家をとらえた富士の姿

〈富士には、月見草がよく似合う〉

太宰治『富嶽百景』の中の有名な一節である。ここから思い浮かぶのは、黄色い月見草が咲く向こうにそそり立つ富士、であろう。私は昔、富士山麓のどこかに月見草の群生地があるのかと思っていた。

作家デビューはしたものの、薬物依存に自殺未遂に心中未遂。失意のどん底にあった太宰は一九三八（昭和一三）年の九月から一一月半ばまで、井伏鱒二に誘われ、〈思いをあらたにする覚悟〉で河口湖畔からしばらく登った御坂《みさか》峠の茶屋に逗留した。『富嶽百景』はそこでの日々を折々の富士の姿をまじえて綴った短編である。

御坂峠からの眺望は富士三景のひとつだが、〈まるで、風呂屋のペンキ画だ。芝居の書割だ。どうにも註文どおりの景色で、私は、恥ずかしくてならなかった〉と太宰は書く。

一方の月見草は峠に向かうバスの中で富士とは逆側に一瞬見えた黄金色の花である。他の乗客が〈変哲もない三角の山〉に歓声を上げる中、富士と反対側の断崖を見ている老婦人。「おや、月見草」と彼女はいった。見れば、路傍の花が富士と〈立派に相対峙し、みじんもゆるがず〉立っている。この一件に感化された「私」は茶屋の裏口に月見草の種を蒔き「これは僕の月見草だからね。来年また来て見るのだからね」と語るが、花の咲いたところは見ていない。

で、ラスト。こちらは峠を下って甲府に一泊した、あくる朝の光景である。〈安宿の廊下の汚い欄干によりかかり、富士を見ると、甲府の富士は、山々のうしろから、三分の一ほど顔を出している。酸漿《ほおずき》に似ていた〉

山梨県と静岡県は「どちら側の富士が表か」でいまも争っているけれど、少しだけ顔を出した富士はちょっと恥ずかしげである。御坂峠滞在中、太宰は甲府の女性（後に妻となる石原美知子）との縁談が進んでいた。

そもそもは縁談という小っ恥ずかしい事態を後ろに隠すために、前景に引っぱり出されたのかもしれない富士。甲府から見た押しつけがましさのない富士は、結婚を控えた作者の心情を映しているようにも思われる。

御坂峠には「富士には／月見草が／よく似合ふ／太宰治」という文学碑が建つが「まるで、風呂屋のペンキ画だ」のほうがよかったのに。なお、結婚後の太宰らしき者の姿は、次女の津島佑子が母方の実家をモデルに書いた長編『火の山―山猿記』で描かれている。

太宰治（だざい・おさむ　一九〇九～一九四八）青森の大地主の家に生まれ、乳母に育てられる。自殺未遂や女性との心中未遂を繰り返す。流行作家として活躍したが、一九四八年、玉川上水で入水心中。

勇者は、ひどく赤面した。

『走れメロス』（一九四〇年）太宰治

●「裸」の勇者が「衣」を手に入れるまで

暴君を殺そうとして磔刑《たっけい》をいいわたされたメロスが、妹の婚礼に出るために、親友のセリヌンティウスを人質に置いて帰郷し、帰りは野山を走り続ける。太宰治『走れメロス』は中学二年の国語教科書の定番教材だ。

〈メロスは激怒した〉という書き出しもだが、この小説はラストも印象的である。親友を助けるために走り続けたメロスと、友を信じたセリヌンティウスの友情に感動して王はいう。「どうか、わしも仲間に入れてくれまいか。どうか、わしの願いを聞き入れて、おまえらの仲間の一人にしてほしい」「万歳、王様万歳」と叫ぶ群衆。大団円である。

だが、小説はここで終わらない。

〈ひとりの少女が、緋のマントをメロスに捧げた。メロスは、まごついた。佳き友は、気をきかせて教えてやった。／「メロス、君は、まっぱだかじゃないか。早くそのマントを着るがいい。この可愛い娘さんは、メロスの裸体を、皆に見られるのが、たまらなく口惜しいのだ。」〉

そして最後の一文。〈勇者は、ひどく赤面した〉

かつての教科書には、（裸は教育上よろしくないという理由で？）この部分をカットして載せていたのもあったらしい。「万歳、王様万歳」で終わったら、『走れメロス』は友情を讃美する物語、メロスは王を改悛させた英雄である。

だけど、ラストは単なるオチなのか。「君は裸だ」と指摘した「佳き友」とは、セリヌンティウスではなく王様だろう。「裸の王」ならぬ、これは「裸の勇者」のお話なのだ。

小説が〈激怒した〉ではじまり〈赤面した〉で終わる点に注目したい。赤い顔で激怒していた赤子のようなメロスが最後は赤い顔で恥じ入る。いいかえれば、単純だった若者が「見られている自分」に気づく。

これは感情のままに猪突猛進する心身ともに「裸」だった若者が、最後に「衣」を手に入れる物語なのだ。この瞬間、メロスはコドモからオトナに変わるのである。それを成長ととるか俗化と解釈するかは微妙なところ。カッとなって城に乗り込むメロスはそもそも「キレる中学生」みたいなやつだった。その恥ずかしさに中学生は気づくかな。

この結末でもうひとつ考えるべきは、王が本当に改悛したかどうかだろう。二人の若者をパフォーマンスに利用するくらい、権力者なら朝飯前だ。実際、圧政が終わったとはどこにも書かれていない。

太宰治（だざい・おさむ　一九〇九～一九四八）プロフィールは69ページ参照。

彼はへやにもどるなり、寝まきのまま飛び出して行った。

『路傍の石』（一九四〇年）山本有三

貧しくても辛くても勉学に励むのだ

少年文学として人気があった山本有三『路傍の石』は時代に翻弄された不運な作品でもあった。戦前は軍部の、戦後は占領軍の圧力で結局は完結しなかったのである。

主人公は愛川吾一。貧しい家に生まれ、母を亡くし、中学校への進学をあきらめて呉服屋の丁稚になるが、勉学の夢を捨てきれず奉公先を脱出して上京。昼は文選工（印刷工場で活字を拾う仕事）の見習い、夜は夜学に通いながら苦難に耐えて成長していく少年だ。

有名なのは自らの勇気を示そうと彼が鉄橋の枕木にぶらさがるシーンだろう。汽車が直前で止まるまでの数秒間、昔見た映画で私もハラハラした覚えがある。

が、いま読んでおもしろいのは吾一を取り巻く大人たちの弁舌家ぶりである。自由民権運動あがりで口だけは達者だが生活力ゼロの横暴な父。小学校の担任で文士志望の次野先生。文選工仲間で社会主義者の得次。彼らがまー自らの人生論や国家論を語る語る。この国家論の部分が当局の検閲にひっかかったのは想像にかたくない。かくして『路傍の石』には三種類の末尾が存在するのである。

（A）再会した次野先生に「吾一（われ一人）って名に恥じぬ生き方をしろ」と励まされ、吾一が「ええ、やります。やります」と答えて終わる戦後の版（鱒書房・一九四七年）。少年文学のイメージが強いのは、たぶんこの版のため。

（B）勤務先の印刷工場の近くで火事が起き〈彼はへやにもどるなり、寝まきのまま飛び出して行った〉で終わる戦前の版。山本全集も文庫も現在はここを末尾としているが、あまりに中途半端だ。そのためか新潮文庫版には付録として、

（C）「成功の友」という雑誌の創刊を目指す吾一の耳に〈行商のロシヤ・パン売の声が、もう往来の方から響いてきた〉で終わる初出（朝日新聞）のバージョンもついている。

戦後何度も映画化されたのは、苦難にめげず勉学に励む吾一の姿が大人好みだったからだろう。（C）には二〇代の青年になった吾一の野望の片鱗もうかがえる。作者が筆を投げ出さず、先を書き継いでいれば、波瀾万丈のビルドゥングスロマン（教養小説）になったかもしれない。

舞台は作者の故郷・栃木県栃木市ともいわれ、同市には山本有三ふるさと記念館や「路傍の石」の文学碑などが建つ。また東京都三鷹市には本作執筆当時の家が三鷹市山本有三記念館として公開されている。

山本有三（やまもと・ゆうぞう　一八八七〜一九七四）劇作家としても地歩を固め、生涯旺盛な執筆活動を行う。軍国主義の圧力により『女の一生』や『路傍の石』は連載中止になる。『米百俵』の作者としても有名。

景品の大きな座蒲団は蝶子が毎日使った。

『夫婦善哉』（一九四〇年）織田作之助

●まるで上方の世話物浄瑠璃

大阪を代表する作家といえば織田作之助。なかでも『夫婦《めおと》善哉《ぜんざい》』はもっとも大阪らしい小説といわれている。物語は〈年中借金取が出はいりした〉という秀逸な一文ではじまるが、これは一銭天ぷら屋を営む両親の話。主人公は彼らの娘の蝶子である。

曽根崎新地の芸者になった蝶子は、大正一二（一九二三）年、化粧品問屋の息子で妻子持ちの柳吉と駆け落ち同然で所帯を持つが、この柳吉ってのがどうしようもない男。ヤトナ（臨時雇いの芸者）でようやく貯めた蝶子の稼ぎは使い果たす、勘当された実家にもカネの無心に行く、剃刀屋、関東煮屋、果物屋と夫婦ではじめた商売も長続きしない。

何日も家をあけたあげく「今ごろは半七さん」なぞと浄瑠璃の一節を語りながら帰ってくる柳吉を蝶子は容赦なくドつき倒すが、いつも最後は許してしまう。

表題の由来は結末近くで判明する。いっしょになって一二年。二人は法善寺で「めおとぜんざい」の店に入るのだ。

一杯分のぜんざいを多く見せるため二杯の椀に分けて出す「めおと」の由来を話す柳吉に蝶子は応じる。「一人より女夫《めおと》の方が良《え》えいうことでっしゃろ」

ここで終われば麗しい夫婦愛の物語だが、語り手はもう一言オマケをつけた。〈蝶子と柳吉はやがて浄瑠璃に凝り出した〉というのである。そしてラスト。〈柳吉は蝶子の三味線で「太十《たいじゅう》」を語り、二等賞を貰《もら》った。景品の大きな座蒲団は蝶子が毎日使った〉

夫がもらった座布団を「尻に敷く」のだから妻の勝ち？自分の趣味に妻も引きずり込んだ夫の勝ち？「太十」とは浄瑠璃の『絵本太功記』十段目のこと。

最後に浄瑠璃が出てくるのはダテではない。ふがいない亭主、しっかり者の嫁、子に甘い親。それは上方人情喜劇の原型であると同時に、近世世話物浄瑠璃の典型的なパターンだからだ。織田作は悲劇的な浄瑠璃を喜劇に変えたわけである。甘いぜんざいとやわらかい座布団で妻を丸め込めると考える夫も夫なら、丸め込まれた（ふりをする？）妻も妻。「犬も食わぬ」というやつだ。そういう言葉でこの種の夫婦関係を容認してきたのが日本の文化だったのだ。

「今ごろは半七さん」は浮気な夫を妻が待つ『艶容女舞衣《はですがたおんなまいぎぬ》』の一節。『太十』は「これ見たまえ光秀殿」と妻が夫を諭す場面が有名。浄瑠璃の中身も夫婦に重ねられていた？

織田作之助（おだ・さくのすけ　一九一三～一九四七）旧制三高時代、同級であった詩人・白崎礼三に文学の世界へ導かれる。短編の名手として注目され活躍するも、肺病により三三歳で死去。

虎は、既に白く光を失った月を仰いで、二声三声咆哮《ほうこう》したかと思うと、また、元の叢《くさむら》に躍り入って、再びその姿を見なかった。

『山月記』（一九四二年）中島敦

詩人を夢みた官吏の運命

太宰治、松本清張、大岡昇平、埴谷雄高。いずれも中島敦と同じ一九〇九年に生まれた作家である。三三歳で夭折した中島敦は中では地味な存在だ。が、高校の国語教科書の定番教材『山月記』で、その名は広く知られている。

〈隴西《ろうせい》の李徴《りちょう》は博学才穎《さいえい》、天宝の末年、若くして名を虎榜《こぼう》に連ね、ついで江南尉に補せられたが、性、狷介《けんかい》、自ら恃《たの》むところ頗《すこぶ》る厚く、賤吏に甘んずるを潔しとしなかった〉

冒頭から格調の高い文章！

その意味するところは「秀才の李徴は若くして上級公務員試験に合格し、エリート官僚になったが、自信過剰な性格で、公務員で終わるのはイヤだった」。

あらためて読むと、しかし『山月記』は妙な小説だ。

李徴は仕事をやめて詩作に励むがいっこうに芽が出ず、生活は苦しくなるばかり。一度は公務員に戻るが、出張先で外に飛び出し、行方不明になってしまう。そして翌年、友人の袁傪《えんさん》は、旅先でトラに姿を変えた李徴に会うのである。

ラストシーンを覚えている人も多いだろう。

〈一匹の虎が草の茂みから道の上に躍り出たのを彼等は見た〉そして……。〈虎は、既に白く光を失った月を仰いで、二声三声咆哮《ほうこう》したかと思うと、また、元の叢《くさむら》に躍り入って、再びその姿を見なかった〉

詩人になりたいという夢を果たせず、トラにされた李徴。鮮やかな幕切れである。が、教育的にはどうなのか。「臆病な自尊心と、尊大な羞恥心」をキーワードに、学校では「才能があっても努力しなければダメである」みたいな教訓をむりやり引き出す。でもこれ、「才能もないのに夢をみても人生を棒にふるだけである」ではない？

これが太平洋戦争中に発表され、かつ同じ年に作者が死去したことを思うと、トラの咆哮は夢に邁進できなかった若者の「ちくしょう！」という叫びにも思えるが、戦後、この小説が教科書に採用された理由は謎である。芸術家を夢みる青年に釘を刺し、マジメに労働に励めといいたかったのか。それもまた、教育的でないとはいえませんけどね。

中国の伝奇小説『人虎伝』をもとにした中島敦、三三歳のデビュー作。もっとも『人虎伝』では殺人の報いで人がトラにされるので、それなら話はわかりやすい。

中島敦（なかじま・あつし　一九〇九～一九四二）祖父が漢学者、父が漢文教師の家に生まれる。横浜高女で教鞭をとりながら創作を重ね、国語教科書編集のためパラオ南洋庁に赴任。帰国後、三三歳の若さで死去。

其は、幾人の人々が、同時に見た、白日夢のたぐいかも知れぬ。

『死者の書』（一九四三年）折口信夫

●死んだ皇子が所望した衣とは

折口信夫『死者の書』をはじめて読んだ人は冒頭でぶっ飛ぶだろう。〈彼の人の眠りは、徐《しず》かに覚めて行った〉小説は死者の目覚めからはじまるのだ。そしてこの独特の効果音。〈した　した　した。耳に伝うように来るのは、水の垂れる音か〉ときは八世紀半ば。無念の死をとげ、約七〇年後に目覚めた滋賀津彦《シガツヒコ》（の魂）と、浄土思想に魅せられた姫（藤原南家の娘）を主役に、二人の接点を探るような形で物語は進行する。下敷きになっているのは謀反の疑いで自害させられた大津皇子の史実と、中将姫の伝説だ。

語りも時間も複雑に錯綜するこの小説を、あえて単純化すれば「当麻寺《たいまじ》に伝わる曼荼羅《まんだら》（阿弥陀浄土変相図）ができるまでの物語」といえるだろう。

ミイラと化し（死者なので）、墓の中で「寒いよー、着物をくれよー、凍えちゃうよー」と騒ぐ皇子（の魂）は、死ぬ直前に見た女性の面影を追って姫を襲いにいく。一方、襲われた姫は、突然あらわれた「骨のような細くて白い指」の持ち主を「キャッ、憧れの阿弥陀様かしら」と誤解して「お寒かろうに」と思いやり、大きな衣を織る。

やがて衣は完成した。姫は衣に絵の具で当麻寺の伽藍と仏の絵を描き終えると、姿を消した。そして起こった曼荼羅の奇跡。〈姫はその中に、唯一人の色身の幻を描いたに過ぎなかった。併し、残された刀自・若人たちの、うち瞻《まも》る画面には、見る見る、数千地涌《じゆ》の菩薩の姿が、浮き出て来た〉まるで細胞分裂。絵の中の仏が増殖したと！

最後の一文は〈其は、幾人の人々が、同時に見た、白日夢のたぐいかも知れぬ〉。

まあ小説全体が〈白日夢のたぐい〉かもしれぬのだが、ひとつ疑問。寒がっていた皇子に肝心の衣は渡ったのか。渡ってないよね。だって曼荼羅はいまも当麻寺にあるわけで。

浄土思想そのままに阿弥陀如来に導かれて極楽浄土に旅立った姫と、なお成仏できずに彷徨《さまよ》う皇子の魂。これも一種のホラーだろうか。不気味な足音が聞こえてくる。〈つた　つた　つた〉

大津皇子（六六三〜六八六）は天武天皇の第三皇子。中将姫（七四七〜七七五）は当麻寺の曼荼羅を織ったという伝説の持ち主。当麻寺に伝わる曼荼羅は現在、国宝に指定されている。

折口信夫（おりくち・しのぶ　一八八七〜一九五三）国文学者・民俗学者・歌人。柳田國男に師事し、国文学研究に民俗学的視点を導入。神道・芸能史研究と合わせて「折口学」と呼ばれる学問体系を樹立した。若い頃から詩歌の創作にも優れ、釈迢空の号で独自の境地を開いた。

それも過《あやま》たず矢は的に命中していた。

『旅愁』（一九四六年）横光利一

●パリが舞台の三角関係

横光利一は短編『機械』などで知られる作家だが、長編の代表作はこれ。未完の大作『旅愁』である。長すぎるのが玉に瑕《きず》だが、西洋と東洋のバトルがすさまじい怪作なのだ。

小説は昭和一〇（一九三五）年のパリからはじまる。

矢代耕一郎は歴史学を学ぶ留学生。船上で知り合った久慈とは論敵である。「あーあ、どうして僕はパリへ生まれて来なかったんだろう」と語る西洋かぶれの久慈とは対照的に、矢代は外遊先で「日本」に目覚めた日本主義者だ。ここに千鶴子なるお嬢様がからんで恋のさやあてがはじまるが、意外にも、彼女のハートを射止めたのはチャラ男の久慈ではなく、朴念仁《ぼくねんじん》の矢代であった。

ここまでがパリを舞台にした上巻で、下巻で舞台は日本に移り、矢代は千鶴子と婚約する。しかし、彼には大きなわだかまりがあった。千鶴子がカトリック教徒であるのに対し、矢代の先祖はキリシタン大名・大友宗麟の大砲に滅ぼされた城の主だったのだ！

だから何？　と思うが矢代は大マジメである。自分を細川忠興、千鶴子を妻のガラシャ、久慈を高山右近に重ねて悩み続け、結婚を一日のばしにするんだから（おいおい）。

後半の山場は、急死した父の納骨で彼が大分を訪れ、先祖が滅ぼされた城跡に登ってみる場面である。

〈黒松の幹の間から海の見えるのが、ここに棲ったものの今もなおする呼吸のように和いだ色だった〉

ここで終われば穏当な幕切れだった。

しかし、作家はもっと壮大なドラマを構想していたのだろう。終盤、視点人物が久慈に移り、今度は久慈の物語がはじまるのかという直前で小説は終わる。

戦争を憂慮するパリ時代の友人の講演を聞きながら、久慈はそれが別れた同棲相手への目くばせではないかと考える。〈それも過《あやま》たず矢は的に命中していた〉ってくらいで、別の三角関係が発覚しそうなんだけど。

『旅愁』は不評だった。戦後、古神道に傾倒する矢代の国粋思想が戦争協力的だと批判されたのである。志なかばで倒れた横光（と矢代）。この小説自体が滅ぼされた城のようだ。

自身のヨーロッパ体験（一九三六年）をもとに書かれるも、敗戦直後の作家の死で断絶した作品。新聞連載中は人気作家の欧州見聞録としてたいへんな好評を博したという。

横光利一（よこみつ・りいち　一八九八～一九四七）菊池寛の薫陶を受け、川端康成らと新感覚派と呼ばれる新進作家集団の一人として活躍。戦時下に国粋主義の影響が見られる作品を書き、戦後は痛烈な批判を受けた。

古往今来すべて一色、この輪廻《りんね》と春秋の外ではあり得ない。

『三国志』（一九四六年）吉川英治

●日本人好みにアレンジした中国史

『三国志』といったら本来は、三世紀の正史『三国志』か、明代の歴史小説『三国志演義』なのだろう。しかし日本で人気があるのは、新潮文庫版で全一〇巻の吉川英治『三国志』である。横山光輝のマンガもNHKの人形劇もパソコンゲームもテレビアニメも原作はこれだ。

〈後漢の建寧元年のころ。／今から約千七百八十年ほど前のことである。／一人の旅人があった〉この青年こそ、後に蜀漢の初代皇帝となる劉備玄徳《りゅうびげんとく》。〈年の頃は二十四、五。／草むらの中に、ぽつねんと坐って、膝をかかえこんでいた。／悠久と水は行く――〉

黄河のほとりにたたずむ若者。いかにも大河小説らしい書き出しである。第一巻では劉備が関羽《かんう》、張飛《ちょうひ》と出会って義兄弟の契りを結ぶ「桃園の誓い」から、颯爽たる曹操《そうそう》の登場、黄巾賊《こうきんぞく》の制圧で劉備が手柄を立てるあたりまで。「三顧の礼」で劉備が諸葛亮孔明《しょかつりょうこうめい》を口説くのは第五巻、劉備＆孫権《そんけん》の連合軍が曹操軍を破る「赤壁の戦い」が描かれるのは第六〜七巻だ。

最後の第一〇巻はもちろん「五丈原の巻」である。蜀の皇帝となった劉備はすでに亡く、後を託された孔明は五丈原で司馬懿《しばい》率いる魏《ぎ》軍と対決するが、途中で病に倒れ……。有名な「死せる孔明、生ける仲達《ちゅうたつ》を走らす」のくだりである。

これだけ壮大な物語の幕が下りるのだ。ラストにも当然ながら気合いが入る。

〈渺茫《びょうぼう》千七百年、民国今日の健児たちに語を寄せていう者、豈《あに》ひとり定軍山上の一琴《きん》のみならんやである。「松ニ古今ノ色無シ」相響き相奏《かな》で、釈然と醒《さ》めきたれば、古往今来すべて一色、この輪廻《りんね》と春秋の外ではあり得ない〉

リーダブルな文章に、ときどきこの種のカッコイイ漢文調の表現が混じるのが吉川三国志。

定軍山に葬られた孔明は戦場でも琴を奏でていたことを引き、この世は不変だと。「松ニ古今ノ色無シ」とは「古今の間に優劣はなし」くらいの意味。『演義』ではさらに続く物語を諸葛亮の死で終わらせたのは吉川英治の創意である。『平家物語』風のラストもちょっと日本的だね。

『三国志演義』は講談社学術文庫全四巻（井波律子訳）で、『完訳三国志』は岩波文庫全八巻（小川環樹・金田純一郎訳）で読むことができる。こちらも血湧き肉躍る波瀾万丈の物語だ。

吉川英治（よしかわ・えいじ　一八九二〜一九六二）記者など職を転々とした後、専業作家に。『鳴門秘帖』『宮本武蔵』『新・平家物語』など多数の歴史・時代小説を書き続け、国民的人気作家となった。

大地には夜の雨がシトシトと降りそそぎ、室の中には、焼グリの香ばしい匂いがプンと漂っていた。

『青い山脈』（一九四七年）石坂洋次郎

●恋愛と民主主義と女学校

「♪若く明るい歌声に……」で始まる映画の主題歌に聞き覚えがある人も、あるいはいるかもしれない。石坂洋次郎『青い山脈』は、戦後民主主義が根付くかどうかという時期の、田舎町の女学校の物語である。

それは〈六月の、ある、晴れた日曜日〉。学校制度が六・三・三・四制に移行する直前の頃。寺沢新子は旧制女学校の五年生。金谷六助は旧制高校を休学中。この二人がひょんなことで知り合ったのが騒動の発端だった。

男女が二人でいることが不道徳とされた時代。新子は後日、妙な手紙を受け取る。新子を呼び出すべく、同級生が男子名で送ってきた偽のラブレターだった。

新任教師の島崎雪子は、個人の自由に横槍を入れる幼稚なやり口に憤慨し、生徒たちを叱責する。〈一体皆さんは恋愛についてどう考えているんですか？〉〈古い狭い考え方から脱け出してもらいたいのです〉

自由恋愛と民主主義が渾然一体になっているのがこの時代らしいところである。実際、騒動の裏では雪子と校医の沼田医師の恋愛もちゃっかり進行しているのだ。

雪子の演説はしかし、生徒たちの反感を買った。風紀を重んじる女学校の伝統を変えてほしくないと訴える生徒たち。封建的な校風を改めるべきだと主張する雪子。ことは保護者参加の理事会で決着をつけるところまで発展するが、予想に反して投票結果は雪子の勝ち。堂々と意見を述べる彼女の姿に生徒の母親たちが感動したのだ。

そして秋、雪子が沼田のプロポーズに応じたところで一件落着。ラストの一文は季節の風物詩である。

〈大地には夜の雨がシトシトと降りそそぎ、室の中には、焼グリの香ばしい匂いがプンと漂っていた〉

六月から一〇月までの四か月ほどの物語。

恋愛結婚の比率が見合い結婚を抜くのは一九六〇年代後半である。その意味で「ビバ恋愛」な筋の運びは進取的といえなくもないが、大演説をぶった雪子は、沼田と結婚したら教師を辞めて開業医の妻になる気でいるのよね。つまんな。

何度も映画化された朝日新聞連載のヒット作。一九四九年の映画（「変しい」という誤字が話題になった）では最後に新子と六助が互いに「好きだ」と叫んでいるが、原作にそのシーンはない。

石坂洋次郎（いしざか・ようじろう　一九〇〇〜一九八六）戦前に青森県や秋田県の女学校および中学校で教鞭をとり、その経験をもとに『若い人』や『青い山脈』など多くの青春小説を書いた。

あとに花びらと、冷めたい虚空がはりつめているばかりでした。

『桜の森の満開の下』（一九四七年）坂口安吾

●桜の寓意は恋愛か芸術か戦争か

酒を飲んで騒ぐだけが、満開の桜の愛で方ではない。坂口安吾『桜の森の満開の下』をお読みなされ。

三重県と滋賀県の境・鈴鹿峠に近い山に住む山賊は、ある女をさらって八人目の妻としたが、この女は美しいがとてつもない悪女。自分以外の妻は一人を残して斬殺させる、都に住みたいとゴネる、都では夫に斬らせた生首を集めて遊ぶっていうのだから、尋常ではない。女にぞっこんの山賊はしかし、妻をことごとく許してしまうのだ。

寓話的な「ですます」体で小説は書かれており、登場人物に内面らしい内面はない。だが、山と都の間には桜の森があり、この桜を山賊は異様におそれている。女に身も心も奪われていく彼の不安。それは〈桜の森の満開の下です。あの下を通る時に似ていました〉。

人の正気を失わせる満開の桜。さて桜の寓意とは何だろう。

ひとつ考えられるのは桜＝恋愛説だ。悪女にハマって身を持ち崩した男の物語。桜＝芸術説も捨て難い。芸術（文学）の化身に魅入られた男の悲劇。深読みするなら桜＝戦争ないし軍国主義説。安吾には戦争に取材した作品も多い。

とはいえそこは、曖昧にしておいたほうが含蓄が増す。終盤、山賊は女とふるさとの山に戻ろうとするが、途中の桜の森で女が鬼の相貌を見せたため、彼は女を絞め殺してしまうのだ。そして迎える美しすぎるラストシーン。

〈女の姿は掻《か》き消えてただ幾つかの花びらになっていました。そして、その花びらを掻き分けようとした彼の手も彼の身体も延した時にはもはや消えていました。あとに花びらと、冷めたい虚空がはりつめているばかりでした〉

血なまぐさい出来事をすべて無に返す桜。これは「色は匂へど散りぬるを」ではじまり「浅き夢見じ酔ひもせず」で終わる「いろは歌」の世界に近い。つまりすべては諸行無常だと。〈桜の樹の下には屍体《したい》が埋まってゐる！〉と書いたのは梶井基次郎だが、安吾の桜は屍体さえも残さない。これぞ最強かつ最凶の桜である。でも、ちょっとアニメみたい。

安吾は東京大空襲の後、遺体が集められた上野公園の桜を見てこの作品を構想したともいわれるが、真偽は不明。作者がイメージした桜はソメイヨシノらしいが、その真偽も不明。

坂口安吾（さかぐち・あんご　一九〇六～一九五五）大学でインド哲学を学び、卒業後、同人誌に書いた『風博士』で文壇に認められた。太宰治らと並び無頼派と称され、流行作家として活躍。脳出血のため急逝。

そして、再び山道を向うへ、彼の下宿のある方へ、下って行った。

『暗い絵』（一九四七年）野間宏

●獄死した友、生き残った「私」

〈草もなく木もなく実りもなく吹きすさぶ雪風が荒涼として吹き過ぎる。はるか高い丘の辺りは雲にかくれた黒い日に焦げ、暗く輝く地平線をつけた大地のところどころに……〉

気負いまくったこの文章は、野間宏『暗い絵』の書き出しだ。暗い絵とはブリューゲルの絵のことで、何ページも続く冒頭の文章は、この絵の印象の描写なのである。

ときは戦時中の京都。京大生の深見進介にブリューゲルの画集を貸してくれたのは同じ京大生の友人だった。画集は後の大阪大空襲で焼けてしまうが、深見はこの画集が忘れられない。京大時代の仲間たち（広島の資産家の息子で画集の持ち主だった永杉英作、静岡の小さな網元の家に生まれた羽山純一、東京の著述家の息子だった木山省吾）といっしょに画集を見た日の記憶が強く残っているからだ。左翼的な反戦運動に傾倒していた三人は、深見を残して獄死した。彼がそれを知ったのは戦地から戻った後のことだった。

ま、ひたいに八の字の寄った小説ではある。深見は自意識過剰で、自分には〈おい。お前。自我の亡者。呻く自我をひっさげて歩きやがって〉とか呼びかけるし、ブリューゲルの絵には自分と同じ〈痛みや呻きや嘆き〉を見るし、タイトル通り、暗くて暗くて気がめいる。

それでも（だから？）この小説が歓迎されたのは、戦後への第一歩を踏み出すかすかな希望を感じさせたからだろう。ラストは画集を見た日の帰り道の記憶である。

〈彼は、右手に握りしめているブリューゲルの画集を、まるで哀れなしかし、いとおしいけだものを撫でるかのように、しばらく左手でなでさすっていた。そして、再び山道を向うへ、彼の下宿のある方へ、下って行った〉

「いとおしいけだもの」みたいな友を敬愛しながらも、思想的な高みへ上る友人らと逆に、俗世への道を下る深見。転向組のいいわけ臭くもあるけれども、彼はそこでようやく〈若者の心を取り返す〉のだ。多くの若い命が散った時代。野間宏、三一歳のデビュー作である。

戦後文学の出発を告げる、記念碑的作品。作中で描かれたブリューゲルの絵は一枚ではなく、『七つの大罪』連作中の『憤怒』ほか複数の絵のイメージを重ね合わせたものだそうだ。

野間宏（のま・ひろし　一九一五～一九九一）学生時代の左翼運動や、従軍、収監を経て、戦後めざましい創作活動を展開。「第一次戦後派」の旗手となる。個人の内面と社会のメカニズムを同時にとらえる「全体小説」の試みは、大作『青年の環』に結実した。

Nは最後にまた妻の勤め先である女学校の焼跡を訪れた。

『夏の花』（一九四七年）原民喜

Nは汽車の中で被爆した。広島に戻り、妻が勤めている女学校に行った。焼け跡には生徒や校長のものらしき白骨があった。自宅にも妻の姿はなかった。道々の遺体もすべて調べた。妻はいなかった。〈そうして、三日三晩、死体と火傷患者をうんざりするほど見てすごした挙句、Nは最後にまた妻の勤め先である女学校の焼跡を訪れた〉

ここでプツリと小説は終わる。最後のエピソードは語り手が妻の墓参りに行く最初の部分に呼応していよう。

国語教科書の「戦争教材」としても有名だが、作品全体にただようのは、むしろ一種のユーモアである。「私」はパンツ一枚で、しかも便所で被爆したのだ。広島や長崎の惨状が広く知らされたのはずっと後の話。泣きもわめきもしない分、大切な人の不在が逆に際だつ。

原爆投下前の『壊滅の序曲』、投下後の『廃墟から』と合わせた三部作の一部。『廃墟から』のラストは〈広島では誰かが絶えず、今でも人を捜し出そうとしているのでした〉。

原民喜（はら・たみき　一九〇五～一九五一）学生時代には左翼運動に加わるも断念、三〇歳頃より散文詩的な短編を盛んに発表。一九四四年の妻の死、翌年の被爆体験を踏まえ、生き残った者としての証言を抑制された筆致でつづった。朝鮮戦争勃発の翌年、鉄道自殺。

原爆文学はここからはじまった

原爆文学と呼ばれる作品群の中でも、原民喜『夏の花』は特に有名な一編だ。というより被爆者自らが筆をとる原爆文学は、ここからはじまったというべきだろう。

舞台は広島。原爆投下二日前から小説ははじまる。〈私は街に出て花を買うと、妻の墓を訪れようと思った〉可憐な夏の花。ここが表題の由来である。

そして八月六日の朝。「私」は〈前の晩二回も空襲警報が出、何事もなかったので、夜明前には服を全部脱いで、久し振りに寝巻に着替えて睡《ねむ》った。それで、起き出した時もパンツ一つであった〉。その姿で〈私は黙って便所へ這入《はい》った。／それから何秒後のことかはっきりしないが、突然、私の頭上に一撃が加えられ、眼の前に暗闇がすべり墜ちた〉。

〈私は厠《かわや》にいたため一命を拾った〉のである。〈ひどく面倒なことになったと思い腹立たしく〉思いながら、半壊した家で、裸の彼がまずやったのは、身につけるものを探すことだった。しかし、世界はすでに一変していた。火の中を逃げまどう人々。「助けてえ」という声。

ルポルタージュにも似た、淡々とした筆致。これといった説明もなく、さまざまなエピソードの断片が積み重ねられる。ラストも唐突。Nという人物の話である。

下痢はとうとうその日も止まらず、汽車に乗ってからもまだ続いていた。

『細雪』（一九四八年）谷崎潤一郎

アラサー女性の婚活小説なんだけど

大阪船場の旧家・蒔岡《まきおか》家の四姉妹。長女の鶴子は養子をとって本家を継ぎ、次女の幸子も養子をとって分家した。残るは三女の雪子と四女の妙子だが、美貌の持ち主とはいえ無口な雪子はすでに婚期を逸した三〇歳。次姉の幸子夫妻は気をもむが、見合いはなかなか成功しない。

　文庫本で九〇〇ページを超える谷崎潤一郎『細雪《ささめゆき》』は、雪子の見合いを軸に進行する物語、いまどきの言葉でいえばアラサー女性の婚活小説だ。

　京都での花見のシーンなど、作中には四季折々の風物詩も盛りこまれて絢爛豪華。舞台は昭和一一～一六年。時局にそわぬという理由で戦時中は連載の中断を余儀なくされたのも、ここで描かれる関西のお金持ちの瀟洒《しょうしゃ》な暮らしが当局のカンにさわったせいかもしれない。

　しかし『細雪』の中で、もっとも意表をつくのは最後の一文だろう。〈下痢はとうとうその日も止まらず、汽車に乗ってからもまだ続いていた〉下痢ってあなた。妙齢の美女をつかまえて、下痢の話で終わるか、ふつう。

　三五歳になり、華族の出の男性との縁談がようやくまとまった雪子。ラストは帝国ホテルでの婚礼のために東京に向かう、その日の雪子の話なのである。やっと手にしたハッピーエンド。語り手はそこに嫌みったらしく水をさす。

　もっともラストに限らず、『細雪』には姉妹の身体上の汚点ともいうべき描写が要所要所で顔を出す。姉の幸子には黄疸が出るし、雪子の目の縁にできたシミは家族を心配させる。「こいさん、頼むわ」という、幸子が妙子に着付けの手伝いを頼む上方言葉ではじまる最初の章も、その後に来るのは脚《かっ》気《け》の症状を緩和するビタミンBの注射の話だ。

　この小説のもうひとりの主役は自由奔放な生き方を選ぶ四女の妙子である。人形制作という仕事をもち、家を出てアパートを借り、あまつさえ恋愛事件まで起こす妙子。それに比べて雪子はあまりに受け身で古めかしい。

　数日前から止まらぬ雪子の下痢は婚礼に対する無意識の抵抗と解釈できるが、でも下痢ですからね。大腸に自己主張をさせるって、やっぱ谷崎は変態だわ。

雪子の結婚は昭和一六年四月。太平洋戦争がはじまったのは同年一二月。『細雪』の連載中止を命じられたのは昭和一八年。モデルは谷崎夫人である松子の実家・森田家の四姉妹とされる。

谷崎潤一郎（たにざき・じゅんいちろう　一八八六～一九六五）プロフィールは48ページ参照。

さあと音を立てて天の河が島村のなかへ流れ落ちるようであった。

『雪国』（一九四八年）川端康成

●火事のさなかに空を見上げて

〈国境の長いトンネルを抜けると雪国であった〉

上越新幹線の開通（一九八二年）以降は実感しにくいが、それでも東京から新潟へ列車で旅したことのある人なら、川端康成『雪国』の有名な書き出しは実感をもって理解できよう。冬枯れ色の関東平野から一面の銀世界へ！

ところが、残念、『雪国』の冒頭部は目にも鮮やかな「一面の銀世界」ではない。続く一文は〈夜の底が白くなった〉。夜だからトンネルの中も外も同じような漆黒の闇。しかし、かすかな雪明かりで車窓の下のほうだけがほの白く浮かび上がっている。これはそういう光景で、つけ加えると『雪国』に雪国らしい雪の描写は少ない。

では末尾はといえば〈踏みこたえて目を上げたとたん、さあと音を立てて天の河が島村のなかへ流れ落ちるようであった〉。なんと天の川である。空なのだ。

「天の河。きれいねえ」とつぶやく駒子。このラストは冒頭の〈夜の底が白くなった〉という一文と絶妙のコントラストをなす。地上と天上の対比。水平軸と垂直軸の対比。

『雪国』は越後湯沢を舞台に無為徒食の文筆家・島村（妻帯者）と芸者の駒子との一時の恋にも似た関係を描いている。汽車の中で出会った葉子と駒子との確執もからんで三角あるいは四角関係を予感させたりもする。とはいえ要は都会の男の艶話、よくて幻想譚である。

くだんのラストシーンも火事の場面で、騒然たる火事場でポカンと空を見上げている島村は、苦みばしった色男を気取っていても、ただの役立たずである。

もっとも冒頭の安定した光景に比べると、末尾の構図はあまりに不穏だ。「夜の底」に沈んでいた雪が夜空に駆けのぼり、島村に鉄槌（天誅？）をくらわせているかのよう。

赤々と燃える繭倉。その繭倉から身をひるがえして飛び降りる葉子。背景には白く浮かぶ天の川。冬の天の川は迫力満点の夏の天の川とちがって淡く繊細である。曇天が多い冬の上越。星空観賞に適した条件ではないが、にもかかわらず銀河の描写は執拗かつ正確で、雪への冷淡さとは対照的だ。

雪国という異世界での出来事。島村にとってはすべてが景色なのであろう。雪も天の川も、もちろん女も。

群馬県と新潟県の境界に位置する清水トンネルが開通したのは一九三一年。『雪国』の冒頭部の初出は一九三五年。当時はこれが「最先端の光景」だったともいえよう。

川端康成（かわばた・やすなり　一八九九～一九七二）プロフィールは49ページ参照。

そして、われわれははやく日本が見えないかと、朝に、夕に、ゆくての雲の中をじっと見つめました。

『ビルマの竪琴』（一九四八年）竹山道雄

●日本で書かれ、日本で読まれた癒やしの書

ビルマ（現ミャンマー）で敗戦を迎えた日本人の兵士が僧侶となって現地にとどまる――『ビルマの竪琴』は旧制一高のドイツ語教師だった竹山道雄が残した児童文学作品だ。

〈ほんとうにわれわれはよく歌をうたいました〉

そんな風にはじまる物語は、音楽学校出の隊長ひきいる隊が主役である。降伏後、戦死した同胞を弔うために、出家してビルマに残る決断をした水島上等兵。「おーい、水島」「一しょに日本にかえろう！」そんな台詞も印象的な、戦後たいへんよく読まれた作品だ。

しかし今日、この作品は文学者や歴史学者に無条件に支持されているとはいいがたい。

歌う軍隊という設定はともかく、彼らの仲良しぶりも「はにゅうの宿」で敵のイギリス軍と心が通じ合うくだりも、戦場や旧日本軍の実態とは違いすぎる。「人食人種」が出てくるなど、アジアへの無知無理解が目にあまる。戦争とビルマと上座部仏教に対する誤った知識を植え付けた。などなど。

ビルマを訪れた経験も戦場体験もない作者は、じゃあなぜこれを書いたのか。教え子たちを戦地に送り出した知識人としての慚愧の念があったからだといわれているが、理由の一端が末尾にもうかがえる。最後は隊を乗せた帰還船が海上を進む場面である。

〈船は毎日ゆっくりとすすみました。先へ――。先へ――。そして、われわれははやく日本が見えないかと、朝に、夕に、ゆくての雲の中をじっと見つめました〉

「はやく（未来の）日本が見えないか」と言葉を補うと、敗戦後まもない頃の気分が想像できる。望郷の念だけではない。当時の人々は日本の進路を「じっと見つめ」ていたのである。

とはいえ、水島上等兵がビルマに残ったのは戦場で散った同胞の骨を拾うため。時代の限界とはいえ、ビルマの人々の目はまったく意識されていない。水島の行為によって隊員も読者も「癒やされて」しまうあたり、どこまでも「われわれ日本人」の物語なのだ。

竹山道雄が帰還した教え子から聞いた話をもとに構想したと伝えられる物語。軍隊の中のコーラス隊というのは実話らしい。一九五六年には安井昌二、八五年には中井貴一の主演で映画化された。

竹山道雄（たけやま・みちお　一九〇三〜一九八四）ドイツ文学者、評論家として、ニーチェやイプセン等の翻訳にも功績を残す。児童雑誌に連載された『ビルマの竪琴』が反響をよび、市川崑監督によって映画化された。

どう考えても、これ以上にバカバカしい一年はありますまいよ。

『てんやわんや』（一九四九年）獅子文六

●**戦後の四国は桃源郷だった**

〈読者諸君！／私は犬丸《いぬまる》順吉と言って、無産無職、今年二十九になる、つまらぬ男であるが、これから長い物語を始めるので、名前ぐらいは覚えていて下さい〉

なんとも単刀直入な自己紹介。獅子文六『てんやわんや』の書き出しである。犬丸順吉は北海道生まれ。東京で「綜合日本」なる雑誌の記者をしていたが、戦犯容疑がかかるのを恐れた社長の命で重要書類の秘匿を託され、愛媛県宇和島市に近い相生《あいおい》町にやってきた。自然に囲まれ、食物もたんまりある町はまるで桃源郷。地元の名家で家庭教師の処遇を得た犬丸は、一風変わった町の人々と親しくなり、ここに一生住んでもいいと思いはじめるが……。

舞台は敗戦直後の一九四五年末から翌四六年末にかけての四国。戦後の混乱でごった返す東京と、闘牛だ遠足だ祭りだと、戦争などなかったように浮かれる平和な町との対比がたいへん鮮やか。作中には近衛文麿の自殺や天皇の人間宣言といったニュースも織り込まれ、新生日本をめざしたこの時代の雰囲気が印象的に描かれる。

さて、一度は相生町に骨を埋めようかと考えた犬丸だが、東京の会社でも紆余《うよ》曲折があって焦りが生じる。彼を相生につなぎとめていたのは四国の独立運動と、高知県との県境の村で出会ったステキな娘の存在だった。かくて彼女を東京に連れ帰るべく、県境の村を再び訪れたその直後、大地震が起きる。四六年一二月二一日、西日本一帯を襲ったマグニチュード8・0の昭和南海地震だった。

目当ての娘はすでに嫁いだ後。相生町の家々は倒壊し、独立運動の活気も失われた。〈私の頼みとする対手《あいて》は、最早や一人も日本にいない。ただ、生来の臆病と非力の犬丸順吉個人だけである〉と覚悟を決めた犬丸が宇和島駅への道を急ぐところで物語は閉じられる。

〈読者諸君！　これで、私の物語は終りであるが、どう考えても、これ以上にバカバカしい一年はありますまいよ〉

読者への呼びかけではじまる最初の一文も、同じく読者に呼びかける最後の一文も一種の照れ隠しだろう。自身の疎開体験をベースにした毎日新聞の連載小説。ユーモアとペーソスという古い言葉がこれほど当てはまる小説もない。

劇中の昭和南海地震は、静岡県から紀伊半島、四国、九州に及ぶ太平洋岸の広域を襲った大地震。津波の来襲もあり一三〇〇人超の命が奪われた。今日でいう「南海トラフ地震」の前例のひとつ。

獅子文六（しし・ぶんろく　一八九三〜一九六九）パリで演劇を学び、フランス人女性と結婚。帰国後、岸田國士らと文学座を設立。生計のために書き始めた小説が人気を得て、「とんでもハップン」など流行語を生んだ。

近く生まれるであろうこの新しい生命には、けっして自分のなめてきたような、みじめな半生をあたえまいと誓った。

『八つ墓村』（一九五一年）横溝正史

●呪われた血と資産家の謎

戦国時代、八人の落武者を村人らが殺したという伝説から名がついた八つ墓村は、〈鳥取県と岡山県の県境にある山中の一寒村〉。横溝正史『八つ墓村』の舞台である。

大正×年、この村で凄惨な事件が起きる。犯人は村の資産家の家長・田治見要蔵《たじみようぞう》。彼がむりやり妾にした鶴子に男がいるらしいという噂を聞き、逆上した末の犯行だった。身の危険を察した鶴子は出奔して難を逃れたが、殺された村人は三二人。要蔵はそのまま姿を消した。

それから二六年後の昭和二×年。この先はある人物の手記となる。〈八つ墓村からかえって八か月、私はやっとちかごろ心身の平静を取りもどしたように思う〉と書くのは、田治見要蔵と鶴子の息子・寺田辰弥《たつや》である。母はすでに亡く、八つ墓村のことも実父のことも知らずに育った二七歳だ。その辰弥のもとに思わぬ話が届く。田治見家が辰弥を跡取りに迎えたいと要望しているという。弁護士の仲介で辰弥は母方の祖父に会うが、祖父は辰弥の目の前で息絶えた。

何度も映像化された作品。物語の発端となった事件は、犯罪史に残る昭和一三（一九三八）年の「津山事件（三〇人が殺害された）」がモデルとされ、村の名前も実在した村（岡山県八束村《やつかそん》）にちなむ。とはいえ、読み心地は、因習に満ちた土地と謎の鍾乳洞を舞台にした、『インディ・ジョーンズ』もかくやの冒険活劇に近い。八つ墓村のもうひとつの資産家一族の女性（森美也子《みやこ》）に伴われ、村に足を踏み入れた辰弥は、次々起こる殺人事件に巻きこまれる。

陰惨な物語は意外な結末を迎え、ラストでは辰弥の後日談が語られる。辰弥は村で知り合った娘・典子《のりこ》と結婚。彼女の妊娠が告げられる。それは事件の渦中で宿った命だった。

〈私は強く典子を抱きしめてやった。近く生まれるであろうこの新しい生命には、けっして自分のなめてきたような、みじめな半生をあたえまいと誓った〉

ハッピーエンドの大団円。ただし、典子も村の因縁含みの娘である。言動だって怪しかった。結局、活動的な美也子はああなって、楚々とした典子が幸せを得るんだな。チェッ。

一九七七年公開の映画のCM「たたりじゃ～」で知られる作品。おなじみの私立探偵・金田一耕助はここでは脇役。ロケが行われた吹屋の広兼邸（岡山県高梁市）は一般に公開されている。

横溝正史（よこみぞ・せいし　一九〇二～一九八一）江戸川乱歩のすすめで上京、雑誌「新青年」編集長を経て戦後は、日本の風土に怪奇性を融合した本格推理小説を発表。金田一耕助シリーズが有名。

早苗はいきなり、マスノの背にしがみついてむせび泣いた。

『二十四の瞳』（一九五二年）壺井栄

大石先生より七人の女子が印象的

岬の分教場に赴任してきたおなご先生と一二人の児童。壺井栄『二十四の瞳』は日本人のほとんどが知っているお話だ。が、細部は忘れたって人が多いかも。

〈十年をひと昔というならば、この物語の発端は今からふた昔半もまえのことになる〉と書き出される小説は、昭和三年四月から昭和二一年五月まで、戦争をはさんだ一八年間を描く。洋服を着て自転車に乗り、颯爽とあらわれる大石久子先生の初登場シーンは有名だが、分校で彼女が一二人の一年生を受け持ったのは、わずか数か月。二学期早々、先生はアキレス腱を切って学校を休み、そのまま本校に異動。出産を機に教職を離れてしまうのだ。

ラストシーンは、敗戦の翌年である。戦争で夫と末の娘を亡くし、十数年ぶりに教壇に戻った大石先生。その歓迎会に集まった大石学級のメンバーは、男子五人のうち三人が戦死、女子は七人のうち一人が病死、一人は消息不明で、七人に減っていた。その席で、教え子のひとりマスノがいきなり「荒城の月」を歌いだすのである。

〈それは、六年生のときの学芸会に、最後の番組として彼女が独唱し、それによって彼女の人気をあげた唱歌だった。早苗はいきなり、マスノの背にしがみついてむせび泣いた〉

ラストシーンがこのふたりに託されているのは特別な意味があるように思われる。子どもの頃からの希望通り小学校の教師になった早苗。音楽学校に進む夢を捨てて家業の料理屋を継いだマスノ。教育と唱歌という先生の志をふたりは受け継ぐ存在なのだ。

師弟愛を描いた児童文学、戦争への抗議をこめた反戦文学、言論弾圧を告発した思想小説。いろんな受け取り方のできる作品だが、大人になって読み直すと、軍国主義教育に嫌気がさして途中で教職を離れてしまった大石先生より、印象に残るのはむしろ七人の女子児童である。

ラストシーンから見て、作者が描きたかったのも、そっちだったのではないか。貧しさゆえに奉公に出た子。口減らしのために身売りした子。七人の女子はたくましい。早苗の涙は女子を抑圧した時代への怒りにも思える。それに比べりゃ大石先生は、ただのひ弱な優等生よね。

一九五四年の映画では高峰秀子、八七年の映画では田中裕子、二〇〇五年のドラマでは黒木瞳、一三年のドラマでは松下奈緒が大石先生を演じた。小豆島では映画のセットが公開されている。

壺井栄（つぼい・さかえ　一九〇〇～一九六七）郷土の小豆島を舞台に庶民の生活を愛情深く描いた。『二十四の瞳』は映画化されて大ヒットし、原作もロングセラーとなった。夫は詩人の壺井繁治。

神に栄えあれ。

『野火』（一九五二年）大岡昇平

見放された兵士が戦場で見たものは

先の大戦で大岡昇平はフィリピンのミンドロ島に一兵士として送られ、レイテ島の捕虜収容所で敗戦を迎えた。その体験から書かれたのが、『俘虜記』（一九五二年）、『レイテ戦記』（一九七一年）を含めた三作の「戦争文学」である。

なかでも『野火』はもっとも「小説らしい小説」だろう。

物語は〈私は頬を打たれた〉でいきなりはじまる。レイテ島に上陸後まもなく喀血《かっけつ》した「私」は患者収容所で三日をすごして退院するが、その後「中隊にゃお前みてえな肺病やみを、飼っとく余裕はねえ」と分隊長にいわれ、隊を追い出されるのである。

こうしてわずかな食糧と、銃と手榴弾を手にひとり山野をさまようはめになった「私」を襲う絶望的な飢え。極限状態に置かれた人間の、生きのびるためのぎりぎりの選択に「私」は迫られる。人肉食である。はじめて読む人は大きな衝撃を受けるだろう。

なんだけど、『野火』が戦争文学かというと、そこはやや微妙。終盤にいたって、読者はこの物語が「精神病院の一室」で書かれた手記であることを知る。そして最後、幻覚と幻聴の中で「私」の意識は神に向かうのだ。

〈もし彼が真に、私一人のために、この比島の山野まで遣わされたのであるならば――／神に栄えあれ〉

哲学問答か宗教問答かというような末尾の一文は、〈死者の証言は多面的である〉という、後に書かれた『レイテ戦記』のラストとはあまりにも対照的だ。

舞台が戦場で、語り手が兵士であっても『野火』で戦争は学べない。「私」は隊を離れた兵士だし、彼が出会う同胞もすでに兵士の体をなしていない。「個」の内面を追究すればするほど、それは戦争の実相から離れていく。神なんかに収斂《しゅうれん》させたらダメなんだってば、戦争は。

ということをほかならぬ大岡昇平は誰よりもよく知っていて、だからこそ後に大部の『レイテ戦記』が書かれたのではなかったか。その意味で、『野火』のラストは、二作の間をつなぐ、まさに「神の啓示」的な一文だったかもしれない。

『野火』の中で印象的なのは〈戦争を知らない人間は、半分は子供である〉という一文だ。二〇一五年には映画化（塚本晋也監督・主演）され、国際的にも高い評価を受けた。

大岡昇平（おおおか・しょうへい　一九〇九〜一九八八）太平洋戦争時、フィリピン・ミンドロ島での俘虜体験が主要作の大きなモチーフとなっている。姦通小説『武蔵野夫人』やスタンダールの翻訳でも知られる。

『花と龍』（一九五三年）火野葦平

玉井金五郎、五十八歳。／玉井マン、五十四歳。

●裸一貫から身を起こして

火野葦平といったら日中戦争の従軍記として書かれた兵隊三部作（『麦と兵隊』『土と兵隊』『花と兵隊』）が有名だが、おもしろさでは『花と龍』が勝つ。

福岡県若松町（現北九州市若松区）。かつては筑豊から遠賀川で運ばれてきた石炭の一大積み出し港だった町である。広島の山奥から兄を頼って関門海峡をわたった一九歳の谷口マン。四国から裸一貫で北九州にたどりついた二四歳の玉井金五郎。「ゆくゆくは大陸に渡って一旗あげるつもりじゃ」と語る金五郎と「あたしはブラジルで大農場を経営したいわ」という夢をもつマンは、門司港の港湾労働者同士として知り合い、やがて結婚、若松で石炭の積み込みを請け負う玉井組を立ち上げる。押し寄せる機械化の波や博徒や遊侠の気風が強い土地柄に抗し、港湾労働者の生活権をかけて闘う玉井夫婦。一途に金五郎を思いつづける女彫青師《ほりものし》のお京なんていう色っぽい女性もからんで飽きさせない。

明治編または青春編とも呼ぶべき第一部（上巻）のラストは〈玉井金五郎、三十五歳。／同マン、三十一歳。／同勝則、九歳〉。大正三年、若松市市制施行祝典の日である。

昭和編または立志編に当たる第二部（下巻）のラストは、日中戦争がはじまった昭和一二年七月七日だ。金五郎はいまや市会議員。〈このときから、時代はまったく新しい歴史をくりひろげるのである。そのなかに、どんな夢が生まれるか、また、崩れるか、そんなことは、無論、わからない。／玉井金五郎、五十八歳。／玉井マン、五十四歳〉

玉井金五郎・玉井マンというのは実名で、じつは二人は作者の両親、物語の後半で恋愛事件を起こす長男の玉井勝則とは火野葦平の本名である。といっても私小説風の湿っぽさはなく、読み心地は完全にエンターテインメント。「花と龍」とは金五郎の左腕に彫られた彫青の図柄（昇り龍と菊の花）に由来する。五〇歳をすぎた金五郎は、若き日に入れた彫青を恥じていたが、息子はそれに憧れていた。

暗いファシズムの時代に入る直前の物語。名前と年齢を並べただけのラストには、小細工のない二人の人生の誇りが（作者の誇りも）刻印されているかのようだ。

映画の歴代主役は、石原裕次郎&浅丘ルリ子（一九六二年）、中村錦之助&佐久間良子（六五年）、高倉健&星由里子（六九年）、渡哲也&香山美子（七三年）。すごいメンバーだ。

火野葦平（ひの・あしへい　一九〇七〜一九六〇）青年期にマルクス、エンゲルスに傾倒するも転向し、『糞尿譚』で芥川賞を受賞。報道班員として日中戦争、太平洋戦争に従軍。兵隊三部作は戦後批判され、一度は復活するも、最後は睡眠薬で自殺した。

狂暴な暗殺魔のために、散る花の如く、散り急いだ秀才偉人の生涯が、いかにも惜しいことに思われる。

『花の生涯』（一九五三年）舟橋聖一

ヒーローとしての井伊《いい》直弼《なおすけ》

勅許を得ずに日米修好通商条約を締結する、安政の大獄で尊王攘夷派を大量に粛清するなど、幕末の大老・井伊直弼は、非道な独裁政治家のイメージだ。舟橋聖一『花の生涯』は、その直弼を肯定的に描いた長編小説である。

直弼はもともと政治嫌いで、茶の湯や学芸の世界に遊んでいたい人だった、というのはよく知られた話。彦根の埋木《うもれぎ》舎《や》で自由気ままな独身生活をエンジョイしていた直弼はしかし、諸般の事情で彦根藩主になることを余儀なくされる。ここから彼の数奇な人生がはじまるが、とはいえ物語は、まじめくさった歴史小説の範疇《はんちゅう》を大きく逸脱していく。

直弼が表の主役なら、裏の主役は直弼の腹心・長野主膳とその愛人の村山たか女だ。二人は尊王派の動きを探りつつ、陰に陽に直弼を支えるが、男はみんな好色だし、美貌のたか女は方々でハニートラップをしかけるし、歴史小説にあるまじき艶っぽさである。

一方で、幕末の志士や水戸藩士はみんな悪党扱いだ。桜田門外の変に際し〈知性の薄い、亢奮しやすい頭脳が、この国では熱血漢として珍重されているのも、妙な話である〉と憤《いきどお》る直弼。水戸と薩摩浪士のなぶり殺しに近い暗殺の仕方を〈このような残忍な殺人の方法が、尊王攘夷の美名に保護されて、今日まで寛大にされている〉と嘆く語り手。直弼亡き後〈いつの日か、国際親善の大道はひらけ、大老の冤枉《えんおう》は雪《そそ》がれようぞ〉と胸にきざんで処刑される主膳。

最後の一文も直弼に対する最大級の賛辞である。ゆかりの女たちの後日談を語り、作中一のヒールである多田一郎が長命だったことを述べた後、語り手は嘆く。

〈それを見るにつけても、狂暴な暗殺魔のために、散る花の如く、散り急いだ秀才偉人の生涯が、いかにも惜しいことに思われる〉

あれほどの権勢を誇った人物を〈散る花の如く、散り急いだ〉と評するのは、さすがに贔屓の引き倒しだとは思うが、明治の世まで生き延びた直弼も見たかった気はする。

NHK大河ドラマ第一作（一九六三年）の原作にもなった歴史小説。主役の井伊直弼を演じたのは二代目尾上松緑。長野主膳は佐田啓二、村山たか女は淡島千景が演じて話題となった。

舟橋聖一（ふなはし・せいいち　一九〇四～一九七六）大学在学中より劇団を結成し、新興芸術派の劇作家として活躍。戦後は流行作家として、独自の唯美的世界を確立した。

だしぬけに眼から涙が溢《あふ》れだした。そうして前に倒れた。

『母子像』（一九五四年）久生十蘭

●死の瞬間で終わる物語

「小説の魔術師」などと呼ばれる久生十蘭の短編はどれも濃密かつ変幻自在な文章に彩られている。『久生十蘭短篇選』（岩波文庫）から拾うと……。

『黄泉《よみ》から』（一九四六年）は美術商の男がニューギニアで死んだ従妹を自己流で弔う物語。その日、彼の家に戦地で彼女といっしょだったという女性が訪ねてきて、最後のようすを話していった。彼女は自分が好きだったらしい。提灯《ちょうちん》を手に彼は外に出た。ラストは〈おい、ここは穴ぼこだ。手をひいてやろう」／といって闇の中へ手をのべた〉。

『予言』（四七年）は知人に「君は今年一二月に自殺する」と予言された男の話。彼によれば、自分はサイゴンやジブチを経由してナポリへ行き、婚約者ともう一人を射殺して自分も自殺するという。「なにを馬鹿な」と一笑に付したものの、船で新婚旅行に出かけた二人は……。

人々が戦争の傷をひきずっていた時代。現実と幻想が混在した物語には、死の影が入り込む。

サイパン島玉砕を背景に持つ代表作『母子像』は吉田健一が翻訳し、ニューヨーク・ヘラルド・トリビューン紙が主催する世界短編小説コンクールで一席となった作品だ。

放火事件で警察につかまった一六歳の少年・太郎。彼はサイパンで生まれ育った。母は現在、銀座のバーのマダムである。「お前は女の子のセーラー服を着て、銀座で花売りをしていたそうだ」と担任教師は問いただす。「大当り」と彼は心のなかでつぶやくが、他人の金で勉強するのが嫌になったんだろうという教師の言葉には「外れ」と心のなかでまたつぶやく。セーラー服で花売りをしたのは母のいるバーに入るためだった。が、慕っている母が売春をしていると知り、絶望した彼は自殺を考えたのである。

しかし何をやっても死ねない太郎は「死刑になればいいのだ」と思いつく。かくて警官の隙を突き、奪った拳銃を乱射するのだ。警官が反撃し、太郎の胸に衝撃が走る。

〈太郎は壁に凭《もた》れて長い溜息をついた。だしぬけに眼から涙が溢《あふ》れだした。そうして前に倒れた〉

死の瞬間で終わる衝撃のラスト。その瞬間、彼は何を考えたのか。涙の意味が気になる！

あらかじめ外国語に翻訳されることを見越して書かれたともいわれる作品。伏線は張りめぐらされているが、O・ヘンリー風に「幕切れの鮮やかさ」で読ませるタイプの短編である。

久生十蘭（ひさお・じゅうらん　一九〇二～一九五七）岸田國士に師事し、パリでも演劇を学ぶ。帰国後、文学座で演出に携わりながら、実験的な推理小説・伝奇小説を発表。『母子像』はアメリカでも高く評価された。

彼はあの冒険を切り抜けたのが自分の力であることを知っていた。

『潮騒』（一九五四年）三島由紀夫

●戦後らしさが息づく小島の恋

三島由紀夫『潮騒』は美しい島の情景からはじまる。
〈歌島《うたじま》は人口千四百、周囲一里に充《み》たない小島である〉
歌島のモデルになったのは伊勢湾口の神島（三重県鳥羽市）。小説では観光案内のような描写の後に〈一人の漁師の若者〉が登場し、やがて彼の目を通して〈一人の見知らぬ少女〉が現れる。舞台が先にあって、しかる後に物語が生まれる。島は閉じた空間である。この環境が作家に強いインスピレーションを与えたのはまちがいないだろう。

主人公の久保新治は漁師、ヒロインの宮田初江は海女《あま》。一〇代のふたりの出会いから婚約までを描いた『潮騒』は恋愛小説としては超シンプルな物語であり、古代ギリシャの『ダフニスとクロエ』に比されたりもする。

だが、実際にはそれほど古典的でも牧歌的でもなく、随所で「戦後」が息づいている。象徴的なのは、ふたりが思いをたしかめあう場所が「観的哨《かんてきしょう》跡」であることだろう。敗戦までは対岸から発射された試射弾の着弾点を観察する陸軍の施設だった観的哨。廃墟と化したその場所で、初江は新治に「その火を飛び越して来い」と呼びかけるのだ。戦争はすでに過去。彼らもまた翌年発表された『太陽の季節』と同じアプレゲール（戦後世代）なのだ。

最後のシーンでも、ふたりのプライドが交錯する。

初江の写真を上着の内ポケットに、海での遭難の危機を乗りこえた新治。自分の写真が恋人を守ったと考えた初江の目には〈矜《ほこ》りがうかんだ〉が、事態をひっくり返すように、小説は、しかし、と続くのだ。
〈若者は眉を聳やかした。彼はあの冒険を切り抜けたのが自分の力であることを知っていた〉

おっと眉をそびやかすのか！　純朴だった男子がいきなりオラオラ系に変貌したような感じ。

一見素朴だが、新治は一等航海士の資格をとって石炭の輸送船を買うという野望を抱いた若者だ。一方、初江は船主の娘である。その夫に選ばれた新治は、きっとこの後、事業をがんがん拡大し、すべての成功を「自分の力である」と信じる剛腕の社長になっただろう。日本経済を牽引した世代の恋。ラストの一言が高度経済成長開幕宣言に見えてくる。

神島は伊良湖と鳥羽を結ぶ伊勢湾フェリー上から見ることができる。吉永小百合＆浜田光夫主演（一九六四年）、山口百恵＆三浦友和主演（七五年）の映画のロケもここで行われた。

三島由紀夫（みしま・ゆきお　一九二五～一九七〇）劇作家としても『鹿鳴館』『近代能楽集』等の名作を生んだ。六〇年安保後、右翼的傾向を強め、民兵組織「楯の会」を発足。自衛隊市ヶ谷駐屯地で割腹自決した。

どうぞわたくしをおゆるし下さいませ。

『草の花』（一九五四年）福永武彦

亡き友が残したノートの波紋

かつて（いまも熱心な支持者がいるとはいえ）、福永武彦は文学好きな女学生が熱狂的に憧れる作家のひとりだった。『草の花』は中でも特によく知られた作品だ。

語り手の「私」は、東京郊外のサナトリウムで、生きる希望を失ったような汐見茂思《しおみしげし》（三〇歳）と出会った。汐見は成功率が低い肺の手術で術中に死亡し、「私」の手元には「僕が死んだら君にあげる」と託されていたノートが残った。

かくして開示される二冊のノート。それは〈人はすべて死ぬだろうし、僕もまたそのうちに死ぬだろう〉ではじまり、一冊目には汐見が旧制高校生だった一八歳当時の後輩・藤木忍に対する熱い思いが、二冊目には二四歳の頃の、藤木の妹・千枝子との恋愛の顛末がつづられていた。

〈藤木、と僕は心の中で呼び掛けた。藤木、君は僕を愛してはくれなかった。そして君の妹は、僕を愛してはくれなかった。僕は一人きりで死ぬだろう……〉

お、重い。重すぎる。愛の観念は語る。愛情の押し売りはする。死はほのめかす。求愛に応えられない藤木が「そっとしておいてほしいんです」といって逃げたのも、千枝子が「もう会うのをやめましょう」といって別の男と結婚したのも仕方あるまい、と思わせる。

しかし、汐見が愛に固執した背景には戦争の影が見える。戦争と死への恐怖を何度となく語る汐見。ところが彼のノートには兵隊時代のことが書かれていない。千枝子と別れた後に赤紙が来て、孤独の中で入隊したというのにだ。

「私」は千枝子に読む意思があれば汐見のノートを郵送すると書き送る。返事はつれないものだった。

ノートはいらない。〈わたくしがそれを読みましたところで、恐らくは返らぬ後悔を感じるばかりでございましょうから。／どうぞわたくしをおゆるし下さいませ〉

いかにも平凡な幸福を手に入れた女が書きそうな「おゆるし下さいませ」である。若くして戦争と貧困と疾病で死んだ者（藤木や汐見）から生き延びた者（「私」や千枝子）への告発の書っぽい物語。結語が「どうぞ（生き残った）わたくしをおゆるし下さいませ」に見えてくる。

汐見の死は「緩慢な自殺」といわれるが、恋の悩みの深さを感じさせる。同性と異性、両方への愛をつづったこの作品は、バイセクシュアル文学の先駆として特筆されよう。

福永武彦（ふくなが・たけひこ　一九一八〜一九七九）東大仏文科を卒業後、堀辰雄の知遇を得て執筆を始める。学習院大学で教えつつ旺盛に執筆するも、病気がちで療養を重ね、在職中に死去。子息は作家の池澤夏樹。

『次郎物語』（一九五四年）下村湖人

今日は、日記を書くのはもうやめよう。

幼少期の恨みを断ち切れず

第一部の出版は太平洋戦争がはじまった一九四一年。一三年後の五四年まで書き続けられた。下村湖人『次郎物語』はじつに五部構成（文庫本で三冊）の長編小説である。

主人公の本田次郎は生まれてすぐ里子に出され、幼少時を乳母のお浜一家のもとで育った。家に戻った後も兄や弟となじめず、母のお民は次郎に厳しい。経済的に困窮した一家は土地と家を売って酒屋を開くが、次郎は母の実家にあずけられ、やがて次郎に辛くあたったことを詫びて母が病没。ここまでが第一部で、この後に続くのは、父の再婚、受験の失敗、浪人して入った中学での出会い……。

ひとりの少年が成長し、社会性に目覚める過程を描いた教養小説（ビルドゥングスロマン）ってやつである。

ただし、次郎が特異なのは幼少時に里子に出された経験が人格形成に大きな影響を与えていることで、傍目には父にも乳母にも祖父にも十分愛されているのに、次郎は「愛されたい」という願望から逃れられない。

中学で出会った尊敬する朝倉先生が五・一五事件を批判して学校を追われ、次郎も続いて退学するところまでが第四部。第五部に入ると、次郎は東京の郊外で私塾を開いた朝倉先生の助手をしながら私立中学に通っている。次郎は郷里の道江に恋している。でも道江は次郎の兄の恭一が好き。しかし、おっと三角関係か、という期待を裏切り、小説は次郎のグダグダな日記で唐突に終わるのだ。

〈里子！　何という大きな力だろう〉と書く次郎。〈ぼくは、あるいは疲れすぎているのかもしれない。今日は、日記を書くのはもうやめよう〉

こ、ここで投げ出すのかい……。

漱石から武者小路まで、近代の青春文学のエッセンスを詰め込みながらもどこか道徳臭が漂うのは、教育者だった作者・下村湖人の視点のせいかもしれない。

ときは二・二六事件の頃。第五部の中心はファシズムに向かう時代に抵抗する私塾の物語である。この期に及んでまだ里子にこだわり、恋愛への一歩を踏み出せない次郎。厳しすぎる母の教育はかくも強いトラウマを残すという警告か。日記を投げ出したのは次郎？　それとも作者？

作者の自伝的事実を反映した小説ともいわれ、一時期の青少年に強い影響を与えた。この後、第六部、第七部と続く構想もあったようだが、作者は一九五五年に死去。未完の大作となった。

下村湖人（しもむら・こじん　一八八四～一九五五）生後すぐ里子に出されるが四歳で実家に戻る。教育者としても活躍した後、文筆活動へ。太平洋戦争末期の次郎を扱う『次郎物語』第六部の執筆前に死去。

見て下さい。よく私を見て下さい。

『ひかりごけ』（一九五四年）武田泰淳

●近代法が想定しなかった犯罪

武田泰淳『ひかりごけ』の舞台は北海道の知床である。〈私が羅臼を訪れたのは、散り残ったはまなしの紅い花弁と、つやつやと輝く紅いその実の一緒にながめられる、九月なかばのことでした〉

紀行文のような、旅情を誘われる書き出し。ところが、小説はその後、旅情どころではない方向に進んでいくのだ。中学の校長と洞窟にヒカリゴケを見に行った「私」は帰路、「ペキン岬の惨劇」の話を聞く。それは太平洋戦争末期の出来事で、難破した徴用船の船長が死んだ船員の肉で命をつなぎ、ただ一人生還した事件を指す。〈その船長は、仲間の肉を喰って、自分だけは丸々と太って、羅臼へやってきたんですからね。全く凄い奴がいますよ〉

「私」は『羅臼村郷土史』で事件の概要を調べ、同様のモチーフを扱った野上弥生子『海神丸』や大岡昇平『野火』を思い出しつつ、「人を殺す」と「人を喰う」の差を考える。

ここまでが前半で、後半は「私」が考えた戯曲である。

第一幕は洞窟の中。船員たちはこの一件で争うが、ある船員がいった。〈おめえの首のうしろに、光の輪が見えるだ〉〈人の肉さ喰ったもんには、首のうしろに光の輪が出るだよ。緑色のな。ウッすい、ウッすい光の輪が出るだよ〉それがヒカリゴケに似ていると。

第二幕は法廷で、被告席にいる船長は自分の首のうしろには光の輪があるという。船長の〈見て下さい。よく私を見て下さい〉という言葉で劇は幕となるが……。

さて、これをどう考えるか。

「光の輪」から連想するのは、聖画や仏画に描かれた聖人や仏の姿か、キリストが最後の晩餐でパンを手に「食べなさい。これは私の体である」と語った話だ。しかし、ト書きでは舞台上の全員が光の輪をしょっているのだ。人肉食は近代法では想定されていない罪である。人はそれを裁けるのかと問う問題作。船長に「見て下さい」といわせることで、「私」は読者に「あなたも当事者だ」と迫るのである。

作品のモチーフとなったのは一九四四年、北海道羅臼町で発覚した実際の事件。刑法には人肉食に関する規定がないため、船長には死体損壊罪で懲役一年の実刑判決が下された。

武田泰淳（たけだ・たいじゅん　一九一二〜一九七六）左翼運動に挫折後、竹内好らと中国文学研究会を結成する。一九四三年には評伝『司馬遷』を発表し、戦後、創作活動を本格化。自身の転向や中国出征の体験を踏まえ、極限状況での人間性の問題を追究した。妻は随筆家の武田百合子。

いつもの女子選手がいなくて、男の頭が水面に一つ出ている。

『プールサイド小景』（一九五四年）庄野潤三

●小市民的な光景の裏にあるものは？

庄野潤三の短編はどれもオシャレで、短編映画かショートコントのようである。

芥川賞受賞作『プールサイド小景』もそう。書き出しは〈プールでは、気合のかかった最後のダッシュが行われていた〉。プールで練習する溌剌とした女子選手たちの姿は、向こうを通る電車の中からも見える。少し離れた場所にひとりの男性がいる。ＯＢでコーチと顔見知りの青木氏である。青木氏は二人の息子とプールに来ている。犬を連れた夫人が現れ、一家はそろって帰る。コーチは考える。〈あれが本当に生活だな。生活らしい生活だな〉

いかにも中産階級の家族らしい微笑《ほほえ》ましい光景。テキストはしかし、〈だが、そうではない〉と続くのだ。〈この夫婦には、別のものが待っている。それは、子供も、近所の人たち誰もが知らないものなのだ〉えっ、なになに？

外からは見えない一家の秘密。青木氏は一週間前、会社を辞めさせられていた。使い込みが原因だった。結婚一五年。妻は考える。〈女がいる。夫が大金を使い込んだのは、女のためだったのだ〉「何か話をして」とうながされ、青木氏はようやく口を開くが……。

以前と同じように、朝、家を出る夫を見送った後、妻の脳裏には不吉なイメージがよぎる。〈夫は帰って来るだろうか〉失業者でもいい。帰ってさえくれれば。

ラストは再びプールである。その日、女子選手たちの練習は早く終わっており、コーチがひとり、プールの底に沈んだごみを足の指で拾い上げていた。〈やがて、プールの向う側の線路に、電車が現われる。勤めの帰りの乗客たちの眼には、ひっそりしたプールが映る。いつもの女子選手がいなくて、男の頭が水面に一つ出ている〉

電車の窓からはこの不思議な光景がどう見えただろう。妻は夫の日常を知らず、夫は妻の不安を知らない。高度成長期に突入する少し前の、サラリーマンの不条理劇。〈男の頭が水面に一つ〉という図柄はシュールだが、このコーチにも、隠された秘密があるかもしれないのだ。

ホテルや学校などのプールが日本で整備されるのは一九六〇年代以降である。五〇年代には市民に開放されたプールは珍しかったはず。プール自体が「小市民的な大道具」なのだ。

庄野潤三（しょうの・じゅんぞう　一九二一～二〇〇九）大学時代は島尾敏雄らと交流し、同人誌で文学活動を開始。戦後、教職や放送局勤務を経て専業作家となる。家庭の日常に取材した作品を多く執筆し、安岡章太郎、吉行淳之介、小島信夫らとともに「第三の新人」と呼ばれた。

なんぼ寒いとって綿入れを／山へ行くにゃ着せられぬ

『楢山節考』（一九五六年）深沢七郎

姥捨て伝説の背景にあるものは

七〇歳になった者は「楢山《ならやま》まいり」と称して「山へ行く（捨てられる）」風習のある村。深沢七郎『楢山節考』は姥捨《うばす》て伝説を題材にした小説だ。六九歳のおりんが準備万端整えて「山へ行く」までの物語である。

少子高齢化社会のいまとなっては、もはや他人事とは思えない内容だ。「楢山まいり」をむしろ楽しみに待つ気丈なおりん。母を山へやることに抵抗を感じる四五歳の息子夫妻（辰平と玉やん）。そして、祖母の身の上など関係ねえといいたげな二〇歳前の孫とその妻（けさ吉と松やん）。現代の家族も一皮むけば、こんな感じだろう。

美しく死にたいと考えるおりんと対照をなすのが、山行きを拒む又やんである。生に固執する隣家の又やんは、残酷にも実の息子の手で谷に突き落とされるのだが、そのとき谷から黒いカラスの大群が舞い上がる。

一方、大願を果たしたおりんの上には白い雪が舞うのである。雪が降れば早く安楽になれる。孝行息子の辰平は、禁を犯し、捨てたばかりの母のもとに戻って叫ばずにいられない。「おっかあ、ふんとに雪が降ったなァ」

「楢山節」考というくらいで、この小説はミュージカルでもある。村に伝わる盆踊り歌がたっぷり織り込まれ、それに関する考察が小説の重要な部分をしめるのだ。

小説の止めも歌である。

〈なんぼ寒いとって綿入れを／山へ行くにゃ着せられぬ〉

綿入れなんか着せたら早く死ねないという配慮を歌っているようでありながら、小説ではおりんが置いていった綿入れを孫のけさ吉がもうちゃっかり着ているのである。祖母の「遺産」をあてにしないでは生きられない村。なにせ村には〈三十すぎてもおそくはねえぞ／一人ふえれば倍になる〉なんていう晩婚をすすめる歌まであるのだ。

若者は結婚できない。高齢者は捨てる。死ねば雪が祝福する。要は「安楽死」のすすめである。

『楢山節考』は美しい物語である。しかし、いまは感動したくない。老醜をさらしちゃいかんのかい、老いたら死ねというのかい、と又やんに代わっていいたい。

姥捨て伝説を異化する小説としては、佐藤友哉『デンデラ』がおもしろい。捨てられた老婆たちが生き延びてコミューンをつくる異色の長編小説だ。

深沢七郎（ふかさわ・しちろう　一九一四〜一九八七）プロのギター奏者として生計を立てていたが、『楢山節考』が第一回中央公論新人賞を受賞し作家生活に入る。後年は、農業をしながら創作を続けた。

一ト仕事を終えて一服している人がよくそう思うように、生きようと私は思った。

『金閣寺』（一九五六年）三島由紀夫

火を放った理由は何だった？

三島由紀夫『金閣寺』は金閣寺放火事件という実際の事件（一九五〇年）を題材に、逮捕された青年とほぼ同じ経歴の人物を主人公にした作品だ。金閣寺の火事という結末は誰もが知っているわけだから、必然的に、読者の興味は「彼が放火に至った動機」にしぼられる。なんだけど、これがまあいちいち全部、動機に見えるんだな。

語り手の「私」こと溝口は舞鶴に近い成生岬《なりゅうざき》の寺の息子に生まれたが、吃音だったことで幼い頃からいじめられた。中学時代、父に連れられてはじめて金閣を見たが、想像とはちがう姿に失望した。金閣寺の修行僧になり、ようやくその美を体感。戦争でそれはいつも焼失の危機にあり、金閣はやがては自分とともに滅びる運命だと夢想するようになった。だが金閣は焼けなかった。大谷大学に進んだ溝口は足に障害のある柏木と出会い、彼の手引きで童貞喪失を試みるが、いざとなると目の前に金閣が出現し、いつも屈辱的な結果に終わった。――どれもこれも「だから金閣に火をつけたのだ」といえばいえると思いません？

だが、小説は意外な結末を用意する。いよいよ準備万端整え、金閣に火をつけて自分も死のうと決意した溝口。ところが、火を放った後、死ぬつもりで上った最上階の扉が開かない。金閣に拒絶されていると感じた彼は裏山へ走り、持っていた小刀と睡眠薬を谷底に投げ捨てた。

そしてラスト。〈別のポケットの煙草が手に触れた。私は煙草を喫《の》んだ。一ト仕事を終えて一服している人がよくそう思うように、生きようと私は思った〉

虚をつかれるラストシーンだ。動機を知りたくて読んできたのに、動機はわからず、憑きものが落ちたように彼は覚醒するのである。炎に見とれもしなければ恍惚にも浸らず、まさに「一ト仕事終えた」職人よろしく煙草を吹かす溝口。死ぬ気だった青年が「生きよう」と思った。これは一種の逆転劇だ。だがそれは束の間の休息にすぎず、まもなく彼は逮捕されるだろう。誰の心の中にも金閣寺に似たトラウマがあり、それを燃やせば楽になる。そんな物語にも見える。

実際の事件では、容疑者は薬物を飲んで割腹自殺を図っている（未遂）。焼失前の金閣寺は金箔が剝げ落ちた状態だったが、一九五五年の再建時に創建時の姿（金箔張り）に戻された。

三島由紀夫（みしま・ゆきお　一九二五〜一九七〇）プロフィールは91ページ参照。

パンチングバッグの後ろに竜哉《たつや》の幻覚は英子《えいこ》の笑顔を見た。彼は夢中でそれを殴りつけた。

『太陽の季節』（一九五六年）石原慎太郎

●大人がたまげた戦後の青春

文學界新人賞と芥川賞をW受賞した石原慎太郎二三歳のデビュー作。逗子に住み、ヨットを操り、ボクシングに精出す主人公。『太陽の季節』は元祖湘南ボーイの物語だ。

〈竜哉《たつや》が強く英子《えいこ》に魅かれたのは、彼が拳闘に魅かれる気持と同じようなものがあった〉

主人公の津川竜哉は新制高校の三年生。ボクシングの選手である。その竜哉が銀座でナンパしたのが、女子大に通う英子だった。恋愛に興味がなく、女の子は遊び相手でしかない竜哉。同じく恋愛に幻想のない英子。似た者同士の二人はゲームのような関係を続けていたが……。

文壇も読者もぶったまげたことだろう。高校生のくせにバーやキャバレーや風俗に出入りする竜哉。思わせぶりな態度で男たちを翻弄し、簡単に身体を許す英子。いまどきの若者は……とそりゃ思うよね。かくて彼らに与えられた呼称はアプレゲール。「戦後世代」の意味である。

そんな物語はしかし、最終盤で大きく転換する。英子が妊娠したのである。「生んで良い？」と聞く英子に竜哉は曖昧な態度をとり続けていたが、直後に続く怒濤の展開。

〈彼女は入院した。胎児は四カ月を越している。唯《ただ》の掻爬《そうは》手術が困難となり、骨格の都合で帝王切開が行われた。／そして手術後四日、英子は腹膜炎を併発して死んだ〉

たった三行ですませるか、この事態を。

最後は英子の葬儀の場面である。香炉を遺影に叩きつけて竜哉は叫ぶ。〈馬鹿野郎っ！〉〈貴方達には何もわかりゃしないんだ〉

その足で学校のジムに向かった竜哉は英子の言葉を思い出す。〈何故貴方は、もっと素直に愛することが出来ないの〉〈パンチングバッグの後ろに竜哉の幻覚は英子の笑顔を見た。彼は夢中でそれを殴りつけた〉

失ってはじめて彼は自分が映子を愛していたことに気づくのだ。なんだけど、終盤の彼は暴れるばかりで、唐突感は否めない。早熟なのか幼稚なのか、利口なのかバカなのかわからぬ竜哉。アプレゲールの心情はまことに量《はか》りがたい。

芥川賞選考会でも大もめにもめた問題作。作者は慶應高校に通う弟の裕次郎から聞いた話をもとにこれを書いたという。映画化を機に「太陽族」なる言葉も生まれ、異例のベストセラーになった。

石原慎太郎（いしはら・しんたろう　一九三二〜二〇二二）一橋大学在学中に書いた『太陽の季節』で芥川賞受賞。一九六八年参議院議員に当選。衆議院議員を経て、一九九九年から東京都知事を四期務めた。

ふたりは（略）爆弾の火の雨をまえにして、はじめてわずかにまことの夫、妻として生きようとした。

『迷路』（一九五六年）野上弥生子

上流社会の愛と戦争

文庫版の上下巻で計一三〇〇ページに近いボリューム。野上弥生子『迷路』は、それでも読者を飽きさせない、世界文学級の長編小説だ。

菅野《かんの》省三《しょうぞう》は左翼運動に走って大学を放逐された、お坊ちゃん育ちの元東大生。かつての運動仲間もみな転向して社会人となり、省三自身は東京と郷里の大分を行き来しながら、家庭教師のアルバイトなどで暮らしている。一方、菅野家と同郷で遠縁の垂水《たるみ》家当主は貴族院議員。娘の多津枝《たつえ》は気ぐらいの高いお嬢様だが、省三とは兄妹に近い関係だ。

この二人と、実業家の養女になった日米ハーフの万里子らを中心に、物語は昭和初期から太平洋戦争突入後までを、ドラマチックに描く。多津枝はパリ在住の財閥の御曹司と結婚し、省三は万里子と結婚して郷里に帰る。フランス文学張りの華族夫人との情事などもあり、ここまでは上流階級の家族のドラマだ。

ところが終盤、省三に召集令状が来て大陸に配属されると、小説は戦場劇に転じるのだ。多津枝は不幸な事故に遭遇し、中国戦線に送られた省三は脱走を企てて……。

登場人物の中には弟に家督を譲り、俗世と縁を切って能楽三昧の暮らしを送る老人もいて、この老人・江島宗通《えじまむねみち》がまた異彩を放つ。ラストの主役はこの老人である。

空襲が激しくなる戦争末期の東京。寵愛する能楽師に疎開を命じた江島は、数十年来の内縁の妻にいう。「寝よう」〈ふたりはやがて身に浴びる、同時に日本じゅうで浴びる爆弾の火の雨をまえにして、はじめてわずかにまことの夫、妻として生きようとした〉

ここにいたるまでには伏線が張られている。江島と同じように、多津枝も省三も命が尽きる寸前に結婚相手への愛に目覚めるのだ。「爆弾の火の雨」を前に房事をはじめるのは、端的に死を意味する。政財界のフィクサーである弟とは逆に、江島宗通は国に反感を抱いていた。「寝よう」のひと言に込められた国家と時代への憎悪。じつは不敵なラストである。

一九三六～三七年に一部発表されるも戦争で中断。戦後再開され、完結までに二〇年を要した大作。江島宗通のモデルは、井伊直弼の孫・井伊直忠といわれる。ただし直忠に弟はいない。

野上弥生子（のがみ・やえこ　一八八五～一九八五）野上豊一郎と結婚し、三児の母となる。夏目漱石に師事し、写生文作家として出発したのち、創作の枠組みを拡大。昭和期に入ると、知的構成力と精緻なリアリズムを備えた本格小説を次々に発表し、晩年まで精力的に執筆活動を行った。

ここへ来たとき主人は、梨花《りか》という名を面倒がって春という名をくれたが、ということだった。

『流れる』（一九五六年）幸田文

●観察者に徹してきた家政婦の逆転劇

〈このうちに相違ないが、どこからはいっていいか、勝手口がなかった〉

幸田文『流れる』の書き出しは、まるで「家政婦は見た！」の導入部である。

『流れる』は、実際、「家政婦は見た！」みたいなお話なのだ。主人公の梨花《りか》が雇われたのは傾きかけた芸者置屋。「くろうと」の世界に紛れこんだ「しろうとさん」が、そこで見聞きした日常を語る。それが物語のほぼすべて。

もっともこの小説の最大の謎は視点人物の梨花その人だ。夫と幼い子どもを亡くした過去があり、会社の寮母や掃除婦などを経験してきたというものの、家事全般をてきぱきこなし、いやに達筆で清元の素養なんかもある主人公。教養も家柄もありそうなこの女性は何者なのか。

そんな謎を残したまま、物語が大きく動くのは最後の数ページである。家を売り、格下の対岸に引っ越すことになった置屋の人々。しかし梨花にだけは、元の家にとどまり、新しい主に再雇用され、仕事の責任者に抜擢されるという幸運が転がりこんでくるのである。

ラストは引っ越しを手伝った後の帰り道、梨花がふともらす感慨である。〈つづいて脈絡のないことを思った。ここへ来たとき主人は、梨花という名を面倒がって春という名をくれたが、ということだった〉

そう、置屋に来た日、彼女は女主人にいわれたのである。「ねえ、ちょいと梨花さんっていうの呼びにくいわ。せんのひと春さんだったから春はどう？」

自分の名前がこのようないい方で剝奪された日のことを彼女は忘れていない。その女主人を追い出して、いまや自分がその家の責任者になろうとしている。見すごしてしまいそうな一文だが、これを優越感といわずして！

「あたし女中ですから」とうそぶきつつ、観察者に徹してきたヒロインの逆転劇。「家政婦は見た！」ならぬ「家政婦はやった！」。小さなガッツポーズが見える爽快な結末だ。

「家政婦は見た！」は市原悦子主演の人気ドラマ（一九八三～二〇〇八年）。父・露伴の死後に小説を書きはじめた幸田文は、実際にも柳橋の置屋に住みこんだという。今日でいう潜入取材だ。

幸田文（こうだ・あや　一九〇四～一九九〇）小説家の幸田露伴の娘として生まれ、露伴の死をきっかけに文筆家としての道を歩み始める。都会的感性と高い教養が融和した文章で、戦後の文学界に新風をもたらした。

それは傲岸《ごうがん》な彼の自我に罅裂《ひびわ》れる強い響きを与えた。

『女坂』（一九五七年）円地文子

ろくでもない男が出てくる小説は古今東西枚挙にいとまがないけれど、円地文子『女坂』も相当なものである。

舞台は明治。物語は官吏として出世した白川行友《ゆきとも》の妻・倫《とも》が夫のために妾を探しに（！）出るところからはじまる。スカウトされた須賀はまだ一五歳。「旦那様付きの小間使い」として奉公に出たつもりだったが、彼女に期待されたのは要するに「性の相手」だった。

行友の専横ぶりは、ここにとどまらない。別の小間使いの由美にも手を出す。あろうことか息子の妻の美夜《みや》とも関係を結ぶ。悪びれもせず三人の若い女を連れて行楽に出る。そうして倫は、そんな夫と女たちの行状を醒めた目でずーっと観察しているのである。ゾゾッ。

女同士の確執を描いているように見える『女坂』は、しかし、いま読むと旧弊な男社会への告発小説という印象が強い。女たちへの視線がそれなりに同情的なのに対し、夫はもちろん、実の息子や孫への愛情もほとんど感じられないのだ。

●「葬式は出すな」は妻の復讐

さて、ラスト。老いて死の床にある倫は、人を通じて夫に最後のメッセージを残す。

〈私が死んでも決してお葬式なんぞ出して下さいますな。死《し》骸《がい》を品川の沖へ持って行って、海へざんぶり捨てて下されば沢山でございます〉

四〇年も耐えてきた女の復讐がそれだけ？　という気もするが、このせりふを自虐や自己卑下と解釈してはいけない。倫は「オメエの家の墓になんか死んでも入りたくねーんだよ！」といっているのだ。いまわのきわの爆弾発言。さすがの夫もショックを受ける。

〈四十年来、抑えに抑えて来た妻の本念の叫びを行友は身体一ぱいの力で受けた。それは傲岸《ごうがん》な彼の自我に罅裂《ひびわ》れる強い響きを与えた〉

反省のなかった夫がはじめて直面する自我の危機！　妻の遺言通り、葬式を出さずにすませるのか。遺言を無視して葬式を出し、白川家の墓に葬るのか。どちらを選んでも怖いじゃないの夫としては。死後に夫を罰する妻。これぞ究極の復讐である。

作者の母方の祖母をモデルにした作品。『女坂』が告発小説たりうるのは、男女平等思想が普及した一九五〇年代の作品だからである。戦前はこのくらいの男はざらにいた。女の恨みは外に出せず、だから余計深かったのだ。

円地文子（えんち・ふみこ　一九〇五〜一九八六）国語学者・上田萬年の娘に生まれ、古典に造詣が深かった。女性の心理と生理を明るみに出す大胆な作風で、晩年まで第一線で活躍。『源氏物語』の現代語訳でも名高い。

これがこの私の、お天道《てんと》さまもはばからぬ横道《おうどう》の報いやと、いまこそ思い知られるよな心持でござります。

『おはん』（一九五七年）宇野千代

●別れた妻とヨリが戻って

タイトルは女性名だが、主人公は男。宇野千代『おはん』は風変わりな小説である。

語り手の「私」は七年前、芸妓のおかよとデキて、妻と別れた男だが、ある日、元妻のおはんと再会、以後、おかよの目を盗んで密会を重ねることになってしまう。

別れた後で生まれた息子の悟は知らない間にもう七歳。親子三人でやり直そうと引っ越し先の家まで決めた「私」だが、おかよと一三歳になる養女のお仙と暮らすいまの家にも愛着があって……。二つの家庭の間でおろおろする男。関西でいう典型的な「あかんたれ」である。

内容もさることながら、この小説の最大の特徴は、関西系の話し言葉で全編が書かれていることだ。小説全体が大きな「」でくくられているのである。

〈よう訊《き》いてくださりました。私はもと、河原町《かわらまち》の加納屋《かのうや》と申す紺屋《こうや》の倅《せがれ》でござります〉と語りだされた小説は、〈わが身の阿呆《あほう》がおかしゅうてなりませぬ〉といったエクスキューズを思いっきり挟みながら進行し、最後もやっぱり自虐的な懺悔で幕を閉じる。

〈これがこの私の、お天道《てんと》さまもはばからぬ横道《おうどう》の報いやと、いまこそ思い知られるよな心持でござります〉

「横道の報い（人の道を外れたことによる報い）」とは、息子の悟の不幸な事故と、おはんとの別れを指す。阿呆の報いで天罰が下ったのだと自ら告白しているわけだ。

しかし、彼はほんとに反省したのだろうか。自分を阿呆だといってるが、このような「下手に出る作戦」こそモテる男の処世術。本人は地獄ぶっても、二人の女に愛された「私」の人生が天国でなくて何か。そもそもこうやって読者に「懺悔」していること自体、自慢たらたら。それをしれっと書く作者の「なりきり芸」に舌を巻く。

「ござります」という語尾も手伝って、まるで江戸の世話物浄瑠璃のような読み心地。ダメな男とズルい男は紙一重である。遊女の小春と妻のおさんの間でおろおろする『心中天《しんじゅうてんの》網島《あみじま》』の紙屋治兵衛の末裔ですかね。

映画で「私」を演じたのは石坂浩二。おはんは吉永小百合、おかよは大原麗子。舞台は錦帯橋で知られる山口県岩国市。宇野千代の故郷でもあるこの街には、彼女の生家も残っている。

宇野千代（うの・ちよ　一八九七〜一九九六）尾崎士郎、東郷青児ら多くの男性芸術家と恋愛、結婚、破局を繰り返しながら晩年まで旺盛な創作を続けた。着物デザイナー、編集者、実業家など多岐にわたる分野で活躍。

この憐《あわ》れな親子は（略）紅塵《こうじん》の中に大手を振って歩いていた。

『杏っ子』（一九五七年）室生犀星

「親バカな父」と「出戻った娘」の父娘密着

〈小説家の平山平四郎は、自分の血統については、くわしい事は何一つ知っていない〉

室生犀星が晩年に残した自伝的長編小説『杏《あんず》っ子《こ》』の書き出しである。

犀星がモデルとおぼしき平四郎は婚外子として生まれ、すぐに他家に養子に出され、養母に虐待されて育った。けっして幸福とはいえない幼少時代である。とはいえ、ここまではあくまで導入部。物語は平四郎が文学者として成功するまでの時間を軽く飛びこし、第二章「誕生」以降は長女の杏子《きょうこ》を中心に展開するのである。

とりわけ語り手が生き生きするのは、杏子の結婚後である。杏子の夫の亮吉は作家志望の食えない男で、義父の平四郎を敵視しながら小説を書き続けるものの、まるで芽が出ず、酒におぼれて暴力をふるいだす。父の威を借る杏子も杏子で、夫婦の間にはいさかいがたえず、ついに四年後、結婚は破綻する。ラストは家に戻った娘と父の会話である。

「ずっとこれからたべさせていただくのよ」と語る娘に父は命じる。「きょうから君はおれの相棒だ、先《ま》ずスーツを一着作れ」「はい、作ります」「映画、演劇、お茶、何でもござれ、四年間の分をみんな遊べ、おれと出掛けろ」「お伴《とも》をいたします」

微妙に薄気味悪い。若い秘書か恋人を得たかのような父。それを嬉々として受け止める娘。「男なんかいないと、さばさばするわ、生れ変ったみたいね」と杏子はいう。

〈この憐《あわ》れな親子はくるまに乗り、くるまを降りて、街に出て街に入り、半分微笑《わら》いかけてまた笑わず、紅塵《こうじん》の中に大手を振って歩いていた〉

紅塵とは都会の塵、ひいては俗世間の意味。不遇な生い立ちの父と結婚に破れた娘はたしかに「憐れな親子」かもしれないが、最後に炸裂する父娘密着ぶりはどうだろう。〈ふるさとは遠きにありて思ふもの〉とは犀星の有名な詩の一節だが、杏子にとっての実家は「遠きにありて」ではなかった。というか父は娘にぜひとも「近くにあって」ほしかったのだ。リズミカルな最後の一文は、詩的だが浮かれている。娘を奪還した父の得意げな顔が目に浮かぶようである。キモッ！

杏子のモデルとなった室生朝子（一九二三〜二〇〇二）は父の没後にエッセイストとなり、犀星の業績を伝える年譜や作品を残した。優秀な「父の娘」だったのはまちがいない。

室生犀星（むろう・さいせい　一八八九〜一九六二）出生の事情で、貧しい寺の養子となる。一二歳で働きに出ながら創作を重ね、萩原朔太郎や芥川龍之介らと交流。詩と小説両方で名を残した。

右端の墓の前には、男雛と女雛の首が供えられてあり、その美しい貌だけが、ほの白く、暮れのこっていた。

『眠狂四郎無頼控』（一九五八年）柴田錬三郎

●ビジュアル系のニヒルな剣士

柴田錬三郎『眠狂四郎無頼控《ねむりきょうしろうぶらいひかえ》』は映像時代ならではの時代小説といえるだろう。

ときは「天保の改革」（一八三〇～四四年）で知られる水野忠邦の頃。老中に就任して間もない忠邦と筆頭老中・水野忠成《ただあきら》との争いが絶えなかった。眠狂四郎は忠邦の側頭役・武部仙十郎の命を受けた隠密で……というような設定ではじまる連作短編集である。

だが、時代背景はもはや二の次。強烈なのは主人公のキャラである。眠狂四郎はモデル並みのルックスで、天才的な剣の使い手だが、オランダ人のバテレン（宣教師）が棄教させられた復讐に旗本の娘を犯して産ませたという因縁含みの子なのである。

第一話「雛の首」は、狂四郎が生涯の愛を育む美保代と出会う場面にはじまり、狂四郎が忠邦を挑発し、「将軍家拝領の雛の首を断つ勇気がなくて、なんの改革の大志ぞ！」とばかり、雛人形の首を自ら斬ってみせる話である。この人形の首が後に特別な意味を持つのだが、美保代をいきなりレイプするわ、下段で構えた得意の「円月殺法」は出てくるわで、あまりのダーティヒーローぶりに、初手からノックアウトされること必至である。

ニヒルでクールなビジュアル系の狂四郎。少女マンガの人気者になりそうなやつだけど、人は殺すし、女は犯すし、濡れ場はあるし……今日では通用しないだろうね。

そんな狂四郎がついに反省し、死のうと考えるのが最終巻（新潮文庫版の五巻目）だ。忠成側の敵との死闘の末に重傷を負った狂四郎は美保代のもとに帰る。と、彼女は死の床についていた。美保代を看取った狂四郎は、母の墓の隣に妻を葬る。〈右端の墓の前には、男雛と女雛の首が供えられてあり、その美しい貌だけが、ほの白く、暮れのこっていた〉

女雛は狂四郎の、男雛は美保代の守り神だったとのオチ。第一話を受けた、純愛小説風の美しい幕切れだ。が、狂四郎は不死鳥みたいに復活し、シリーズは以後二〇年近く続くのである。

シリーズ最後の『眠狂四郎異端状』が出版されたのは一九七五年。映画では市川雷蔵や鶴田浩二が、テレビドラマでは田村正和や片岡孝夫（現仁左衛門）らが狂四郎を演じて人気を博した。

柴田錬三郎（しばた・れんざぶろう　一九一七～一九七八）第二次世界大戦中、乗船した船が撃沈されるも奇跡的に生還。戦後、「書評」編集長を経て作家生活へ。『眠狂四郎無頼控』は、剣豪小説ブームを生んだ。

ボッコちゃんは「おやすみなさい」とつぶやいて、つぎはだれが話しかけてくるかしらと、つんとした顔で待っていた。

『ボッコちゃん』（一九五八年）星新一

●ショートショートの決め手は最後の一文

　ショートショートの第一人者・星新一は、近年は小中学校の教科書でも人気だ。『ボッコちゃん』は五〇編を収めた自選集（一九七一年）。いずれも幕切れがスゴイ。

『おーい　でてこーい』は、原発事故後のいまこそ読みたい作品だ。台風の後、村はずれにできた大きな穴。「おーい、でてこーい」と叫んでも、石を投げ込んでも反響はない。穴をもらい受けた利権屋が商売をはじめ、〈原子炉のカスなんか捨てるのに、絶好でしょう〉と宣伝した。

〈数千年は絶対に地上に害は出ない〉と説明された住民は利益配分をもらうことで納得し、原子力会社が原子炉のカスを捨てにきた。外務省や防衛庁は機密書類、警察は偽札、犯罪者は証拠物件を捨てた。都会は浄化したが、ある日ビル建設の現場で作業員が休んでいると、頭上から「おーい、でてこーい」という声がして、石が落ちてきた。

　グローバル経済の時代を先取りしたかのような『冬きたりなば』は、商品を満載した宇宙船が別の惑星を訪ねる話。先方は貿易に応じるが、これから冬眠に入るので支払いは来年の春にしてほしいという。納品をすませての帰路、この星は楕円軌道だと判明した。すると来年の春までは？〈地球の時間に換算しますと、ざっと五千年ほど……〉

　表題作の『ボッコちゃん』は、でも教科書には載せにくいかもしれないな。ボッコちゃんはバーのマスターが趣味で作った美女型ロボット。客はロボットと知らず彼女に酒を飲ませるが、マスターは〈時どきしゃがんで、足の方のプラスチック管から酒を回収し、お客に飲ませた〉。

　ある日、彼女に熱を上げて冷たくされた青年が、彼女に薬の入った酒を飲ませた。マスターは回収した酒を客におごり、自分も乾杯につきあった。〈その夜、バーはおそくまで灯がついていた〉が〈人声だけは絶えていた〉。〈ボッコちゃんは「おやすみなさい」とつぶやいて、つぎはだれが話しかけてくるかしらと、つんとした顔で待っていた〉

　人は死に、ロボットは生き残ったの図。下手なロボットの反乱より、コワイ。

『ボッコちゃん』は同人誌に載ったものが認められ、商業誌に転載された、星の出世作のひとつ。星が生涯に残したショートショートは一〇〇〇編を超えるそうだ。

星新一（ほし・しんいち　一九二六〜一九九七）同人誌に発表したショートショートが江戸川乱歩らの推挽を受け、作家デビュー。平易な用語・用字法と普遍的な設定にこだわった作風で広範な読者を得た。

「やっぱり人間の群れにもどるよりしかたないじゃないか」

『パニック』（一九五八年）開高健

●大量発生したネズミとの戦い

晩年の釣り紀行『オーパ！』などで知られる開高健の作品は、かつて国語の定番教材であった。作者二六歳の文壇デビュー作『パニック』もそんな中のひとつ。

一二〇年ぶりに実をつけたササ原で、大量のネズミが発生した。このままでは山や畑が食い尽くされる！　県庁の山林課に勤める主人公の俊介は、いち早く危機を察知して警告を発するが、誰にも相手にされず、ネズミ撲滅作戦の上申書は上司に握りつぶされてしまう。が、俊介の警告通り、ネズミは野山どころか町にもあふれだし……。

寓話風の物語なのに妙にリアルなのは、保身に汲々《きゅうきゅう》とし、対策は後手後手に回り、失敗の責任は人に押しつける役人たちの姿が、いまとおんなじ！　だからだろうか。当の俊介も熱血行政マンではなく、周囲との駆け引きを冷静に計算するリアリストだ。

さて、人々を恐怖のどん底におとしいれたネズミ騒動は、唐突に終わりを告げる。事態の収拾に窮した局長が形ばかりの終結宣言を出そうとした矢先、ネズミが大移動をはじめたという情報が入る。そして俊介は、明け方の湖で〈無数のネズミが先を争って水にとびこんでい〉く姿を目にするのだ。

皮肉な結末に、彼は〈新鮮な経験、新鮮なエネルギーが体を通過したあとできまって味わう虚脱感をおぼえた〉。やせて、よごれた野良猫が歩いている。

〈あるわびしさのまじった満足感のなかで彼は猫にむかってつぶやいた。／「やっぱり人間の群れにもどるよりしかたないじゃないか」〉

それをいっちゃあおしめえよ、なつぶやき。開高健の特に初期の短編はいつも一言多いのだ。とはいえ最後の一言は、駆除の対象だった憎っくきネズミの群れに彼が内心シンパシーを感じていた証拠。一種のどんでん返しである。

ネズミの群れ（大衆の暴動を連想させる）にも、野良猫（組織に属さぬアウトロー）にもなれない彼は「人間の群れにもどるよりしかたない」。若き公務員が感じる脱力感。あきらめるなよ、元気出せよと肩をたたきたくなる。

ある種の動物は、個体数が増えすぎると「密度効果」が働いて自ら個体数を調整するといわれる。『パニック』は「レミングの集団自殺」を連想させるが、レミングの逸話の真偽は疑わしい。

開高健（かいこう・たけし　一九三〇〜一九八九）広告業界で活躍した後、小説家に転じる。敗戦直後の都市スラムを描いた『日本三文オペラ』や、ベトナム戦争の取材記、旅行記、エッセイなど、幅広い分野で行動派の作家として健筆をふるった。

僕は歯をかみしめて立ちあがり、より暗い樹枝のあいだ、より暗い草の茂みへむかって駈けこんだ。

『芽むしり仔撃ち』（一九五八年）大江健三郎

疫病の村で起きた事件

東大在学中、二二歳でデビューした大江健三郎の初期作品は追い詰められた者の極限状態を描いたものが多かった。初の中編『芽むしり仔撃ち』もそんな一編。

「殺し合い」が常態化していた戦争末期。感化院（非行少年の収容施設）の少年たちが山村に集団疎開する。待っていたのは武器を手にした村人たちと〈お前らは厄介者だということを忘れるな〉という村長の言葉だった。

村には疫病が流行っており、彼らは動物の死骸の処理を命じられる。が、やがて村人たちは逃げ、外界との通路は封鎖され、少年たちは村に閉じ込められる。土蔵の中に置き去りにされた少女、朝鮮人の少年、隠れていた脱走兵らと協力して彼らは生き延びる道を探るが……。

陰惨な『十五少年漂流記』みたいな物語。露呈するのは権力による暴力だ。事件と呼ぶべきだろう。

案の定、帰村した村長は、留守中の少年たちの悪事（窃盗や住居侵入や器物損壊）を伏せるかわり、ここでのことは口外するなといった。〈村には疫病は流行しなかった。村の人間は避難しなかった。そういうことにする〉

温かい食事を前に仲間たちが次々陥落する中、「僕」だけは最後まで抵抗する。〈俺はしゃべってやる。黙ってなんかいるものか〉結果、彼は村から追放されるのだ。

〈僕は歯をかみしめて立ちあがり、より暗い樹枝のあいだ、より暗い草の茂みへむかって駈けこんだ〉

ここで小説は終わる。救いのない結末である。

以前読んだときには、逃げ場のない人々の閉塞感を描いた寓話的作品だと思っていたが、コロナ禍を経たいま読むと、カミュ『ペスト』などと同じ優れた感染症文学でもあったことに気がつく。戦時の疫病流行下なら、こういうことがあってもおかしくないし、実際にあったかもしれない。

「僕」が駆け込んだのは暗い森。警察や村人につかまれば何をされるかわからず、彼がこの先、生き延びる保証はない。村から追放された主人公の絶望が二度繰り返された「より暗い」の一語に集約されている。

作中の村は作者の出身地・愛媛県の山奥がモデルともいわれる。知的障害のある長男の誕生をモチーフにした『個人的な体験』（一九六四年）以降は、自身の家庭をモデルにした作品が中心になった。

大江健三郎（おおえ・けんざぶろう　一九三五〜二〇二三）東大在学中に作家デビュー、戦後世代を牽引しながら政治と性を主題にした作品を発表、反核運動の中心的存在ともなった。一九九四年ノーベル文学賞受賞。

とどろく海辺の妻の墓！ 禎子の目を烈風が叩いた。

『ゼロの焦点』（一九五九年）松本清張

二時間ドラマの「崖」の原点？

ああ見えて、松本清張はフェミニストっぽい作家である。ドラマ化された『黒革の手帖』のように、強い意志をもった女性が活躍または暗躍する作品も少なくない。

『ゼロの焦点』もそんな作品のひとつだが、ただ清張の文章に色気を求めても無駄である。

〈板根禎子《いたねていこ》は、秋に、すすめる人があって鵜原憲一《うはらけんいち》と結婚した〉

という書き出しも、新聞記事みたい。

ともあれ禎子（二六歳）とこうして結婚した鵜原憲一（三六歳）は新婚旅行から戻った一〇日後、前の赴任地の金沢に出かけたまま失踪してしまうのだ。浮いた話のない広告マンだったはずの夫には金沢に別の女性との生活があり、そのうえ別の名前を持っていた。

よく知らない者同士の結婚がありえた時代だからこそ成り立つミステリー。夫の消息を求めて金沢を訪れた禎子は夫の過去を徐々に知ることになる。警察にも頼らず、感情にも流されずひとりで謎を追う禎子。金沢の名士の妻である室田佐知子、事務員の田沼久子という二人の女性の登場で物語はいよいよ佳境に向かうが、印象的なのはラストシーンだ。

夫の隠された過去と死の真相を知った禎子は、能登の荒海に面した断崖の上に立っている。そして……。

〈禎子は、いつぞや、現在立っている場所と、百メートルと離れていない岩角に立って、心にうたった詩が、この時、不意に、胸によみがえった。／In her tomb by the sounding sea!／とどろく海辺の妻の墓！／禎子の目を烈風が叩いた〉

クールな禎子はよよと泣き崩れたりしない。風の中で彼女は涙をこらえている。彼女の視野にあるのは、すべてを告白した犯人が漕ぐ一艘のボート！

引用されているのは、エドガー・アラン・ポーが妻の死を悼んだ詩の一節だが、なんといってもそこは崖の上。作中で彼女が崖の上に立つのは三度目だ。崖に対する作者の思いが凝縮されているかのよう。全体に無愛想な『ゼロの焦点』の中で、この部分だけが妙に文学っぽいのである。二時間ドラマにつきものの崖の原点はこれだった⁉

物語の背景にあるのは敗戦直後の「パンパン」という職業（米兵相手の娼婦）である。昭和から平成まで大流行した二時間の推理ドラマでは、犯人が崖の上ですべてを告白するのが定番だった。

松本清張（まつもと・せいちょう　一九〇九～一九九二）『点と線』『眼の壁』がベストセラーとなり、松本清張ブームを起こす。その後も『黒革の手帖』『砂の器』等多くの名作を書き、当時マイナージャンルだった推理小説の門戸を広げた。

華子は（略）見る間に色の様々を変えて見せる海を、いつまでも眺めていた。

『紀ノ川』（一九五九年）有吉佐和子

●土地と一体化した母娘三代の物語

『複合汚染』や『恍惚の人』など、有吉佐和子は社会問題を扱った作品のイメージが強い作家かもしれないが、それは晩年の話。彼女は堂々たる近代文学の書き手でもある。

　和歌山県の名家を舞台に明治、大正、昭和の女三代を描いた『紀ノ川』もそのひとつ。

　小説は冒頭、和歌山県九度山《くどやま》の慈尊院からはじまる。高野山のふもとにあり、「女人高野」の別名もあるこの寺は、二〇〇四年にユネスコの世界文化遺産の一部に登録されたが、むろん作者も作中人物もそれは知らない。

　冒頭の一節は〈今年七十六歳になる豊乃は、花の手をひいて石段を一歩々々、ふみしめるように上って行った〉。これは花の婚礼の日なのである。

「見、紀ノ川の色かいの」「美《う》っついのし」「美っついのう」

　明治三二年。祖母と別れを惜しんだ花は、そこから舟で紀ノ川を下り、和歌山市の真谷《またに》家に嫁いだのだった。この後の物語は、日本の近現代史そのものだ。花は夫を助け、夫は県会議長から代議士にまで上りつめるが、娘の文緒は古い因習に反発する大正ガール。東京の女子大を出ると銀行員と結婚し、夫の赴任先の南方にさっさと旅立ってしまう。

　やがて日中戦争がはじまり、出産のため和歌山に一時帰国した文緒。ここで再び紀ノ川登場。花は孫娘の華子と和歌山城の大天守に上るのだ。

「ようごらんな、華ちゃん。あれが紀ノ川やして」「まあ、川が、あんな色をしてる。綺麗ねえ」

　上流から下流に行くにしたがって家格は下がるが景気は上がるといわれた紀ノ川。十数年後、二七歳になった華子が、小説のラストで眺めるのは同じ川の河口である。彼女はしばらく望遠鏡越しに川を見ていたが、煙突が並ぶ河口に落胆する。そして、〈華子はそこを離れると、茫洋《ぼうよう》として謎ありげな海――波が陽光を弄《もてあそ》ぶのか、見る間に色の様々を変えて見せる海を、いつまでも眺めていた〉。

　時間の流れと家族の歴史と川の流れが一体となった構成。華子が立つのは戦後、鉄筋コンクリートで再建された和歌山城の大天守。祖母と上った大天守は空襲で焼けてしまった。上流から海までの流れがこのラストで一気につながる。

作者の母方の一族に取材した、作者二八歳のときの作品。華子のモデルは有吉佐和子自身とされる。

有吉佐和子（ありよし・さわこ　一九三一～一九八四）ハワイ大学で教鞭をとるなど、世界各地に飛んで作品を執筆。古典芸能や歴史、社会問題をテーマに多くの著作を書き、高い評価を得た。

「早う来ぬと船が出るぞオ」

『柳生武芸帳』（一九五九年）五味康祐

●未解明に終わった「柳生《やぎゅう》一族＝隠密」説

「週刊新潮」創刊号（一九五六年）から連載がスタートした五味康祐『柳生武芸帳』は、同時期に連載されたスタイリッシュな『眠狂四郎無頼控』とはまったく雰囲気が異なる。

　正保四（一六四七）年、唐津藩の二代目藩主・寺沢堅高《てらざわかたたか》の進退を決める評定の席で、疋田陰流を引く兵法者・山田浮月斎が突如、ゆゆしきことを口にした。

「柳生は忍びの術が本体じゃ」

　驚愕する一同。柳生家は徳川将軍家のれっきとした兵法指南役である。それが「下賤の術」とされる忍術に通じているとしたら、一大スキャンダルだった。

　その後の時代小説にも影響を与えた「柳生一族＝隠密」説はこの小説に端を発しているらしい。タイトルにいう「柳生武芸帳」とは、柳生新陰流の免許皆伝者を記した名簿のこと。武芸帳は全部で三巻あり、三巻ともそろえば太平の世をゆるがしかねない重大な秘密が解き明かされるという。かくて物語は一二年前の寛永一二（一六三五）年にさかのぼり、三巻の巻物を奪取すべく、柳生宗矩《むねのり》ひきいる新陰流一門、浮月斎ひきいる疋田陰流一門、さらにはお家の復興を目指す夕姫一行らが入り乱れての死闘がはじまる。

　なんだけど、この後のストーリーは複雑怪奇で、全貌をつかむのは容易ではない。錯綜する筋。おびただしい数の登場人物。もはやラビリンスワールドだ。

　しかもこの小説、じつは未完。作者の死により、途中で終わってしまったのだった。よって巻頭に示された謎の全容は解き明かされず、一二年後に時間が戻ることもない。

　巻末のエピソードは東海道の富士川近く。道を急ぐ怪しげな旅人たちの動向だ。

〈滔々たる早瀬の果ては海へ注ぐ。その大海の遥か彼方に大きな暗雲が速さを増し、次第に拡大してくるのが眺められた。船頭が又喚いた。／「早う来ぬと船が出るぞオ」〉

　この先も書き継がれたら、どれほどの大作になったかを、大海に注ぐ川と暗雲が暗示しているかのよう。船頭の声で終わるあたりはしかし、未完でもキマっている。

柳生宗矩は、関ヶ原の戦、大坂冬の陣、夏の陣で活躍し、徳川家康・秀忠・家光の三代に仕えて大名にまで出世した剣の達人。嫡男の柳生十兵衛ともども多くの小説や映画の題材となった。

五味康祐（ごみ・やすすけ　一九二一～一九八〇）亀井勝一郎や保田與重郎に師事した後、『喪神』で文壇にデビュー。以後、時代小説作家として活躍し、剣豪ブームを起こした。音楽への造詣も深く、野球・麻雀・占い通でもある。

足につかんだ巻物に、甲賀伊賀の精鋭二十人の名は、すべてなかった。

『甲賀忍法帖』（一九五九年）山田風太郎

もはや人間ではなくモンスター

アニメの「忍者ハットリくん」「忍たま乱太郎」からショー・コスギのニンジャ映画まで、いまや日本文化の代名詞にすらなった忍者。しかし、忍者通を気どるなら、山田風太郎の忍法帖シリーズを読まなくちゃ。『甲賀忍法帖』は記念すべきその第一作だ。

慶長一九（一六一四）年早春。駿府城の徳川家康は、二代将軍秀忠の後継者を、秀忠の二人の息子、竹千代にするか国千代にするかで悩んでいた。側近の僧侶・天海が秘策を提案する。「されば、忍者をつかわれてはいかがでござる」

伊賀と甲賀の忍者を竹千代方と国千代方に割り当てて、戦わせてはというのだ。伊賀衆と甲賀衆は服部半蔵の下に束ねられてはいたが、四〇〇年来の確執があり、ひとたび服部との約定を解かれれば、たちまち死闘になるはずだ、と。

四月末、甲賀のトップの弾正《だんじょう》と伊賀のトップのお幻《げん》が呼びつけられ、巻物に両派の精鋭各一〇名の名を記して血判を押す。「右甲賀十人衆、伊賀十人衆、たがいにあいたたかいて殺すべし。のこれるもの、この秘巻をたずさえ、五月晦日駿府城へ罷り出ずべきこと」

こうしてはじまる死闘はまるで戦隊ヒーローもののごとし。精鋭二〇名の忍法は、人間業をはるかに超えており、もはやモンスター並みだ。しかも甲賀と伊賀のトップ二人の老人は昔恋仲で、二人の孫同士も婚約中という、ロミオとジュリエットばりの恋愛ネタまで仕込まれている。で、どうなったかは、末尾にしかと書かれている。

ラストまで残った二人の最期を見届けて、高く舞い上がる鷹。〈足につかんだ巻物に、甲賀伊賀の精鋭二十人の名は、すべてなかった〉

ネタバレをするなって？　いやいやいや、こんなのはネタバレのうちに入らない。鷹が運ぶ巻物には名前ではなく何が書かれていたのか。奇想天外な展開の前には史実も吹き飛ぶ。山風忍法帖の幕開けを告げるキッパリとした末尾。並の忍者が物足りなくなること必定でござる。

本作のほか『飛騨忍法帖』『くノ一忍法帖』『江戸忍法帖』『伊賀忍法帖』『柳生忍法帖』など、山田風太郎の忍法帖シリーズは長編だけで二五作以上。アニメ時代の先取りのようだ。

山田風太郎（やまだ・ふうたろう　一九二二〜二〇〇一）東京医科大学在学中に『達磨峠の事件』で作家デビュー。推理作家として活躍後、伝奇小説へ路線を変更。数々の忍法小説をヒットさせ、忍法ブームを生んだ。

墓標のような、杙《くい》の列をながめながら彼は、たしかに一つの〝死〟が自分の手の中に捉えられたのをみた。

『海辺の光景』（一九五九年）安岡章太郎

●認知症の母を病院で看取るまで

海辺と書いて「かいへん」と読ませる。安岡章太郎『海辺の光景』は、海辺の病院で、家を離れた息子が、父とともに母を看取るまでの物語である。といえば前はすんだのだけれども、現代の読者には別の紹介の仕方をしたい。『海辺の光景』は有吉佐和子『恍惚の人』（一九七二年）に先行する、認知症文学の先駆的な作品だ、と。

母の危篤の知らせを受け、東京から高知の病院に駆けつけた浜口信太郎。そこは、一年前、父と息子が母をだまして、むりやり入れた精神病棟だった。

眠り続ける母は視力も失っており、重症病棟の鉄の扉のむこうに寝かされていた。褥瘡《じょくそう》の手当てと称して、床の上にほとんど裸で放り出され、痛い痛いと叫ぶ母。「老耄性痴呆症」とはどんな病気かと尋ねる信太郎に医師は答える。「さア、われわれにも良くは、わからんですな」「とにかく戦後、増えましたな、こういう病人が……」

医療や介護の体制が未整備だった一九五〇年代とはいえ、認知症者の扱いのひどさに絶句する。

息子のショックはしかも、それにとどまらない。看護人が「息子さんぞね」と呼びかけ、信太郎が母の手を握ると、母は「おとうさん……」といったのだ。母は父を嫌っていたはずなのに。二人だけの介護の日々が、夫婦を近づけ、息子を遠い存在にしたのか。

母が息をひきとった後、ある種の解放感とともに病院の外に出た信太郎は目の前に広がる光景に衝撃を受ける。それはいつも窓から見ていた美しい海ではなく干潮時の〈海底から浮び上った異様な光景〉だった。〈歯を立てた櫛のような、墓標のような、杙《くい》の列をながめながら彼は、たしかに一つの〝死〟が自分の手の中に捉えられたのをみた〉

この杙は真珠の養殖用と説明されているけれど、正体は不明である。いずれにしても海面下に隠れていた「墓標のような杙」で彼は母の死を実感するのである。介護の環境が大きく変わった現在でも、残された人の気持ちは不変かも。

芸術選奨および野間文芸賞受賞作。耕治人『天井から降る哀しい音』（一九八六年）や佐江衆一『黄落』（九五年）など先駆的な認知症文学はほかにもあるが、介護への社会的認識が薄かった時代の作品である点が注目される。

安岡章太郎（やすおか・しょうたろう　一九二〇～二〇一三）出征中に結核を患い、戦後、病苦の中で創作を開始。『ガラスの靴』などで「第三の新人」のひとりとして認められ、健康回復後は旺盛な執筆活動を展開。

アマネジャキの小僧は目をかがやかせ、髪をばっさばっさ鳴らしながら、トウガラシ色のたつまきのように、林じゅうをくるくるとおどりつづけました。

『木かげの家の小人たち』（一九五九年）いぬいとみこ

小人の姉弟の選択とは

いぬいとみこ『木かげの家の小人たち』は、戦後の児童文学界に新風を巻き起こした長編児童文学である。

東京郊外の森山家の書庫に住むイギリス人の一家。彼らは「小さい人たち」だった。森山家の末っ子で国民学校三年生のゆりは彼らに毎日コップ一杯のミルクを運ぶことを日課にしていたが、やがて戦争が激化。彼女は小人の一家をバスケットに入れて疎開先の野尻湖畔につれてゆくが……。

児童書といえば短編童話か翻訳モノばかりだった時代に誕生した国産の創作ファンタジー。それが同時に戦争文学でもあった点に時代が反映されていよう。

非国民のレッテルを貼られて投獄された英文学者の父。戦争を否定しつつ出征した上の兄と軍国少年化してゆく下の兄。子らを心配する母。森山家が戦中の典型的な中産階級の一家なら、小人も父と母と娘と息子という核家族。

おとなしめの登場人物の隙間を埋めるように物語をゆさぶるのが土着の小人アマネジャキである。終盤、ミルクを運べなくなったゆりにかわって一家を助けたのが森に住むアマネジャキだった。

そしてラストのどんでん返し。戦争が終わり、小人の一家は東京経由でイギリスに帰ることになるが、娘のアイリスと息子のロビンがいないのだ。

「ロビン！　アイリスゥ！　帰ってきて！」と叫ぶゆりを尻目に、アマネジャキは小躍りする。

〈おまえたち、とうとうおらのとこへ帰ってきただな！〉〈アマネジャキの小僧は目をかがやかせ、髪をばっさばっさ鳴らしながら、トウガラシ色のたつまきのように、林じゅうをくるくるとおどりつづけました〉

ひとりぼっちだった野性児アマネジャキの勝利と、イギリスに帰る父母と別れ、アマネジャキのそばに残る選択をした小人の姉弟の、まさかの自立で終わる物語。なるほど主役は小人たちで、ゆりは仲介人にすぎなかったのかと最後でわかるしかけである。

国際アンデルセン賞国内賞を受賞した記念碑的作品。やはり小人が登場する、佐藤さとる『だれも知らない小さな国』（一九五九年）と並んで、戦後児童文学の出発点となった。

いぬいとみこ（一九二四〜二〇〇二）戦時中は保育園に勤め、戦後に岩波書店で編集に携わりながら執筆を始める。西欧児童文学の影響を受けつつ、日本古来の伝統を活かした独自のファンタジー世界を確立した。

私は、うんうんと志乃にうなずきながら、身のまわりがやたらにまぶしく、赤面した。

『忍ぶ川』（一九六〇年）三浦哲郎

●おとぎ話みたいな恋愛小説

貧乏学生の「私」が場末の料理屋で働く娘に恋をする。互いの秘密を打ち明け合うことでふたりは親しくなり、やがて郷里で慎ましい結婚式をあげる。三浦哲郎の芥川賞受賞作『忍《しの》ぶ川《がわ》』はそれだけの小説だ。

それだけの小説なのに名作の匂いを放つのは、これが私小説で、ふたりの生い立ちに暗い影がさしており、描かれる町々がおとぎ話のように美しく、ふたりの関係がまた、あまりに純愛純愛しているからだろう。

「私」は上京して私大に通う学生。青森らしき雪国で育った六人きょうだいの末っ子だが、六人中四人は自殺したり失踪したりで、自らの出自に屈託を抱えている。彼が思いを寄せる志乃は二〇歳。一二歳まで東京の深川で育つも戦争で焼け出され、父と弟や妹は疎開先だった栃木にいる。志乃は志乃で自分が花街の射的屋の娘だったことを密かに恥じていた。

それらをすべて許し合い、ふたりが「私」の郷里に向かう場面はまるで映画だ。〈ふるさとは、さらさらとした粉雪であった〉母はふたりを歓待した。〈おお、おお、よくまあ、こんな雪深い田舎までおいでなしゃんした〉

近場の温泉地へ一泊の新婚旅行に向かう汽車の中で物語は閉じる。車窓から「私」の家を見つけた志乃はいうのだ。〈うち！　あたしの、うち！〉生まれてから家らしい家に住んだことのない志乃の喜びを理解しつつも、車中の客の目が注がれているのに気づき〈私は、うんうんと志乃にうなずきながら、身のまわりがやたらにまぶしく、赤面した〉。

微笑ましいラストである。静かな幸福に包まれて赤面する「私」。『太陽の季節』のアプレゲールぶりに度肝を抜かれた読者は心を洗われたのだろうなあ。

もっともここが幸福の絶頂で、続編の『初夜』『帰郷』になると、私小説らしく「私」のダメ男ぶりばかりが目立つんだけど。「忍ぶ川」とは志乃が働いていた店の名前。互いの家族を受け入れ合うことで癒やしを得る。表層は古めかしいが、恋愛結婚が当たり前になりはじめた時代の純愛小説だ。

続編の『初夜』では「私」が大学を卒業するも就職試験に失敗。妻が懐妊しても定職にはつかず、『帰郷』でついに実家に頼るハメになる。『忍ぶ川』は一九七二年に加藤剛と栗原小巻の主演で映画化された。

三浦哲郎（みうら・てつお　一九三一～二〇一〇）青森県に生まれ、兄姉四人を自死や失踪で失い、血の問題に悩んで文学の道に入る。井伏鱒二に師事し、血の系譜や東北の風土を歴史的に描く作品を残した。

わたしはパルタイから出るための手続をはじめようと決心した。

『パルタイ』（一九六〇年）倉橋由美子

一見破滅的だが、意外に律儀？

『パルタイ』は、技巧的な作風で長く文学界をリードした倉橋由美子二四歳のデビュー作である。

〈ある日あなたは、もう決心はついたかとたずねた〉と小説は書き出される。「あなた」は「わたし」にパルタイに入ることをすすめるが、そのためには《経歴書》が必要だという。「わたし」はパルタイの活動に参加し、気が進まないまま分厚い《経歴書》も書くが、結局は嫌気がさして……。

パルタイとはドイツ語で「党」の意味。英語でいえばパーティーだ。が、この当時、「党」といえば暗に日本共産党を指し、パルタイはその蔑称だった。

女子学生の「わたし」の視点で、恋人らしき「あなた」や「党」の滑稽さがシニカルに語られる。その思想は「あんた、バカなの？」の一言で足りるだろう。硬直化した組織はどんな時代にもあるし、アウトサイダーを気取った女学生もどこにでもいる。「党」を宗教団体やサークルや会社に置きかえれば、その滑稽さはいまも理解されるだろう。

ただ、硬直化した組織をコカしている割に、この小説は爽快感が薄い。それが象徴的にあらわれているのが結末である。一晩警察に勾留され、釈放されて自室に戻った「わたし」のもとに一通の封書が届いていた。

〈なかからパルタイにはいることを許可するむねの通知とともに、赤いパルタイ員証が出てきた。わたしはそれをながめ、仔細に検討したのち捨てた〉

ここで終わればスカッと決まったのに、語り手はさらに一言付け加える。〈わたしはパルタイから出るための手続をはじめようと決心した〉

なんだ、ちゃんと手続きするのか。律儀じゃないの。もちろんここは冒頭の〈もう決心はついたか〉に対応しているのだが、だとしたら小説の構成上も律儀である。

『パルタイ』に欠けているのは破壊力である。《学生》《労働者》《革命》といった単語を《　》で囲ってちりばめた、若気の気負いが目立つ短編。行動は一見破滅的だが、最後の一文に語り手が躾《しつけ》のよいお嬢さんであることが透けて見える。

「党員」を皮肉った小説としては田辺聖子『感傷旅行《センチメンタル・ジャーニィ》』も特筆される。党にまだ力があった一九六〇年代、女性作家が批評的な作品を書いていたのが興味深い。

倉橋由美子（くらはし・ゆみこ　一九三五〜二〇〇五）明治大学在学中に発表した『パルタイ』は女流文学者賞を受賞。人間の生理や残忍性をえぐりだす感性鋭い表現が特徴とされた。

程なく、孝二はどこかで時計が一時を打つのを聞いた。

『橋のない川』（一九六一～九二年）住井すゑ

●差別とはこういうこと

住井すゑのライフワーク『橋のない川』は文庫本で全七冊の大長編小説だ（しかも未完）。第一部が刊行されたのは五九歳のとき。第六部が出たのは一二年後の一九七三年。それで完結かと思ったら、一九年後の九二年（当時作者は九〇歳だった）に第七部が出て、読者を驚かせたのだった。

舞台は奈良盆地の「小森」と呼ばれる架空の被差別部落。物語は一九〇八（明治四一）年からはじまる。

畑中誠太郎は数えで一一歳。弟の孝二は七歳。父は日露戦争で戦死し、祖母と母との四人暮らしだ。

兄弟は自分たちがなぜ「エタ」と呼ばれるのかわからない。自分たちばかり、と嘆く誠太郎に、寺の息子で中学に通う村上秀昭（秀《ひで》坊《ぼ》ん）はいう。〈誠やん、お寺でも、金持ちでも、学者でも、小森にうまれたらみんなエッタや〉

そんな兄弟を中心に多様な事件を織り込んで第一部が終了。第二部では小学校を出た誠太郎が大阪の米屋に奉公に入り、弟の孝二は高等小学校に進む。第三部で描かれるのは誠太郎の出征と米騒動（一九一八年）、第四部では部落改善運動を経てついに水平社が設立される（一九二二年）。

長い物語だけれども、読むならひとまず誠太郎と孝二の少年時代を鮮やかに描いた第二部までで十分だろう。第三部以降はみな大人びて、小説としての魅力は落ちるのだ。

第二部のラストは孝二の修学旅行である。京都の旅館で五人部屋になった孝二。が、便所に行くといって出て行った四人は戻ってこない。恐れていた通りだった。小森の子と同じ部屋で寝たくない、そんな差別を受けることも承知で彼は旅行に来たのだ。すでに時刻は一二時すぎ。彼らは朝まで戻らないだろう。涙をこらえ、彼は兄が送ってくれた新調の袴を母にいわれた通り丁寧にたたんだ。〈程なく、孝二はどこかで時計が一時を打つのを聞いた〉

深夜、部屋にひとり残された孝二の悲しみ。差別とはこういうことだと小説は教えるのである。秀坊んのモデルは「水平社宣言」を起草した西光万吉。孝二のモデルは水平社運動に参加した木村京太郎といわれるが、それはもっと後の話。

第一～七部の合計で八〇〇万部を超えるロングセラー。ちなみに最終巻・第七部のラストは〈午後一時。春を含んだ陽射の中で、何の小鳥か、しきりにさえずっていた〉。一九二五年の話だが、作者は敗戦の年の一九四五年まで構想していたらしい。

住井すゑ（すみい・すえ　一九〇二～一九九七）一七歳で講談社に入社後、一年で退社。作家・犬田卯と結婚後、農民・婦人運動をしながら執筆と農耕で暮らす。代表作『橋のない川』を書き続け、九〇歳で第七部を完成。

逃げるてだては、またその翌日にでも考えればいいことである。

『砂の女』（一九六二年）安部公房

●昆虫が待つ穴に落ちた男の物語

世界中で作品が翻訳され、もっともノーベル賞に近い日本人作家。といえば近年では村上春樹だが、かつてそのポジションにいたのは安部公房だった。

『砂の女』は彼の代表作である。〈八月のある日、男が一人、行方不明になった〉と小説は書き出される。昆虫採集に出かけた砂丘で穴に閉じ込められた学校教師。個別の穴の中の家々で、人々は砂をかい出す仕事に明け暮れていた。砂地獄の底の、ある女の家に監禁された男は、あの手この手で脱出を試み、一度は脱出に成功しさえするが……。

この状況からアリジゴク（ウスバカゲロウの幼虫）を連想する人は多いだろう。しかし、ほんとに連想すべきはハンミョウである。というのも、男は「ニワハンミョウの新種」を求めて砂丘に入り、不本意にも穴に閉じ込められるからである。ハンミョウの仲間も、幼虫は土中生活者で、外から来た虫を捕食する。さらに成虫は人を先へ先へと誘うように飛ぶ習性があるため「ミチオシエ」の異名をとる。つまり男はハンミョウ採りがハンミョウになった状態にあるわけで、「砂の女」こそ新種のハンミョウかもしれないのだ。

砂地獄の中で脱出の機会をうかがいながら、女との生活にもなじんでいく男。そして小説は予想外の結末を迎える。

翌年の春になり、彼は外に出る千載一遇のチャンスを得た。縄ばしごがかけっぱなしになっていたのである。ところが、男は〈べつに、あわてて逃げだしたりする必要はないのだ〉と考える。あれほど脱出を望んでいたのに、〈逃げるてだては、またその翌日にでも考えればいいことである〉。逃げる直前、彼は自ら開発した水をためる装置に破損を見つけたのだった。そんなのほっときゃいいのに！

小説はこの後、家庭裁判所による二枚の書類（「失踪に関する届出の催告」と〈仁木順平を失踪者とする〉と書かれた審判書）を添付して終わる。

はたして彼は望んで穴に残ったのか、判断力を失っただけなのか。「あなたも穴の中にいるのかもよ」とでもいいたげな含みをもった結末。穴とは家庭か会社かそれとも社会か。するとあなたにとってのハンミョウは！

二十数か国語に翻訳され、いまや世界文学になった作品。安部公房自身の脚本による映画（勅使河原宏監督）も話題となり、カンヌ国際映画祭審査員特別賞ほか多くの賞を受賞した。

安部公房（あべ・こうぼう　一九二四〜一九九三）東大医学部を卒業するも作家の道を選ぶ。『砂の女』がフランスで最優秀外国文学賞を受賞するなど海外でも高く評価された。劇団を立ち上げ、演劇にも没頭。

もはや逃げ場所はないのだという意識が、彼の足どりをひどく確実なものにしていた。

『夏の葬列』（一九六二年）山川方夫

●有名な「戦争文学」の初出誌は？

山川方夫『夏の葬列』は中学二年の国語教科書でよく知られた作品である。

海岸の小さな町を訪れた「彼」。そこは「彼」が戦争末期に疎開した町だった。芋畑を行く葬列を目にし、十数年前の苦い記憶がよみがえる。その日、彼は二歳上のヒロ子さんと芋畑で葬列を見、直後に艦載機と遭遇した。そして彼を助けようとしたヒロ子さんを突き飛ばしたのである。彼は難を逃れ、ヒロ子さんは瀕死の重傷を負った。翌日、戦争は終わり、彼は町を去った。以来、この町には来ていない。ヒロ子さんの生死も不明だ。

再び葬列の遺影に目をやると、三〇歳近くになったヒロ子さんが写っている。〈奇妙な歓び〉が彼をとらえる。〈おれは、人殺しではなかったのだ〉

戦争を描いた児童文学にも見えるけれども、初出誌は「ヒッチコック・マガジン」。もとはミステリー仕立てのショートショートとして発表された作品だった。そう思うと、この後の反転も合点がいく。彼がヒロ子さんと思ったのは、彼女の母の若い頃の写真だった。そばの子どもが説明する。「だってさ、あの小母さん、なにしろ戦争でね、一人きりの女の子がこの畑で機銃で撃たれて死んじゃってね、それからずっと気が違っちゃってたんだもんさ」

ヒロ子さんはやはりあのとき死んだのだ。母親はそれが原因で精神を病み、十数年後に自殺した。過去を封印したくて町に来たのに、残酷な事実を知った彼。

〈もはや逃げ場所はないのだという意識が、彼の足どりをひどく確実なものにしていた〉

「重い」ではなく「確実な」足どりとは、彼がヒロ子さんとその母の死を背負うと覚悟したことを意味する。いつかまた別の夏、彼はこの町に墓参に訪れるだろう。

と、国語的に読めばそうなるが、むしろ鮮やかなオチで読ませる掌編。戦中の小学生にそこまでの贖罪を求めるのも、これで戦争の悲惨さを学べというのも、やや無理がある。

終戦の前日の出来事、というあたりがまたドラマチック。中学生には人気の高い作品だが、「作者は何を伝えたかったか書きなさい」式の授業には向かないかも。実話とは思わないように。

山川方夫（やまかわ・まさお　一九三〇～一九六五）戦後第三次「三田文学」を編集し、江藤淳や曽野綾子らを見いだす。自らも『日々の死』で認められ、またそのショートショートは海外へも紹介された。

さようなら、優しき生者たちよ。私はしょせん、あなたがたとは無縁な存在であった。

『悲の器』（一九六二年）高橋和巳

権力と女性スキャンダルの間で

正木《まさき》典膳《てんぜん》は五五歳。国立大の法学部長職にある刑法学の権威である。米山みきは四五歳。病床にあった正木の妻の世話などもし、妻の死後は正木の面倒を（床の中まで！）みてきた内縁関係に近い家政婦だ。

が、正木は親子ほども年の離れた女性と婚約した。栗谷《くりや》清子二七歳。某大学名誉教授の令嬢である。米山みきは正木を婚約不履行で訴え、ことはスキャンダルに発展。とき同じくして、学内のゴタゴタから正木は辞職に追いこまれる。

高橋和巳『悲の器』は、以上のような醜聞からはじまる小説である。

時代設定は一九五八年。政界では「逆コース」と呼ばれる反民主主義的な動きが進行しており、女性スキャンダルの渦中にある正木は、同時に大学人として、国家権力の側につくか否かの岐路に立たされているのだ。

さらに、正木には戦前の言論弾圧の下、同じ教授の門下で学びながらドロップアウトしていった友人がいた。アナーキズムに傾倒して失踪した富田と、獄中で転向し、後に自殺した荻野である。戦時中は検事に転じた正木は保身に長けた人物だが、彼らへのわだかまりは消えない。

それやこれやで、最後、正木はブチ切れる。〈私は慈愛よりも酷烈を、奴隷の同情よりも猛獣の孤独を欲する。私は権力である。私は権力でありたい〉

〈汝ら、法則に従い法則に死ぬものたちよ〉と彼は咆哮する。富田よ、荻野よ、君たちは自由を、庶民を、大衆を信じるのか。自分は自由を信じない。〈さようなら、米山みきよ、栗谷清子よ。さようなら、優しき生者たちよ。私はしょせん、あなたがたとは無縁な存在であった〉

もしかして、これは遺書？　〈一片の新聞記事から、私の動揺がはじまったことは残念ながら事実である〉というのが書き出し。正木自身が語り手をつとめるこの小説は、全体が遺書かもしれないのだ。善良な市民社会への、法曹界への、女たちへの呪詛。正常なのか錯乱したのか。権力の座から転がり落ちた者の、悲鳴のような開き直りがすごすぎる。

憲法改正、破壊活動防止法、警察予備隊など、数々の法律論議を織り込みながら進行する小説。同じような憲法論議がくり返されてきた結果、今日があることにあらためて気づかされる。

高橋和巳（たかはし・かずみ　一九三一～一九七一）気鋭の評論家・中国文学者として出発し、実質的な作家デビュー作となる本作で脚光を浴びる。戦争・宗教・政治との関連で知識人のあり方を鋭く追究した。

あれはせいぜい「バイア・コン・ディオス・マイ・ダーリン」までだったんだな。

『江分利満氏の優雅な生活』（一九六三年）山口瞳

●出征世代は戦争を忘れない

山口瞳『江分利満《えぶりまん》氏の優雅な生活』は、直木賞受賞作らしい波瀾万丈とは無縁の作品だ。

江分利満（三五歳）は東西電機の宣伝部に勤務するサラリーマン。妻の夏子（三四歳）とひとり息子の庄助（一〇歳）と、二軒続きのモダンなテラス・ハウスに住む。この家は社宅で、東横線の渋谷駅と桜木町駅の中間にある。電化ブームで会社は大企業への道を走っているが、電気製品は消耗品ではないので先行きが心配だ。江分利の手取りは四万円である。家計は楽ではないが、週に一度は大酒を飲まずにいられない。こんな調子で会社の人間関係を語り、母の死を語り、父の人生を語り、町や酒を語る。まるで履歴書。

会社員の日常はどんな時代も変わらない。しかし、大正一五年生まれの江分利は、自分を古い人間と感じている。昭和二〇年、彼は終戦間際に徴兵された経験があり、戦場で多くの同世代が死んだことを忘れてはいないのだ。

最終章のタイトルは「昭和の日本人」。酔っぱらった江分利は戦前の神宮球場で見た大学野球や、戦後すぐの頃に見た米軍のライスボウルを思い出し、日米の〈死んで行った男たち、生き残った男たち〉を思う。〈白髪の老人は許さんぞ。美しい言葉で、若者たちを誘惑した彼奴《あいつ》は許さないぞ〉だが、江分利より下の世代は戦争を知らない。

〈ああいう時代や、ああいうことはもう終ったんだ、と思う。あれはせいぜい「バイア・コン・ディオス・マイ・ダーリン」までだったんだな〉

「バイア・コン・ディオス」とは江利チエミがカバーした昭和二八年発売のヒット曲。経済白書が「もはや戦後ではない」と述べたのは昭和三一年。江分利世代にとって、この数年の差は大きいのだ。「サラリーマンは気楽な稼業」とでもいいたげな表の顔とは裏腹に、ラストから浮かび上がるのは、ごく限られた世代——戦争と企業社会、二種類の「兵士」を経験した世代——の精神史である。書き出しは風俗小説っぽいけれど、最後はほとんど反戦小説だ。

植木等が「サラリーマンは気楽な稼業ときたもんだ」と歌う「ドント節」がヒットしたのもこの時代。ちなみに植木等も山口瞳と同世代である。

山口瞳（やまぐち・ひとみ　一九二六～一九九五）洋酒会社のPR誌でコピーライターとして活躍しながら『江分利満氏の優雅な生活』で直木賞受賞。「週刊新潮」でのエッセイ『男性自身』の連載は三一年に及んだ。

勘弁してくれ、おらだよ、ここをあけてくんな、さぶだよ

『さぶ』（一九六三年）山本周五郎

冤罪で親友は人足寄場に送られた

山本周五郎『さぶ』。自らをドジョウにたとえた野田佳彦首相（二〇一一年当時）が愛読書にあげた本である。そういわれると、「金魚とドジョウ」の物語といえなくもない。

舞台は江戸末期。表具屋「芳古堂《ほうこどう》」の職人として働く同い年のさぶと栄二は大の親友だが、すべて対照的だった。何をやらせても愚図なさぶはいわばドジョウ。男前で腕もよく将来を嘱望される栄二がキラキラした金魚。

物語はふたりが一五歳だったある雨の日からはじまる。〈小雨が靄《もや》のようにけぶる夕方、両国橋を西から東へ、さぶが泣きながら渡っていた〉おかみさんに叱られて店を飛び出したドジョウのさぶを金魚の栄二が追ってくる。「考えてみな。帰っても楽ができるか」

ときは移り、二三歳になったふたりは、おのぶ、おすえという女友達もでき、平穏な日々を送っていた。ところがある日、栄二を大きな災難が襲う。仕事先の両替屋で高価な「金《きん》襴《らん》の切《きれ》（布）」を盗んだとの疑惑をかけられ、石川島の人足寄場に送られてしまうのだ。栄二は断固復讐を誓うが……。

人足寄場とは更生と職業訓練を目的とした自立支援施設のこと。軽犯罪者や無宿者（宗門人別帳から外された者）がここに送られた。『さぶ』の半分以上は人足寄場で栄二が体験するさまざまな出来事に当てられている。

で、終盤。しゃばに戻った栄二はおすえと所帯を持ち、さぶと表具屋をはじめるが、仕事はなくて貧乏暮らし。ようやく念願の仕事を得た矢先、さぶは母が危篤で家に帰るという。

その後のラスト一〇ページ弱には驚愕のどんでん返しが待っている。金襴の切を盗んで栄二に濡れ衣を着せた真犯人は、まさかのあの人だった！　そこにひょっこり帰ってきたさぶ。〈悪かったよ栄ちゃん、勘弁してくれ、おらだよ、ここをあけてくんな、さぶだよ〉

金魚の栄二を陰で支えていたのはドジョウのさぶだった、という人情話である。しかし犯人の告白を真に受けていいのかどうか。男同士の友情を守るために罪を被ったのではないか。さあ、この後、さぶは何を語るのか。真犯人＝さぶ説を私は捨てられない。

時代小説というより青春小説の趣が強い作品。ちなみに人足寄場は池波正太郎『鬼平犯科帳』の主人公のモデルとなった長谷川平蔵が実施した制度。人足寄場の部分だけでも読む価値あり。

山本周五郎（やまもと・しゅうごろう　一九〇三～一九六七）小学校卒業後、東京の質店に奉公しながら創作を始める。直木賞はじめ、名だたる文学賞に推されるもすべて辞退。江戸の庶民を描き、多くの読者を得た。

洪作は侘しい音楽を、やはり侘しい音楽として受け取るだけの年齢になっていたのであった。

『しろばんば』（一九六三年）井上靖

伊豆の田舎町から旅立つ少年

伊豆の湯ヶ島（静岡県伊豆市）を舞台に、作者の少年時代を描いたといわれる井上靖『しろばんば』は、小さな虫の話からはじまる。

ときは大正四〜五年頃、〈夕方になると、決って村の子供たちは口々に〝しろばんば、しろばんば〟と叫びながら、家の前の街道をあっちに走ったり、こっちに走ったりしながら、夕闇のたちこめ始めた空間を綿屑でも舞っているように浮游している白い小さい生きものを追いかけて遊んだ〉。

これが表題の由来である。

豊橋に赴任した家族と離れ、母の実家がある湯ヶ島で、曽祖父のお妾だったおぬい婆さんと敷地内の土蔵で暮らす洪作。洪作を溺愛するおぬい婆さんとの絆を軸に、物語は洪作の小学二〜三年生と、五〜六年生のころを描く。

中伊豆の子どもたちの暮らしが描きこまれる一方、この小説がおもしろいのは、都会と田舎の対比が描かれていることだ。婆さんに連れられて、沼津、豊橋、三島、下田など、洪作は何度も村の外に出かけ、都市の華やかさに圧倒される。花柳界上がりのおぬい婆さん、女学校を出て教師になった叔母のさき子、転校生のあき子、都会の色に染まった母の七重ら、誇り高い女たちも都会と田舎をつなぐ存在である。

おぬい婆さんの死後、中学受験を控えた洪作は、軍医である父の新しい赴任先・浜松に旅立つ。小説は洪作が列車の待ち時間に映画の宣伝をする楽隊に出会うところで終わる。〈郷里を離れる日の感傷的な気持でもあったが、また一方で、洪作は侘しい音楽を、やはり侘しい音楽として受け取るだけの年齢になっていたのであった〉

最後の場面が大都市・浜松へ向かう乗換駅の大仁《おおひと》である点に注目したい。幼い頃は華やかな街だと思っていた大仁で感じる「侘しさ」。そこが通過点にすぎないことを、人生のスタート地点に立った洪作はもう知っているのである。『伊豆の踊子』とは逆に、少年が伊豆の外に出て行く物語。楽隊が奏でる侘しい音楽で、少年の門出を祝う。手だれの仕事だ。

湯ヶ島には「しろばんばの像」が建ち、文学散歩が楽しめる。しろばんばは白い綿毛の分泌物を出すアブラムシ類の昆虫の俗称。雪虫とも呼ばれる。

井上靖（いのうえ・やすし　一九〇七〜一九九一）毎日新聞社に勤めていたが『闘牛』で芥川賞を受賞し、その後作家生活に入る。積極的に世界各国を旅行。日本文藝家協会理事長、日本ペンクラブ会長等の役職を務めた。

海峡に日が落ちたのだ。

『飢餓海峡』（一九六三年）水上勉

洞爺丸《とうやまる》事故の陰の事件

一九五四年九月二六日、おりからの台風で青函連絡船洞爺丸が沈没。死者一〇〇〇人を超す大事故となった。

同じ日、北海道岩内町では死者三五人の大火があった。だが、洞爺丸事故の陰に隠れ、火事が大きく報じられることはなかった。

水上勉『飢餓海峡』はこの事故と大火をモチーフにした社会派推理小説だ。舞台は一九四七年。物語は〈海峡は荒れていた〉と書き出され、海難事故の概要をたどるところからはじまる。死者は五三二人だが、乗船名簿より遺体の数が二体多い。一方、岩幌町で起きた大火。出火原因は強盗殺人犯による放火と推定され、三人組の容疑者が指名手配された。こうして二つの惨劇を発端に、函館、青森、東京、舞鶴などにまたがった長い物語が動き出す。

函館署の弓坂刑事は、事故で身元不明だった二遺体が三人の放火犯のうちの二人ではないかと目星をつけ、実際その通りだった……というあたり、謎解きの妙味には欠ける。とはいえ、それは小説にとってたいした問題ではない。物語の眼目は、事件の鍵を握る二人の人物の凄絶な半生にあるからだ。ひとりは丹波の僻村に生まれるも事業で成功し、篤志家として名をなした犬飼多吉こと樽見京一郎。もうひとりは青森で酌婦をしていた頃に京一郎から受けた恩を忘れず、一〇年後、舞鶴まで彼を訪ねていって命を失う杉戸八重。

舞鶴東署の味村刑事が京一郎をともない、現場検証のために函館に向かう船上で物語は閉じられる。

津軽海峡にさしかかる頃、味村の背後で人が動いた。手錠をかけられた樽見京一郎が海に飛び込んだのである。一同蒼白となるが〈世紀の犯罪人が消えた海をただ呆然とみつめるしかなかった〉。〈北の沖の方が一瞬黒くなった。／海峡に日が落ちたのだ〉

海峡ではじまった小説が海峡で終わるのは、お約束みたいなものだろう。とはいえ容疑者の死は警察の大失態。海峡の落日は刑事の落胆と重なるが、読者の気分も一瞬にして暗転する。絵に描いたようなザ・悲劇。津軽海峡夕景色。これが北の海のイメージ、なんだね。

洞爺丸事故は日本海難史上最大とされる惨事。これを機に青函トンネル構想が加速したともいわれる。内田吐夢監督の映画では、樽見京一郎を三國連太郎が、杉戸八重を左幸子が演じた。

水上勉（みずかみ・つとむ　一九一九〜二〇〇四）貧困から小学五年で禅寺の侍者となるも一七歳で還俗、小学校助教や行商、編集など三〇に及ぶ職業につく。『霧と影』で作家的地位を確立してからは、社会派推理小説の意欲作を次々に発表した。

「行こう」／と、物憂く、しかし執拗な調子を籠めて呼びかけた。

『砂の上の植物群』（一九六四年）吉行淳之介

●絵画と思ってお読みなさい

筋を追いかけても「なにこれ、バカみたい」な小説が現代文学には少なからず存在する。吉行淳之介『砂の上の植物群』も、まあそのたぐいだろう。

〈港の傍《そば》に、水に沿って細長い形に拡《ひろ》がっている公園がある。その公園の鉄製ベンチに腰をおろして、海を眺めている男があった〉

これが書き出し。港、公園、ベンチ、海を眺めている男。まるで脚本のト書きだが、この文章が絵画的な情景を志向しているらしいことに注目したい。

主人公の伊木一郎は三七歳。化粧品のセールスマンだ。冒頭の公園（横浜の山下公園かと思われる）の場面の後、彼は〈最近建てられた観光塔〉（一九六一年に完成した横浜マリンタワーかと思われる）に上るのだが、そこで明子という高校生の少女と出会い、彼女に誘われるまま（！）その足で旅館にしけこむのだ。だが、このへんはまだ序の口で、伊木はまもなく明子の姉の京子とねんごろになり、あやしい逢瀬を重ねていく。あり得ない行動の連続攻撃！

ひと言でいえばロリコン趣味とSM趣味の入ったソフトポルノ。こんな男と出会ったその日に寝たがる若い女がいるわけないじゃんか。ただ、この小説にとってストーリーは「つなぎ」みたいなものにすぎない。

『砂の上の植物群』という題名は二〇世紀の抽象画家パウル・クレーの水彩画の題に由来する。この小説の目的は絵画的な情景（口紅を塗ったセーラー服姿の女が畳に横たわる図とか）を描くことなのだ。そのつもりでラストシーンを絵画的に鑑賞すると……。

〈彼は立上ると、依然としてナイフとフォークを両手に握ったまま仰向いた京子の顔に向って、／「行こう」／と、物憂く、しかし執拗な調子を籠めて呼びかけた〉

伊木と京子は波止場のレストランにいる。この後二人がどこへ「行こう」としているのかはご想像の通りである。が、よく観察すべし。京子の手にはナイフとフォークが握られている。これはズバリ凶器である。もしかして「男を食う」ための⁉　男が「物憂く」なるのも当然だろう。いささかコントっぽい絵柄だが、本人は二枚目のつもりなのであしからず。

パウル・クレーの「砂の上の植物群」はカラフルなモザイク模様（？）みたいな抽象画。クレーに私淑していた吉行にはクレーの絵画から着想した『夢の車輪』という短編集もある。

吉行淳之介（よしゆき・じゅんのすけ　一九二四〜一九九四）東大英文科に入学するも中退、その後雑誌の編集記者として勤めながら創作を続け、『驟雨』で芥川賞受賞。性を主題にして人間の深奥に迫る作品が多い。

龍子は（略）せかせかと、力まかせに、ぐるぐると把手《とって》をまわして茶がらをひきはじめた……。

『楡家の人びと』（一九六四年）北杜夫

一家の大黒柱は気丈な長女

「どくとるマンボウ」シリーズもさることながら、北杜夫の代表作はやっぱり『楡《にれ》家の人びと』だろう。

　東京青山に立つ精神科の楡病院（帝国脳病院）。〈楡病院の裏手にある賄場《まかないば》は昼餉《ひるげ》の支度に大童《おおわらわ》であった。二斗炊きの大釜が四つ並んでいたが、百人に近い家族職員、三百三十人に余る患者たちの食事を用意しなければならなかったからである〉という書き出しからも、その偉容がうかがえよう。山形から上京し一代でこの大病院を築き上げた楡基一郎とその娘世代を中心に、物語は大正・昭和の家族の歴史を描く。

　父の遺志を継いで一家を仕切る長女・龍子。父にそむいた恋愛結婚に走る次女・聖子。一度は意に染まぬ結婚をするが後に別の人生を選ぶ三女・桃子。

　楡家の女性陣がそれぞれ意志強固なのに対し、男性陣はみな少しずつヘタレである。長男の欧洲は何度も落第したあげく、ようやく医師となって楡病院に戻ってくるも趣味人で病院経営に興味なし。医学の道に進まなかった次男の米国《よねくに》は健康なのに病身だといいはるし、楡病院の書生から龍子の夫となった徹吉は学究肌で家族にも病院にも愛着が薄い。

　病院も有為転変の末、戦争で閉院を余儀なくされる。

　敗戦の翌年、気ままな子どもたちを見て龍子は思う。「夫もう駄目だ。三人の子供は誰一人として頼りにならない」それでも彼女は病院の復興をあきらめない。

　ラスト、〈理不尽な怒り〉にかられた龍子は突然、干した茶がらを粉砕器にかけはじめる。

〈龍子は、しゃっきりとうなじを立て、何者かに挑戦するかのように唇を嚙《か》みしめながら、せかせかと、力まかせに、ぐるぐると把手《とって》をまわして茶がらをひきはじめた……〉

　巻頭に描かれた大正期の楡病院の台所との差！

　この小説は一族の誰に対しても特別な思い入れを示さない。語り手はあくまで批評的な地位にあり、どんなに悲惨な逸話にも滑稽みがただよう。ラストの龍子も少し滑稽だ。家族の没落を描いた一級の文学作品。台所目線の勝利である。

作者の家族をモデルにした、全三冊の長編。龍子のモデルは北の母の斎藤輝子、徹吉は北の父で歌人だった斎藤茂吉ということになる。作者はトーマス・マン『ブッデンブローク家の人々』を意識していたという。

北杜夫（きた・もりお　一九二七〜二〇一一）歌人・斎藤茂吉の次男。医師として働く傍ら創作を重ね、半年間の船医体験を題材にした『どくとるマンボウ航海記』はシリーズ化された。

（カーテンは）少しずつ左右からとざされてゆき、立ちつくす黒い影を、いま、まったく隠し終った。

『虚無への供物』（一九六四年）中井英夫

●推理小説ごっこを楽しむ面々

一九五四年の洞爺丸事故は、『飢餓海峡』のほかにも異色の作品を生んだ。中井英夫『虚無への供物《くもつ》』である。

物語はさるゲイバーのシーンからはじまる。客で来ている久生《ひさお》（女性）と亜利夫《ありお》（男性）が話している。二人の話題は氷沼家のこと。氷沼家は受難の家で、数か月前の洞爺丸事故でも、長男の紫司郎《しじろう》夫妻と三男の菫三郎《きんざぶろう》夫妻の四人が死亡していた。菫三郎の息子でバーの常連である藍司《あいじ》からこの話を聞き、久生らは興味津々で予想される未来の「氷沼家殺人事件《ザ・ヒヌマ・マーダー・ケース》」の話に興じる。しかし、やがて本当に事件が起こった。藍司の従兄で、やはり洞爺丸事故で両親を失った氷沼紅司《ひぬまこうじ》が突然死したのである。紅司の兄の蒼司《そうじ》らも巻き込み、一同は推理合戦にのめりこむが……。

と、こう書くだけでも、普通のミステリーとは相当異なることがわかるだろう。長い小説の大部分は、探偵気どりの面々が嬉々としてもてあそぶ推理ごっこである。それは読者が推理小説を楽しむ姿勢とも重なる。本書がアンチ・ミステリーと呼ばれる所以。これは推理小説についての推理小説、つまり推理小説版のメタフィクションなのだ。

終章で、真犯人は久生と亜利夫を非難する。〈自分さえ安全地帯にいて、見物の側に廻ることが出来たら、どんな痛ましい光景でも喜んで眺め〉ていられる。それは凄まじい虚無だと。後日、久生と亜利夫は、この件を推理小説にしようと話し合う。

〈辛子いろのカーテンは、そのとき、わずかにそよいだ。小さな痙攣めいた動きがすばやく走りぬけると、やおら身を翻すようにゆるく波を打って、少しずつ左右からとざされてゆき、立ちつくす黒い影を、いま、まったく隠し終った〉

この末尾は〈黒天鵞絨《びろうど》のカーテンは、そのとき、わずかにそよいだ〉ではじまる書き出しに対応している。開幕と閉幕である。擬人化されたカーテンが、これは一編のお芝居にすぎない、と告げている。安全な観客席にいる読者も、同時に批評されているのである。

『ドグラ・マグラ』『黒死館殺人事件』と合わせた「日本三大奇書」のうちの一冊。「虚無への供物」という言葉が意味するところは、ズバリ「推理小説」だろう。

中井英夫（なかい・ひでお　一九二二〜一九九三）「短歌研究」「短歌」編集長時代に寺山修司、塚本邦雄らを見いだす。その後、塔晶夫の名で発表した『虚無への供物』で、耽美で幻想的な作風を確立した。

その愛の王国への旅程は、こんなふうにむなしくもとの地点へ、ふたたび帰ってくることは、けっして、ない。

『感傷旅行《センチメンタル・ジャーニィ》』（一九六四年）田辺聖子

●三〇代独身キャリア女子の恋

直木賞の選考委員を長くつとめた田辺聖子はじつは芥川賞受賞者だ。その受賞作が『感傷旅行《センチメンタル・ジャーニィ》』である。〈それまでに彼女はずいぶん、数々の恋愛（もしくは男）を経てきており、ぼくらのなかまではマトモに扱うものもないくらいだった〉これが書き出し。

ヒロインの森有以子《ゆいこ》は三七歳。語り手の「ぼく」ことヒロシは二二歳。二人は関西の放送局に出入りする放送作家で、「ぼく」は有以子の親友を自称する。『感傷旅行』はこの「ぼく」が語る、有以子の恋の顛末なのだ。

さて、有以子の新しい恋人は年下の「党員」だった（共産党員のことである）。〈かれこそ、誠実だと思うわ、だって、労働者なんですもの……それに、きっと正直よ、だって党員なんですもの〉と力説していた彼女の恋はしかし、失恋に終わる。相手の男が二股をかけていたのだ。

キャリアウーマンの先駆けみたいな有以子は、美人とはほど遠く、思慮深くもなく、簡単に男にだまされる。

かくて有以子は「ぼく」を誘惑し、二人は関係を持つのだが、そこに愛がないことはわかっていた。それでも一緒に旅行しようと話していた矢先、仕事先からの電話が鳴る。〈「旅行は延期ね？　ヒロシ」／「無期延期」〉

それで二人の束の間の関係は終わった。〈あたしはほんとうに旅行に出たことはいちどもなかったわ、いつも出かけてはダメになったのよ〉と語る有以子。

ラストは「ぼく」の自問である。〈有以子とぼくのセンチメンタルな旅行はそれぞれ終わったのであった。いつか、ぼくらがほんとうに旅に出ることがあるだろうか？〉〈その愛の王国への旅程は、こんなふうにむなしくもとの地点へ、ふたたび帰ってくることは、けっして、ない〉

心から愛し合える「愛の王国」への道は遠い。仕事仲間という「もとの地点」に「むなしく」戻った二人。いつかほんとうの恋ができるだろうか。恋愛小説の名手といわれているけれど、田辺聖子の筆は甘くないのだ。

革命思想にかぶれた男や愚かな女をからかう一方、作中には身体差別の問題も。ヒロシは口唇口蓋裂（いわゆる兎唇）で、有以子がそれをいじるのだ。ヒロシが彼女を見限った瞬間だったかもしれない。

田辺聖子（たなべ・せいこ　一九二八〜二〇一九）七年間の会社勤めの後、文学を志し、大阪文学学校に入校。『感傷旅行』で芥川賞受賞。関西弁を活かした小説、エッセイで人気に。古典への造詣も深い。

また吹雪になるのかも知れない。

『氷点』（一九六五年）三浦綾子

悪天候は不吉の予兆

三歳になる娘が殺され、容疑者は留置場で首を吊った。娘を殺された病院長の辻口は容疑者の娘を養女にするが、それは若い医師と密会していた妻への復讐心からだった。

三浦綾子『氷点』は懸賞小説の当選作として朝日新聞に連載された、昭和のベストセラーである。

物語の舞台は北海道旭川市。養女の陽子が娘を殺した容疑者の娘だと後に知った院長の妻・夏枝は陽子になにかとつらく当たり、妹を守れるのは自分だけだと考えた長男の徹はやがて陽子への思慕をつのらせる。韓流ドラマもかくやのメロドラマである。

この作品の大衆受けしそうな「わかりやすさ」は、ここぞ、という場面の背景描写に表れている。〈風は全くない。東の空に入道雲が、高く陽《ひ》に輝やいて……〉という一文ではじまった小説は、松林の影が〈くろぐろと不気味に息づいて見える〉というすぐ後の文章で早くも暗い影をおび、事実、この日に娘のルリ子は殺されるのだ。夫妻が陽子を引き取りに行ったのは〈風がさーっと埃《ほこり》をまきあげて〉吹く風の日だし、自分が実子ではないと陽子が知った日は〈夜半からの吹雪がいよいよ荒れくるっていた〉。「ルリ子を殺したのはあなたの父親だ」と夏枝が陽子にぶちまけようと決心した日も外は吹雪で〈ガラス戸が止む間もなくガタガタと鳴っていた〉。不吉な展開は不穏な天候とみごとに連動するのである。

それじゃ気になる結びの一文は？

〈ガラス戸ががたがたと鳴った。気がつくと、林が風に鳴っている。また吹雪になるのかも知れない〉

またまたガラス戸、またまた不吉な予感である。さよう、『氷点』は問題を山積みにしたまま、陽子が自殺を図り、生死のさかいをさまようところで終わるのだ。そして思わせぶりな予告通り、物語は『続氷点』に引きつがれ、成長した陽子はさらなる波瀾に巻きこまれる。

人間の原罪を描いているなどといわれる『氷点』だけど、要は吹雪、吹雪、また吹雪という波瀾万丈の物語。不吉な場面で急に窓の外が暗くなり、雷が鳴って稲妻が光るテレビドラマのごとし。続編のラスト？　それはもう天候回復後の美しい感動的な光景が待っています。

『続氷点』は北海道大学の学生になった陽子の出生の秘密（ほんとに殺人犯の娘だったのか）などを中心に展開。ラストシーンは陽子が見る真紅に染まった流氷だ。

三浦綾子（みうら・あやこ　一九二二～一九九九）終戦後、七年間続けた教員の職を辞する。結核を患い闘病生活に入る。本作はテレビドラマや映画化もされ大ヒットした。キリスト教信仰に根ざした作品を多く発表。

山岸を追出すのだ。いや、その前にみちよを……

『抱擁家族』（一九六五年）小島信夫

●家族が壊れた原因は誰？

　小島信夫『抱擁家族』はリアルな会話に背中から汗が吹き出すような小説だ。主人公の三輪俊介は四五歳。翻訳業のかたわら大学で教鞭もとる人物である。妻の時子は二歳年上。二人の間には高校生の息子と中学生の娘がいる。そんな平穏な家庭に立った波風の発端は、家政婦のみちよの一言だった。

「だんなさま、奥さまがジョージと……」

　ジョージというのは三輪家に出入りしている若い米兵だが、俊介の留守中、時子と関係をもったというのである。

　俊介はパニックにおちいり、ねちねちと妻を問いつめるが、「私はそのうち話すつもりでいたのよ」「おねがいだから、そうわめかないでよ」とあしらわれ、わだかまりを抱えたまま引きさがらざるを得ない。せめて気分を変えようと、夫婦は家を売って郊外の新居に引っ越すが、とき同じくして時子の乳がんが見つかり……。

　古きよき日本の家族が、米兵に象徴されるアメリカ的な価値観によって壊されていく。その過程を描いた作品といわれるが、この家の疫病神は米兵ではなく家政婦だ。ジョージを連れてきたのもみちよ。俊介にご注進におよんだのもみちよ。〈三輪俊介はいつものように思った。家政婦のみちよが来るようになってからこの家は汚れはじめた、と〉という書き出しにも、みちよの名は刻印されていた。「家の汚れ」を背負ったみちよは、ラストでも立ちはだかる。時子の死後、彼らの家には家族以外の者たちが同居するようになっていた。目を覚ますと、なぜかみちよがそこにいた。「だんなさま、坊っちゃまは、家出なさいましたよ」

　あわてふためく俊介は、バタバタと走り回る。〈俊介は外へ出ると、坂を走っておりた。彼の家の犬が吠えだした。山岸を追出すのだ。いや、その前にみちよを……〉

「僕はこの家の主人だし、僕は一種の責任者だからな」とうそぶきつつ、家族崩壊の原因が自分にあるとは考えない家長。この作品が文壇に衝撃を与えたのは、当時の文学者がみな多少なりとも「俊介」だったからであろう。

　それにしても、このラスト。その前にみちよを「追い出す」ならまだしも「殺《や》る」と読めませんか。「……」の効果抜群。このまま二時間ドラマがはじまりそうだ。


江藤淳『成熟と喪失』ほかでたびたび批評されてきたプロ好みの作品。いま読むとアメリカの影より俊介の滑稽さが際立つ。この頃から家長の権威は失墜しはじめたのかもしれない。

小島信夫（こじま・のぶお　一九一五〜二〇〇六）小石川高校等で英語を教えた後に作家デビュー、「第三の新人」として注目された。定年まで明治大学で教鞭をとりながら創作を続けた。

これらの橋をかけたのは、すべて三五郎の弟子の肥後の石工たちであった。

『肥後の石工』（一九六五年）今西祐行

●石橋の名工・岩永《いわなが》三《さん》五郎《ごろう》の秘話

今西祐行の作品で特に有名なのは先の戦争に取材した国語の定番教材『一つの花』だろう。でも、もっと上の世代に懐かしいのは『肥後の石工』ではあるまいか。

肥後（現熊本県）の岩永三五郎は腕の立つ石工の棟梁である。江戸後期、薩摩（現鹿児島県）に招かれた三五郎は城下の石橋を次々完成させるが、完成後、彼の弟子たちはみな「永送《ながおく》り（暗殺）」となった。城攻めに備えて橋は中央の石を抜くと崩壊するしくみになっており、この秘密を守るため、石工は殺されたのである。

ただ、三五郎だけは人斬りの「徳之島の仁《じん》」の温情で斬殺を免れ、浮浪者の首が身代わりに切られた。三五郎は身代わりとなった男の遺児（姉の里《さと》と弟の吉《きち》）を引き取り、石工として育てようとするが……。史実にフィクションをまぶした児童文学には珍しい歴史小説。物語は三五郎の苦悩、石工だった父を殺された宇助《うすけ》や里と吉姉弟の波瀾、徳之島の仁のその後などをからめてドラマチックに進行する。

やがて村でも橋の建設計画がもちあがり、しばらくぶりに三五郎も仕事を引き受ける。自分はかつて知恵をしぼって、壊すため、人を落とすための橋をかけた。「こんどは人をわたす橋、岸と岸をつなぐ橋ばかけたいとおもうとります」

こうして完成した石橋は現在も熊本県の緑川水系などに残る。霊台橋、御船川眼鏡橋、通潤橋。そこに三五郎の名は刻まれていないと述べた後、〈しかし、もうひとつつけくわえておかなければならない〉と語り手はいう。

〈明治維新になって、新しく東京が首都になったとき、人びとの目にもっとも江戸の町を新しい都、東京らしくしたのは、二重橋をはじめ、日本橋、江戸橋、万世橋、など、どこか西洋風な石のアーチ橋であったという。これらの橋をかけたのは、すべて三五郎の弟子の肥後の石工たちであった〉

近世の野蛮さから近代の栄光への見事なジャンプ。物語はここで、土木工事の時代の陰に肥後の名工あり、という堂々たる歴史秘話に変わるのである。

岩永三五郎は石橋の名工として知られる実在の人物（鹿児島市の石橋記念公園に石像が建つ）。ただし、前半の薩摩藩のくだりについてはフィクションといわれている。前進座が舞台化し、全国の学校を巡回したことで、よく知られる作品となった。

今西祐行（いまにし・すけゆき　一九二三〜二〇〇四）学徒兵として被爆直後の広島へ救援に行き、自らも被爆。出版社勤務を経て文筆生活に入り、戦争を題材とした作品などで日本を代表する児童文学作家となった。

市子は葉が落ちるように全身で石の首の真上へ刃ごと、ゆっくり落ちていった。

『美は乱調にあり』（一九六六年）瀬戸内寂聴

●史実なのにドロドロの愛憎劇

晩年の作者が自身の代表作と公言した作品。『美は乱調にあり』は伊藤野枝の生涯を描いた伝記小説だ。わずか二八年の生涯ながら、伊藤野枝は日本近代史上もっとも波瀾に満ちた人生を送った女性の一人だ。彼女が今日知られているのは、この作品によるところが大きい。

明治四四（一九一一）年、九州から上京し上野の女学校に通う野枝と、英語教師だった辻潤との出会いから物語はスタートする。一度は郷里に呼び戻され、結婚させられるも、すぐさま東京に舞い戻った野枝。二人はやがて同棲生活に突入する。野枝は数えで一七歳。辻は二八歳。

同じ頃、平塚明子《はるこ》（らいてう）が「青鞜」を創刊。辻の後押しもあってスタッフになった野枝は、二年後、奥村博史との恋愛にのめり込んだ明子に代わり、編集長に就任する。生まれた子どもは辻の母と妹に押しつけての仕事三昧。辻との仲は倦怠しはじめていた。かくて野枝は雑誌を通して出会った大杉栄との新しい恋に走るのだが……。

伊藤野枝の伝記とはいえ、「青鞜」界隈の群像劇ともいうべき内容。しかもこの人たちは、互いの私生活を文章にして暴露し合い、スキャンダルの種を撒き散らすのだ。加えてフリーラブを提唱する大杉のクズ男ぶり！　①保子という糟糠の妻がいながら、②野枝との恋愛に浮かれ、③婦人記者の神近市子との関係も続ける大杉。

辻と別れ、下の子を連れて大杉のもとに走った野枝。泥沼化した四角関係の末、大杉の不実を知った市子はついに大杉を刺す。いわゆる「日蔭の茶屋事件」である。

口論の後、隣で眠る大杉は石のように冷たく見えた。

〈短刀を持った右手は鉄のように重かった。及び腰になり、市子は重い腕をひきあげ、刃をのばした。空洞になった軀がたいそう軽かった。市子は葉が落ちるように全身で石の首の真上へ刃ごと、ゆっくり落ちていった〉

小説がここで終わるのはいささか唐突。伊藤野枝ではなく神近市子で終わるのも妙な感じだが、こじれた関係のここが山場なのは間違いない。史実なのにドロドロの愛憎劇。恋の駆け引きに敗れた女の情念はここまで行くのだ。

この後の野枝と大杉が甘粕正彦らに虐殺されるまでの経緯は一八年後の一九八四年に刊行された続編『諧調は偽りなり』で描かれる。後の伊藤野枝伝としては栗原康『村に火をつけ、白痴になれ』（二〇一六年）も話題になった。

瀬戸内寂聴（せとうち・じゃくちょう　一九二二〜二〇二一）夫の教え子との恋愛事件で故郷の徳島を出奔、文学を志し上京。戦後の女性の生き方を先駆する存在として人気を博す。一九七三年に得度。

若者はその歴史の扉をその手で押し、そして未来へ押しあけた。

『竜馬がゆく』（一九六六年）司馬遼太郎

龍馬（竜馬）像はこの本で固まった

自由人で型破りで柔軟な発想の持ち主で、しかも女性にモテモテで、でも少年時代はおねしょをしてて、という今日の坂本龍馬像はこの本によるところが大きい。

司馬遼太郎『竜馬がゆく』。文庫本で全八冊（単行本では全五巻）にわたる大著である。

〈「小嬢《こいと》さまよ」／と、源爺《げんおん》ちゃんが、この日のあさ、坂本家の三女の乙女《おとめ》の部屋の前にはいつくばり、芝居もどきの神妙さで申しあげたものであった〉

これが書き出し。竜馬一九歳。剣術修業に江戸へ発つ朝の話である。旅立ちのはなむけにと思ったか、竜馬びいきの老僕（源爺ちゃん）が、庭の桜に紙でつくった花を咲かせて、やはり竜馬びいきの乙女を驚かす。こんなくだけた逸話ではじまることからも『竜馬がゆく』の大衆小説らしさがうかがえよう。竜馬を慕う「お田鶴さま」も架空の人物。スタート時点のこの作品は、歴史上の「龍馬」ならぬ「竜馬」を描いた娯楽性の強い青春小説だったのだ。

しかし、巻が進むにつれて史実の叙述が多くなり、竜馬も歴史とのかかわりを深めてゆく。薩長連合を成立させ、大政奉還の筋書きを書き、だが自分は政治より貿易に興味があるといい……。「近江路」と題された最終章など、もはや完全な歴史感動巨編の趣だ。

近江屋で竜馬が暗殺された件にふれた後、語り手は感極まっていうのである。〈天が、この国の歴史の混乱を収拾するためにこの若者を地上にくだし、その使命がおわったとき惜しげもなく天へ召しかえした〉そしてラストを飾る渾身の一文。〈しかし、時代は旋回している。若者はその歴史の扉をその手で押し、そして未来へ押しあけた〉

主人公の死を、人生の終わりではなく、歴史のはじまりと考える。この瞬間、「歴史を変えた男」としての竜馬（または龍馬）像がたぶん固まったのである。

『竜馬がゆく』の欠点はおもしろすぎることだろう。龍馬ならぬ竜馬が読者の共感を呼ぶのは、彼の行動原理が現代人に近いからである。が、それは司馬史観による龍馬ならぬ竜馬像。虚像だとまではいわないが、冒頭で源爺ちゃんが桜の木に咲かせた「紙の花」みたいなものかな。

ベンチャーマインドを刺激されるのか、『坂の上の雲』と並んで経営者が愛読書によくあげる本。累計で二〇〇〇万部超のロングセラー。司馬遼太郎作品の中ではいちばん人気だそうだ。

司馬遼太郎（しば・りょうたろう　一九二三〜一九九六）産経新聞社在職中、『梟の城』で直木賞を受賞し作家生活に入る。独自の歴史観で既存の歴史小説に新風を吹きこみ、話題作を量産した。文明批評の著作も多い。

たとえあの人は沈黙していたとしても、私の今日までの人生があの人について語っていた。

『沈黙』（一九六六年）遠藤周作

転びバテレンの苦悩と決断

島原・天草一揆（一六三七〜三八年）から間もない徳川政権下の日本。棄教した師の消息を追って、長崎に潜入したイエズス会の神父ロドリゴ。遠藤周作『沈黙』は、主としてこのロドリゴの視点で「転び（改宗）」の問題を語った長編小説である。ユダにも似たキチジロー、長崎奉行の井上筑後守らがからみ、物語は波瀾に富む。

模範的な神父だったロドリゴは最後は踏み絵を踏むが、それは拷問の苦痛に耐えかねたからではなかった。穴吊りにされた信徒たちのうめき声。「お前が転べば彼らは穴から引き揚げられ、苦しみから救われる」という旧師の説得。踏み絵に足をかけた瞬間、彼は神の声を聞くのである。

〈踏むがいい。お前の足の痛さをこの私が一番よく知っている〉

こうして転びバテレンとなったロドリゴは、屈辱の中で、しかし自分の正義を確信するのだ。

ラストの一文は、作中で何度も繰り返される「神よ、なぜあなたは黙っているのか」という問いに対する回答、逆説的な信仰告白といってもいいだろう。

〈あの人は沈黙していたのではなかった。たとえあの人は沈黙していたとしても、私の今日までの人生があの人について語っていた〉

あの人とはむろんキリストのこと。キリストだって、苦しむ人のためには転んだはずだ。今日までの苦難も、それを知るための神の導きだったのだ。——逆転の発想である。

小説にはこの後「切支丹屋敷役人日記」と題された後日談がつき、岡田三右衛門と名を変えて江戸に送られたロドリゴのその後が記されている。そちらの末尾はこれ。

〈火葬料金百疋《ぴき》さし遣し候、弔ひの具入り用ども、三、、、三右衛門所持の金子にて相払ひ候〉

六四歳で死んだロドリゴ改め三右衛門を戒名つきで火葬した、つまり仏教徒として葬ったという話である。文語文の日記の形をとった後日談なので、読み飛ばしても可と判断したが、読めば棄教後の三右衛門（ロドリゴ）にも相当なドラマがあり、信仰は守り続けていたらしいことがわかる。もっとも過酷にして深淵な「名を捨てて実を取る」の物語である。

真偽は不明だが、発表当時カトリック教会から拒否されたという噂も残る作品。「沈黙の碑」と遠藤周作文学館が建つ長崎県外海町は、いまはちょっとした観光地だ。

遠藤周作（えんどう・しゅうさく　一九二三〜一九九六）カトリック信仰を持ち、現代カトリック文学研究のため渡仏。帰国後『白い人』で芥川賞受賞。日本においてキリスト教信仰は可能かを問う作品を書き続けた。

どうせ叶わぬことと分っていても、重松は向うの山に目を移してそう占った。

『黒い雨』（一九六六年）井伏鱒二

●被爆した姪、日記を書く叔父

連載時の表題は「姪の結婚」。井伏鱒二『黒い雨』は実在する被爆者や医師の日記を下敷きにした作品である。

書き出しは〈この数年来、小畠村の閑間《しずま》重松《しげまつ》は姪の矢須子《やすこ》のことで心に負担を感じて来た〉。一九四五年の八月六日に広島にいたために、原爆症ではないかとの噂が立った姪。しかし矢須子は被爆しておらず、原爆投下から五年が経過したいまも健康だ。重松は仲人を納得させようと、自分と矢須子の当時の日記の清書をはじめる。

「黒い雨」とは、原爆投下後に降る大量の放射性物質を含んだ雨のこと。高温の煙硝によって巻き上げられた粉塵が混じっているため、黒い雨となって降りそそぐ。この雨にあたれば、放射線障害がおこる。小説の中でも、その日、爆心地にいなかった矢須子は、じつは郊外で黒い雨を浴びていた。そして彼女の身体にも症状が出はじめる。

日記の中身とそれを清書する現在を行き来しながら進行する小説。〈これで「被爆日記」の清書は完了した。あとは読み返して厚紙の表紙をつければいいのである〉

養魚池のようすを見に行った重松が山の向こうに目をやる場面で物語は幕を閉じる。〈「今、もし、向うの山に虹が出たら奇蹟が起る。白い虹でなくて、五彩の虹が出たら矢須子の病気が治るんだ」／どうせ叶わぬことと分っていても、重松は向うの山に目を移してそう占った〉

いかにも取ってつけたような感慨。情緒的、感傷的にすぎるし、姪の死を予見しているかのような〈どうせ叶わぬことと分っていても〉の一言もうるさい。

ただ、注意すべきは「黒い雨」ならぬ「白い虹」だろう。「白い虹」とは終戦の前日、八月一四日に重松が見た光景で、凶事の前兆と説明される。白い虹、五彩の虹、黒い雨。気象現象をダシに語り手は情緒に訴えるのである。

ともあれ、この作品で「黒い雨」が知られるようになったのは事実である。国が「黒い雨降雨地域」を含めた被爆者の原爆症を認定したのは戦後六〇年以上たってからだった。

各国語に翻訳された野間文芸賞受賞作。だが、作者自身は人の日記を下敷きにしたこの作品に屈託を持っていたらしい。資料となった重松静馬『重松日記』、本作に疑問を呈した猪瀬直樹『ピカレスク太宰治伝』と併読されたし。

井伏鱒二（いぶせ・ますじ　一八九八〜一九九三）画家を志していたが、文学好きの兄のすすめや無二の親友の死から、文学に転向。『ジョン万次郎漂流記』で直木賞受賞。井伏と太宰治は師弟関係にあった。

それが何に対する、どれほど決定的な別れの挨拶なのかは、二十歳《はたち》の若者にはまだよく判っていなかった。

『笹まくら』（一九六六年）丸谷才一

●徴兵忌避者の数奇な日々

ある日、浜田庄吉のもとに一通の手紙が届く。二〇年前に別れた恋人の訃報だった。丸谷才一『笹まくら』は、ここから始まる、めくるめく戦時中の物語だ。

浜田は四五歳。私立大学の事務職員である。〈昭和十五年の秋から昭和二十年の秋まで、浜田は徴兵忌避者として生きつづけた〉二〇代前半の五年間、彼は逃げ続けたのである。死んだ恋人の名は阿貴子。四国の質屋の娘で、彼女のおかげで浜田は生き延び、そして別れた。

徴兵の回避が可能だったのか。現在の浜田と過去の浜田を螺旋状に追う形で、物語は進行する。

旧制高等工業学校の無線工学科を卒業した浜田は、全国を転々としながら、ラジオの修理で生計を立てた。秋田県の横手で時計店の見習いをした後はラジオと時計の修理の二本立てとなり、新潟で砂絵の露天商と同宿になったのを機に自作の砂絵も売りはじめた。杉浦健次と名乗り、ヒゲをたくわえて年齢を偽った。敗戦前の二年間は四国宇和島の阿貴子の実家で仕事を手伝い、八月一五日は宇和島で迎えた。

しかし、そもそも彼はいつどこで阿貴子と出会ったのか。その前に、いかにして彼は徴兵を逃れたのか。

終盤、徐々に明かされる謎。浜田の徴兵忌避は綿密な計画に基づいていた。自身の入営を祝う壮行会の日、彼は東京駅にいた。〈さようなら、さようなら〉という声。走りだす人々。〈彼もトランクをさげて走った。さようなら。しかしそれが何に対する、どれほど決定的な別れの挨拶なのかは、二十歳《はたち》の若者にはまだよく判っていなかった〉

逃避行が始まる、そのスタート地点でジ・エンド。ドラマチックな構成である。同時にここには二重の意味が込められている。四五歳になった浜田は勤め先から不本意な人事を打診され、仕事を辞めるか否かの瀬戸際に立っていた。そして思い出したのだ。東京駅から旅立ったあの日のことを。そうだ、もう一度自由に生きてもいいのだ。一種の高揚感に満ちたラストには二五年後の浜田が投影されているのである。

米原万里『打ちのめされるようなすごい本』で紹介され、人気が再燃した丸谷才一の出世作。刊行されたのはベトナム反戦運動の時代。良心的徴兵忌避者が英雄視される風潮への居心地の悪さも隠し味になっている。

丸谷才一（まるや・さいいち　一九二五〜二〇一二）東大在学中にジェイムズ・ジョイス研究に傾倒。大学で英文学を教えながら、小説、評論、エッセイ、翻訳と幅広く活躍し、学識豊かな作品を多く残した。

千葉の花和村の木本神社の縁日では、今でも「ベロ出しチョンマ」を売っている。

『ベロ出しチョンマ』（一九六七年）斎藤隆介

●刑場で妹を笑わせた兄

〈千葉の花和村に「ベロ出しチョンマ」というオモチャがある。チョンマは長松《ちょうまつ》がなまったもの〉『ベロ出しチョンマ』は斎藤隆介の名を一躍有名にした創作民話である。

一二歳の長松（チョンマ）はいつも、三歳の妹ウメが泣きそうになると「ウメ。見ろ。アンちゃんのツラ」といい、眉をハの字に下げベロをベロッと出して笑わせていた。

ある朝起きると、父ちゃんがいない。村を襲った大凶作に年貢の引き上げが重なり、将軍に直訴にいったという。死を覚悟しての直訴である。

刑場で長松は父ちゃんを見た。とらえられたのは父ちゃんだけではなかった。母ちゃんも長松もウメもハリツケ柱に縛られた。大声で泣くウメに長松は叫ぶ。「ウメーッ、おっかなくねえぞォ、見ろォアンちゃんのツラァーッ！」そして眉をハの字に下げるとベロを出した。人々は笑いながら泣いた。長松はベロを出したまま死んだ。

土台になっているのは佐倉惣五郎（将軍に直訴して村を救ったが、一家六人が処刑された）の伝説である。歌舞伎の『佐倉義民伝』でも知られ、自由民権運動にも影響を与えたとされる人物だ。理屈っぽくいえば、権力と対峙して処刑された正義の庶民の悲劇、だろう。でも、いま読んで感じ入るのは、むしろ笑いの力である。長松にこのような行動をさせたのは、妹を思う心と義民の子としての誇りだろう。

親子が処刑された刑場跡には社が建ち、〈千葉の花和村の木本神社の縁日では、今でも「ベロ出しチョンマ」を売っている〉というラストも民話風である。花和村は架空の村。このオモチャも創作で、実際には売られていない。

一時期は教科書にも載った作品だが、現在の国語教科書に載る斎藤隆介の定番教材は、臆病な少年・豆太が病気になった祖父のために夜道を走る『モチモチの木』（一九七一年）である。いずれも子どもの勇敢な姿を描いた名作ながら、長松の迫力に豆太はかなわない。

作中には、年貢に苦しむ村人たちの対抗手段としては、逃散、打ち壊し、強訴、直訴などの方法があった、なんていう情報も。教科書から消えたのは、騒擾を恐れた人たちの差し金か。

斎藤隆介（さいとう・りゅうすけ　一九一七〜一九八五）新聞記者を経て創作童話を書き、民話絵本のブームを起こした。戦後の児童文学作家に与えた影響も大きい。

三時になった。風呂に五分間はいって、またベッドに戻った。

『空気頭』（一九六七年）藤枝静男

精密すぎる「私小説地獄」の世界

藤枝静男『空気頭』は〈私はこれから私の「私小説」を書いてみたいと思う〉という宣言からはじまる。

私小説には〈自分の考えや生活を一分一厘も歪めることなく写して行〉くやり方と、〈材料としては自分の生活を用いる〉が、わかりやすく嘘を加えて人に同感を求めるやり方とがあり、自分はこれまで後者を書いてきたが、いまから前者を書くというのである。

こうして「私」はひとまず結核療養所への入退院をくり返す妻を冷たく見つめる自分の話から切り出すが、第二部にいたり、戦時中は海軍の医師としてすごし戦後は町医となった「私」の性的な告白がはじまるあたりから、語りは脱線と飛躍を重ねていく。

さすがは「一分一厘も歪めることなく」と豪語しただけある。普通の小説がカメラのファインダー越しに眺めた世界なら、この小説は虫眼鏡、いや顕微鏡で見た世界。しかも内容は精巧なエロ・グロ・ナンセンスで、終盤はスカトロジー全開だ。

性欲との格闘は田山花袋『蒲団』以来、私小説の隠れたテーマのひとつだったが、なにせ語り手はお医者ですからね。医学用語を使い倒しつつ語られる、人糞を用いた性欲増強法、悟りを得るため脳内に空気を送り込む「気頭療法」、視界が下半分しかなくなる上半盲という病……。脳内の妄想まで含めれば私小説もこうなる、という私小説地獄。

そのわりに話が現実に戻り、一日の行動を列挙した後のラストは〈三時になった。風呂に五分間はいって、またベッドに戻った〉。まるで子どもの作文だ。

どんな小説かわからない？　いいんです、現実を突き抜けてるのが『空気頭』だから。

この先にあるのが、もっと荒唐無稽な『田紳有楽』で、そこでは〈私は池の底に住む一個の志野筒形グイ呑みである〉〈私は主人から朝鮮生まれの柿の蔕《へた》と呼ばれている抹茶茶碗〉など、森羅万象が勝手に「私語り」をはじめるのである。笙野頼子や円城塔の中にも生きている藤枝静男のDNA。ぶっきらぼうな最初と最後は一種の隠れ蓑かもしれない。

藤枝静男は故郷の静岡県藤枝市（ペンネームの藤枝はここに由来）で眼科医院を開業しながら、執筆を続けた。藤枝に私淑する笙野頼子『会いに行って　静流藤娘紀行』を読むと二人の連続性がわかる。

藤枝静男（ふじえだ・しずお　一九〇七～一九九三）大学卒業後、眼科医局に籍を置きつつも文学に傾倒。戦後、三九歳で作家デビュー。夢など超現実的要素を導入し、伝統的な私小説の枠を破る独自の作品世界を築いた。

髪結い平太郎の嗚咽は、まだ熄《や》まなかった。

『鬼平犯科帳』（一九六八〜九〇年）池波正太郎

●罪人のリクルートに長けた平蔵

江戸の特別警察ともいうべき火付盗賊改方。長官の長谷川平蔵は盗賊たちに「鬼の平蔵」「鬼平」と呼ばれて恐れられている。池波正太郎『鬼平犯科帳』。テレビドラマでも映画でもマンガでも大人気となったシリーズである。

捕物帳とはいえ、『鬼平』の主眼は推理より多彩な人間ドラマである。特に印象的なのは盗賊上がりの密偵たちだ。

事実上の第一話「浅草・御厩河岸《おうまやがし》」は、密偵の岩五郎が公務と盗賊時代の兄貴分との間で悩む物語である。

平蔵らが密偵たちを使って盗賊団を追う一方、盗賊側も手下を目的の屋敷に奉公人として何年も潜入させるなど、入念な準備をして盗みにのぞむ。敵も味方も知能犯。『鬼平』の世界では流血騒ぎはダサイのである。

第一話のラストは、平蔵が剣友の岸井左馬之助と酒をくみかわす場面である。寿命は五〇歳までだと左馬之助に宣告された平蔵はいった。「あと六年か……やることだけはやってのけておくことだな、左馬」これではまるで開幕宣言だ。で、実際、単独の短編だったこの一作から連載はスタートし、文庫版で二五巻のシリーズに成長したのである。

短編小説らしく、どのお話も幕切れは鮮やか。作者の死去で未完に終わった絶筆の「誘拐」を除くと、ラストが読める最後の一編は「ふたり五郎蔵」だ。

盗賊改方の役宅に出入りする「髪結いの五郎蔵」を不審に思った平蔵は、密偵の「大滝の五郎蔵」らを使って探りを入れる。髪結いの五郎蔵は一味に利用されていた。平蔵は彼を無罪とし、役宅への出入りを認めるが、同名の者が二人いるのは紛らわしい。平太郎と名乗れと命じ、席を立つ平蔵。

〈初夏の空は晴れわたって、葉桜が風にそよいでいる。／「町中では、苗売りがながしていような」／ふと、つぶやき、平蔵は居間へ入って行った。／髪結い平太郎の嗚咽は、まだ熄《や》まなかった〉

平太郎（髪結いの五郎蔵）の嗚咽は、平蔵の温情に対する感激の嗚咽である。おそらく彼は、平蔵の忠実な手下となるだろう。たくみな人心掌握術ではござらぬか。他の密偵たちもみなこうやって籠絡《ろうらく》されたにちがいねえ。

長谷川平蔵は実在の人物で、火付盗賊改方在任中には、罪人を更生させる人足寄場（山本周五郎『さぶ』で有名）の創設などに尽力した。実際にも五〇歳で没している（一七九五年没）。

池波正太郎（いけなみ・しょうたろう　一九二三〜一九九〇）浅草の小学校を卒業後、株式仲買店店員、東京都職員を経て、長谷川伸に師事。新国劇の脚本・演出担当から作家に転じ、その時代小説は絶大な人気を集めた。

骨は無縁仏として納骨堂へおさめられた。

『火垂るの墓』（一九六八年）野坂昭如

●栄養失調で死んだ兄妹

スタジオジブリ制作のアニメーション（高畑勲監督・一九八八年）で知られる『火垂《ほた》るの墓』の原作は、野坂昭如の短編である。アニメの雰囲気とは異なる、叙情性を排した技巧的な文章に読者は衝撃を受けるだろう。

一九四五年九月二一日、省線三宮駅の構内でひとりの少年が死んだ。六月五日の神戸空襲で、戦災孤児となった少年だった。彼は腹巻きの中にドロップの缶を入れていた。中には小さな骨のかけらが入っていた。ひと月前に死んだ四歳の妹の骨だった。兄も妹も栄養失調による衰弱死。

こうして物語は、一四歳の少年清太と、妹の節子の空襲後の想像を絶する日々をたどっていく。

病弱だった母は防空壕の中で負った火傷がもとで命を落とし、兄妹は西宮の親戚の家に身を寄せた。が、この家の未亡人は兄妹を邪魔者扱いし、我慢しきれなくなった清太は妹と二人、防空壕の中で暮らしはじめる。

表題は、壕の蚊帳の中に清太が追い込んだ蛍に由来する。翌朝、死んだ蛍を節子は壕の入り口に埋めた。

〈「何しとんねん」「蛍のお墓つくってんねん」〉ついで節子はいった。〈「うち小母ちゃんにきいてん、お母ちゃんもう死にはって、お墓の中にいてるねんて」〉清太は母の死を妹に隠していたのだ。

しだいに節子は衰弱し、敗戦後の八月二二日に死んだ。役所に指示された通り、自らの手で妹の亡骸を清太は焼く。周囲にはおびただしい蛍の群れ。〈これやったら節子さびしないやろ、蛍がついてるもんなあ〉

そしてテキストは再び三宮駅に戻る。〈昭和二十年九月二十二日午後、三宮駅構内で野垂れ死にした清太は、他に二、三十はあった浮浪児の死体と共に、布引の上の寺で荼毘《だび》に付され、骨は無縁仏として納骨堂へおさめられた〉

死亡報告書のような事務的なラスト。この一文で懸命に生きた清太の個人史は消滅し、おびただしい無名の死者のひとりでしかなくなる。それが戦争。自身の空襲体験をモチーフにしてはいるものの、『火垂るの墓』は死者、それもひっそり死んだ無数の死者の物語なのだ。

『アメリカひじき』と合わせて直木賞を受賞した作品。神戸は一九四五年だけで五回の大空襲を受け、合計で七五〇〇人以上の死者と五三万人以上の罹災者が出た。一九九七年のベストセラー、妹尾河童『少年H』も四五年三月の神戸空襲を描いている。

野坂昭如（のさか・あきゆき　一九三〇～二〇一五）大学中退後、コントの台本やCMソングの作詞など多分野で活躍。デビュー作『エロ事師たち』は三島由紀夫、吉行淳之介らが絶賛。後に参議院議員にもなった。

遺体が発見されたのは、その年の四月に入ってからであった。

『孤高の人』（一九六九年）新田次郎

●北鎌尾根での遭難の顚末は

山好きの人にとって槍ヶ岳は憧れの山、加藤文太郎《ぶんたろう》は憧れの登山家だろう。新田次郎『孤高の人』はその伝説の登山家の生涯に取材した山岳小説である。

一九〇五（明治三八）年、兵庫県の日本海側の町・浜坂町（現新温泉町）に生まれた加藤は、高等小学校卒業後、研修生として神戸の造船所に入社。同僚に地図の読み方を教わり、上司に才能を見込まれて山にのめりこむ。

彼が伝説の登山家となった理由は、とてつもない体力と「はや足」の持ち主だったこと、そして単独行にこだわったことである。山岳会にも参加せず、山で出会った人々とも群れない。生涯にただ一度を除いては。

「ぼくとザイルを組んでくれませんか」誘ったのは宮村健《たけし》。加藤を崇拝し、やはり単独行を重ねてきた年下の登山家である。加藤は迷いながらも承諾する。

めざすは冬の北鎌尾根。槍ヶ岳の中でも険しいことで有名な難ルートである。下界ではしおらしかった宮村はしかし、ふもとの温泉宿で会った二人組と同行するといいだし、見栄をはって無謀な登頂を試みる。

「宮村君、下山しよう」「加藤さんが、これくらいの吹雪で退散ですか」

結末はご想像通り。〈加藤文太郎の遺体が天上沢第三吊橋付近で発見され、さらにその上流で宮村健の遺体が発見されたのは、その年の四月に入ってからであった〉

一九三六（昭和一一）年一月。享年三〇。結婚して娘が生まれ、冬山はこれが最後と決めていた矢先の遭難だった。幻視と幻聴の中で愛する妻子の夢をみる加藤。『孤高の人』はすべてこのラストに向けて構成されている。

なんだけど、史実は若干異なる。遺体発見の経緯はこの通りだが、宮村健のモデルとなった吉田登美久はここまで愚かではなく、加藤もここまで頑迷ではない。より困難な冬山をめざし、北鎌尾根に誘ったのも加藤のほうだった。

ひとり（加藤）をヒーローに、ひとり（宮村）をヒールに描き分けたのは作劇上の力業。感動巨編なんだけどな。贔屓の引き倒しだったかな。

事故の実際の顚末と加藤文太郎について知りたい方は、加藤文太郎『新編 単独行』、谷甲州『単独行者《アラインゲンガー》 新・加藤文太郎伝』を読まれたし。

新田次郎（にった・じろう　一九一二〜一九八〇）妻・藤原ていの『流れる星は生きている』がベストセラーとなったことなどを機に、小説執筆を志す。中央気象台での勤務経験を活かした山岳小説、さらには歴史小説などでも新境地を開いた。

行助《ぎょうすけ》は、来年の春、俺はまたここに還ってこれるだろうか、と思った。

『冬の旅』（一九六九年）立原正秋

●兄を刺して少年院に送致された弟

立原正秋『冬の旅』は読売新聞の連載からベストセラーとなった長編小説だ。

物語は主人公の宇野行助《ぎょうすけ》が少年院に送られる場面からはじまる。実父と死別し、九歳のときに母が再婚した行助。一六歳になった行助は、ある日、義兄の修一郎が母をレイプしかけた現場に居合わせ、義兄の太ももを包丁で刺したと誤解されてしまう。

少年事件に取材した問題作。『旧約聖書』のカインとアベルを彷彿させる。だが、ここでの悲劇は、高潔な弟が加害者、卑劣な兄が被害者にされてしまったことだろう。

三年後、二度目の悲劇が起こる。家族三人の殺害を企てた修一郎を、行助は今度こそ刺してしまうのだ。一九歳の行助が二度目の少年院送りとなる一方、修一郎に下ったのは執行猶予つきの判決だった。

読者は懸命に生きる行助とその少年院仲間に味方し、ドラ息子の修一郎を憎まずにはいられないだろう。

弟には幸を！　兄には鉄槌を！　と。

そんな読者に、この結末は納得しがたかったのではないか。出院を目前にした行助を突然おそう高熱と全身の痙攣。朦朧とした意識のなかで、彼は数千のカモメの羽音を聞く。〈ああ、鷗が南下してきた！　俺は、おまえ達の来るのをどんなに待っていたことだろう……〉そして〈行助は、来年の春、俺はまたここに還ってこれるだろうか、と思った〉。

カモメとは行助が三日前に友の死を悼んで書いた詩に由来する。〈おまえのたましいは／北の国に還り／いま俺に見えるのは／冬の海だけだ。／その海に鷗の姿は見えない〉カモメが迎えに来たってことは……まさか行助にも死が？　しかもその原因が破傷風とは⁉

悲恋の物語を得意としてきた作家である。『冬の旅』でも読者の紅涙をしぼりたかったのかもしれない。

とはいえ主人公の死を匂わせるこの結末において、際立つのは父・理一の悲劇である。優秀な義理の息子を自社の跡取りにと願い、実の息子を疎んじた父。一生の十字架を背負わされた一家。これで行助の復讐成就？　と思うと人格者すぎる主人公の別の顔が見えてくる。

少年院の生活を詳細に描いたことでも話題になった小説。二度ドラマ化もされており、一九七〇年版ではあおい輝彦（これが初の主演作品）が行助を、田村正和が修一郎を演じている。

立原正秋（たちはら・まさあき　一九二六〜一九八〇）韓国慶尚北道生まれ。職を転々としながら小説を書きため、『白い罌粟』で直木賞受賞。民族的ルーツ、中世美への愛着など、独自の素材を乾いた文体で執筆した。

里見の胸にはじめて、財前の死を弔う祈りが強く深く湧き上って来た。

『白い巨塔』（一九六九年）山崎豊子

●権力闘争と医療過誤

　舞台は大阪の国立浪速《なにわ》大学附属病院。山崎豊子『白い巨塔』は大学の医局で繰り広げられる権力闘争を描いた新潮文庫で全五巻の長編小説だ。

　主人公は第一外科助教授の財前《ざいぜん》五郎（四三歳）。食道外科を専門とする優秀な外科医だが、傲慢で出世欲が強く、次期教授の座を狙っている。もうひとりの医師が、大学で財前と同期だった第一内科助教授の里見脩二《しゅうじ》。病理学から三四歳で臨床に転身。四年目に助教授になった。

　第一外科の教授の座をめぐる出世争いと、病院の医療過誤事件を中心に物語は進行する。みごと教授選に勝ち、意気揚々とドイツの国際外科学会に向かった財前を襲ったピンチ。胃がん患者の佐々木庸平が死亡。財前が必要な処置を怠ったとして、遺族が民事訴訟を起こしたのだ。

　大学は隠蔽に走り、財前は部下に圧力をかけ、他方、里見は遺族の求めで証言台に立つ。だが裁判は原告の敗訴。財前に不利な証言をした里見は辞表を書く。

〈これから先、どうするかは解らなかったが、白い巨塔を自ら去ろうとする決意だけが、里見の心の中にあった〉

　これが第三巻の末尾。小説は当初ここで終わりだったのだ。ところが週刊誌の連載（一九六三年九月〜六五年六月）終了後、悪が勝つ結末に読者の批判が殺到。二年のブランクをはさんで、一九六七年七月に『続 白い巨塔』の連載開始。これが現在の第四巻・五巻で、ここでは学術会議会員選を目指す財前と、医療過誤裁判の控訴審が描かれる。

　読者が望んだ通り、二審は原告側の勝訴。しかも作者は財前にさらなる鉄槌を下した。敗訴の屈辱で悶々とする財前は末期の胃がんで死亡するのだ。敵対する身でありながら学友を救おうと奔走した里見。ラストは財前の病理解剖の場だ。解剖台に射す夜明けの光に、里見はそれが荘厳なミサであるような錯覚を覚える。〈里見の胸にはじめて、財前の死を弔う祈りが強く深く湧き上って来た〉

　出世競争が熾烈を極めた高度経済成長期、がんはまだ不治の病だった。競争社会で敗れた男への鎮魂。作者は最後、それでも冷酷な主人公に花を持たせたのである。

何度もドラマ化された人気作品。一九七八年には田宮二郎、二〇〇三年には唐沢寿明、一九年には岡田准一が財前を演じた。里見役は七八年が山本學、〇三年が江口洋介、一九年は松山ケンイチ。

山崎豊子（やまさき・とよこ　一九二四〜二〇一三）大阪毎日新聞社に勤めながら執筆を始め、『華麗なる一族』『大地の子』『沈まぬ太陽』など、実際の事件事故や社会問題を主題とする作品を発表。ベストセラーを数多く生み出した。

明日の朝は六時におきなきゃいけないんだし、睡眠薬を飲んだほうが得だ。

『自動巻時計の一日』（一九七一年）田中小実昌

●おれは夜中にトイレに行けない男

朝起きて歯を磨いて会社に行って帰ってきて夕飯を食べて寝ました。――まるで小学生の作文だけど、田中小実昌『自動巻時計の一日』はほぼそんな小説である。

〈ともかく、朝おきたときからのことを、バカみたいに、ならべていってみよう〉と宣言する語り手の「おれ」。そして実際、小説は〈となりの部屋に寝てるカカアの枕もとに時計がおいてあり、六時に目覚がなる〉ところから、「おれ」の一日をたどっていくのだ。

「おれ」は三六歳。彼が「カカア」と呼ぶ妻と娘二人との四人暮らしだ。朝の日課は井戸で溲瓶《しびん》を洗うこと。朝食はうどん。六時三七、八分に自転車で駅まで行き、私鉄と国鉄を乗りついで職場に向かう。職場は軍基地の中にある研究所で、彼がやっているのは試薬の入った検体を遠心分離機にかけて定量分析をする仕事である。

本業のほかに小説を翻訳するバイトもやっている彼は、朝の電車の中で字引を引く。彼が翻訳中の小説の中では、若き日のアメリカ人の主人公が陸軍の新兵として南太平洋の島に上陸しようとしていた……と、こんな調子の一日。

朝からはじまった小説だから、ラストは当然夜である。

夜中に便所に行くのは損なので、ふとんの横に溲瓶を置く。魔法瓶の湯と湯飲み茶碗は用意したが、睡眠薬を忘れたことを思い出してとりにいく。夕刊を読んでスタンドを消す。〈睡眠薬なしに眠れるといいが、二時間も三時間も目がさめてるようだったら、明日の朝は六時におきなきゃいけないんだし、睡眠薬を飲んだほうが得だ〉

何の変哲もない一日だ。しかし、はたして、ほんとに何の変哲もないのか。彼は睡眠薬なしに眠れないのである。大の男が、夜中に便所に行けないのだ。彼が訳している小説の中で、上陸を控えた主人公のダンが恐くて眠れないように。

戦争の記憶をみんなが引きずっていた一九六〇年頃の話。すっとぼけた調子で自らの一日を語る「おれ」は、復員者である作者とも重なる。私小説を異化する天才の芸である。

ポストモダン文学の先取りといってもいい異色の名編。一九五〇年代後半の作者は、実際にも米軍横田基地の医学研究所で化学実験を手伝う仕事をしながら、推理小説の翻訳などをしていた。

田中小実昌（たなか・こみまさ　一九二五～二〇〇〇）牧師の父を持つ。戦後、大学を中退し、将校クラブのバーテンダー、コメディアン、香具師などを経て、推理小説の翻訳をはじめる。一九六〇年代後半からは創作に転じ、猥雑な職業を生きる人々の哀歓をユーモアのある筆致で描いた。

楊枝の代わりに野菊の花を銜《くわ》えた木枯し紋次郎は、風に追われて峠路を下っていった。

『木枯し紋次郎』（一九七一～九八年）笹沢左保

虚無的な渡世人の出自とは

あっしには関わりのねえことでござんす——中村敦夫の主演で大ヒットしたドラマ（一九七二年）の原作、笹沢左保『木枯し紋次郎』は文庫で全一五巻の連作短編集である。

第一話「赦免花は散った」の舞台は天保六（一八三五）年の三宅島。流人の中にさる渡世人がいた。年は三〇歳。左頰に刀傷、口には五寸（一五センチ余）の竹楊枝。通称木枯し紋次郎である。兄弟分の罪をかぶって流罪になった紋次郎は騙されていたと知り、敵を討つべく島抜けするのだ。

上州（現群馬県）新田郡三日月村、水呑み百姓の五男に生まれた紋次郎は、姉のお光に助けられて間引きを免れたものの、その姉も病死。一〇歳で村を出て無宿者になった。

人の誘いには「あっしは、遠慮させてもらいやしょう」、故郷に戻っても「あっしはここへ、帰って来たわけじゃあねえんで」。とかいいつつ騒動に関わりまくるのがこの人なのだが、だいたいの短編は「この後の木枯し紋次郎の足取りは定かでない」式の記述で終わっていた。

ところが、最終巻『さらば峠の紋次郎』に至って定番のラストが変化する。〈紋次郎は、折れた野菊の花を拾った。頂上をすぎて、上州へはいる。楊枝の代わりに野菊の花を銜《くわ》えた木枯し紋次郎は、風に追われて峠路を下っていった〉

野菊の花？　らしくない行動！

この巻で描かれるのは、紋次郎の命をねらう最大のライバル「峠花の小文太」との対決である。だが小文太は大きな誤解をしており（紋次郎を名乗る偽紋次郎がいたのだ）、しかも重い肺病を患っていた。偽紋次郎とその一味を倒した後、本物の紋次郎は小文太に一礼した。〈これで、何もかもすみやした。御免を、被りやす〉

紋次郎が去った後、〈さらば、木枯し紋次郎……〉とつぶやいて小文太は絶命し、一方、峠の紋次郎は楊枝を野菊に命中させた。かくて先の場面となるのである。

彼の楊枝はそもそも吹き矢に代わる武器だった。それを花に代えるのは、戦いを終える意思表示とも取れる。長く続いたシリーズのラストを飾るにふさわしい粋な演出。ただこの人の場合、先のことはわからないからな。

飢饉による一揆や打ち壊しが多発し、人心が荒廃した時代を背景にしたハードボイルドな時代小説。全一五巻で構成された光文社文庫版のシリーズの後半は、単行本時には「帰って来た紋次郎」シリーズに分類されていた。

笹沢左保（ささざわ・さほ　一九三〇～二〇〇二）郵政省に勤務しながら執筆し、『招かれざる客』や『人喰い』で注目される。「木枯し紋次郎」シリーズで股旅物を開拓し、推理・時代小説で活躍した。

早い冬にむかって冷えこむその闇の中を、列車は一路、西へむかって驀進《ばくしん》していた。

『日本沈没』（一九七三年）小松左京

一億人脱出プロジェクトの「その後」

日本各地で火山の噴火や地震が相次ぎ、ついには列島が！

小松左京の『日本沈没』は、最先端の地震の科学を論じる、災害に対する国家の姿勢を問うなど、多角的な読み方ができる小説だ。列島の異変を察知した地球物理学者の田所博士と、深海潜水艇の操縦責任者・小野寺を中心に物語は進行する。国土の危機と一億人を超える日本人を脱出させる極秘プロジェクト。壮大なスケールの大作である。

そのかわり、この小説には私生活の描写がほとんどない。女性の登場人物も極端に少なく、一定の役割が与えられるのは二人だけ。ひとりは富士山の噴火の際に行方不明になった小野寺の恋人・玲子。もうひとりが銀座の新米ホステス・摩耶子である。

ラストシーン。すでに列島は沈没。タヒチへ向かう船に小野寺は乗っている。彼はもともとこのプロジェクトを降りて、玲子と逃げるつもりでいたのである。ところが、隣にいるのはなぜか摩耶子だ。重傷で意識が朦朧とする小野寺に、摩耶子は母方の実家がある八丈島の始祖伝説を語ってきかせる。大津波でひとり助かった妊婦が男子を産み、この子と交わることで子孫を増やしていった……という伝説だ。

「日本は見えるか?」「いいえ」「もう沈んだのかな……」そんな会話に続く衝撃的な最後の一文。〈窓の外には、星一つない漆黒のシベリアの夜があり、早い冬にむかって冷えこむその闇の中を、列車は一路、西へむかって驀進《ばくしん》していた〉熱にうかされた小野寺が南へ向かう船だと思っていた場所は、実際にはシベリア鉄道の中だったのだ。

この場面は、日本列島の死という大きなショックをやわらげる「救済の物語」なのだろう。沈みゆく列島と島の創世神話。戦って敗北した男と、明日への希望を語る女。それは楽園を失ったアダムとイブの物語のよう。――というつもりかもしれないが、端役の少女が突然、巫女か母のように存在感を発揮する、はっきりいえば最低な結末だ。サイエンスの香り高い小説を神話に押し込めるってどうなのよ。女の役割は男を癒やすか子を産むかしかないのかい。

本書が想定した大地震はマグニチュード8・5。しかるに東日本大震災は9・0。原発事故こそ想定されていないものの、いまとなっては絵空事とは思えない予言的な長編小説。

小松左京（こまつ・さきょう　一九三一～二〇一一）大学卒業後、いくつかの職を経た後、作家となり、日本のSF小説界を牽引した。文明論的なノンフィクション作品も多く執筆。

あれで登ればなかなかなんだろう。地図でも相当の標高があったようだから。

『月山』（一九七四年）**森敦**

●近代に侵食されつつある霊山

夏スキーで知られる月山《がっさん》は、文学ファンにとっては森敦『月山』の山である。

〈ながく庄内平野を転々としながらも、わたしはその裏ともいうべき肘折《ひじおり》の渓谷にわけ入るまで、月山がなぜ月の山と呼ばれるかを知りませんでした〉小説は、出羽三山を天空から見下ろすような雄大なスケールの情景描写にはじまり、しだいに地図の倍率を上げ、湯殿山注連寺という寺に焦点を定める。そしてこんどは、ススキ、紅葉、凍った菊などの描写を通じて、秋から冬へと突入するのだ。

語り手の「わたし」は雪に閉ざされたこの寺でひと冬をすごす。作中で「寺のじさま」と呼ばれる住職はぶっきらぼうな人物だが、村の人々もこの世の者ならぬ雰囲気があり、ウソともマコトともつかぬ話を語りだす。山形県庄内地方は即身仏で知られる土地。この寺のミイラは雪道で行き倒れた人間で「つくった」ものだというのである。

「中のわた（腸）抜いて、燻すというもんだけ。のう、ばさま」「まンず、仏は寺のなによりの商売《しょうべえ》道具ださけの」からかわれたんだと思いますけどね。

ともあれこうして厳しい冬はすぎ、やがて山は春から新緑の季節に移る。そして「わたし」は俗人の代表みたいな友人と下界に戻る決心をするのである。

最後に「わたし」と友人は「寺のじさま」に送られて村が見下ろせる場所に立つ。〈もう来ることもあんめえさけ、よう見てやってくれちゃ〉そう語る「じさま」に友人はいう。〈じゃァ、このあたりで失礼しますかね。十王峠の送電線の柱もすぐそこにあるようだが、あれで登ればなかなかなんだろう。地図でも相当の標高があったようだから〉

送電線、電柱、地図、標高。友人は山にロープウェイをかけてリゾート地にするつもりなのだ。「わたし」と読者を現実に引き戻すこの興ざめな幕切れこそ『月山』のたくらみである。近代に侵食されつつある、いや、とっくに近代だった霊山。最後の数行で、それが鮮やかに浮かびあがる。

作中の寺は実在する湯殿山注連寺（山形県鶴岡市）。森敦六一歳の芥川賞受賞作だが、作家が寺に滞在したのは一九五一年。現在の注連寺は道路が整備されて訪れやすくなった。

森敦（もり・あつし　一九一二～一九八九）横光利一に師事し、『月山』で芥川賞を受賞。当時六一歳だった森は、二〇一三年に黒田夏子が七五歳で受賞するまで、同賞の最高齢受賞者だった。

大八車はまたぶきような歌をうたいはじめた。

『兎の眼』（一九七四年）灰谷健次郎

親と教師が連帯する社会派児童文学

若い頃に感動したという人も多いのではないだろうか。

灰谷健次郎『兎の眼』は石坂洋次郎『青い山脈』や壺井栄『二十四の瞳』につらなる、新米の女性教師を主人公にした児童文学作品だ。

舞台はH（阪神？）工業地帯の中のとある町。小学校の隣には塵芥処理所（ゴミ焼却場）があり、学校にはここで働く非正規雇用者の家の子どもたちも通っている。

この学校に着任し、悩みながらも子どもたちや地域の人々との交流を通して成長していく新米の小谷先生。〈鉄三のことはハエの話からはじまる〉と書き出されているように、とりわけ小谷先生と処理所の子どものひとりでハエに詳しい鉄三との心の交流が、この小説の眼目である。

と同時に『兎の眼』は児童文学界のプロレタリア文学だ。終盤、処理所の移転問題が起こり、非正規雇用の人々が、正式採用と処理所跡地への住宅建設と優先入居を求めて立ち上がるのだ。このへんから小説はにわかに社会派ドラマめいてきて、同僚の足立先生はハンストに突入する。

ただし、よろしくないのはラストである。苦労の末にPTAの署名集めに成功した後のラストシーンは、処理所の大人と子どもと心ある教師らが、役所との交渉の場に意気揚々と向かう場面である。〈「出発！」／功は大声をあげた。大八車が動きだした〉

〈出発――なんていいことばだろう、小谷先生は鉄三の手をしっかりにぎりながら、しみじみ思うのであった。／大八車はまたぶきような歌をうたいはじめた〉

大八車が歌うようにゴロゴロと鳴る。それに続く小谷先生と子どもたち、処理所で働く大人たち。だけど大八車に乗っているのは足立先生だ。「教員ヤクザ」の異名もとる足立先生は三日間のハンストで身体がふにゃふにゃになったというのだが……。いくら足腰が立たなくても、病人でも老人でもない成人男性が大八車の上に乗っているのは感心しない。この構図では足立先生はまるで凱旋する英雄。でなきゃ、みこしに乗った殿様である。あんたが目立つなっちゅうの。

『兎の眼』の足立先生は『青い山脈』の校医・沼田先生を連想させる。不良っぽくて先進的。作者自身を投影しているのだろう、とはいわずにおくが、かっこよすぎるのが逆に変。

灰谷健次郎（はいたに・けんじろう　一九三四～二〇〇六）兄の自殺や母の死を受け、長年続けた教員を辞めて沖縄やアジアを放浪した。その後『兎の眼』を執筆、ベストセラーとなり児童文学作家として活躍。

『落日燃ゆ』（一九七四年）城山三郎

「日本を滅ぼした長州の憲法」の終焉を告げる総選挙でもあった。

A級戦犯・広田弘毅《こうき》の数奇な人生

東京裁判で絞首刑となった七人のA級戦犯のうち、唯一の文官であった広田弘毅。城山三郎『落日燃ゆ』はその広田の生涯を描いた長編小説である。

〈昭和二十三年十二月二十四日の昼下り〉、すなわち七人が処刑された翌日から小説は書き出される。火葬場の隅の捨てられた骨灰を拾い集める男たち。後日、この骨灰は七等分されて遺族の手に渡るが、広田の遺族だけは引き取りを断った。なぜなの？　という冒頭からもう興味津々。

福岡の中学から一高、東大を経て外交官となった広田の信条は「自ら計らわぬ」「風車、風の吹くまで昼寝かな」。外務省の華やかな雰囲気になじまぬ彼は五〇歳すぎまで野心とは無縁の人だった。だが、内外の難しい局面が彼を政治の世界に引き寄せた。満州事変後、外相として入閣。二・二六事件で岡田啓介内閣が総辞職した後は、首相に就任する。

日本が戦争に向けて突き進んでいった時代である。「統帥権の独立」を錦の御旗に専横をきわめる軍部と、協和外交を主張する広田とのせめぎ合いが最大の読みどころ。もうひとつ興味深いのは外務省の同期だった吉田茂との対比である。敗戦後、広田が巣鴨拘置所に送られた頃、吉田は幣原《しではら》喜重《きじゅう》郎《ろう》内閣の外相として占領軍との交渉に手腕をふるっていた。

広田弘毅の評価は必ずしも定まってはいないが、和平を唱え続けた文官という広田のイメージは、この本によるところが大きい。作者の思いが特に強く打ち出されているのは末尾である。広田らが処刑された一二月二三日、吉田首相は国会を解散、総選挙に打って出た。

〈その総選挙はまた、新憲法公布下の最初の総選挙である。／「日本を滅ぼした長州の憲法」の終焉を告げる総選挙でもあった〉という文章でテキストは閉じられる。

「統帥権の独立」の条項が入った大日本帝国憲法を広田は憎んでいた。最後の最後で「長州の憲法」にきっぱり引導を渡したのは、広田ではなく作者の思いの発露であろう。

絞首刑の直前、戦犯らが「天皇陛下万歳」を唱える横で広田が「今、マンザイをやってたんでしょう」ときいたという話も登場。真偽は不明だが、広田の気分を伝える逸話ではある。

城山三郎（しろやま・さぶろう　一九二七〜二〇〇七）海軍特別幹部練習生として終戦を迎える。経済学の知識をベースに、企業や組織における多彩な人間模様を描いた。経済小説にくわえて、本書のような伝記小説も数多い。

〈このごろ、毎晩ケンカや。いっつも、お父さんをなぐったり蹴ったりの派手なケンカや〉と母親は笑った。

『冥途の家族』（一九七四年）富岡多恵子

身勝手な父、秀逸な母

富岡多恵子の初期の代表作『冥途の家族』は自伝的な内容を含む四作で構成された連作短編集である。

主人公（前半二作の名はふく子）は父に溺愛されて育ったが、戦後、父は年に数度しか帰ってこなくなった。

月日は流れ、父は五〇歳代半ばになった。その父が入院先の病院から脱走した。母はいった。〈ああいうひとは、女房子供のいる家では死なれへんわ。どこぞのオナゴのところか、そやなかったら野たれ死にや〉

ふく子は大学を中退して画家と同棲し、父とますます疎遠になった。父の訃報はアメリカで受け取った。帰国すると母はいった。〈葬式に、あんたがいてへんかったのは、よかったと思いましたで〉〈葬式に、案の定、どこかのオナゴが、四ツか五ツの男の子つれてきましたがな〉

放蕩の限りを尽くして死んだ父。父を恨みながらも関係を切らなかった母。東京で自由を謳歌する娘。ウーマンリブ運動の直後の作品。女性の自立の手段が限られていた時代、こういう家族は珍しくなかったのかもしれない。

大阪の実家を出奔した主人公（後半二作の名はナホ子）は一九七〇年代風の「翔んでる女」だが、そんな女性でも家族との縁は切れず、同棲相手の家族ともイザコザが絶えない。〈お母ちゃんは、わたしがどうしたら気に入って安心するの？〉と問う娘をなじった末に母はいうのだ。〈まあ、よろしいがな、それで。わたしは知らんがな〉

すったもんだのあげく同棲相手と別れたナホ子は、自身の結婚を機に、ようやく落ち着きを取り戻す。

ある日、実家に泊まったナホ子は母の怒鳴るような寝言を聞く。〈夢でまでまだケンカしてるの？〉すると《このごろ、毎晩ケンカや。いっつも、お父さんをなぐったり蹴ったりの派手なケンカや》と母親は笑った〉。

この小説で際立つのは「大阪のオカン」と呼ぶべき母の秀逸なキャラクターである。夢の中でも争っている母はまだ父を許していないのか、許しているから夢に見るのか。大人になってから読むと、母の心情が不思議と理解できる。

詩人から小説家に転じた作者の力量を示した女流文学賞受賞作。作中で描かれる、甘ったれでいい加減な同棲相手は画家で小説家だった池田満寿夫を思わせる。

富岡多恵子（とみおか・たえこ　一九三五～二〇二三）学生時代に詩人としてデビュー。池田満寿夫と別れた後、菅木志雄と結婚。小説のみならず、優れた評論や随筆も残した。

『火宅の人』（一九七五年）檀一雄

次第にサラサラと自分の身の周りに粉雪でも降り積んでくるような心地になった。

●「事をおこしたからね」と宣言する夫

五人の子どもがいる作家が愛人の家に入りびたり、放蕩を繰り返す。それだけの物語のために執筆に費やした時間は二〇年。檀一雄『火宅の人』は自らの人生に取材した作品だ。

作家の「私」こと桂は数えで四五歳。最初の妻を失った後、戦争未亡人だった現在の妻・ヨリ子と結婚して一〇年になる。長男の一郎は亡き妻の子。次男の次郎は日本脳炎の後遺症で寝たきり。下の子どもたちはまだ幼い。

そんな「私」が二〇歳近く下の恵子に恋情を抱いた。

「僕は恵さんと事をおこしたからね、これだけは云っておく……」と報告、いや宣言する夫。「知っています」と答える妻。こわすぎる会話である。

ともあれ、こうして彼の二重、いや多重生活がはじまった。妻と子どもたちが暮らす石神井の家。恵子との密会用に借りた浅草のアパート、目白のワンルーム、麹町三番町のアパート。その間を行き来しつつ、半ば逃亡するように、彼は旅をし続けるのだ。亡き友・太宰治の故郷である青森へ。若き日をすごした九州へ。果ては米国へ、欧州へ！

いやいや、父になった無頼派は大変です。恵子との関係も悪化した終盤では、葉子という女性との九州旅行が彩りを添えたりするものの、結局、彼は恵子にも葉子にも捨てられるのだ。加えて気にかけていた次郎の死。ひとり神楽坂の安ホテルで、彼はわが身を振り返る。

〈ここへ辿りついた私はもとより、家出人だ〉〈アハハ、夏は終った。さよう、世の有様の、デパート即売式の規格人生は悉《ことごと》くかなぐり捨てた〉とかいいつつ、この後も女の子にちょっかいを出したりするんだけど。ラストは一応神妙な独白だ。〈私は、ゴキブリの這い廻る部屋の中で、ウイスキーを飲み乾しながら、白い稲妻と一緒に酔い痴れの妄想を拡げているが、次第にサラサラと自分の身の周りに粉雪でも降り積んでくるような心地になった〉

時に桂は五三歳。この静けさに至るまでの放浪の末、冬でもないのに粉雪が降る。本人はたいそうな苦労の末の虚無の心境だろうけれど、ま、身から出た錆ですわね。

「火宅」とはもともと法華経を出典とする「娑婆」「現世」の意味の語らしいが、この作品の大ヒットにより「火宅」は一時期、不倫を意味する流行語となった。

檀一雄（だん・かずお　一九一二〜一九七六）少年期に母が若い学生と出奔したことが文学の原点に。二〇年書き続けた『火宅の人』を発表した翌年に死去。『檀流クッキング』など料理に関する著作も多い。

始めて吻《ほっ》とした、穏かな微笑《わら》いで、あった。

『甘い蜜の部屋』（一九七五年）森茉莉

うつけ者の父と娘の甘美な関係

主人公は牟礼《むれ》藻羅。藻羅と書いてモイラと読む。もうそれだけでクラッ。森茉莉『甘い蜜の部屋』は作者七二歳のときの、耽美的とも官能的とも称される長編小説だ。

母はすでに亡く、父は裕福な貿易商。瀟洒《しょうしゃ》な洋館に住み、舶来の洋服に身を包み、人力車で学校に通うモイラは、天使のような美貌と無意識の媚態と百合の香気を放つ肌の持ち主で、男たちを次々に籠絡しては破滅に追いこむ。

五〇代のフランス人ピアノ教師アレキサンドゥルが理性を失いかけて退散するのは彼女が一一歳のとき。外房の別荘で知り合ったロシア人の元医学生ピータアと関係を持つのは一五歳のとき。倍近く歳の離れた天上守安《あまがみマリウス》と結婚するのは一六歳のときである。しかしモイラはいつも不機嫌。彼女が唯一慕うのは父の林作だけだった！

肉体の魅力だけで生きる娘も娘なら、娘を溺愛する父も父。恋人同士みたいな父娘に、作者と父の森鷗外との関係が投影されているとはいえるだろう。「甘い蜜の部屋」とは父と娘の濃密な関係のことなのだ。

ただ、巷間伝えられるほど、この小説は「蜜の部屋」に溺れてはいない。階層の異なる召使いたちの批評的な眼差しが、モイラの上には常に注がれているからだ。ことにモイラに仕えるやよの存在は大きい。

物語の最後で夫の天上が自殺。モイラは父の家に戻るのだが、娘を取り戻した喜びに浸りつつも林作はいうのである。「このやよというのが一番の被害者」だと。

そしてラストの一文。

〈始めて吻《ほっ》とした、穏かな微笑《わら》いで、あった〉

モイラを愛した男が犠牲になるたびに不敵な笑いを浮かべてきた父が、はじめて見せた父親としての余裕の「微笑い」。永遠の少女といわれる森茉莉だけど、晩年の彼女は父との関係を客観化できていたのではないか。

〈辻堂の田舎の娘として育ったやよには、女に迷う男はうつけ者であるという認識がある〉という批評的な視点は作者にも共有されている。執筆に九年を費やした大作。究極のファザコン小説の冷静な一面がラストに垣間見える。

書き出しは〈藻羅という女には不思議な、心の中の部屋がある〉。三島由紀夫が「官能的傑作」として絶賛したことでも知られ、森茉莉はこの作品で泉鏡花文学賞を受賞した。

森茉莉（もり・まり　一九〇三～一九八七）森鷗外の長女。二度の結婚・離婚を経て、室生犀星に師事。五〇歳を過ぎてから文壇に登場し、艶美で幻想的な世界を構築した。

『祭りの場』（一九七五年）林京子

——かくて破壊は終りました——

●広場で踊った若者たちは

一九四五年八月九日、一四歳だった林京子は長崎で被爆した。『祭りの場』はその体験から生まれた作品だ。

原爆に先行して投下された観測用ゾンデの中に入っていた、東大教授あての降伏勧告書から小説ははじまる。〈日本国がただちに降伏しなければそのときは原爆の雨が怒りのうちにますます激しくなるであろうということをはっきり申上げるものであります〉「ヒロシマナガサキ原爆展」でこの書簡を目にした「私」は平静ではいられない。

その日、母と妹たちは疎開先の諫早《いさはや》にいた。〈かあさん、なんか光った〉空には巨大な雲の柱。黒い雨は諫早にも降った。長崎への爆撃を知ったのは夕方だった。

同じ日、「私」は同じ女学校の生徒二人と学徒動員先の長崎の兵器工場にいた。工場前の広場では高等学校の学徒らが仲間の出陣を祝い、円陣をつくって踊っていた。大空をかきむしる爆音がし、気がつくと倒壊家屋の下にいた。「私」は必死で脱出したが、広場で踊っていた学徒らは即死した。

一週間後、戦争は終わった。〈なして、もっと早う言うてくれん。私の終戦の感想もこれだけだ〉

そこから秋までの変転を物語は追うのだが、原爆投下からすでに三〇年、実感ベースの描写と資料の再録が混在したテキストは俯瞰的、かつ分析的である。

ラストシーンは一〇月、一か月遅れの二学期の始業式である。式は追悼会からはじまった。大穴の空いた講堂の舞台正面には、被爆死した教師と生徒の氏名を書いた紙が張ってある。端から端まで名前が並んだ紙は全部で五段。〈春の花　秋の紅葉年ごとに　またも匂うべし。みまかりし人はいずこ　呼べど呼べど再びかえらず〉語り手が時々口ずさむという右の追悼歌の後の一文は〈アメリカ側が取材編集した原爆記録映画のしめくくりに、美事なセリフがある。／——かくて破壊は終りました——〉。

米国から届いた勧告書ではじまり、皮肉ともあてつけともいうべき米国映画の台詞で幕を閉じる。ここから見て取れるのは、原爆を投下した国への強い恨みだ。原爆症に終わりはない。三〇年たっても破壊は全然終わっちゃいないとむろん彼女は叫んでいるのだ。

群像新人賞と芥川賞を受賞した作者の代表作。日本政府への批判的視線がないと批判もされたが、資料もまじえた抑制のきいた筆致の本作は、当事者の証言としても貴重な一次資料になり得ている。

林京子（はやし・きょうこ　一九三〇～二〇一七）一四歳まで上海で暮らし、高等女学校三年時に長崎で被爆。『祭りの場』や『ギヤマン・ビードロ』など、原爆文学に新たな地平を開く作品を残した。

今日もどこかで血が流れている。あるいは死んでいる。

『時に佇つ』（一九七六年）佐多稲子

●戦争に協力した「私」へのこだわり

佐多稲子という名を聞いても、「あのプロレタリア文学の？」くらいのイメージかもしれない。けれど激動の大正・昭和、彼女ほど波瀾万丈な人生を送った人もいない。

長崎に生まれるも、母を早く亡くして一家で上京。一一歳で工場に働きに出て（このときの経験を描いたのが二三歳のデビュー作『キャラメル工場から』）、職を転々。最初の結婚に破れた後、上野の料亭や本郷のカフェで働いていた時代に多くの文学者と出会った。それを機に、中野重治のすすめで小説を書きはじめ、窪川鶴次郎と結婚し、プロレタリア文学運動に加わって……。

そんな彼女の人生を、一二の連作短編に託したのが『時に佇《た》つ』だ。

ときに作者は七一歳。老年に達して思い出す人々との出会いや別れを中心にした各編が「珠玉の短編」だけれども、出生の秘密、カフェ時代、非合法の政治活動、戦地への慰問、さりげなく語られたエピソードはどれも濃密で、目が離せない。

川端康成文学賞を受賞した「その十一」は、元夫・柿村（窪川）の死を描いている。結婚生活二〇年、離婚して三〇年。もはや遠い人となった柿村は認知症をわずらっていた。

続く最後の「その十二」で、作家は「血」について書く。敗戦から二年目、弟への輸血をした「私」は〈弟に分けた自分の血の質に、いささかも疑いを持たなかった〉が、それから一七年。「私」は心臓の手術をひかえた六歳の孫への輸血を拒むのである。六〇歳という年齢のせいではなかった。「私の血なんか、協太にやっては、協太に申し訳ないのよ」

戦争中、戦地慰問に赴いた稲子は、何十年も「戦争に協力した」という負い目の中で生きてきたのだ。そんな負い目も、七〇歳を超えたいまは消え、孫は元気な高校生に成長した。〈今日もどこかで血が流れている。あるいは死んでいる〉

ここでテキストは終わる。

七〇年分の人生を濃縮したコンクジュースみたいなラストの一行。前後の脈絡を外しても、この文章だけで屹立しているのが、見事でもあり、怖くもあり。

料亭の女中時代には芥川龍之介、菊池寛、久米正雄、カフェ時代には堀辰雄、中野重治、窪川鶴次郎らの知遇を得た稲子。娘時代は若い文学者たちのアイドル的存在だったのだろうね。

佐多稲子（さた・いねこ　一九〇四〜一九九八）最初の結婚・離婚後、文芸評論家の窪川鶴次郎と再婚し、創作活動を開始する。プロレタリア作家として活躍するも後に運動から離れ、夫とも離別。戦後はそれらの体験を文学作品として掘り下げるとともに、女性運動の一翼も担った。

ハーレムの一角は、ニューヨークの営みから切り放されたように信じられない静寂の底にいつまでも沈んでいた。

『人間の証明』（一九七六年）森村誠一

黒人青年の死の裏には

母さん、僕のあの帽子、どうしたでしょうね？——映画公開時（一九七七年）のCMで有名になったこのフレーズの元ネタは西條八十の詩。〈母さん、僕のあの帽子、どうしたでせうね？　ええ、夏碓氷から霧積《きりづみ》へ行くみちで、谿谷へ落としたあの麦稈《むぎわら》帽子ですよ——〉森村誠一『人間の証明』はこの詩をモチーフにした社会派推理小説だ。

東京のホテルで殺害された二四歳の黒人青年ジョニー・ヘイワード。彼が残したのは〈ストウハ〉〈日本のキスミーに行く〉という謎の言葉と、西條八十の詩集だった。ストウハとはストロー・ハット、キスミーとは詩に出てくる霧積温泉（群馬県安中市）のことではないか。

そう推理した警視庁麴町署の棟居《むねすえ》刑事と、ニューヨーク市警二五分署のケン・シュフタン刑事を軸に、東京、群馬、ニューヨークを股にかけて物語は進行する。

背後にあるのは母子の悲劇だ。ジョニーの母は日本人で父は米兵。霧積は幼いジョニーが家族で唯一訪れた思い出の場所だった。父の死後、彼は産みの母に会うために日本に来たのである。しかし与党議員の妻で、売れっ子評論家となった現在の母にジョニーの存在は邪魔だった。

真相が明らかになった後、小説はニューヨークのハーレムに飛び、二五分署刑事の死を伝える。あまりに理不尽な通り魔殺人。そして〈ケン・シュフタンの息絶えたハーレムの一角は、ニューヨークの営みから切り放されたように信じられない静寂の底にいつまでも沈んでいた〉。

ハーレムで終わるのは理由がある。ハーレム出身の白人で、かつて進駐軍兵士として日本人に暴行を加えた苦い経験を持つケン。幼い頃に母が家出し、米兵の暴行が原因で父が死んだ棟居。二人がジョニーの死に固執するのは、母に捨てられハーレムで父と暮らしていたジョニーと自分の不幸な過去に重なる点があったからだった。

だが、そのケンもあっけなく死ぬ。いうなれば格差社会と差別がもたらした死である。ハーレムの不気味な静寂は、その下でうごめく無数の悪意を暗示しているのだ。

初版五〇万部とも一〇〇万部ともいう驚異のベストセラー。今日の感覚では母に固執する甘ったれな男たちの物語ともいえる。「母さん、僕のあの帽子」というフレーズ自体、甘ったれでしょ。

森村誠一（もりむら・せいいち　一九三三〜二〇二三）ホテル勤務の後、『高層の死角』で評価を受ける。人気が停滞していた社会派ミステリーの復活にも寄与し、『人間の証明』『悪魔の飽食』は大ベストセラーに。

その方法の考えつかぬことに、暗い危惧が影を落としてはいたが。

『死の棘』（一九七七年）島尾敏雄

夫婦ゲンカと呼ぶには凄絶すぎる

浮気をした夫。夫の浮気を責める妻。たったそれだけの内容で、日本文学史上に燦然と輝く名作になってしまったのが島尾敏雄『死の棘《とげ》』である。

ある日「私」が外泊して昼すぎに帰宅すると、机と畳と壁にインクがぶちまけられていた。妻に日記帳を見られたらしい。その日から地獄の日々がはじまる。

「あたしはあなたのなんなの」「妻です」「これが妻かしら。妻らしいどんな扱いをしてもらえたかしら」

はてしなく続く尋問の前に「私」は低姿勢でわび続けるが、やがて妻は精神に失調をきたし、生活は破綻。影響は六歳の息子と四歳の娘にも及び、幼い兄妹に「カテイノジジョウはやめろ！」といわしめるまでになる。

家庭内戦争小説か、究極のホラーか、はたまた純文学界のSM小説か。妻に寄り添えばサディスティックな気分に、夫に感情移入すればマゾヒスティックな気分に、それはもうなるのである。時間にすれば一年未満の出来事を、作家は一九六〇年から七六年まで一六年もかけ、連作の形で少しずつ発表し続けたのだった。

精神科病棟に二度目の入院をする妻につきそうべく「私」が病院に入るところで小説はいちおうの幕切れとなる。隔離病棟で二人ですごせば〈もしかしたら新しい生活に出発できるのではないかというきもちになっていた。ただ手紙の取りもどしをどう妻にあきらめさせるか、その方法の考えつかぬことに、暗い危惧が影を落としてはいたが〉。

この直前、女に書いた手紙をすべて取り返してくれと「私」は妻に懇願（脅迫？）されていたのである。つまり争いはまだ継続中なのだ。

「私」こと夫のトシオは三九歳。妻のミホは三七歳。作家の実体験に基づく私小説だが、痴話ゲンカと呼ぶには凄絶すぎる問答はあまりにリアルで、自虐的なユーモアさえただよう。

田山花袋『蒲団』からはじまった私小説の系譜は、質量ともに厚みのある『死の棘』で終わったといってもいいように思われる。なんにせよ、読者を（文壇も）震撼させた夫婦間バトル。彼や彼女のケータイ履歴が気になるあなた、こうなる覚悟はできてます？

島尾敏雄は特攻隊長として奄美群島加計呂麻島《かけろまじま》に赴任し、そこで出会ったミホと結婚したが、そうした話はこの小説には出てこない。『「死の棘」日記』その他を併読されたし。

島尾敏雄（しまお・としお　一九一七～一九八六）奄美群島加計呂麻島で、特攻隊の指揮官として発進命令を待機したまま敗戦を迎える。その後、旺盛に執筆した。『死の棘』のモデルにもなった妻は、作家の島尾ミホ。

徹は山鳴りの音を耳にしながら、立ちあがり、顔に笑をつくって、手まねきした。

『枯木灘』（一九七七年）中上健次

●複雑な血縁、父への復讐

　舞台は作者の出身地と同じ和歌山県新宮市。中上健次『枯木灘』は『岬』に始まり『地の果て 至上の時』へと至る紀州サーガ（秋幸三部作）の中核となる作品だ。

　「路地」に生まれた竹原秋幸は二六歳。義父が立ち上げ、義兄の文昭が継いだ建築会社の現場で働いている。

　秋幸には二人の父がいた。

　ひとりは母フサの再婚相手・竹原繁蔵。母には死別した夫との間に四人の子がいたが、別の男の子どもである秋幸だけを連れて繁蔵と再婚したのだ。置いていかれた兄の郁男はフサと秋幸を呪い、二四歳で自殺した。郁男を殺したのは自分だという葛藤から秋幸は逃れられない。

　もうひとりは実父の浜村龍造。あくどい手口で成功したと噂される怪人物で、フサが秋幸を身籠もった時は博打と喧嘩で刑務所にいた。しかも龍造は一度に三人の女を妊娠させ、秋幸を含めて三人の子が生まれていた。

　複雑すぎる血縁関係。すべては龍造のせいじぁ！

　秋幸は実父を憎み、復讐を誓っていた。前作『岬』のラストで異母妹のさと子と寝たのも、父への復讐心からだった。だが、その程度で龍造は動じなかった。〈しょうないことじゃ、どこにでもあることじゃ〉

端的にいえば「父殺し」の物語である。だが目的は達成されず、とうとう別の事件が起きる。異母弟の秀雄を秋幸は石で殴り殺してしまうのだ。親子の確執、近親相姦、弟殺し。さあこの錯綜した物語をどう収拾するか。

　ラストシーンに登場するのは、繁蔵の兄（秋幸の伯父）の婚外子で、仕事仲間でもある徹である。徹は秋幸に秘密を握られていた。知的障害のある少女へのレイプ現場を押さえられたのだ。振り返ると、その少女が徹のあとを追ってくる。

〈また山が鳴った。徹は山鳴りの音を耳にしながら、立ちあがり、顔に笑をつくって、手まねきした〉

　新しい波瀾の幕開けを告げるようなラスト。と同時にここで際立つのは自首した秋幸の不在である。後の展開は『地の果て 至上の時』に引き継がれる。山鳴りの音と徹の笑顔が不気味。続きも読まなきゃしゃあないじゃん。

前作『岬』は芥川賞受賞作、本作『枯木灘』は毎日出版文化賞と芸術選奨新人賞受賞作。この後の続編では、三年の刑期を終えて出所した秋幸と「路地」の様変わりした姿、そして実父との新たな関係が描かれる。路地とは被差別部落を指す。

中上健次（なかがみ・けんじ　一九四六～一九九二）肉体労働をしながら小説の執筆を始め、紀州を舞台に血縁問題を追究する作品を多数発表。性、暴力、宗教を斬新な視点で描き、日本文学を代表する作家となった。

海に行ったって何にもあることないのに決ってるけど、でもやっぱりあたしは、一人で行くんだ。

『桃尻娘』（一九七八年）橋本治

冷めたＪＫのカゲキな独白

〈大きな声じゃ言えないけど、あたし、この頃お酒っておいしいなって思うの。黙っててよ、一応ヤバイんだから〉

これが書き出しで、語り手は「一年C組　三十四番　榊原玲奈」。橋本治二九歳のデビュー作『桃尻娘』は「小説現代新人賞」の受賞作ではなく佳作だった。

ＪＫ（女子高校生）の飲酒の報告から始まったこの短編は、続いてもっとカゲキな事実の報告に至る。

〈今日、アレが来た。アー、ホントにやっと来たって感じでサ、よかったよかった。心配してたのよねえ〉

衝撃的！　彼女はなんと妊娠の心配をしてたのだ。しかも彼女はいうのである。〈当分あんな事よそう、ちっともよくなんかないんだもん。「なんだ、初めてだったのかよ」なんて、小山のヤツにも言われるし〉

好きでもない男子との性体験。当時のティーン雑誌やジュニア小説で大袈裟に、深刻に描かれていた初体験を、軽々しいＪＫ語で語ってしまう。この瞬間、地べたを這っていた日本の青春小説は大きく飛躍したのだ。

玲奈は基本、世界を呪っている。同級生の男子も女子もみんな平等に嫌い。唯一、ちょっと仲がいいのはゲイの木川田源一だが、その源一と中年男との恋愛トラブルになぜか巻き込まれ、母にあらぬ誤解を受けてしまう。

〈高校生っていえば〝お勉強〟しかなくって、女の子っていえば〝純潔〟しかなくって、どうしてそんなつまんないものしかあたしにはないの？〉ムカついた玲奈は明け方、突然思いつく。〈意地でも今日は海を見に行くんだ。／海に行ったって何にもあることないのに決ってるけど、でもやっぱりあたしは、一人で行くんだ〉

家出もできない。屋上から飛び降りるわけにもいかない。それでも何か行動せずにはいられない。そんな時、人は海に行くらしい。だからあたしも海に行く。絶対に一人で行くのだ。群れることを嫌うＪＫのひそやかな自立宣言。そうだよ、海はデートの場ではないのだよ。

『桃尻娘』は「無花果少年《いちぢくボーイ》」こと磯村薫、「瓜売小僧《うりうりぼうや》」こと木川田源一、「温州蜜柑姫《おみかんひめ》」こと醒井《さめがい》涼子の三人を主役に加えた連作短編集。このシリーズは後に全六冊の青春大河小説に発展した。

橋本治（はしもと・おさむ　一九四八〜二〇一九）東大駒場祭のポスターが高く評価され、イラストの仕事も手がけながら、デビュー作『桃尻娘』で文壇に衝撃を与えた。晩年まで小説、評論、戯曲、エッセイ、古典の現代語訳など、多方面で活躍した。

娘を迎えに、私は再び、四階の部屋を出て、道に下りた。

『光の領分』（一九七九年）津島佑子

●四階の部屋と離婚の関係

〈四方に窓のある部屋だった。／四階建ての古いビルの最上階で、私は幼い娘と二人で一年間過ごした〉こんな一文で津島佑子『光の領分』ははじまる。連作短編集の形で書かれたシングルマザーの物語である。

住む家が大きな役割を果たす小説だ。

夫と別居し、じきに三歳になる娘を保育園に預け、放送局のライブラリーで働く「私」。駅前商店街の中に建つ細長いビルの一階はカメラ屋で、二階と三階は半分ずつに分かれた貸事務所。オーナーがかつて住居に使っていたという四階は、光だけはふんだんに入った。

半面、屋上の給水塔の老朽化が原因で水漏れの濡れ衣を着せられたり、外にものを落としたと因縁をつけられ、窓に青い網を張られたり、トラブルも絶えない。

住居の問題を背景に描かれるのは、離婚協議に応じない夫であり、酒を覚えて時に極端な行動に走る「私」であり、しょっちゅう癇癪を起こす幼い娘の姿である。

母親がコレで父親がアレでは、そりゃ娘も情緒不安定になろう。関係は破綻しているのに、この夫婦は離婚への一歩を踏み出せないのだ。住居としては中途半端な四階の部屋は半端な関係の象徴。執行猶予の場なのである。

それでも一年一か月後、「私」は離婚届を区役所に出し、移転先のアパートを決めた。手付金を払ってビルに戻ると部屋は西陽《にしび》であふれていた。入り口にたたずんで、「私」は部屋を見渡す。そしてラスト。〈西陽が消え、部屋のなかが青暗くなってから、近所の家で遊んでいる娘を迎えに、私は再び、四階の部屋を出て、道に下りた〉

母と娘の再出発を予想させる前向きな結末である。ただそこに「この部屋を出て行くのだ！」という高揚感はない。いかに中途半端な執行猶予期間の場でも、四階の部屋は彼女が自立するために必要な場所だったのだ。

離婚がうしろめたかった半面、女性の自立がしきりに叫ばれていた時代の物語。良妻賢母神話を壊すように「私」は時にはハメを外して朝まで飲み、時には男とも寝る。これがリアルな母親像だと、今ならわかるんですけどね。

第一回野間文芸新人賞を受賞した、作者の初期の代表作。作中のビルの名は第三フジノビル。別れた夫の姓も藤野。そのため主人公が大家とよく間違えられたというエピソードも有効に機能している。

津島佑子（つしま・ゆうこ　一九四七〜二〇一六）太宰治の次女。未婚の母、母子家庭の体験から婚姻制度に抗う女の性を、父、兄、長男との死別から人間関係の孤絶と連帯をテーマに小説を執筆した。国際的評価も高い。

まだ遠かったが、雷は確実に近づいてきた。

『遠雷』（一九八〇年）立松和平

都市化の波に洗われる農村で

〈汗ばんだビニールが眩しかった。よく見れば微小な水滴一粒一粒が虹を含んでいた〉という書き出しにも農への誇りがあふれる。舞台は宇都宮らしき町の郊外。主人公の和田満夫はビニールハウスのトマト栽培に精を出す若者。――インテリ層やホワイトカラーが幅をきかせる文学界で、立松和平『遠雷』の出現はちょっと衝撃的だった。

村には、都市化の波がおしよせている。兄は東京で銀行員になった。父は家を出てスナックの女と同棲し、母は若い男たちにまじって肉体労働のバイトをしている。住宅団地や工業団地に田畑を売った大金が入り、農家の大半は土から離れた。そんな中、二三歳の満夫と同い年の広次だけが農業に夢を託している。ブルドーザーが入り、すっかり変容した風景の中でトマトが赤い電球のように実る。

もっとも満夫も、勤勉なだけの青年ではない。クルマは乗り回すし、外でも遊ぶし、見合いで会ったばかりの相手には当然のように「モーテルいくべ」。物語はこうして知り合った満夫と婚約者のあや子が結婚するまでの数か月を描く。

ラストは満夫とあや子の真夏の婚礼だ。村人たちが集まったにぎやかな宴席。一見ハッピーエンドだが、小説は最後に空の異変を置くのである。

〈空に大河があるように大地の彼方に急速に流されていく雲が瞬間仄明るくなり、間をおいて雷鳴が聞こえた。まだ遠かったが、雷は確実に近づいてきた〉

不穏な末尾だ。波瀾にみちた物語を美しい自然描写で終わらせるのはよくある手だが、ここでは逆。思えば、物語の終盤は不穏な事件続きだった。父の失踪。女を殺して自首した広次。トマトも今年は虫と病気にやられ、大量に焼却せざるをえなくなった。しかも雷鳴を聞く直前、満夫は応接間で祖母がひっそり死んでいるのを発見するのだ。

祝宴にわく家は、まもなく暗転するだろう。場面が転換する寸前の、まさに一瞬をとらえたエンディング。

映画（一九八一年）で主役を演じたのは永島敏行と石田えり。栃木弁の会話も印象的な野間文芸新人賞受賞作。ちなみに栃木は日本でも有数の雷が多い県として知られる。

立松和平（たてまつ・わへい　一九四七～二〇一〇）学生時代から東南アジアなどを放浪する一方、小説を執筆し、全共闘運動を描いた『今も時だ』で注目される。その後、肉体労働や宇都宮市役所勤務を経て、一九七〇年代後半から本格的な創作活動を開始。

もはやそれは、新しい物語り、――（略）――別の長い物語りでなければならない。

『神聖喜劇』（一九八〇年）大西巨人

●驚異の記憶力を武器にして

　文庫本で全五巻（全八部）。大西巨人『神聖喜劇』は、分量も内容も読者を圧倒する怪作である。

　日米開戦から約一か月後の一九四二年一月、「私」こと東堂太郎は長崎県対馬要塞重砲兵聯隊に教育入隊した。東堂は二四歳。九州帝大の法科を中退して新聞記者になった青年で、極端なニヒリスト。しかも一度読んだ文章はすべて暗記しているという驚異的な記憶力の持ち主だ。

　入隊早々、彼は班長の大前田軍曹と対立する。同じ班の五人が朝の呼集に遅刻したのが発端だった。呼集時間など教えられていない。そこで「知りません」と東堂が答えると、上官がドヤしつけたのだ。〈わが国の軍隊に『知りません』があらせられるか。『忘れました』だよ〉

　頑として「忘れました」を拒み「知りません」と言い張る東堂。物事をとことん論理的に突き詰めなければ気のすまない東堂は「忘れた／知らない」問題に長く固執し、以後も膨大な法学の知識を武器に上官に抵抗していく。

　一番の敵は大前田軍曹。一番の味方は冬木二等兵。数々の事件の後、最終刊（第八部）で描かれるのは「模擬死刑事件」である。上官らが悪ふざけで、ある兵士を磔《はりつけ》にすると息巻き、本人が命乞いする姿に、たまらず冬木が楯突いた。〈人のいのちを玩具《おもちゃ》にするのは、止めて下さい〉

　一月から四月までわずか三か月の話なのに全八部。物語はしかも終盤も終盤で、一種のどんでん返しを仕掛けてくる。それは大前田の意外な行動だった。

　教育入隊を終えて屯営を去る日、東堂は述懐する。〈私の兵隊生活（ひいて私の戦後生活ないし人間生活）は、ほんとうには、むしろそれから始まったのであった〉

　この三か月は「私は戦争で死ぬべきだ」から「私は戦争を生き抜くべきだ」へと東堂の思想を変えた。ここを起点に彼は〈「一匹の犬」から「一個の人間」へ実践的な回生〉に踏み出すのだが、〈もはやそれは、新しい物語り、――（略）――別の長い物語りでなければならない〉。

　込み入ったラストの文章を整理すれば右のようになろう。長い人生の、これがスタートだったという話。であるならば『神聖喜劇』は意外にも青春小説でもあったのだ。

「喜劇」だけあり、笑いの要素もある作品。作中には東堂の恋愛劇も盛り込まれている。二〇〇六〜〇七年、作者監修の下、のぞゑのぶひさの画による全六巻のコミック版が出版されて話題になった。

大西巨人（おおにし・きょじん　一九一六〜二〇一四）新聞社勤務を経て、従軍。軍隊経験をもとに二五年かけて『神聖喜劇』を完成。日本帝国主義と現代社会の構造的類似を鋭く批判し、反権的立場で旺盛に執筆した。

どれ、新入りの地の霊たちのべそかき面《づら》でも見てくるとするかな。

『吉里吉里人』（一九八一年）井上ひさし

●収拾がつかなくなった物語を救うのは

東北の小さな村が日本からの独立宣言をする。井上ひさし『吉里吉里人』が出版されたのは一九八〇年代の初頭、第二次オイルショックの頃だった。

青森行きの急行列車に乗った小説家の古橋健二は車中で騒動に巻きこまれ、吉里吉里国の移民第一号となり、翌日には大統領にされてしまう。憲法論議、食糧の自給、医療問題など、盛りだくさんなテーマを抱えこんだ小説である。とりわけ今日の時点で「したり！」と思わせられるのは吉里吉里国のエネルギー政策だろう。

「独立ばすればあんだ方《がた》の日本国は、東北電力《とおほぐでんりょぐ》さ命令すて、電気ば停めて来るのは目さ見えてっぺ。この国立地熱発電所があるおかげで、電気代《でえ》は無料《ただ》なのっしゃ」

共通語は東北弁。豊富な埋蔵金に裏打ちされた金本位制。木炭バスを改造した国会議事堂車。設定だけ見れば愉快そうな小説だ。しかし『吉里吉里人』は悲劇である。

独立を阻止したい日本国ほか世界中の大国に武力をさしむけられるうえ、医学立国をもくろむ吉里吉里国も、脳の移植手術という禁断の領域に踏みこんで、古橋の脳は金髪美女の肉体に移植されてしまう（おいおい）。破綻寸前。ここまで暴走した物語をどうやって収拾するのか。

大統領就任式で国家機密をバラしてしまった古橋はじめ、人々が敵の銃弾に倒れる中、最後に残るのは「記録係」を自称する魂となった語り手である。

〈わたしは初代のキリキリ善兵衛〉と自らの正体を明かした後、彼は口が軽い古橋のせいで計画が失敗したことを嘆き、まあよい、自分はもう〈三百年も待ったのだ〉と続ける。〈百姓どもに朝が訪れるまで、百年でも二百年でも、地の霊となってここにとどまりつづけよう。どれ、新入りの地の霊たちのべそかき面《づら》でも見てくるとするかな〉

救いのない結末が善兵衛の軽口でわずかに救われるという寸法だが、でもしゃべってるのは霊だしな。

キリキリ善兵衛には実在のモデルがいる。徳川時代、奥州吉里吉里（現岩手県大槌町《おおつちちょう》）で産業を興したといわれる歴代の前川善兵衛だ。崩壊しかけた物語を救ってくれたのは、実体のある人物だった。嘆くべきかホッとすべきか。

大槌町は一時「吉里吉里国」として独立宣言をし、全国の「独立国」ブームをつくった。東日本大震災後は地域振興を担うNPO法人「吉里吉里国」が設立されている。

井上ひさし（いのうえ・ひさし　一九三四～二〇一〇）大学在学中から放送台本を書き、共同執筆したNHKの『ひょっこりひょうたん島』が人気番組に。『手鎖心中』で直木賞受賞。劇作家としても旺盛に活動。

自分たちの行末と同じようにたみには見当もつかなかった。

『あ・うん』（一九八一年）向田邦子

親友同士＋妻の微妙な関係

〈門倉修造は風呂を沸かしていた〉

向田邦子『あ・うん』の書き出しである。

門倉修造（四三歳）は軍需景気でうるおう金属会社の社長。水田仙吉（四三歳）は中堅の製薬会社の部長。転勤で高松の支店から東京に戻ってくる水田一家のために風呂を沸かす門倉のうきうきした気分にふたりの関係がよくあらわれていよう。片方が「あ」でもう片方が「うん」。これは一対の狛犬にも似た仲のよい親友同士の物語なのである。

もっとも、そこは大人の世界である。親友同士とはいえ、ふたりの境遇の差に加え、門倉修造が愛人との間に子どもまでもうけた艶福家なら、水田仙吉は年頃の娘もいる愛妻家。口には出さねど門倉と仙吉の妻たみは好き合っているのではないかという疑惑もあり、いわば秘めたる三角関係がこの小説の隠し味になっているわけだ。

そんなふたりの「あ・うんの呼吸」は、しかし、終盤にいたって崩れかける。大げんかの末に「もう絶交だ」となったふたり。やっと仲直りしかけた矢先、仙吉の娘さと子の恋人が「召集令状がきました」と挨拶にくる。玄関で恋人を見送ったさと子に門倉が叫ぶ。

「早く、追っかけてゆきなさい」「今晩は、帰ってこなくてもいい」

ラストは残った大人三人の場面である。たみはタバコの箱の銀紙で玉を作りながら考える。

〈これが飛行機になるのか、鉄砲玉になるのか知らないが、こんなものが本当にお国の役に立つのだろうか。自分たちの行末と同じようにたみには見当もつかなかった〉

ときは日中開戦（一九三七年）の直後。飛行機や弾丸にするとのふれこみで、タバコの箔を貼った玉を作るのが流行っていた。

だが、どうも腑に落ちない。タバコの箔でつくった玉への疑問は、国家批判にも似た、たみの反戦気分の表明だけど、戦争が激化するのはもっと先。若いさと子をはじめ、男ふたりとその一家にも、もっと大きな激動がこの先待っているはずなのだ。寸止めの芸なのか、作家に続編の構想があったのか。「つづく」と入れたくなる結末である。

先にドラマがあって、後に小説化された作品。ドラマでは仙吉をフランキー堺、門倉を杉浦直樹が演じた。あったかもしれない続編は、作者の飛行機事故死でかなわなくなった。

向田邦子（むこうだ・くにこ　一九二九〜一九八一）テレビドラマの脚本家として活躍し、『阿修羅のごとく』等のヒットを多数生んだ。その後小説に進み、直木賞を受賞するも、翌年飛行機事故で死去。

「僕の背中、おとこを感じるでしょう」／私は吹き出して「こどもを感じる」と答えた。

『ウホッホ探険隊』（一九八三年）干刈あがた

離婚家庭は探険隊だ

児童文学みたいなタイトル。だが、干刈あがた『ウホッホ探険隊』は、津島佑子『光の領分』などと同じく、この時代に増加した離婚家庭の物語である。

〈太郎、君は白いスニーカーの紐をキリリと結ぶと、私の方を振り返って言った。／「それじゃ行ってくるよ」／「行ってらっしゃい、気をつけてね」〉

何気ない会話で小説ははじまるが、「君」こと太郎はその日、卒業式につけるネクタイの結び方を習うため、都心にある父親の仕事場に行ったのだ。

太郎は六年生。弟の次郎は四年生。父と母がもう夫婦ではないことを、子どもたちは知っている。語り手の「私」が一五年連れ添った夫と別れたのは〈お父さんには今、私よりも合う女の人がいる〉からで、そのことも子どもたちは知っていた。精一杯明るくふるまう兄弟が内心底知れぬ寂しさを抱えていることを、語り手も読者も承知している。が、テキストはあくまで軽やかに進行する。

ある日、太郎はいった。〈僕たちは探険隊みたいだね。離婚ていう、日本ではまだ未知の領域を探険するために、それぞれの役をしているの〉〈お父さんは家に入って来る時、ウホッホって咳をするから、ウホッホ探険隊だね〉

探険隊の中に「お父さん」が入っている、しかも隊長として入っているのは母親としては心外だろう。

とはいえ、ここから読み取れるのは、子どもの洞察力を舐めるなというメッセージである。お父さんは再婚するだろうか、それでもし弟か妹が生まれたら、僕は優しくしてやりたい、そんなことまで太郎は考えていた。

父親の仕事場に泊まるという太郎がいないその夜、「私」は次郎と枕を並べて寝る。次郎は寝返りを打ち、眠そうにいった。〈「僕の背中、おとこを感じるでしょう」／私は吹き出して「こどもを感じる」と答えた〉

長男との会話からはじまり、次男との会話で幕を閉じる物語。いまは子どもでも、あと何年かすれば彼らはすっかり大人びて、彼女のもとを巣立つだろう。その予感を孕《はら》んだ構成。母と子の同志に近い関係が浮かび上がる。

読者の圧倒的な共感を得た芥川賞候補作。十朱幸代と田中邦衛の主演で公開された映画（一九八六年。根岸吉太郎監督・森田芳光脚本）も高く評価され、ブルーリボン賞ほか数々の賞に輝いた。

干刈あがた（ひかり・あがた　一九四三〜一九九二）大学中退後、コピーライターを経て、作家デビュー。離婚家庭の母子像や、全共闘世代の女性の生き方、家族の問題をテーマに多くの作品を書いた。

小春日和の青白い光が、山麓《さんろく》の村に降りそそいでいる。

『たそがれ清兵衛』（一九八三年）藤沢周平

●愛妻家だけど外では剣豪

仕事終わりの時間になるとそそくさ家路を急ぐため、同僚に「たそがれ清兵衛」と呼ばれている井口清兵衛。

仕事より家庭を大切にする武士を描いた藤沢周平『たそがれ清兵衛』は、ワークライフバランスについてちょっと考えさせる小説だ。

病妻をかかえた清兵衛は家事と介護のために早く帰っていたのだが、剣の腕を買われ、上司に上意討ち（主君の命令で罪人を討つこと）を命じられてしまう。一度帰宅し、妻の世話をしてから約束の場に来るという清兵衛。だが、待てど暮らせど彼は現れない。あせった上司は内心毒づく。〈女房の尿《しし》の始末か、ばかめ！〉

モーレツサラリーマンが多かった一九八〇年代、働きすぎの日本人を立ち止まらせる意図もあったのかもしれない。同名の短編集に収められた八編は「うらなり与右衛門」「ごますり甚内」「ど忘れ万六」など、いずれもうだつの上がらぬ下級武士が主役。彼らはしかも愛妻家だったり恐妻家だったりし、出世しそうでは全然ない。

ただ八〇年代にはまだ仕事に夢があった証拠に、彼ら冴えない下級武士たちは、じつはみな隠れた剣の達人で、ここ一番にはみごとな働きをするのである（このへんがビジネスマンに人気の所以か）。そんなわけで清兵衛も、藩主の交代を画策する筆頭家老を一撃で討ち取り、妻をしっかり療養させたいという望みをかなえる。

ラストは郊外で静養中の妻を清兵衛が訪ねる場面である。歩けるようになった妻に感動し、やさしく彼女の手をとる清兵衛。そして最後の一文。

〈小春日和の青白い光が、山麓《さんろく》の村に降りそそいでいる〉

絵に描いたようなハッピーエンド。なんだけど、時代は江戸だし、清兵衛は剣の名手である。そのわずか三〇分前、彼は道で刺客をバッサリ斬り捨てているのである。

こういう展開にいちいちつまずいていたら時代小説は読めないが、病妻を見舞う道中でひき逃げをしてきたみたいな感じである。もちろん、それが剣豪の宿命ってものなんだろうけどさ。残忍な行為を美しい光景でさっと糊塗する作家の腕も、剣豪並みだ。

表題作の舞台は藤沢周平作品ではおなじみの「海《うな》坂《さか》藩」（モデルは現山形県の庄内藩）と思われる。二〇〇二年の映画は山田洋次監督がはじめて手がけた本格時代劇として話題になった。

藤沢周平（ふじさわ・しゅうへい　一九二七〜一九九七）業界紙の編集をする傍ら創作を重ね、『暗殺の年輪』で直木賞受賞。以後、本格的な作家生活に入り、時代小説の人気作家として一時代を築いた。

享年六十七。（略）広州を出発してから一年にも満たない旅だった。

『高丘親王航海記』（一九八七年）澁澤龍彦

●天竺を目指す旅で出会ったものは

サドやバタイユの翻訳などで知られる澁澤龍彦の遺作は、東洋を舞台にした連作短編集だった。『高丘親王航海記』の書き出しは歴史書風だ。

〈唐の咸通六年、日本の暦でいえば貞観七年乙酉《きのととり》の正月二十七日、高丘親王は広州から船で天竺へ向った。ときに六十七歳。したがうものは安展に円覚、いずれも唐土にあって、つねに親王の側近に侍していた日本の僧である〉

「高岳《たかおか》」親王は平安初期の実在の人物で、父は平城天皇。政変にからんで廃太子となり、出家。空海の高弟となり、晩年は唐から天竺に旅だって行方不明になったと伝えられる。

『高丘親王航海記』は、いわば親王が消息を絶った後の物語である。とはいえ、こちらの「高丘」親王が東南アジア各地で出会うのは、幻想と区別がつかない世界である。

人の言葉を話すジュゴン（「儒艮」）。下半身鳥の美女ばかりがいる後宮（「蘭房」）。よい夢も悪い夢も食べる獏（「獏園」）。ミイラ化した遺体から生まれた秘薬（「蜜人」）。行く先々で待ち受ける摩訶不思議な者たちは、さながらボルヘスの『幻獣辞典』並みだ。加えて親王の頭には、父の寵姫だった藤原薬子の幻影が始終、浮かんでいるし。

結末も凄絶だ。旅の途中で病に倒れ、死期を悟った親王は、自ら虎に食われ、虎の腹の中で天竺にわたることを望むのである。ひとり藪の中に入った親王。翌朝の光の中で安展と円覚が見つけたものは〈モダンな親王にふさわしく、プラスチックのように薄くて軽い骨だった〉。そして小説は冒頭と同様、歴史書風に閉じられる。

〈享年六十七。ずいぶん多くの国多くの海をへめぐったような気がするが、広州を出発してから一年にも満たない旅だった〉

親王と二人の僧に美少年（美少女）の秋丸を加えた一行四人が天竺を目指すあたりは『西遊記』風。物語の型でいえば『源氏物語』などと同じ「貴種流離譚」である。でも、すべては親王の夢だった？　という読者の疑惑を、最初と最後できっちり遮る。あっぱれな幕切れだ。

本書の刊行を待たずに逝った作者。咽頭がんで闘病中だったこともあり、喉につかえた真珠で親王が病むなど、物語には澁澤自身と重なる部分もある。「享年」の二文字が目に痛い。

澁澤龍彦（しぶさわ・たつひこ　一九二八～一九八七）サドをはじめ文学史で異端視されてきた作家を好んで論評。エロティシズムやオカルティズムに関する豊穣な考察を展開し、翻訳、評論、小説と多彩に活躍した。

病室の湿った空気を、張り手のぱちんと乾いた音が裂いた。

『ガダラの豚』（一九九三年）中島らも

●タレント教授のアフリカ冒険譚

奇才というべき中島らもは抱腹絶倒のエッセイで人気だったが、『ガダラの豚』は日本推理作家協会賞を受賞した、本格的な長編エンターテインメント小説だ。

アフリカの呪術医を研究する民族学者の大生部《おおうべ》多一郎は、テレビの出演料で研究費を捻出するタレント教授。しかし、八年前のアフリカ旅行の際、七歳だった娘の志織が熱気球の事故で行方不明となり、以来、本人はアルコール依存症、妻の逸美は神経を病んであやしげな新宗教にハマりかけている。ここに大生部の助手の道満《どうまん》、スプーン曲げを得意とする超能力者の清川青年、手品師のミスター・ミラクルらがからみ、文庫本で全三冊の大スペクタクルドラマが展開する。

Ⅱが舞台をアフリカに移しての冒険小説もかくやの志織奪還記なら、Ⅲは舞台を東京に戻して繰り広げられるスプラッターに近い殺人劇だ。

超常現象のトリック暴きはテレビドラマの「ＴＲＩＣＫ」を連想させるが、書かれたのはこっちが先。オカルティズムの虚々実々、東京のテレビ局とケニアの僻遠の村という両極端な舞台設定、七歳までの記憶をなくした志織をめぐる、ケニア人の呪術師バキリと大生部一行の争奪戦。超能力が流行した一九八〇年代のテレビ番組のパロディのようだ。

もっとも最終巻のⅢは評価が割れそうだ。

東京に現れたバキリの呪術がビデオのモニター画面を通じてのりうつり、見ていた人々が次々に殺人や自殺に向かう……という展開は破壊力に満ちているものの、待っているのはどんでん返しに近いオチ。

エピローグは病院である。「愛してる？」と問う妻の逸美に「うむ、……愛しとるよ」と真っ赤になりつつ答える大生部。〈「ほんとに？」／「学者は、嘘はつかん。よく過ちをおかすだけだ」／病室の湿った空気を、張り手のぱちんと乾いた音が裂いた〉

妻が夫を叩いた音で、終わるって。大惨劇の後のむりやりめいた大団円。自ら構築してきた物語を、自ら完膚なきまでに壊すがごとし。過剰なまでのサービス精神に圧倒される。

『ガダラの豚』というタイトルは『新約聖書』の逸話（「マタイによる福音書」八章。イエスがガダラの地で悪霊に遭遇。悪霊は憑依した豚もろとも湖で溺れ死ぬ）に由来する。

中島らも（なかじま・らも　一九五二〜二〇〇四）印刷会社、広告代理店勤務を経て、小説家のみならずミュージシャン、放送作家など多方面で活躍。自身のアルコール依存症、鬱病、獄中体験をも創作に活かした。

短いが霧笛のように尾を引きながら、それが二人がこの世に残した、最後の叫びであり、絶唱であった。

『失楽園』（一九九七年）渡辺淳一

●旅と美食とセックスと

日本経済新聞朝刊の連載中（一九九五年九月〜九六年一〇月）から話題沸騰だった大ベストセラー。渡辺淳一『失楽園』は、泣く子もだまる上下二巻の不倫小説だ。

主人公の久木《くき》祥一郎は出版社の調査室に勤める五四歳。早い話が窓際族だ。娘は結婚し、四八歳の妻と二人暮らしである。ヒロインの松原凜子《りんこ》は三七歳。将来を嘱望されているらしい書道家で、夫は四〇代後半の医学部教授である。

そんな二人が恋に落ちる。人目をはばかる仲なので、鎌倉だ箱根だ日光だと二人はたびたび旅行し、美食と情事にふける。もとより旅の目的はひとつしかなく、気分は恋愛小説というよりソフトポルノ。日経読者は朝からこれを読んでいたのかと感心することしきりである。

しかも久木のやり方はいつも相当に強引で、不同意性交の嵐である。とりわけ父の通夜で実家に帰った凜子をホテルに呼び出し、「だめよ、こんなときに」「だめよ、帰らなくちゃ」と抵抗する凜子とコトに及ぶのは完全にアウトだろう。

それでも二人の仲は深まり、引き返せぬところまでいって、渋谷に密会用の部屋まで借りるのだ。

それぞれの配偶者にも二人の仲が知れ、久木の会社に怪文書が送られてくるに至って、二人は死を考えはじめる。かくして出会った翌年の秋、二人は軽井沢にいた。

交合の最中に、青酸カリを入れた高級ワインを口に含んで凜子の口に注ぎ込む久木。〈「凜子……」／「あなた……」／短いが霧笛のように尾を引きながら、それが二人がこの世に残した、最後の叫びであり、絶唱であった〉

あまり現実的とは思えぬが、これを美しいラストシーンと感じる読者もいたのだろう。この後、小説には死体検案書を事務的に記した終章がつく。そっちのラストは〈以上の所見により、ともに合意の上での心中であることは明白で、事件性はなく、解剖は不要である〉。

一応甘美な幕切れなれど、客観的に見て家族と決別したこの二人に死ぬ理由はべつにないのだ。〈二人は幸せの頂点にいた〉とかいってますけどね。江戸時代じゃないんだからさ。

映画では役所広司と黒木瞳、テレビドラマでは古谷一行と川島なお美が久木と凜子を演じた。二〇〇〇年代の、日経連載小説『愛の流刑地』でも渡辺は不倫を描いている。

渡辺淳一（わたなべ・じゅんいち　一九三三〜二〇一四）医大在学中に執筆を始め、『光と影』で直木賞受賞。医学、歴史、伝記、男女の恋愛と多岐にわたる主題を追究。エッセイ『鈍感力』は流行語大賞候補にもなった。

海外の小説篇

誰か、礼砲を打つよう、兵たちに命じてくれ。

『ハムレット』（一六〇一年？／イギリス）シェイクスピア

最後に残った、もうひとりの王子

父を毒殺し、母を奪って王位についた叔父に復讐を誓うデンマーク王子。シェイクスピア作品の中でも『ハムレット』は特に人気が高く上演回数も多い作品である。

『ハムレット』といえば思い出すのはこの台詞。

“To be, or not to be, that is the question.”

この文章の訳を問われたら「生きるべきか、死ぬべきか。それが問題だ」と答える人が多いのではあるまいか。

ところが『新訳ハムレット』（角川文庫・二〇〇三年）の訳者・河合祥一郎によると、過去に出版された四〇種類近い日本語版で「生きるべきか、死ぬべきか」と訳した本は一冊もないのだそうだ。福田恆存訳（新潮文庫・一九六七年）では〈生か、死か、それが疑問だ〉。小田島雄志訳（白水Uブックス・一九八三年）では〈このままでいいのか、いけないのか、それが問題だ〉。訳し方で解釈が変わるのだ。

解釈が変わるといえば『ハムレット』は結末も意味深だ。母が死に、策謀の主であった叔父も死に、ハムレットと剣の試合に臨んだレイアーティーズも死に、最後にハムレットも死んだ後、舞台に登場するのはノルウェーの王子・フォーティンブラスである。

〈武人にふさわしい礼を。時を得れば、世に並びなき英主ともなられた王子〉とハムレットを讃えた後、死体の山を片付けろと彼はいう。〈このような光景は、戦場ならばまだしも、ここでは、はなはだ見ぐるしい。誰か、礼砲を打つよう、兵たちに命じてくれ〉

フォーティンブラスは、ハムレットが死に際に「次のデンマーク王に」と指名した人物だ。その意味では一時代の終わりと次代の幕開けにふさわしい大団円。しかし、彼は父王をデンマークの先帝（ハムレットの父）に殺された過去を持つ。ってことは、最後に勝利したのはフォーティンブラス。この礼砲は弔砲ではなく祝砲か！

劇中に二度しか登場しない（なんだか上手くやったように見える）もうひとりの王子。非業の死をとげた王子との差をどう考えるべきか。それが問題だ。（引用元／新潮文庫・福田恆存訳）

もはやすべて語り尽くされてしまった感のある作品。ハムレット亡き後を描いた『フォーティンブラス』（リー・ブレッシング）という作品も、ちゃんとあって上演されている。

ウィリアム・シェイクスピア（一五六四〜一六一六）詩人で劇作家。二〇代の頃から劇作家兼俳優として活動し、悲劇喜劇を含め膨大な傑作戯曲を残すも四七歳で作家を引退。故郷で余生を過ごした。

（騎士道物語が）おっつけ完全に倒れるであろうことに疑問の余地はない。さようなら《バーレ》。

『ドン・キホーテ』（一六一五年／スペイン）セルバンテス

●じつは騎士道物語をコケにする文学

世界中の誰もが知っているのに、原作を読み通した人は少ない。それがセルバンテス『ドン・キホーテ』である。

前後編で岩波文庫は全六冊、ちくま文庫は全四冊。おじけづく長さである。「いつか読もう」と私たちは思い、そして「いつか」は永遠にやってこない。

とはいえ「近代小説の祖」である。頭のおかしい騎士の物語かと思いきや、主人公は騎士道物語の読みすぎで妄想癖のあるアロンソ・キハーノという五十男。自ら甲冑《かっちゅう》を着込み、ドン・キホーテ・デ・ラ・マンチャと名乗り、「島の領主にしてやる」とそそのかして雇った農夫サンチョ・パンサを従者とし、やせ馬にまたがって旅に出る。

チャンバラ映画にかぶれて自分は武士だと思った男が、チョンマゲ姿で電車に乗る。テレビの見すぎで自分は戦隊ヒーローだと思った男が、あの格好で会社に行く。それに近い。この時代のスペインに、甲冑を着た騎士などとっくにいなかった。この本は騎士道物語のパロディないしはメタフィクション（小説についての小説）なのだ。

しかも並のパロディではない。『ドン・キホーテ』という本の中でズッコケぶりを発揮し、はからずも人気者になってしまったキハーノ。前編の一〇年後に発表された後編には、前編を読んだという読者まで登場し、キハーノを翻弄したり不機嫌にさせたりする。

セルバンテスのそもそもの目的は、騎士道物語を打倒することだった。前編の好評は作家を戸惑わせたことだろう。正気に戻ったキハーノが死んだ後、テキストに登場するのは架空の作者が「わが羽根ペンよ」と語りかける後日談である。余の願望は騎士道物語の支離滅裂な話を人々が嫌悪するようしむけることだった。もう彼を墓穴から呼び戻すな。さすれば騎士道物語も〈おっつけ完全に倒れるであろうことに疑問の余地はない。さようなら《バーレ》〉。

この「さようなら」は読者ではなく羽根ペンへの決別の辞、である。最初から最後まで、人を食った小説なのだ。（引用元／岩波文庫・牛島信明訳）

風車に突進するドン・キホーテのイメージは挿絵によるところ大。訳者の牛島信明は、この小説の近代性は近代読者を必要とするという点にある、と述べている。

ミゲル・デ・セルバンテス（一五四七～一六一六）貧しい外科医の家に生まれ、正規の学校教育をほとんど受けずに育つ。彷徨や投獄等により、終生社会的地位は不安定だったが、精力的に作品を書き続けた。

こうして奥方の一生は、それはかなり短かいものだったが、ほかに類いのない貞淑の鑑としてたたえられたのである。

『クレーヴの奥方』（一六七八年／フランス）ラファイエット夫人

●姦通小説はこの一冊からはじまった

ヨーロッパ、特にフランス文学には、人妻と独身男性の恋愛を描いた「姦通小説」というジャンルがある。その源流がラファイエット夫人『クレーヴの奥方』である。

舞台は一六世紀の貴族社会。クレーヴ公の夫人であるヒロインは、皇太子妃の信頼も得ている美しく貞淑な人妻。ヌムール公は野心家の美青年で浮き名が絶えず、皇太子妃との仲も噂されていた。そんな二人が宮廷の舞踏会で出会い、互いに激しく惹かれ合う。

〈野心と恋愛とは宮廷生活の心髄のごときもので、男も女もひとしくそれに憂き身をやつしているのである〉と語り手が述べているように、フランスの宮廷風恋愛にはちょっとゲームのような面があり、文学の世界でも、中世の騎士道文学に起源をもつ、貴婦人と独身の貴公子との空想的な恋愛小説（ハーレクインみたいなもの？）が幅を利かせていた。

そんな中、『クレーヴの奥方』だけが今日まで生き残ったのは、細緻な心理描写と悲劇的な展開による。恋愛小説の歴史はここで大きく変わったのだ。

夫に問い詰められ、とうとう苦しい胸の内を明かしてしまう夫人。嫉妬のあまり心労がたたって命を落とす夫。自由の身になった夫人はさらに激しい後悔に悩まされる。

〈なぜあたくしがまだ自由だった時にあなたのことを聞き、婚約するまえにお会いしなかったのでしょう〉と恋人に向かって夫人は嘆く。〈障害なぞないのですよ。あなたが勝手に私の幸福のじゃまをしておいでなのだ〉となじるヌムール公。しかし、夫人は公の求愛を拒み、家と修道院を行き来する生活に入る。〈こうして奥方の一生は、それはかなり短かいものだったが、ほかに類いのない貞淑の鑑としてたたえられたのである〉で完。

愛し合いながらも、最後まで貞操を守ることが、姦通小説のもともとのお約束。それをキッパリ示したラストの一文。プラトニックにこだわるからこそ、面倒な恋愛になるんですけどね。（引用元／岩波文庫・生島遼一訳）

日本の姦通小説としてよく知られているのは大岡昇平『武蔵野夫人』（一九五〇年）だろう。フランス文学者の貞淑な妻・道子と従弟の勉との報われぬ愛。まさに王道の姦通小説だ。

ラファイエット夫人（一六三四〜一六九三）パリにサロンを開き、ラ・フォンテーヌ、ラ・ロシュフーコーらと親交を結んだ。フランス心理小説の始祖。

二人の姉も宮殿に住むようにはからい、それから自分と同じ日に、宮廷の立派な貴族二人と結婚させてあげたのです。

『サンドリヨン』（一六九七年／フランス）**シャルル・ペロー**

●復讐しないシンデレラ

おとぎ話の結末は意外に曖昧だ。たとえば『赤ずきん』には二つのバージョンがあり、猟師がオオカミの腹を割き、赤ずきんとおばあさんを助け出すのがグリム版。ペロー版では赤ずきんがオオカミに食べられて終わり。

ペロー版では『サンドリヨン』（一六九七年）、グリム版では『灰かぶり』（一八一二年）、英語読みでは『シンデレラ』の表題で知られる物語はどうだろう。

仙女（妖精）が魔法の力でカボチャを馬車に、野ネズミを御者の姿に変え、シンデレラ（灰かぶり）を美しく変身させて舞踏会に送りだすのはペロー版。グリム版に仙女は出てこず、シンデレラは鳩の指示で衣装をもらって舞踏会に行く。物語の序中盤はペロー版のほうがはるかに親しまれている。だが結末は？　片方だけ残されたガラスの靴（グリム版では金の靴）を頼りに王子がシンデレラを探しあて、妃に迎える。対照的なのはその前後だ。

グリム版では二人の姉が、母に渡された包丁でつま先やかかとを切り落として靴をはく。「血が靴にたまってる。靴が小さすぎるのさ」と騒ぐ鳩。しかも鳩は姉たちの目玉までつつき出してしまう。スプラッターである。

ところがペロー版は、まるで逆。〈サンドリヨンは、美しいのと同じくらいに、気だてのよい娘でしたから、二人の姉も宮殿に住むようにはからい、それから自分と同じ日に、宮廷の立派な貴族二人と結婚させてあげたのです〉

姉たちの縁談の世話をしちゃうのだ！

ペロー童話は最後に「教訓」がつく。このお話の教訓は、美しさは希少な宝物だが〈品の良さというものは、それにもまして、はかり知れぬ価値がある〉。報復を欠いたシンデレラ。彼女が姉たちに恩を売ったのは、「品の良さ」ゆえか、将来、宮廷を牛耳るための伏線か。しかし、性悪な姉たちを押しつけられた貴族こそいい迷惑。宮廷の将来が危ぶまれる。

（引用元／岩波少年文庫『ペロー童話集』天沢退二郎訳）

シンデレラの類話は世界中にあり、いずれも履き物が足に合うかどうかが重要なモチーフ。最古とされるのは中国（唐代）の『葉限』で、だとすると小さい足は纏足《てんそく》だった可能性もある。

シャルル・ペロー（一六二八〜一七〇三）主な作品は『赤ずきん』『長靴をはいた猫』『青ひげ』など。古典古代の絶対視を否定する「新旧論争」の火つけ役として知られ、アカデミー・フランセーズ会員にも選ばれた。晩年、民間伝承の昔話をまとめた『ペロー童話集』を発表。

けれども、その悲しみも美しい妻と子どもたちですぐなぐさめられました。

『眠れる森の美女』（一六九七年／フランス）シャルル・ペロー

●目覚めた後に鬼姑が待っていた

長く子どもに恵まれなかった王と王妃の間に待望の女の子が生まれる。祝いの席に仙女がやってきて次々に幸福を約束するが、ひとりの仙女が「姫は将来、糸車に刺されて死ぬだろう」と予言した。次の仙女が訂正する。「姫は死なない。百年の眠りにつくだけだ」

ペロー童話では『眠れる森の美女』、グリム童話では『いばら姫』として知られるお話である。十数年後、姫は予言通りに眠りにつき、百年後、王子が城にやってきて目覚めた姫と結婚する。ここまではペローもグリムもほぼ同じ。ところがペロー版では、この後にもうひと波瀾、嫁と姑をめぐる驚愕のドラマがつくのである。

姫が眠りから覚めた後、彼女のもとに王子は二年以上も通って娘と息子までもうけるが、彼は父母に秘密を打ち明けなかった。母である王妃が人食いの種族だったから！

父王の死後、ようやく妻子を自分の城に迎えた新国王。だが、彼の留守中、王太后は孫と嫁を食べたいといいだした。料理長はそのたびに子羊や鹿を供してごまかすが、ある晩、ウソがバレてしまう。怒った王太后がヒキガエルやヘビでいっぱいの大桶を用意し、一同を投げ込もうとした矢先、王が帰国。逆上した王太后は自ら桶に飛び込んで、食い尽くされてしまった。

で、ラスト。〈王はそれでも悲しい思いをしました。母親だったからです。けれども、その悲しみも美しい妻と子どもたちですぐなぐさめられました〉

王子の隠し子。嫁と孫に文字通り牙をむく肉食系の母。その母の自滅。スキャンダラスかつグロテスクな後日談である。というより、まったく別の物語が接ぎ木されているかのようだ。ペローが加えた「教訓」は、当節、理想の夫を百年も待つ女はいないだろうが、結婚が延期されても幸せに変わりはなく〈待つことで失うものなし〉。

しかし、相手がいかに金持ちで美男でも、婚家で待っていたのがマザコン夫と食人姑では姫も先が思いやられる。「結婚は人生の墓場」っていう教訓のほうがしっくりくる。（引用元／岩波文庫『完訳　ペロー童話集』新倉朗子訳）

今日の子ども向けのお話では後日談は削られるケースが多い。精神分析の見地から処女喪失を忌避する物語と解釈する向きもあるが、結婚後の困難も描いている点では意外に現実的かも。

シャルル・ペロー（一六二八〜一七〇三）プロフィールは173ページ参照。

一〇年にわたる新しい冒険におけるいくつかのおどろくべき事件については、またいずれ物語る機会もあろう。

『ロビンソン・クルーソー』（一七一九年／イギリス）デフォー

二七年の島暮らしの末に

　大航海時代（一六～一八世紀初頭）のイギリスは航海記や旅行記のブームだった。この形式に似せ、主人公自らが記したノンフィクションのような顔で出版されたのがダニエル・デフォー『ロビンソン・クルーソー』である。

〈一六三二年、ヨーク市の裕福な家に生まれた〉という一文で物語ははじまる。青年時代に家を飛び出し、何度も海での苦難に遭遇し、やっとブラジルの農園で成功したロビンソン・クルーソー。そんな彼がアフリカへの航海の途中で遭難し、無人島に漂着したのは一六五九年、二七歳のときだった。以来二七年間、彼は島で暮らし続けるのである。

　出たとこ勝負の狩猟採集生活から、ヤギを飼い、穀物を栽培し、土器を焼き、舟をつくる生活へ。ロビンソンの生活史はまるで人類史。蛮人の捕虜だった青年を助けてフライデーと名付けるのは島を去るたった二年前なのだ。

　では、物語の最後はどうだったか。下僕となったフライデーと協力して蛮人と戦い、捕虜を助けたロビンソン。反乱が起きたイギリス船の船長を助け、島を去る頃には、彼は手下を抱える島の支配者になっていた！　イギリス船の船長は彼を「総督」と呼ぶのである。イギリスに戻った彼はブラジルで築いた利権で巨万の富を手にするも「例の島のわたしの新植民地」のことが忘れられない。島を出るとき、彼は三人の捕虜を島に残してきたのだった。

　ラストは彼が島を訪れ、必要な物資や人材を与えてやったという逸話。そして〈以上、およびわたし自身の一〇年にわたる新しい冒険におけるいくつかのおどろくべき事件については、またいずれ物語る機会もあろう〉という自慢げな口上で物語は幕を閉じる。

　小さいながらも植民地を持つまでに成り上がったロビンソン。舞台になった島は絶海の孤島ではなく、南米大陸の北部オリノコ川の河口に近い場所。『ガリヴァー旅行記』にも影響を与えた疑似冒険記。植民地支配を是とする意外に大英帝国的な無人島の物語だ。（引用元／中公文庫・増田義郎訳）

小説のモデルになったのは一七〇四年から四年余の無人島生活を送ったアレキサンダー・セルカークといわれる。約束通り、デフォーは同じ年に第二部、翌年に第三部を発表した。

ダニエル・デフォー（一六六〇～一七三一）一〇年近く個人新聞「レビュー」を主宰するなど、ジャーナリストとして幅広く活躍。政府の非国教徒弾圧を風刺して、さらし台に立たされた逸話もある。晩年は写実的なフィクションの分野を開拓し、イギリス近代小説の先駆けとなった。

傲慢というこの愚劣な罪業の気味のある連中に、私の面前に現われることのないよう筆を擱《お》くに際して心から懇願する次第である。

『ガリヴァー旅行記』（一七二六年／イギリス） スウィフト

●人間不信になったガリヴァー

子ども向けの絵本などで誰もが知ってる『ガリヴァー旅行記』。ジョナサン・スウィフトによる原作は、政治的な風刺、皮肉、グロテスクな描写、スカトロジー趣味などが混在する、完璧に大人のための作品である。

　リリパット国（小人の国）では他国との争いに巻きこまれ、ブロブディンナグ国（巨人の国）では愛玩の対象となるガリヴァー。絵本はここで終わりだが、この先こそが旅行記の真骨頂。科学偏重のラピュータ（空飛ぶ島）と、その支配下にあるバルニバービ。魔法使いのいるグラブダブドリッブ、不死の人々が住むラグナグ、日本にも寄って帰国した後、彼が最後に赴くのはフウイヌムなる国だ。

　そこは人と家畜が逆転した国だった。支配者は理性的で高潔なフウイヌムという馬の種族。家畜化されているのは野蛮で邪悪なヤフーと呼ばれる人間（に似た生き物）。ある家で養われることになったガリヴァーは、自国イギリスに住む人間（ヤフー）の生態を主人に話すが、戦争や裁判や首相の地位について話すうち、人間への嫌悪が抑えられなくなる。

　かくてイギリスに帰った後も、ガリヴァーは人間嫌いから回復できず、妻子さえも遠ざけるのだ。最終章で表出するのも人間社会への不信である。

〈私の執筆の動機は、人類を啓蒙し教導したいという純粋で高潔な動機以外の何ものでもない〉私が発見した国をゆめゆめ植民地にしようなどともくろむでないぞ。そう釘をさした後、彼が最後に記した言葉は〈傲慢というこの愚劣な罪業の気味のある連中に、私の面前に現われることのないよう筆を擱《お》くに際して心から懇願する次第である〉。

　私の前には現れるなといい放つ。傲慢なのはガリヴァー、あんたのことだ。とはいえ作者は野心にあふれた人物で、『ガリヴァー旅行記』は政治抗争に敗れた憤怒の中で執筆された。この本自体、宮廷や政治家を風刺で攻撃する意図を持っていたのである。（引用元／岩波文庫・平井正穂訳）

宮崎駿のアニメ『天空の城ラピュタ』も、ポータルサイト「Ｙａｈｏｏ！」も『ガリヴァー旅行記』からもらった名前。デフォーとは逆に植民地主義を批判しているのがおもしろい。

ジョナサン・スウィフト（一六六七～一七四五）文人政治家W・テンプルの庇護のもと、政界への野心を燃やすも挫折し、以後は故郷ダブリンの聖職者に納まる。晩年は精神を病み、孤独のうちに生涯を閉じた。

職人たちが棺を担《かつ》いだ。聖職者は一人も随行しなかった。

『若きウェルテルの悩み』（一七七四年／ドイツ）ゲーテ

失恋の果てに彼が選んだ道は

書簡体小説は古い形式である。しかし、ゲーテ『若きウェルテルの悩み』を読むと、メールやSNS全盛の現代に、書簡体は意外に合っているかもしれないと思う。友人のウィルヘルムに「ねえ、君……」「ぼくは……」と語りかける口調。とても一八世紀の物語とは思えない。

さて、若きウェルテルが悩んでいた理由は古今東西みな同じ。恋愛である。

親戚の遺産の件で、ある町を訪れたウェルテルは、シャルロッテ（通称ロッテ）という女性にたちまち心を奪われる。しかし、彼女にはアルベルトという婚約者がいた。夢想家のウェルテルとちがい、アルベルトは理性的な大人、申し分のない人物である。傷心のウェルテルは町を出て宮廷の地方行政官の職を得るが、上司との対立などもあって退職。結婚したロッテとアルベルトの住む町に戻ったあげく、最後はピストル自殺をとげるのだ。

純愛である。悲劇である。しかし、ここまで愛されたロッテも災難だなと思うほど、ウェルテルは面倒な青年である。〈決心しました。ロッテ、ぼくは死にます〉ではじまるロッテへの遺書など、特に強烈。〈ぼくら三人のうち、誰か一人が引っ込まなければならない。ぼくがその役を買って出るんだ〉ああ、この押しつけがましいヒロイズム！

二部になると「編者」が登場、彼の最後の日々を語る。ラストはウェルテルの葬儀の場面だ。ロッテは悲しみに打ちひしがれ、アルベルトも妻をひとりにできないと欠席。〈職人たちが棺を担《かつ》いだ。聖職者は一人も随行しなかった〉

聖職者が随行しなかったのは、キリスト教会が自殺を是認していないからである。しかし、この寂しい葬式こそ、恋する青年の情熱と名誉の証し。

『ウェルテル』の終盤を彩るのは「オシアンの歌」なる、英雄と愛と死を描いた古い叙事詩である。死の前々日、これを読んでテンションを上げるウェルテルとロッテは、まるでカラオケで盛り上がる現代の若者と人妻のようだ。詩に感化されて死を選んだ青年。それにまた感化され、死を選ぶ幾多の追従者を出したというから、青春の書の感染力はおそろしい。

（引用元／新潮文庫・高橋義孝訳）

ゲーテの体験もまじった作品。悲劇は戯曲の専売特許だった時代に、小説でも悲劇が書けると証明した。高橋義孝の訳（一九五一年）がラフな口語調を選んだのは、戦後の読者を意識したせい？

ヨハン・ヴォルフガング・フォン・ゲーテ（一七四九〜一八三二）ドイツを代表する文豪であり、自然科学者としても成果をあげた。後世の芸術家、思想家に多大な影響を及ぼす。

いわば二人の結婚の媒介《なかだち》をしてくれたこの両人に対し、二人とも、終始あつい感謝の念を忘れていなかったからだ。

『自負と偏見』（一八一三年／イギリス）ジェーン・オースティン

● 一族郎党を巻きこんだ婚活大騒動

五人の娘がいるベネット家。この村に独身の資産家ビングリーが越してきた。ベネット夫人はすぐさま晩餐会（要は婚活パーティー）を手配する。長女ジェーンは母の思惑通りビングリーと急接近するが、なかなかその先に進まない。ビングリーの親友ダーシーは次女のエリザベスに近づくが、エリザベスはダーシーの高慢な態度に我慢できない。オースティン『自負と偏見』あるいは『高慢と偏見』は、イギリスの地主階級を舞台にした婚活劇だ。

〈独りもので、金があるといえば、あとはきっと細君をほしがっているにちがいない、というのが、世間一般のいわば公認真理といってもよい〉

この書き出しはたいへん有名。内容は複数の男女がスッタモンダするラブコメだが、驚くべきはその描写力。ことに才気煥発な次女エリザベスとひねくれた富豪ダーシーの恋のもつれは秀逸で、二〇〇年前の小説とは思えない。

結末はむろん娘たちの結婚である。ベネット夫人にとっては万々歳のハッピーエンドだ。ただ、一族郎党を巻きこんでいるため、関係者一同の反応と後日談を記さなければ小説は終われない。ラストは叔父と叔母への結婚報告だ。〈いわば二人の結婚の媒介《なかだち》をしてくれたこの両人に対し、二人とも、終始あつい感謝の念を忘れていなかったからだ〉

かつてエリザベスは、この叔父叔母とダーシーの邸宅を見に行ったことがあったのだった。そのときの恩義を末尾に示すことで、事態はようやく一件落着となる。

階級や家格や財産がいちいち恋愛に影をおとす。家族や親戚はしゃしゃり出てくる。地主階級の女性は玉の輿にのる以外生きる道がなかったとはいえ、なかなか面倒くさい。ちなみにオースティンがこの小説を執筆したのは二〇〜二一歳のときだった（出版されたのは一七年後）。ツンデレのダーシーには恋に恋する作者の趣味が投影されているのかもしれない。

（引用元／新潮文庫・中野好夫訳）

サマセット・モームは「世界の十大小説」の一冊にこれを入れ、冒頭近くのベネット夫妻の会話を夏目漱石は『文学論』で激賞した。いわばイギリス版の『細雪』である。

ジェーン・オースティン（一七七五〜一八一七）牧師の家に生まれ、一〇代で創作を始める。田舎の中流社会に生きる女性たちの生活を題材とした。心理写実主義の先駆者と評される。

そうしてやがて波に運ばれ、はるかなる闇のなかへと消えていってしまいました。

『フランケンシュタイン』（一八一八年／イギリス）メアリ・シェリー

科学者が生んだ怪物の暴走と悔恨

名前だけは知っていても、それが誰だか知ってます？　メアリ・シェリー『フランケンシュタイン』の主人公は若き科学者ヴィクター・フランケンシュタインだ。フランケンシュタインは怪物の名前じゃないのである。

生命の秘密にとりつかれたヴィクターは、死体から材料を集めて人造人間をつくることに成功するが、それが醜悪な怪物だったことにショックを受けて逃げ出してしまう。

一方、ヴィクターの部屋を出た怪物は、その容姿ゆえに各所で人々のひどい仕打ちにあうも、ある村の小屋に住み、隣家の日常会話や娘の勉強風景を盗み見ることで、言葉を学び、ひとかどの知識と教養を身につけるのである。やがて再会した創造者と怪物。ヴィクターは望み通り伴侶となる女の怪物をつくると一度は約束するが……。

単純なホラーとはいえない複雑な筋と構成。自ら生み出した怪物に怯《おび》えるヴィクターが科学者の風上にも置けぬ無責任で気弱な青年なら、孤立し、復讐に燃えて暴走する怪物は差別と偏見に苦しむ異形の者だ。

結末の舞台は、じつは冒頭にも登場していた北極圏だ。怪物を追って北極圏まで来たヴィクターを流氷の上から救出したウォルトンなる人物が二人の最後を語るのだ。

自分が死んだら代わりにあの怪物を殺してくれ。そういい残してヴィクターが息を引きとった後、ウォルトンの前に現れた怪物は、自らの苦悩と悔恨をこんこんと訴え、「おれは死ぬ」と宣言する。「おれを世におくりだした男は死んだ。これで自分がいなくなれば、われわれふたりの記憶さえすみやかに消えてゆくだろう」さらばだ！

〈そう言うと彼は船室の窓から身をおどらせ、船のすぐそばに浮かぶ氷の塊におりたちました。そうしてやがて波に運ばれ、はるかなる闇のなかへと消えていってしまいました〉

科学者はいまもときどき途方もない怪物を生み出す。さて現代の怪物の末路は。（引用元／創元推理文庫・森下弓子訳）

メアリが本書を出版したのは二〇歳のときだった。多様な読み方ができる小説。気になる方は廣野由美子『批評理論入門「フランケンシュタイン」解剖講義』を参照されたい。

メアリ・シェリー（一七九七〜一八五一）父は政治思想家のW・ゴドウィン、母はフェミニズムの先駆者M・ウルストンクラフト。詩人のP・B・シェリーと結婚、その文学仲間との交流の中で本作を執筆する。夫の急死後は職業作家として旺盛な創作活動を展開した。

けれども、ジュリアンの死後三日目に、夫人は自分の子供たちを抱きながらこの世を去った。

『赤と黒』（一八三〇年／フランス）スタンダール

すすんで自分の命を縮めようなどとはけっしてしなかった。けれども、ジュリアンの死後三日目に、夫人は自分の子供たちを抱きながらこの世を去った〉。

え、死んじゃうの？　なんでなんで？　仕方がないので小説の冒頭に戻ると、こんな光景が……。

〈ヴェリエールの小さな町はフランシュ－コンテのもっとも美しい町の一つにかぞえることができる。赤瓦の、とがった屋根の白い家々が丘の斜面にひろがっていて、そこへ勢いよく成長した栗の木の茂みが、丘のごくわずかな起伏までもくっきり描き出している〉

まるでジュリアンが眠る洞窟から見た光景だ。最初から悲劇は約束されていたのである。野心家の青年を文学至上最強のアイドルに変えたのは二人の女性だった。ラスト二ページのマジックである。（引用元／岩波文庫・桑原武夫、生島遼一訳）

実際の事件に取材した作品。表題が出世コースの軍人（赤）と聖職者（黒）の衣服に由来するという説は怪しいようだ。

スタンダール（一七八三～一八四二）ナポレオンのイタリア遠征軍に参加してミラノに入城して以降、ロマン主義に共鳴。バルザックと共にフランスの近代小説の先駆者とされる。街頭において脳卒中で倒れたまま死去。

●ラスト二ページの衝撃

ジュリアン・ソレルは世界文学史上、もっとも有名な人物のひとりである。彼はスタンダール『赤と黒』の主人公だ。美貌に恵まれた秀才だが、貧しい平民の家に生まれたがゆえに、出世のためなら何でもするという青年。一八歳で家庭教師として雇われたレナール氏（ヴェリエールという小さな町の町長である）の妻に接近して恋仲になったのも、レナール家を出た後、パリで侯爵令嬢のマチルドと恋の駆け引きを演じるのも、もともとは出世のためだった。

個人の階級闘争劇。といっても、そこは二〇歳そこそこの若者だ。すべて思惑通りに行くはずもなく、マチルドとの結婚にこぎつけ、晴れて貴族階級の一員になれるかと思われた寸前、レナール夫人に銃を向け、夫人は命をとりとめるも、彼は死刑を宣告されて断頭台に送られるのだ。

注意すべきはしかし、小説が彼の死では終わらない点だろう。ジュリアンが自らの墓に指定したのは、最初の恋人だったレナール夫人とすごしたヴェリエールが一望できる洞窟だった。その希望をかなえるべく、マチルドは、斬り落とされたジュリアンの生首にキスするという衝撃的なやり方で彼を弔う。その一方で〈レナール夫人は約束を忠実にまもった。

《社会》にたいする最初の挑戦的行為として、ラスティニャックはニュシンゲン夫人の屋敷へ晩餐をとりに出かけた。

『ゴリオ爺さん』（一八三五年／フランス）　バルザック

上流を目指す青年と下流に転落した老人

物語は一八一九年のパリの下宿屋からはじまる。住人のウージェーヌ・ド・ラスティニャックは二二歳。田舎から出てきた法科の学生で、漠然と出世を夢見ている。一方、ゴリオ爺さんは六九歳。昔は裕福なパスタ屋（製麺業者）だったが、引退してここに越してきた。バルザック『ゴリオ爺さん』は、この二人を核にした激辛の人間ドラマだ。

上の娘（アナスタジー）は伯爵のレストーと、下の娘（デルフィーヌ）は銀行家のニュシンゲンと結婚したゴリオの老後は、予想に反して悲惨だった。彼は二人の娘に全財産を持参金として半分ずつ渡しており、結婚後も娘たちを助けて、最後は無一文になってしまうのだ。他方、ラスティニャックは、社交界のつてを探してゴリオの娘たちに接近。同じ下宿の住人に「弁護士として働くより、金持ちの女をたらしこむほうが手っ取り早く出世できるぜ」と吹き込まれ、ニュシンゲン夫人の歓心を買うことに成功する。

娘たちにたかられて「下流老人」になった親バカなゴリオ。出世を期しながらも、悪人になりきれぬラスティニャック。

事態が一変するのはラストである。医学生の友人と二人、死の床で苦しむゴリオを看病しつつ、ラスティニャックは父親に会いにくるよう何度も娘たちを説得するが、彼女らの関心は父親にはなく、借金をしてゴリオの葬式を出したのもラスティニャックだった。墓地からパリの街を見下ろして彼は誓う。「さあ今度は、おれとお前の勝負だ！」〈そして《社会》にたいする最初の挑戦的行為として、ラスティニャックはニュシンゲン夫人の屋敷へ晩餐をとりに出かけた〉

青年の野心が悪意に変わった瞬間である。

虚飾と偽善に満ちた社会への復讐を誓った彼は、何らかの決意を胸にニュシンゲン家に向かうのである。ラスティニャックはジュリアン・ソレル（『赤と黒』）と似たタイプだが、彼のほうが現実肌だ。舞踏会にうつつをぬかす娘たちと極貧の中で死んだ父。その間を行き来してたら、そりゃ復讐を誓いたくもなるさ。（引用元／新潮文庫・平岡篤頼訳）

「人間喜劇」と題された長大なシリーズの中の一冊。経済格差が非常に激しかった時代のパリを描いており、トマ・ピケティ『21世紀の資本』でも言及されて話題になった。

オノレ・ド・バルザック（一七九九～一八五〇）文学を志す一方、さまざまな事業を手がけて失敗し、莫大な負債を背負って創作活動に復帰。約二〇〇〇人の人物が登場する九一編の小説からなる『人間喜劇』で一九世紀前半のフランス社会を活写、リアリズム文学の代表的存在となった。

涙をこぼすたびごとに、神さまのおためしになる時が、一日ずつのびていくのです。

『人魚の姫』（一八三七年／デンマーク）アンデルセン

ストーカー娘の悲しい末路

海の底の城に住む人魚の王さまには六人の娘がいた。娘たちは一五歳になると海面に浮かび上がって人間の世界を見ることが許された。一五歳になった末娘は、人間の王子の船上での誕生パーティーを見る。やがて嵐で海に落ちた王子を姫は助けるが、その日から彼女は王子が忘れられなくなる。アンデルセンの最高傑作といわれる『人魚の姫』は童話にしては長く、しかも現代的な物語である。

陸で暮らしたいと願い、人間になれる薬を魔法使いにもらった姫は、かわりに声を失い、歩くたびに足に激痛が走るという試練を与えられるのだ。しかも王子は姫を城に住まわせて愛玩するも、別の女と結婚してしまう。

人魚でいれば三〇〇年の生を約束されていたのに、海を捨てたばっかりに破滅への道を突き進む姫は、まるで都会で夢破れた田舎娘のよう。だが彼女には最後のチャンスが与えられる。「このナイフで王子を殺せば人魚に戻れる」妹を思う姉たちの秘策だった。

結局、姫は王子を殺さず、彼女が海の泡と消えたのはご存じの通り。都会のバカな男に憧れた報いというか、ストーカー的に王子を追いかけた娘の末路というか。

物語はしかし、ここで終わらなかった。〈そのとき、お日さまが海からのぼり〉、人魚姫は自分が天にのぼっていくのを感じる。彼女を取り巻くのは「空気の娘たち」だった。あと三〇〇年よい行いをすれば、あなたも神の国に入れる。よい子を見れば三〇〇年は一年ずつ減るだろう。が、よくない子を見ると〈涙をこぼすたびごとに、神さまのおためしになる時が、一日ずつのびていくのです〉。

地上の試練に耐えたことが評価され、空気の精になれた人魚姫。宗教的な訓話でごまかされたような気はするものの、不幸で終わらせない点がアンデルセンが愛されてきた理由だろう。あのトンチキな王子を罰してやれよ、と思うのは勧善懲悪のおとぎ話に毒されているせいかもね。（引用元／新潮文庫『人魚の姫　アンデルセン童話集　Ⅰ』矢崎源九郎訳）

女性への求愛を拒絶され続けたアンデルセン。人魚姫のストーカー的性格には自身が投影されている可能性も。王子にとがめがない点をとっても、アンデルセン童話は近代文学なのだ。

ハンス・クリスチャン・アンデルセン（一八〇五〜一八七五）一五〇以上の童話や物語を残し、今なお読み継がれる。グリム兄弟のような口承文学からの影響は少なく、創作童話が多い。

神さまがわたしたちすべてに祝福を与えてくださいますように！

『クリスマス・キャロル』（一八四三年／イギリス）ディケンズ

●亡霊の薬が効きすぎた？

クリスマス・イブの日、ケチで強欲で冷酷な初老の男・スクルージのもとに、七年前に死んだ共同経営者マーレイの亡霊が現れる。ディケンズ『クリスマス・キャロル』は〈まず第一に、マーレイは死んでいた〉という不吉な言葉ではじまる怪談めいたお話だ。

この後の展開は有名である。マーレイの予言通り、この夜、スクルージのもとに三人の精霊が現れて、彼の過去、現在、未来を見せるのだ。スクルージを震撼させたのは誰も悲しまない自分の孤独な死（未来）だったが、それ以上に強い印象を残すのは「現在」である。

そこはスクルージが安月給で雇っているボッブの家。食卓を囲んでクリスマスを祝う一家。足の悪いティムを指して「あの子は生きのびられるだろうか」と問うスクルージに、「子供は死ぬ」と精霊はいう。「死にそうなら、死んだらいい。そうすれば、余分な人口が減る」それは昼間、スクルージが口にした台詞だった。さらに貧しい子どもたちの幻を見たスクルージは「この者たちが避難する所、頼りにする所はないのでしょうか？」と問う。「監獄があるんじゃないかな？」「救貧院があるんじゃなかったかね？」それもスクルージの台詞だった。

キリスト教的な博愛精神を説いているようにも見える『クリスマス・キャロル』。しかし、あらためて読むと、この小説の宗教色は意外なほどに薄い。産業革命を経てもなお貧富の差が大きかった一九世紀のイギリス。ケチで冷酷なスクルージとは、拝金主義がはびこる当時のイギリスの政治そのものとも解釈できる。

心をいれかえたスクルージは急にいい人になって、ボッブの給料を上げるといいだし、ティムのために心を砕き、あまつさえ〈クリスマスを祝うことを知っている人がいるとしたら、それこそあの人だ〉とまでいわれるようになる。まるでサンタクロースの誕生秘話。

〈神さまがわたしたちすべてに祝福を与えてくださいますように！〉はしゃぎすぎるスクルージ。そ、そこまで変わらんでも……と思わせる、これはこれで逆に不気味な結末ではある。（引用元／集英社文庫・中川敏訳）

この本が出版された年から五年間、ディケンズは毎年一冊ずつ、クリスマスの物語を書き続けた。つまり作家自身がサンタクロースになってしまったわけである。

チャールズ・ディケンズ（一八一二～一八七〇）貧しい家庭に育ち、幼くして働きに出るも、長じて国民的作家に。特に救貧院で育った少年を描いた『オリバー・ツイスト』は社会的に大きな影響を与えた。

少女が（略）おばあさんといっしょに新しい年をお祝いしに行ったことまでは、だれも知らなかった。

『マッチ売りの少女』（一八四五年／デンマーク）アンデルセン

擦ると、まばゆい光に包まれたおばあさんが現れた。翌朝、人々は凍え死んだ少女の姿を見る。

手にはマッチの燃えかす。「この子は自分をあたためようとしたんだ」と人々は口々にいいあうが、〈でも、少女がこのマッチでどんなにきれいなものを見たかということ、それに、おばあさんといっしょに新しい年をお祝いしに行ったことまでは、だれも知らなかった〉。

少女が見た幻覚は、今日の感覚だと、臨死体験にきわめて近い。「死こそ幸福」というキリスト教的救済と「死しか救いはない」という絶望は紙一重。その向こうには、裸足の少女を助けてやらなかった都市住民の残酷な一面が横たわる。靴を失った時点で市民社会からの排除を宣告された少女。靴の力で幸せを得たシンデレラとは対照的だ。（引用元／文春文庫『アンデルセン童話集　下』荒俣宏訳）

少女の不幸は、母が登場しない点（死別？　離別？）に象徴されているように思われる。雲にのった阿弥陀如来が往生者を迎えにくる、浄土教の来迎図なども連想させるラストシーンだ。

ハンス・クリスチャン・アンデルセン（一八〇五〜一八七五）プロフィールは182ページ参照。

●少女を救わなかった市民社会

昔話（口承文学）に取材したペローやグリムとちがい、アンデルセン童話のほとんどは完全な創作である。『みにくいアヒルの子』は貧しい靴職人の子に生まれ、苦労の末に成功した作者の人生を反映した物語といわれるし、近代の矛盾を描いた作品も多い。

『マッチ売りの少女』の舞台も近代の都市である。

雪が降りしきる大晦日の夜、ひとりの少女が裸足で歩いていた。木靴は馬車をよけようとして脱げ、片方は見つからず片方は持ち去られてしまった。マッチはまったく売れず、このまま帰ったら父にぶたれる。指をあたためようとマッチを擦ると、ストーブが現れて消えた。また擦ると、ごちそうがのったテーブルが現れて消えた。次にクリスマスツリーが現れて消えるが、そのとき流れ星が落ちる。

流れ星が落ちるとき、魂がひとつ消えると祖母に聞いていた少女はいった。「いま、だれかが死んだわ」

読者である当時の中産階級の子どもに、このお話は強烈な印象を残しただろう。他のおとぎ話とはちがい、ここには市民の介入によって少女が救われる余地があるからだ。

そして、悲劇にわずかな光明を与える結末。次のマッチを

こんな静かな大地の下に休む人の眠りが安らかでないかもしれないなどと、誰が考えつくだろう、と思うのだった。

『嵐が丘』（一八四七年／イギリス）エミリー・ブロンテ

復讐の果てに待っていたものは

嵐が丘（ワザリング・ハイツ）とは丘の名ではなく屋敷の名前。嵐荘か暴風亭か。その名にふさわしく、エミリー・ブロンテ『嵐が丘』は文学史上最強の復讐劇だ。

嵐が丘に住むアーンショー家。ヒンドリーとキャサリンという兄妹がいるこの家に、ある日、父が孤児のヒースクリフを連れ帰った。以来、ヒースクリフを虐待するヒンドリー。ヒースクリフと愛し合っていたはずが、隣家リントン家の息子エドガーと結婚するキャサリン。キャサリンの心変わりを知って家を出たヒースクリフは、三年後、資産家となって嵐が丘に戻り、彼らを支配する側にまわるのだ。

『嵐が丘』は特異な構造の小説である。語り手の「ぼく」ことロックウッドは家の借り手としてヒースクリフと会い、その奇異な雰囲気に驚いて、彼らを間近に見てきた家政婦のネリーから一家の過去を聞くのである。

アーンショー家とリントン家の愛憎劇は次の世代に引き継がれるが、彼らの娘や息子は新しい関係を築こうとしていた。ヒースクリフは毒づく。〈つまらん結末じゃないか〉〈あれほど猛烈に励んだ末にこんな馬鹿げた終局とは〉結局ヒースクリフは失意のうちに絶命する。

話を聞き終わった「ぼく」がヒースクリフの墓を訪ねるところで、小説は終わる。キャサリンとその夫のエドガーとヒースクリフの墓。三つ並んだ墓のまわりを彼は歩く。

〈穏やかな空のもと、ぼくは墓のまわりを歩きながら、ヒースや釣鐘草の間を飛ぶ蛾を眺め、草にそよ吹くかすかな風に耳をすませた。そして、こんな静かな大地の下に休む人の眠りが安らかでないかもしれないなどと、誰が考えつくだろう、と思うのだった〉映像作品だったらきれいな音楽とともにエンドロールが流れそうな場面である。

とはいえ「ぼく」の予想通り、死んだばかりのヒースクリフの魂はまだ鎮まっていまい。穏やかな空とそよ風で終わるのが、かえって不気味だ。（引用元／岩波文庫・河島弘美訳）

ヒースクリフの容貌と彼が港町リヴァプールで拾われた経緯から、彼を有色人種とする見方もあり、すると彼に対する仕打ちには人種差別的ニュアンスが、復讐劇には反帝国主義的な意味が加わる。二〇一一年製作の映画では黒人俳優がヒースクリフを演じた。

エミリー・ブロンテ（一八一八～一八四八）ブロンテ姉妹の次女。姉シャーロットの『ジェーン・エア』が大ヒットしたのを機に『嵐が丘』も出版されたが注目されず、没後にやっと作品評価が高まった。三〇歳で夭折。

「アーメン、主イエスよ、来てください」と『ジェイン・エア』（一八四七年／イギリス）シャーロット・ブロンテ

●**ジェットコースターみたいな女性の人生**

「かわいそうな物語」のような気がしていたが、ン十年ぶりに新訳で読み直したシャーロット・ブロンテ『ジェイン・エア』はジェットコースターみたいな物語だった。

幼くして両親を亡くし、孤児となったジェイン・エアは、伯父の家に引き取られ、伯父亡き後は義伯母に虐待されて育ったが、いつかはここを出ると誓っていた。念願かなって寄宿制の養育院で生徒として六年、教師として二年をすごした後、さる邸宅に住み込みの家庭教師として雇われた彼女は、ここで大きな幸福を得る。当主のロチェスターと互いに惹かれ合い、婚約にまでこぎ着けたのだ。

しかし、事態は急転直下、結婚式の最中、あらぬ事実が発覚する。ロチェスターは邸宅内に心を病んだ妻を幽閉していたのである。天国から地獄へ真っ逆さま。

後半は別の男性とのお話である。

失意のうちに邸宅を出たジェインは、放浪の末、牧師のセント・ジョンに助けられ、村の学校の教師となる。ここで再び運気上昇。セント・ジョンはジェインの従兄で、しかもジェインには叔父が遺した財産が転がり込む。

ところが彼女は結婚して一緒にインドに行こうというセント・ジョンとの未来を捨て、ロチェスターのもとに向かうのだ。彼の館は妻の放火で焼失し、妻は死亡、ロチェスターは失明していた。そして二人は結婚する。

最終章。ロチェスターは視力を回復、二人は幸せな結婚生活を送っていた。一方、インドに渡ったセント・ジョンはいまも独身。不治の病の床にあるらしい。なんてかわいそうな元カレ。ラストは聖書（ヨハネの黙示録）を引用したセント・ジョンの言葉である。〈「然り、わたしはすぐに来る」、そしてわたしは、熱意をもってそれに答えます――「アーメン、主イエスよ、来てください」と〉

前途有望な青年ではなく、二〇歳も年上の男との困難な結婚を選び、最終的には幸福をつかんだジェイン。最終盤で、ロチェスターの妻も、セント・ジョンも亡き者にされるのは、ハッピーエンドのための保険だろう。夫の元妻や自分の元カレが生きていたら、寝覚めがよくないですからね。（引用元／岩波文庫・河島弘美訳）

当初はカラー・ベルという男性名で出版された作品。作者はブロンテ三姉妹の長女。発表当時から、社会通念に反逆し、自由恋愛を貫いた画期的な女性の物語として話題になったそうだ。

シャーロット・ブロンテ（一八一六～一八五五）妹のエミリーとアンと〝ブロンテ三姉妹〟で共同の『詩集』を発表。姉妹それぞれが小説を執筆した。三八歳で夭折。

「あいつは（略）生涯にたった一人の女しか想わないだろうってさ」

『愛の妖精』（一八四八年／フランス）ジョルジュ・サンド

野生の少女の変身と貢献

『愛の妖精』はショパンの恋人だったジョルジュ・サンドの代表作だ。

舞台は一八世紀末のフランスの農村。シルヴィネとランドリーは仲のよい双子の兄弟で、特に兄のシルヴィネは、弟が別のだれかと親しくするのも嫌うほど弟を愛していた。

この兄弟を翻弄する少女がファデットだ。やせて色黒でお転婆で口が悪い彼女は「こおろぎ」と呼ばれる野生児だった。その彼女が、後半みごとに変身するのである。

ファデットがランドリーを助けてやったのを機に親しくなった二人。急激に美しくなるファデット。そんな彼女にますます夢中になるランドリー。おもしろくないのが兄のシルヴィネだ。病弱なシルヴィネは、二人の結婚話が進むにつれて不機嫌になり、とうとう病気になってしまう。

弟が好きすぎて、嫉妬のあまり寝込む兄。なんとも奇妙な三角関係だけれども、この関係の解消に尽力したのもファデットだった。「根性曲がりの意気地なし。あんたの病気がたいした病気じゃないことくらい、わかってるわ」ファデットにズバリ指摘されたシルヴィネは泣いて謝り、やがてファデットを姉のように慕うようになる。

おとぎ話だったら、ここで「めでたしめでたし」となるところ。が、物語はその後、意外な結末を用意する。病弱だったシルヴィネが突然キャラ変して軍隊に志願し、あまつさえ大尉にまで出世するのだ。

ラストは兄弟の父母、バルボー夫妻の会話である。シルヴィネはなぜ兵隊などに志願したのかといぶかる父に母はいう。「ファデットの薬が効きすぎちまったんですよ」「そうだとすると」と父はいう。あいつは一生嫁をもらわないだろう。「あいつはとても情の深い、のぼせやすい性だから、生涯にたった一人の女しか想わないだろうってさ」

今度は弟の妻が好きすぎて、家を出た兄。ってことは、結局ふつーの三角関係？　ファデット、なかなかのやり手である。というよりファデットは、もともとは共同体から排除された、差別される存在だった。そんな彼女が双子の兄弟の甘ったれた根性をたたき直すのがこの物語の骨子。兄の変身はむしろ成長の証なのだ。（引用元／岩波文庫・宮崎嶺雄訳）

後半はラブストーリー風だが、前半のファデットはワイルドで、ジェンダー規範を大きく逸脱している。ジョルジュ・サンドは男装の麗人として知られ、多くの男性と浮き名を流した。

ジョルジュ・サンド（一八〇四〜一八七六）詩人のミュッセや音楽家のショパンら多くの男性と恋愛関係をもった。マルクスら政治思想家とも親交を結び、フェミニストの草分けでもあった。

「黒地ニ赤キAノ文字」

『緋文字』（一八五〇年／アメリカ）ホーソーン

●密通相手の子を産んだ女の決意

かつて不義密通は大罪だった。ヨーロッパでも、敗戦直後まで姦通罪が生きていた日本でも。ピューリタニズムが支配する社会では、その規範はより厳しい。ホーソーン『緋文字』はそんなアメリカ史の負の一面を鋭く描き出した長編小説だ。

税関の二階でAという形の赤い布と謎の文書を発見した税関吏の「私」。そこには忌まわしい出来事が綴られていた……というところから、物語ははじまる。

舞台は一七世紀半ばのボストン。ひとりの女が獄舎から引き出され、広場の「さらし台」に立たされていた。彼女の名はヘスター・プリン。赤ん坊を抱き、衣装の胸には赤いAの文字が縫い付けられていた。Aは不義の子を産んだ罪の印。相手の男は誰かと問い詰められた彼女はしかし、断固としていい放つのだ。「絶対に言いません！」

人妻の身で他の男と関係したヘスター。生まれた娘はパールと名付けられ、妖精のような子どもに育つ。ここにヘスターの夫で老医師のロジャー・チリングワース、高潔な若い牧師アーサー・ディムズデールらがからみ、物語は心理劇の様相を帯びる。ある人物は復讐に燃え、ある人物は良心の呵《か》責《しゃく》に耐えかねて衰弱し……。

さて、ヘスターが関係した相手は誰か！

おぞましい物語の背景には「セイラム魔女裁判」（作者ホーソーンの先祖が判事としてかかわった）に代表される集団的暴走への告発が含まれている。

ラストで描かれるのはヘスターの毅然とした姿、そして彼女が葬られた墓の描写だ。

〈この物語はなるほど暗いけれども、たえず燃えさかる、影よりもなお暗い一点の光によってのみきわだち、かつ救われているのである――。／「黒地ニ赤キAノ文字」〉

緋文字ではじまり緋文字で終わる構成。この小説のポイントは、ヘスターにとって緋文字が、本来の役割を果たさなかったことである。嘲笑と軽蔑の対象だった烙印は、試練を強さに変えた彼女の力で意味を失ってしまうのである。ラストに登場するAはまるで戦に勝った戦士の勲章のようだ。（引用元／岩波文庫・八木敏雄訳）

セイラム魔女裁判とは、一七世紀末、二〇〇人近くが裁判にかけられ、二十数名が処刑または獄死した事件。緋文字の「A」は「不義密通」を意味する「Adultery」のイニシャルだ。

ナサニエル・ホーソーン（一八〇四～一八六四）祖先が宗教迫害や魔女裁判に関与した過去などもあり、善悪や良心の問題を取り上げた作品が多い。一時、イギリスのリヴァプール領事を務めた。

しかし、船は、見知らぬ孤児を拾い上げたのである。

『白鯨』（一八五一年／アメリカ）メルヴィル

●鯨学が延々と続く理由は何？

「『白鯨』って読んだことある？」ときくと、みな「そりゃあるよ」と答える。

しかし、もし「巨大な白い鯨と戦って片足を失ったエイハブ船長が復讐に燃える海洋冒険譚」という記憶しかないなら、それはグレゴリー・ペック主演の映画（一九五六年）を見たか、子どもむけのダイジェスト版を読んだだけの人である。

などとエラそうにいってるが、じつは私もそうだった。千石英世の新訳（二〇〇〇年）が出たとき、はじめて上下二巻を通読し、わが身の不明を恥じました。

メルヴィル『白鯨』は、未読の人が思っているのとはだいぶ異なる小説だ。

鯨の語源や名文抄の後、〈イシュメール、これをおれの名としておこう〉（Call me Ishmael.）という一文で物語ははじまるが、序盤はまるで語り手のイシュメールと乗組員仲間クイークェグとの恋愛小説。捕鯨船ピークオッド号が航海に出てからの軌跡の間を埋めるのは、歴史、哲学、科学、芸術……博覧強記な鯨と捕鯨のウンチクである。

船長エイハブが白鯨モービィ・ディックとめぐり合い、死闘を繰り広げるのは小説の最後の最後になってから。あげくピークオッド号は乗組員もろとも海の藻くずと消える。

二日の漂流の末、イシュメールは別の船に救助される。この船の船長の息子が遭難した際、エイハブが救助を断った船だった。〈（船は）失った子らを捜し求めてさすらい、そして引き返してきたところだったのだ。しかし、船は、見知らぬ孤児を拾い上げたのである〉

孤児のように、ただひとり生き残ったイシュメール。そして話は冒頭に戻り、彼は語り部となって現れる。

Call me Ishmael.

はたして『白鯨』が鯨に異様な関心を寄せるのはなぜなのか。理由はラストから類推できる。親友あるいは恋人のクイークェグを失い「孤児」となった悲しみが、イシュメールを鯨学に向かわせたのではなかったか。なぜって鯨は恋人の思い出に直結するからだ。そう思うと、いっけん退屈な鯨学の部分まで切なく感じる。ゲイ文学の傑作に認定したい。（引用元／講談社文芸文庫・千石英世訳）

船の名のピークオッドは白人に虐殺された先住民の部族の名前。白い巨鯨（レヴァイヤサン）は巨大な白人国家アメリカを連想させる。政治的な含みをもった不思議な長編小説だ。

ハーマン・メルヴィル（一八一九～一八九一）捕鯨船に乗りこむなどした後、文筆を志す。生前、作品が評価されることはなかったが、現在ではアメリカ文学を代表する作家として知られる。

彼は近ごろ名誉勲章をもらった。

『ボヴァリー夫人』（一八五七年／フランス）フローベール

恋愛病と贅沢病に憑かれた女の悲喜劇

姦通小説は数あれど、フランス文学史に燦然と輝くフローベール『ボヴァリー夫人』はその筋の最高傑作だろう。というよりも、姦通小説を換骨奪胎した批評的作品というべきかもしれない。なにしろヒロインのエンマをはじめ、登場人物が俗物ばかりときているのだ。

医師のシャルル・ボヴァリーと結婚したエンマは、修道院で育った夢見がちな女性。小説や物語に描かれたロマンチックな空想にひたっている。結婚したのも、実家での退屈な暮らしにうんざりしていたからだった。しかし、田舎での結婚生活はロマンチックな物語とはほど遠い。「ああ、なぜ結婚なんかしたんだろう」

ある日、侯爵家の舞踏会に招かれ、上流の暮らしを垣間見たことから彼女の都会への憧れはますます募る。パリの地図を買い、流行のファッションや芝居、競馬、夜会などの情報を読みあさり……。エンマの行状は、地元を出たいと考える現代の女性とまったく同じだ。

こういう人の周りには、危険な誘惑が渦巻くのである。

家事もしなくなった妻を心配した夫のシャルルは、夫婦で転居し、子どもも生まれるが、やがてエンマは不倫の恋に生きる価値を見いだすようになる。公証人の書記レオンと、あるいは資産家のロドルフと。「私には恋人がある！　恋人がある」と繰り返すエンマ。しかし、肝心のロドルフは彼女と駆け落ちする気などなかった。他方、シャルルは薬剤師のオメーにそそのかされるわ、エンマは贅沢に走るわで、ボヴァリー家の借金はかさみ、エンマはついにレオンやロドルフに金を貸してと頼むまでに落ちぶれてしまう。

結局、エンマは絶望してオメーの薬局で手に入れた砒素《ひそ》を飲み、エンマの死後に妻の不貞を知ったシャルルもショック死する。なんとも救いようのない悲喜劇。ラストは、薬局の主人の動向だ。〈オメー氏は物すごいほどの顧客をつくっている。当局も彼には一目おき、世論も彼を擁護している。／彼は近ごろ名誉勲章をもらった〉

恋愛病に冒されたエンマとマヌケな夫をあざ笑うようなラスト。少し三面記事風だ。（引用元／岩波文庫・伊吹武彦訳）

作者が「ボヴァリー夫人は私だ」と述べたのは有名な話。姦通小説のパロディといってもいい作品だが、発表当時からベストセラーとなり、読者の間でも賛否両論が渦巻いたという。

ギュスターヴ・フローベール（一八二一〜一八八〇）法律を学ぶも神経疾患の持病により文学に専念。小説における写実主義を確立した。晩年は旧友の甥・モーパッサンを熱心に指導した。

お妃は、いやおうなしに、まっかに焼けた靴をはかされ、踊りに踊りつづけさせられ、とうとうたおれて、死んでしまいました。

『白雪姫』（一八五七年／ドイツ）**グリム兄弟**

●元祖「美魔女」に与えられた運命は……

グリム童話の『白雪姫』はいわずと知れた元祖「美魔女」の物語である。

実母が没し、父王の後妻となった継母は美貌自慢。「かがみよ　かがみ　壁のかがみ／国じゅうで　だれがいちばん美しい？」と問う妃に鏡は答える。「お妃さま、国じゅうであなたがいちばん美しい」ところが白雪姫が七歳になると、鏡はいった。「けれど　白雪姫は　千倍も美しい」妃は、狩人に白雪姫を殺し肺と肝臓を持ち帰るよう命じる。

昔話によくある児童虐待物語の一種ともいえるが、継母がここまで美にこだわるのは珍しい。たった七歳の義娘に嫉妬して殺せと命じるのも異常だし、狩人が差し出したイノシシの内臓を娘の肺と肝臓と思って食べるのも、カニバリズムというより美への執念を感じさせる。

一方、白雪姫の側に立つと、美貌などは何の役にも立たないことがわかる。なまじ美しかったおかげで、身近な年上の女の嫉妬は買うわ、何度も殺されかけるわ。最初は継母が売りにきた飾り紐に、二度目は毒をぬった櫛《くし》にだまされ、三度目でまだ毒リンゴを口にするあたり、美よりも知恵を磨いたほうがよいのではないか、と思わせる。

しかしもちろんお話は、美に執着する年長の女を罰し、知恵のない若い娘に幸福を与える。ガラスの棺に入った姫を王子が所望し、棺をかついだ家来たち。家来がつまずき、棺が揺れた拍子に、のどからリンゴが飛び出て姫は目覚めた。

ラストは二人の結婚式。妃には残酷な処刑が待っていた。

〈お妃は、いやおうなしに、まっかに焼けた靴をはかされ、踊りに踊りつづけさせられ、とうとうたおれて、死んでしまいました〉

飾り紐や櫛と同様、靴も身を飾るグッズである。それを処刑の道具に用いるなんて、報復にも念が入っているではないか。王子のキスで白雪姫が目を覚ますのはディズニー版。焼けた靴をはいた妃が殺される残酷なラストも、ディズニー版にはない。（引用元／福音館文庫『グリムの昔話　2』大塚勇三訳）

ヨーロッパ一円に類話があるとされる物語。グリム童話の初版では、お妃が実母だったり、王子が死体愛好者だったりする、より不気味な物語である。

グリム兄弟：兄ヤーコプ（一七八五～一八六三）、**弟ヴィルヘルム**（一七八六～一八五九）ともに文献学者、言語学者。兄弟で編纂したグリム童話は一六〇以上の言語に翻訳され、聖書と並んで広く読まれたとされる。

三人は、うれしいことばかりで、いっしょにくらしました。

『ヘンゼルとグレーテル』（一八五七年／ドイツ）グリム兄弟

凄絶な親離れと母殺し

飢饉で日々のパンも手に入らなくなった木こりの一家。夫婦は子どもたちを森に捨てようと話しあう。「そんなこと、わしはごめんだ」と渋る夫と「ばかだねえ。そんなこと言ってたら、四人とも、うえ死にしなきゃなりゃしない」とけしかける妻。

貴族階級、すなわち姫と王子のお話が目立つおとぎ話の中にあって、グリム童話の『ヘンゼルとグレーテル』は珍しく貧しい庶民階級の物語である。

貧しい家の子は逞《たくま》しい。森に置き去りにされたヘンゼルとグレーテルも、自力で家に戻ってくる。前の晩に両親の会話を聞いていたヘンゼルの知恵で、家からの道々、白い小石をまいておいたのだ。しばらくして兄と妹はまた森に置き去りにされるが、今度はパンくずをまいたので、鳥に食べられ、戻れなくなってしまった。二人が森の奥でパン（原作ではお菓子ではない）の家を見つけ、悪い魔女につかまって……というこの後の展開はご存じの通り。

初版では実母だった母を、第四版以降、グリムが継母に変えたのは有名な話だが、口減らしのための子捨てや子殺しは、前近代社会では実際にも頻繁に行われていた。

自力で危機を脱する兄と妹は、助けを待つだけの姫や、美しいというだけで姫を嫁にと望む王子を凌駕する。ことにパワーアップいちじるしいのはグレーテルである。機転をきかせて疑似母に近い魔女をパン窯の中に突き飛ばし、兄を小屋から救出し、帰路で川を渡してくれと鴨に交渉する。泣くだけだった当初の姿とは格段の差だ。

一方、木こりは子どもたちを森に捨ててから〈たのしい時はただの一刻《ひととき》もなく、それから、おかみさんは、死んでしまったのでした〉。都合よく冷酷な妻が死んでくれた後に、魔女の家から宝石を持ち帰った子どもたち。〈これで、苦労という苦労はすっかりおしまいになって、三人は、うれしいことばかりで、いっしょにくらしました〉

自力で苦難を克服した経験は子どもを成長させる。母亡き後、グレーテルはこの家の支柱になりそうな勢いだ。凄絶な親離れ&母殺しの物語。過去がトラウマにならなきゃいいけど。（引用元／岩波文庫『完訳　グリム童話集（一）』金田鬼一訳）

歴史学的、心理学的にさまざまに解釈されてきたグリム童話。ヘンゼルとグレーテルはひとりの子どもの二面性を表しているのだ、というもっともらしい説もある。

グリム兄弟：兄ヤーコプ（一七八五～一八六三）、**弟ヴィルヘルム**（一七八六～一八五九）プロフィールは191ページ参照。

そしてわたしは、ジナイーダのためにも、父のためにも、そしてまた、自分のためにも、しみじみ祈りたくなったのである。

『はつ恋』（一八六〇年／ロシア）ツルゲーネフ

●恋敵は実の父だった

　年上の女性に恋する少年の物語は、洋の東西を問わず文学のひとつの定番である。ただ、ツルゲーネフ『はつ恋』の場合はいささか事情が込み入っている。

〈その頃わたしは十六歳だった。一八三三年の夏のことである〉両親とモスクワの南西・カルーガの別荘に滞在していたヴラジーミル・ペトローヴィチは、隣家に住まう令嬢ジナイーダと出会い、たちまち虜《とりこ》になってしまう。

　ヴラジーミル一六歳。ジナイーダ二一歳。彼女は取り巻きの男たちをまわりにはべらせて、女王のように振る舞う超タカビーなお嬢様。彼女がほんとに好きなのは誰なのか。ヴラジーミルは悶々とした日々をすごすが、やがて知る残酷な事実。彼の恋敵はなんと実の父親だった！

　好色なオヤジを想像しちゃいけない。父は母と財産目当てで結婚した〈まだ若くて、すこぶる美男子〉な四二歳。ヴラジーミルが年上の女性に恋をしたように、ジナイーダも年上の男性に恋をした。一六歳の少年に勝ち目はない。

　この後、小説はさらに残酷な結末を用意する。最終章は四年後、大学を出たヴラジーミルは、結婚して誰かの妻となった彼女の消息を知る。しかし、数週間後に訪ねてみると彼女はすでに、この世の人ではなかった。

　ただし、ヴラジーミルも大人になった。貧しい老婆の死にたまたま立ち会った経験から、彼は死が苦しみを救う手段だと知るのである。父の死。好きだった女性の死。彼は考える。〈そうか、これがその解決だったのか！〉

　かくて優等生的な感慨で小説は幕を閉じる。〈そしてわたしは、ジナイーダのためにも、父のためにも、そしてまた、自分のためにも、しみじみ祈りたくなったのである〉

　みんな生きていたら、さぞや修羅場になっただろうから、これはこれで平和な解決法とはいえるが……。日本文学にも多大な影響を与えたツルゲーネフ。死こそが解決。この人のせいで、明治大正の恋愛小説では女性が死ぬのが定番になったのだろうか。（引用元／新潮文庫・神西清訳）

各自の初恋を中年男たちが披露しあう場面からはじまる小説。テキストの大部分はヴラジーミルの手記で構成されている。

イワン・セルゲーヴィチ・ツルゲーネフ（一八一八～一八八三）農奴制下に置かれたロシアの農民たちを描いた『猟人日記』で有名に。西欧にロシアの文化や文学を紹介し、西欧文壇に多大な影響を及ぼした。

きっと思い出すことでしょう。自分自身の子ども時代を、そしてあの幸せな夏の日々を。

『不思議の国のアリス』（一八六五年／イギリス）ルイス・キャロル

トランプの女王は鬼母の化身か

子どもの頃、『不思議の国のアリス』の何がおもしろいのかわからなかった。そして、いまごろ気がついた。物語の内容はすべて「夢」だったのである。

〈アリスは、なんだかとってもつまらなくなってきました。土手の上でお姉さんと並んですわっていても、なにもすることがないからです〉という一文で物語ははじまり、〈そこで、ぼうっと考え始めました――暑い日だったので、すごく眠たくて、なかなか頭が働かなかったのですが――〉。そのとき突然、白ウサギが駆け抜けるのだ。

三月ウサギと帽子屋の茶会とか、トランプの女王との対決とかといった、おなじみの冒険譚のラストは、よっていわゆる「夢オチ」である。

トランプの女王の法廷に立たされ「あなたたちみんな、ただのトランプじゃないの！」と叫ぶアリス。その瞬間、すべてのトランプが空中に舞い上がり、〈きゃっとさけんでトランプをはらいのけようとした〉ところ、〈ふと気がついてみると川べりでお姉さんのひざまくらで寝ているのでした〉。姉はアリスの顔にかかった枯れ葉をはらいのける。トランプの正体は枯れ葉だったのだ。

そして夢の種明かし。ウサギが通りすぎる音は風に揺れる草のざわめき。茶会でティーカップが鳴る音は羊の首についた鈴。女王の叫び声は羊飼いの少年の声。

妹の話を聞き、この子はどんな大人になるだろうと姉は考える。子どもたちに不思議の国での体験を話して聞かせるかもしれない。〈子どもたちの無邪気な喜びや悲しみに一喜一憂しながら、きっと思い出すことでしょう。自分自身の子ども時代を、そしてあの幸せな夏の日々を〉

浅い眠りの中で音が夢に影響を与えた経験も、身体が伸びたり縮んだりする感覚も、子どもの頃にはたしかにあった。物語の秘密を握る姉の存在。でもなぜ母ではなく姉なのか。思うに母は夢に出てきた人、すなわち口やかましいトランプの女王だったのではないか。アリスはたぶん、母が嫌いか恐かったのだ。（引用元／角川文庫・河合祥一郎訳）

オペラ、バレエ、映画、アニメなど、ありとあらゆる表現に脚色されてきた作品。最初の映像作品はサイレント時代の短編映画（一九〇三年）。アリスが目覚めるところで終わっている。

ルイス・キャロル（一八三二～一八九八）作家・数学者。「少女」を媒介に想像力を羽ばたかせ、多彩な言語的遊戯を駆使。その作風は後世のシュールレアリスムや言語哲学にも影響を与えた。

この幕が再び上げられるかどうかは、ひとえに、この家庭劇「少女時代」の第一幕を、観衆がどう迎えるかによるのである。

『若草物語』（一八六八年／アメリカ）オールコット

●じつは宗教的な「巡礼ごっこ」の物語

「プレゼントのないクリスマスなんて実際意味がないわ」

次女のジョーが口にする、そんな台詞からオールコット『若草物語』ははじまる。

ときは南北戦争（一八六一～六五年）の只中。少々気位の高い一六歳の長女メグ、作家志望で男の子みたいな一五歳の次女ジョー、引っ込みじあんな一三歳の三女ベス、こまっしゃくれた一二歳の四女エミイ。マーチ家の四姉妹が経験する一年間の出来事が物語のすべてである。

だがそれは、まことにせわしない一年だ。隣の屋敷のローリイと姉妹の出会い。その祖父ローレンス氏からベスに贈られたピアノ。舞踏会に出席したメグの後悔。戦地で病に倒れた父。父のもとに赴く母のために髪を売るジョー。母の留守中に猩紅熱《しょうこうねつ》で昏睡状態になるベス。いろいろありつつ、しかし最後はもちろんハッピーエンドだ。

ベスの病気が回復し、父母も戻って迎えた翌年のクリスマス。一家の幸せな光景を描いた後、語り手いわく。〈メグにジョーに、ベスとエミイとがこうして一団となったところで幕がおりた。／さて、この幕が再び上げられるかどうかは、ひとえに、この家庭劇「少女時代」の第一幕を、観衆がどう迎えるかによるのである〉

読者に拍手を強要するようなエンディング！　好評だったら続編も書くからね、という作者のメッセージ（脅迫？）ともいえる。ただ、小説が舞台（第一幕）にたとえられている点に注目したい。物語は一七世紀のピューリタン文学『天路歴程』という本をガイドに一年かけて「巡礼ごっこ」をしようというメグの提案からはじまったのだった。「巡礼ごっこというのは、結局わたしたちが良い娘になろうとする努力の別名ですものね」と。

とはいえ、ここは言い訳。実際の姉妹は全然よい娘ではなかった。父を戦地に追い出して進行する女子会ノリの物語。最後の逸話であるメグの婚約にジョーが激怒するのがおもしろい。自分は恋愛しといて何が「巡礼ごっこ」だよと、思うわそれは。（引用元／新潮文庫・松本恵子訳）

原題は「Little Women」。本邦初訳は北田秋圃《しゅうほ》訳『小婦人』（一九〇六年）だが、『若草物語』という邦題をつけたのは吉屋信子（一九三四年）。この後書かれた続編も含め世界中で人気を博した。

ルイーザ・メイ・オールコット（一八三二～一八八八）教師をしながら雑誌に投稿し、南北戦争では従軍看護師を務め、その体験記で世に認められた。女性参政権の賛同者でもあった。

いまや全人類のなかで答える権利をもっている者がふたりいると言えるのだ。すなわち、ネモ船長とわたしである。

『海底二万里』（一八七〇年／フランス）ジュール・ヴェルヌ

潜水艇ノーチラス号の謎と冒険

SFというとつい宇宙や未来を連想するが、地球上にも未知の領域は多い。たとえば海底。ジュール・ヴェルヌ『海底二万里』の世界である。

舞台は一八六七年。海洋に謎の怪物が出現し、船舶が損傷する事件が続出。海洋生物学者の「わたし」ことアロナクス教授は、イッカク（長い牙を持つクジラの仲間）の仕業と考え、高速フリゲート艦エイブラハム・リンカーン号で太平洋に乗り出す。だが、問題の怪物とフリゲート艦が衝突。「わたし」は海に投げ出され、二人の助手ともども巨大な物体にしがみつく。それはクジラではなく潜水艇だった！

子どもの頃、ダイジェスト版で読んだ人も多いはず。立派な図書室や博物館をそなえた潜水艇ノーチラス号。社会と縁を切ったというネモ船長。完訳版ではしかも海洋生物にかんする博物趣味が炸裂する。しかし、そもそもネモ船長はなぜ地上との交流を絶ったのか。謎をかかえたまま物語は終盤に突入し、謎めいた結末を迎える。

何かへの復讐に燃え、国籍不明の軍艦の攻撃に容赦なく反撃するネモ船長。危険を感じた教授たち三人はノーチラス号から逃げ出すが、はたしてその後の潜水艇の運命は！

一〇か月、二万里（八万キロ）の旅を回想し、教授は海底旅行について〈わたしは語る権利をもっている〉と考える。船長には復讐心を捨て、平和に海洋探検を続けていてほしい。なぜなら自分は彼の偉大さを知っている。〈だからこそ、いまから六千年前に、伝道の書のなかで投げかけられた「かつてだれに深淵の深さを測れたためしがあるだろう？」という問いに、いまや全人類のなかで答える権利をもっている者がふたりいると言えるのだ。すなわち、ネモ船長とわたしである〉「六千年前の伝道の書」とは『旧約聖書』の一書。その一節を思い、ともに深海を見た者として船長への信頼を表明する「わたし」。神への挑戦っぽい末尾に自負があふれまくっている。（引用元／新潮文庫・村松潔訳）

有人潜水調査船「しんかい6500」を先取りしたような作品。一八六〇年代は潜水艇（潜水艦）の開発競争の時代だったが、実用化されるのはもっと先。予言的作品といえる。

ジュール・ヴェルヌ（一八二八〜一九〇五）二〇代より劇作の傍ら独自の科学小説を構想。『気球に乗って五週間』でデビューし、以後約四〇年、近代SFの草分け的作品群を生み出し続けた。

村人たちが、特別の許可を得てこの二者を一つの墓におさめて相並んで眠るようにしたからである——永久に！

『フランダースの犬』（一八七二年／イギリス）ウィーダ

●芸術にかぶれた少年の悲劇

少年ネロと犬のパトラシエが、教会に飾られたルーベンスの絵の前で死ぬ。有名な『フランダースの犬』のラストシーンだ。絵本やアニメで日本人の紅涙をしぼったこの作品はしかし、欧米では無名。物語の舞台となったベルギーではむしろ不評らしい。

ウィーダによる原作を読めば、それも納得。奴隷同然にこき使われ、死ぬ直前に捨てられて、通りかかった老人に助けられたパトラシエ。孫のネロとパトラシエは大の親友となり、祖父に代わってアントワープの町に牛乳を運ぶ仕事を続けていた。ところが、極貧の中で祖父は死に、家の立ち退きを命じられた少年と犬も飢えと寒さで命を落とすのだ。

犬は虐待する、人には冷たい、絵を見せるのにも高い観覧料をとる。この地方のイメージはもうさんざんだ。

さらに小学生くらいかと思っていたネロは一五歳の少年で、絵の力で成功してやると夢想したあげく、コンクールに出した絵が落選したことで絶望の淵に沈むのだ。

「いっさい終わってしまったんだ、パトラシエ。いっさいが終わったのだ」

若いのに夢を早々とあきらめて自殺に近い死を選んだネロもネロ。愚かすぎて、もうひとりのルーベンスを世に出す機会を失った村の住人も住人。かくて物語は「時すでに遅し」のニュアンスを強く打ち出して閉じられる。悪役だった金持ちの旦那が改心してネロを娘の婿にと望んだのも、有名な画家がネロの画才に驚くのも、すべて終わった後だった。

〈生涯ふたりはいっしょにすごし、死んだ後もはなれなかった〉とテキストは記す。なぜならば〈後悔し恥じいった村人たちが、特別の許可を得てこの二者を一つの墓におさめて相並んで眠るようにしたからである——永久に！〉。

ネロの死は村の人々への当てつけのようにも思える。少年と犬は同じ一五歳。芸術にかぶれた少年を案じつつ、言葉を話せぬ老犬は助言をしてやれなかった。それが最大の悲劇かもしれない。（引用元／新潮文庫・村岡花子訳）

ベルギーに対するイギリス人作家の偏見が含まれているとの説もある小説。アントワープのノートルダム大聖堂には、ネロが憧れたルーベンスの聖画が今もある。

ウィーダ（一八三九〜一九〇八）二〇歳の頃から小説を執筆しはじめ、社交界を舞台とするメロドラマ風の小説で人気を博した。三〇代後半からはイタリアに定住し、旺盛な執筆活動を続けたが、晩年は経済的にも困窮し、不遇だった。

おれはそれを自分の生活に与えることができるのだ！

『アンナ・カレーニナ』（一八七七年／ロシア）トルストイ

不倫相手と逃げた結果は……

『クレーヴの奥方』がそうであるように、姦通小説の王道は、既婚の貴婦人と独身の青年が報われぬ恋に落ちるも貞操を守ったまま女性が死ぬ、というものだった。この定型をブチ破ったのがトルストイ『アンナ・カレーニナ』である。

青年士官ヴロンスキーは、モスクワ駅で、母と同じ車室にいた高級官僚カレーニンの妻アンナに心を奪われる。幼い息子の母親でもあり、ヴロンスキーの求愛を最初は拒んだアンナだったが、二人の仲は進展、やがてアンナは夫にすべてを打ち明ける。「もうあなたの妻でいることはできません」宣告された夫の決断は、決闘でも離婚でもなく、黙殺だった。

ここまではほぼお約束通り。だが、やがてアンナはヴロンスキーの子どもを出産、ヴロンスキーは退官し、二人はすべてを捨てて、外国に出奔するのだ。アンナは産褥熱で死にかける。ヴロンスキーはピストル自殺に失敗する。ともかくドラマがてんこ盛り！

物語にはまた破滅的な恋愛に走る二人を相対化するように、ヴロンスキーに失恋したキチイと、地方領主リョーヴィンとの平凡な恋愛と結婚が同時進行的に描かれる。

ロシアに戻り、田舎で暮らしはじめたアンナとヴロンスキーだったが、待っていたのはおそろしい倦怠期。社交界は追い出され、夫は離婚してくれず……。田舎暮らしは退屈なうえ、気持ちにもすれ違いが出はじめる。〈あの人はほかの女を愛しているんだわ〉と考えるアンナ。〈いやはや！　また愛情談義か〉と顔をしかめるヴロンスキー。思いつめたアンナはとうとう鉄道に身を投げる。

ラストはリョーヴィンの述懐である。宗教と戦争の問題で悩んでいた彼は、妻子が無事でいる幸せを噛みしめる。〈おれの生活は〈疑いもなく善の意義をもってい〉る。〈おれはそれを自分の生活に与えることができるのだ！〉

さんざん読者を振り回しておいて、なにさ、この道徳的な結末は。破滅に向かった不倫相手カップルへのいましめか、平凡な人の幸せ自慢か。それで納得する人があまりいるとは思えぬが、トルストイは保守的な価値観の持ち主だった。リョーヴィンの言葉で終わるのは、不倫を肯定してはいませんよという言い訳かもね。（引用元／新潮文庫・木村浩訳）

『戦争と平和』と並ぶトルストイの代表作。何度も映画になっており、グレタ・ガルボ、ヴィヴィアン・リーなどの大女優がヒロインを演じた。二〇一二年にも映画化されている。

レフ・トルストイ（一八二八～一九一〇）伯爵家の四男として生まれる。農地経営の失敗、放蕩生活の後に書いた『幼年時代』が好評を博す。鉄道の駅長官舎にて肺炎で死去。

「さあ、おまえさんは幸せになったんだよ、ぐっすり寝るんだぜ、別嬪さん！」

『居酒屋』（一八七七年／フランス）エミール・ゾラ

誰も救わぬ貧困女子のリアリズム

主人公のジェルヴェーズは二二歳にして、八歳と四歳の息子の母である。洗濯で生計を立てていたが、内縁の夫のランチエが失踪、ブリキ職人のクーポーと結婚する。まもなく娘が生まれ、小さな洗濯の店を持つまでになったが、そこに前夫のランチエが帰ってきた。エミール・ゾラ『居酒屋』は元祖貧困女子の物語である。

一九世紀パリの労働者階級をドキュメンタリー風に描いた長編小説。日本文学で「自然主義」といったら私小説とほぼ同義だが、本家フランスでは、人間の姿を客観的かつ写実的に描く文学運動を指す。その代表作が『居酒屋』だ。

女を食い物にする前夫のランチエ。アルコール依存症の果てに病院に収容される現夫のクーポー。ＤＶのたえないこの家で育った娘のナナは一〇代半ばで家出して夜の世界に行き、ジェルヴェーズ自身もまた酒に溺れ、最後は飢えのためにゴミをあさり、客を引くまでになる。

冷静だった語り手も、語気を荒らげる。〈ああ！　貧乏人の餓死、飢渇を叫ぶからっぽの臓腑、歯を鳴らして不潔なものを腹いっぱい詰め込もうとする獣の欲求、これほど光り輝く金色のこのパリにそれがあるとは！〉

ラストはジェルヴェーズの死。彼女を粗末な棺に納めたのは、昔、彼女が毛嫌いしていた葬儀人夫のじいさんだった。彼はつぶやく。〈「さあ、おまえさんは幸せになったんだよ、ぐっすり寝るんだぜ、別嬪さん！」〉

この小説がリアルなのは、隣人同士の助け合いとか家族の絆とかいった「心あたたまる」要素がほとんどないことだ。ヒロインの死にも周囲は冷たく、怠けた罰《ばち》が当たったのだ、くらいの反応。語り手もまた彼女を一切特別扱いはしない。こんな死はいくらでもあるんだぜ、というように。

貧困の実態をあからさまに描いたことで、パリでは一大スキャンダルになったという作品。死が救いになるような生。最後の台詞は社会に対する皮肉と考えるべきだろう。（引用元／新潮文庫・古賀照一訳）

二〇巻に及ぶシリーズ（ルーゴン・マッカール双書）の七巻目。九巻目がジェルヴェーズの娘を描いた『ナナ』である。こちらは舞台女優としても評判をとった高級娼婦の破滅の物語だ。

エミール・ゾラ（一八四〇〜一九〇二）自然主義文学の旗手として第二帝政下の個人と社会を多面的に描き、自らの方法論を『実験小説論』にまとめた。美術批評家としてマネの理解者となったことも有名。晩年はドレフュス事件の冤罪を告発するなど、人道主義的傾向を強めた。

「(ふと希望がわいてきて) 奇跡中の奇跡——?!」

『人形の家』(一八七九年/ノルウェー) イプセン

●世界に冠たる男女平等先進国の前史

明治末期の日本では女性解放思想は「イプセニズム」と呼ばれていた。『人形の家』はノルウェーの劇作家イプセンの三幕仕立ての戯曲である。

弁護士のヘルメルと妻のノーラを中心に物語は展開する。結婚八年。三人の子どももいる夫婦である。銀行の頭取になったヘルメルは有頂天だったが、ノーラは夫に隠しごとがあった。かつて夫が病に倒れたときに多額の借金をして、その借用書に小さな偽造をしたのである。

そのことで夫の部下にゆすられたノーラは、夫の窮地を救った誇りを胸に秘めつつ話し合おうとするが、夫は取り合わない。妻を「かわいいノーラ」「ヒバリ」と呼び、抱きしめ、甘やかしたがるのみ。この作品でいう「人形」とは、夫の意のままに動く操り人形でも、きれいなだけの飾り物でもなく、子どものオモチャの「赤ちゃん人形」のことなのだ。

少女ブリッ子に飽きていた妻はすべてを打ち明け、夫の反応に賭ける。しかし、奇跡は起こらなかった。自分の地位が危うくなると知るや、突然妻を罵りだした夫。

妻は人形の仮面を脱ぐ。「あなたは一度も、あたしをわかってくださらなかった」「あたしを愛していたんじゃないわ。ただかわいいとか何とか言って、面白がっていただけよ」

そして有名なラストシーン。なだめたりスカしたり脅したりする夫に「さようなら」と告げて妻は出て行く。夫は叫ぶ。「ノーラ! ノーラ! いない。行ってしまった」

ここで終わりと思いきや、ヘルメルには最後にもう一言、台詞が与えられていた。

〈「(ふと希望がわいてきて) 奇跡中の奇跡——?!」〉

この部分は二人がやり直せるのは「奇跡中の奇跡」が起きたときだけだ、というノーラの台詞に対応する。では彼は「奇跡」の意味を理解したのか。

希望とともに発せられる最後の独白を考えると、彼は妻を追っていきさえすれば、まだやり直せると思っているらしい。妻の絶望を夫は何も理解していないのだ。ノルウェーは世界トップクラスの男女平等な国。そしてこれはその前史。歴史は変えられるのである。(引用元/岩波文庫・原千代海訳)

毎年発表される「男女平等(ジェンダー・ギャップ)指数」ランキングでは、ノルウェーは常にトップ3圏内(日本はいつも一〇〇位以下)。後世のヘルメルたちが改悛した結果だろう。

ヘンリック・イプセン(一八二八~一九〇六) 家が没落し、幼少時は貧しい生活を送るが、劇作家となり世界的名声を得た。近代演劇の父といわれ、日本の自然主義文学勃興にも影響を及ぼした。

コーリャがもういちど感激して叫ぶと、少年たちはみな、ふたたびその叫びに声を合わせた。

『カラマーゾフの兄弟』（一八八〇年／ロシア）ドストエフスキー

●プロローグみたいなラストシーン

ドストエフスキー『カラマーゾフの兄弟』。二〇〇七年に亀山郁夫の新訳が出て人気が再燃した巨編である。豪放磊落《ごうほうらいらく》な長男ドミートリー。ニヒルな無神論者の次男イワン。敬虔《けいけん》な修道僧の三男アリョーシャ。ここに婚外子のスメルジャコフらが加わり、父フョードルを殺したのは誰かを中心に物語は展開する。

なにせ文庫で全四～五冊の大作だ。父殺しの嫌疑をかけられ、ドミートリーがシベリア送りになるまでのいきさつ。彼をめぐる二人の女性、カテリーナとグルーシェニカ。イワンがアリョーシャに語ってきかせる「大審問官」の章。込み入った物語に加え、込み入った議論が百出する分、読後の達成感は大きい。神学論争好きの人は「大審問官」のことばっかりいうけれど、エピローグも謎めいている。

そこはイリューシャという少年の葬儀の場。友人の死を嘆く少年たちに「みんな、ぼくらはまもなく別れ別れになります」とアリョーシャは語る。ぼくの長兄は流刑地に向かい、次兄は死の床にある。ぼくも近く町を出る。でも今日、イリューシャのために集まったことは忘れないでいよう。

少年たちは感激し、イリューシャへの賛辞は社会主義者を自称する小生意気な少年コーリャのひと声でアリョーシャへの賞賛に変わる。〈「永遠に、死ぬまで、こうして手をとりあって生きていきましょう！　カラマーゾフ万歳！」／コーリャがもういちど感激して叫ぶと、少年たちはみな、ふたたびその叫びに声を合わせた〉

ラストに相応しい高揚した場面だが「カラマーゾフ万歳！」の唐突感は否めない。まるで新宗教の教祖と信者、でなきゃ政治結社のリーダーとメンバーだ。善良なアリョーシャはいつこんなカリスマ性を身につけたのか。

この決起集会は後に彼らが何かをしでかすことを予感させる。結末にしこまれたアリョーシャの変容。どうみてもプロローグだ！（引用元／光文社古典新訳文庫・亀山郁夫訳）

『カラ兄』は未完の大作。訳者の亀山は、巻頭の「著者より」がアリョーシャとコーリャらが暗躍する「第二の小説」の序章だと述べ、二〇一五年、自ら『新カラマーゾフの兄弟』を発表した。

フョードル・ミハイロヴィチ・ドストエフスキー（一八二一～一八八一）デビュー作『貧しき人びと』が絶賛されるも、シベリア流刑に。出獄後は精力的に執筆し、その後の文学に多大な影響を及ぼす。

わたしにできるのは、ただもう天の神さまをほめたたえ、たくさんのお恵みにお礼を申しあげることだけだよ、ほんとに。

『ハイジ』（一八八一年／スイス）ヨハンナ・シュピリ

●ペーターの悪意を神が変えた

アニメの原作としても知られるヨハンナ・シュピリ『ハイジ』は二部構成の長い物語である。

　筋は紹介するまでもないだろう。美しい自然に囲まれたスイスのアルムでおじいさんと暮らすハイジは、病気がちなクララの遊び相手にと望まれ、フランクフルトにあるゼーゼマンさんの屋敷に移り住むが、ホームシックから夢遊病となり、再びアルムに戻ってくる。ここまでが「ハイジの修業と遍歴の時代」と題された第一部で、「ハイジは学んだことを役立てる」と題された第二部ではアルムを訪れたクララが歩けるようになるまでが描かれる。

　老人が大きな役割をはたす物語である。ハイジの祖父であるアルムじいさん。ハイジに本を読んでもらうのを何よりの楽しみにしているペーターの盲目の祖母。そしてハイジに神への信仰を教えるクララの祖母。

　ラストの一文もペーターの祖母の台詞である。

「ハイジ、讃美歌をひとつ読んでおくれ！　わたしにできるのは、ただもう天の神さまをほめたたえ、たくさんのお恵みにお礼を申しあげることだけだよ、ほんとに。」

　ここだけ読むと「神さん讃美でおしまいかい」という感じだが、そもそもハイジが神について学ぶことが目的の物語だから、そこはいたしかたない。

　おおむね善人ばかりの世界で、物語に唯一陰影を与えるのは、山羊飼いの少年ペーターである。六歳年下のハイジに字を習うほど出来の悪いペーターは、ハイジを独占しているクララに嫉妬して車椅子を急斜面から突き落とすのだ。

　ペーターの悪意なくしてこの作品は成立しない。「神の采配は人知を超える」（大意）がこの本のテーマだからだ。車椅子を失ったクララは自力で立って歩きはじめる。ペーターの悪意を神はケガの功名に変えたのである。

　教養のある都会人と無学な田舎者が対照的に描かれていたり、フランクフルトとアルムの経済格差が強調されていたりするのは、資本主義経済の負の側面。背後にある地域間格差の問題もお忘れなく。（引用元／岩波少年文庫・上田真而子訳）

『アルプスの少女』の邦題でも知られる作品。日本発のアニメ（一九七四年）は世界中で人気を博すも、ペーターは原作と異なる好ましい少年で、車椅子も偶然壊れたことになっている。

ヨハンナ・シュピリ（一八二七～一九〇一）田園地帯に育ち、結婚、出産後、四四歳で作家デビュー。『ハイジ』第一部は五二歳で発表した。

おいらは、もう前にも、そんな目にあっているんだからな。

『ハックルベリ・フィンの冒険』（一八八五年／アメリカ）マーク・トウェイン

●奴隷のジムとの逃亡劇の結末は……

『トム・ソーヤーの冒険』の続編として書かれたマーク・トウェイン『ハックルベリ・フィンの冒険』は、今日、前作以上に文学的価値の高い作品といわれている。

　飲んだくれの父の虐待から逃れるため、監禁されていた小屋を抜け出した悪ガキのハック。自由を求めてミス・ワトソンの家から逃亡した黒人奴隷のジム。物語はこの二人がいかだでミシシッピ河を下り、いかがわしげな人々と巻き起こすさまざまな事件を描く。

　奴隷解放宣言（一八六三年）が出る前のアメリカ合衆国中西部。奴隷の逃亡を助けることは禁じられていた。ジムとの友情を育む一方、自分は罪を犯しているのではないかと悩むハック。だが彼はジムを選ぶと決めるのだ。「よし、それなら、オレは地獄に行こう」

　いいぞ、ハック、君はいい奴だ！　ところが終盤、一行にトム・ソーヤーが加わるや、物語は変な方向に転がっていくのである。遊び半分で妙な行動をしたがるトム。あげくトムは重大な秘密を明かす。ミス・ワトソンは二か月前に死に、ジムを自由にするとの遺書に書き残していた。つまりハックとジムのこれまでの苦労は無駄だったのだ、と。

　この展開は、後に議論を呼んだ。トムの登場で作品が台なしになったという人。この結末だからこそ人種差別への告発になるのだという人。いつか三人でここを抜けだそうといい残し、養母ポリーの家に帰るトム。ラストでハックは宣言する。おいらは先に飛び出さなけりゃならねぇ。サリー叔母さんはおいらを養子にしようとしている。

〈おいらには、それが我慢できねぇからだ。おいらは、もう前にも、そんな目にあっているんだからな〉

　かつて父親がいない間、ハックはミス・ワトソンの妹の家から学校に通っていた。養子になって学校に通うのなんか御免だというハック自立宣言である。

　が、最後に明かされる第二の秘密は、ジムが隠していたハックの父の死であった。天涯孤独になったハック。もう虐待される心配はない。でも……。天性の自由人に見える少年の本心はどこにある？（引用元／角川文庫・大久保博訳）

当時としては斬新な方言ベースの一人称で書かれた作品。書き出しは〈みんなは、おいらのことなんか、知らねえだろう。『トム・ソーヤーの冒険』ってえ本を読んだことがなかったならな〉。

マーク・トウェイン（一八三五～一九一〇）ミシシッピ河畔で過ごした少年期が作品に色濃く反映されている。ペンネームは蒸気船がこの水深までは安全に航行できることを表す船舶用語“by the mark, twain”に由来する。

やがて歓楽を亡ぼし、交わりを断つものが訪れて、あの世へみまかりました。

『アラジンと不思議なランプ』（一八八五〜八八年／イギリス）バートン

●アラジンは中国人だった！

『アラビアンナイト』『千夜一夜物語』として知られる物語の成立過程は複雑怪奇だ。九世紀頃に原型ができたといわれるが、作者は不詳。しかもアラビア語の原典に「アラジン」や「アリババ」は入っていない。一八世紀のフランス人東洋学者ガランの翻訳を経て、現在広く流通しているのは一九世紀に整理されたリチャード・バートンの英訳版である。

で、『アラジンと魔法の（大場正史訳では不思議な）ランプ』。

貧しい少年アラジンのもとに、ある日、亡き父の弟と名乗る人物が訪ねてくる。彼はじつは魔法使いで、アラジンを連れ出し、地下にある魔法のランプを持ち出させた後、彼を殺すつもりだった。難を逃れたアラジンは、魔法のランプの精（魔神）の力を借りて大金持ちになり、一方では王の娘と結婚を約束させるまでになるが……。

舞台はアラビアではなく、じつは中国。つまりアラジンは中国人の少年で、叔父を名乗る魔法使いは北アフリカのモロッコ人。舞台がめちゃくちゃ広いのだ。魔神が繰り出す魔法も尋常ではない。アラジンの求めに応じて人はワープさせるわ、財宝はザクザク出現させるわ、何十人もの奴隷は即座に調達してくるわ、宮殿を一夜にして出現させるわ。

一方、不良少年だったアラジンは、神をたたえ、商才を磨きはするが、王女と結婚するといいだすし、老いた母は使い倒すし、やりたい放題。ここでは善良であることよりも、知恵を働かせることが勝利の条件なのである。

一度はランプを奪われるも、一計を案じて奪還に成功したアラジンは、やがて王位を継承。民に慕われる王となる。

そしてラスト。〈アラジンは妃とともに仲睦じく、楽しく世をすごしていましたが、やがて歓楽を亡ぼし、交わりを断つものが訪れて、あの世へみまかりました〉

死を「歓楽を亡ぼし、交わりを断つもの」ととらえる快楽主義。ヨーロッパから見た異郷はかくも神秘的だったのか。これも一種のオリエンタリズム。（引用元／角川ソフィア文庫『アラビアンナイト　バートン版　千夜一夜物語拾遺』大場正史訳）

欧州で「千夜一夜」ブームが起こったのは一八世紀の帝国主義時代。オリエンタリズム（偏見が混じった東洋趣味）を批判したサイードも、著書でバートンを批判的に取り上げている。

リチャード・フランシス・バートン（一八二一〜一八九〇）探検家・文筆家で、ヨーロッパ人として初めてタンガニーカ湖に到達。また語学に堪能で、方言を含め四〇の言語を習得したとされる。

滅びることなき永遠の神に栄光のあらんことを！

『船乗りシンドバッドと軽子のシンドバッド』（一八八五〜八八年／イギリス）バートン

金持ちシンドバッド、貧乏シンドバッド

一般に「船乗りシンドバッドの冒険」として知られる物語の正式なタイトルは『船乗りシンドバッドと軽子《かるこ》のシンドバッド』。軽子とは荷物を運ぶ仕事をする人（ポーター）のことである。

軽子のシンドバッドが一服していると、中庭からいい匂いがただよってきた。屋敷は宴会の真っ最中。自分は重荷にあえいでいるのに、一方では快楽と飽食にふける金持ちがいる不公平！　わが身を呪いつつ彼は歌った。〈さはさりながら、全知の神よ、／あえて君をば呪うまじ、／君の掟は正しくて、／君の正義はあやまたじ〉

この歌を聞きつけた屋敷の主が軽子を招いた。主の名もシンドバッド。二人はもう兄弟分だ、わしの話も聞いてくれ。こうして屋敷の主である金持ちの船乗りシンドバッドは、自らの七度にわたる航海の経験を語るのである。

最初の航海で上陸した島は島でなくクジラだった。二度目の航海ではダイヤモンドを手に入れた。三度目の航海で上陸した島には食人鬼が住んでいた……。いつもシンドバッドは間一髪で危機を脱し、親切な人に助けられて財宝を手に帰郷するが、遊興に飽きてまた航海に、の繰り返し。最後の旅で得た妻とともに帰郷したときには二七年がたっていた。

わしがいまの身代を手にするまでにはこれほどの艱難《かんなん》辛苦があったのだ、と語る船乗りシンドバッドに、軽子のシンドバッドは許しを乞う。かくして二人は死ぬまで親交を結び、愉悦を尽くした。貧しくとも神を呪わず、富豪の友を得た軽子のシンドバッド。〈滅びることなき永遠の神に栄光のあらんことを！〉という末尾がここで生きる。

もっとも、これは『千夜一夜物語』の一挿話。〈シャーラザッドは夜がしらんできたのを知って、許された物語をやめた〉という一文を何度も挟み、シンドバッドの物語には三〇夜かけている。よってもうひとつの末尾は〈シャーラザッドはつぎのような物語をはじめた〉。

物語の区切りを曖昧にしておかないと殺されるのだ。七度にわたる冒険は彼女がひねり出した大ボラと解釈すべきなのかもね。（引用元／ちくま文庫『バートン版　千夜一夜物語　7』大場正史訳）

アラビア語からの翻訳は『アラビアン・ナイト』（東洋文庫・全一八巻＋別巻一）、フランス語からの翻訳は『完訳　千一夜物語』（岩波文庫・全一三巻）で読める。いずれも長大なシリーズだ。

リチャード・フランシス・バートン（一八二一〜一八九〇）プロフィールは204ページ参照。

なにしろ、「代々のかたがた」もないし、伯爵もないんだから。

『小公子』（一八八六年／アメリカ）バーネット

大の大人を籠絡《ろうらく》するセドリック

「小さなフォントルロイ卿」という原題を一八九〇（明治二三）年に「小公子」と訳したのは若松賤子《しずこ》。バーネット『小公子』は、以来、明治大正昭和の子どもたち（あるいは女学生）に熱狂的に愛されてきた作品である。

　父を亡くし、ニューヨークの下町で母と暮らすセドリックのもとに、イギリスから伯爵の代理人だという弁護士が訪ねてくる。三人の息子を次々失った伯爵にとって、三男の遺児セドリックが唯一の跡取りだというのである。

　七歳にして大西洋をわたり、爵位を継承するフォントルロイ卿になってしまったセドリック。天性の明るさと美貌に恵まれた少年は、悪徳地主だった祖父のドリンコート伯爵をたちまち虜にするが……。

　古めかしい封建制下の夢物語。とはいえ、天真爛漫な少年が非情な老人を籠絡していくさまは落語もかくやの喜劇だし、お世継ぎ騒動が起こったり、イギリス人の老伯爵とアメリカ人の嫁（セドリックの母）が和解に至るくだりは歌舞伎もかくやの人情劇。少年の美質を育てたのは母の徳である、という展開は良妻賢母教育にも役だっただろう。

　唯一腑に落ちないのが、雑貨屋のホッブスさんの台詞で終わるラストである。

彼はアメリカ時代のセドリックの仲良しで、騒動の解決に一役買ったことから靴磨きのディックともども伯爵の城に招かれるが、領地内にしばらく住むうちに〈伯爵よりもっと貴族らしくなってしまいました〉というのである。

　いっしょにアメリカに帰ろうと誘うディックにホッブスはいう。〈あそこは、すむところじゃないよ〉セドリックのそばにいたいし、あの国には足りないものがある。〈なにしろ、「代々のかたがた」もないし、伯爵もないんだから〉

「代々のかたがた」とは伯爵家の先祖代々を描いた肖像画のこと。イギリスからアメリカに移住した作者は大英帝国の歴史を誇りたかったのであろう。にしても、イギリスも貴族も大嫌いだった愛国者ホッブスが宗旨替えするとは！　祖父ばかりか大の男の思想まで変えたセドリック。天使のような少年がふと悪魔に思えてきた。（引用元／偕成社文庫・坂崎麻子訳）

若松賤子の日本語訳は「有ませんかつた」「ゐませんかつた」という、こなれていない「ですます調」が印象的。言文一致体の完成に先駆的な役割を果たした名訳として知られている。

フランシス・イライザ・ホジソン・バーネット（一八四九～一九二四）イギリスに生まれたが、幼くして父と死別、一六歳のとき一家でアメリカに移住。『小公子』が非常な人気を博し、日本でも広く知られている。

わたしがペンをおき、わたしの告白に封印するときこそ、またかの不幸なるヘンリー・ジーキルの生涯の幕を閉じるときなのである。

『ジーキル博士とハイド氏』（一八八六年／イギリス）**スティーヴンソン**

●二重人格？　薬物による殺人？

ジーキル&ハイドは今日、二重人格の代名詞である。ただし、二人が同一人物であることは、おしまい近くまで伏せられている。ミステリーなのに世界中の人が結末を知っている物語、それがスティーヴンソン『ジーキル博士とハイド氏』なのだ。

舞台はロンドン。探偵役のアタスン弁護士は、友人のジーキル博士が醜悪な青年ハイドの面倒をみていることに不審を抱き、ハイドの秘密を探りはじめる。「あいつが〝隠れ役《ミスター・ハイド》〟なら、おれは〝捜し役《ミスター・シーク》〟になってやる」やがて起きる殺人事件。犯行を目撃されたハイドは行方をくらませる。

結末はわかっていても、謎は残る。ひとつは二重人格説への疑問である。ジーキルは自ら発明した薬の力でハイドに変身しては快感を得ていたが、徐々にジーキルに戻るのが難しくなる。禁断症状に悩む主人公。この薬は麻薬かアルコールを思わせる。それははたして「二重人格」か。

もうひとつは主人公の死の謎だ。最終的にアタスンはハイドの自殺死体を見つけるが、「ヘンリー・ジーキル博士の死亡、または行方不明の際まで開封せざること」と記されたジーキル博士の手記にはこう書かれていた。

自分はいま、最後に残ったわずかな薬の力でこれを書いている。いまから三〇分後にわたしがハイドになったらもう戻れないだろう。〈これから後に起こることはわたし以外の者に関することである。されば、わたしがペンをおき、わたしの告白に封印するときこそ、またかの不幸なるヘンリー・ジーキルの生涯の幕を閉じるときなのである〉

ここで小説は終わる。

手記を読む限り、自殺したのはハイド。つまりハイドがジーキルを殺したのであって、それはジーキルにとっては不本意な最期だったのだ。〈「かれ」とわたしは言う。どうしても「わたし」とは言えないのだ〉と語るジーキル。変身願望からはじまった悲劇。やっぱりこれは、麻薬などによる犯罪に近いのだ。薬物で、いや飲酒で別人格になる人はご用心！（引用元／新潮文庫・田中西二郎訳）

原作を読むと「ジーキルに戻れなくなったハイドが絶望して自殺した」という筋の紹介も「人間の心に潜む善と悪の葛藤を描く」という解釈にも違和感が残る。ミステリアスな怪奇小説だ。

ロバート・ルイス・スティーヴンソン（一八五〇～一八九四）名文家として知られ、小説から詩、評論、旅行記まで、さまざまな分野で健筆をふるった。南太平洋サモア諸島で死去。

世間の奴らは我を非難する。だが我はわが家に秘した多くの財宝を眺めつつ自らを讃えようといったローマの守銭奴みたいにね

『緋色の研究』（一八八七年／イギリス）コナン・ドイル

名コンビが誕生した瞬間

アフガニスタンで負傷し、ロンドンに戻って無為な日々をおくる元軍医のジョン・H・ワトスン博士のもとに、ルームシェアの相手として現れたシャーロック・ホームズ。彼は初対面のワトスンの経歴をいいあてた。——コナン・ドイル『緋色の研究』は、ご存じ、シャーロック・ホームズのシリーズの記念すべき第一作である。

　二人がベーカー街二二一番Bで共同生活をはじめてまもなく、手紙が届く。難事件捜査の助力をしてほしいというグレグスン刑事からの依頼だった。化学には滅法強いが文学や哲学の知識は皆無のホームズは、捜査に行きづまった警察に協力する顧問探偵だったのだ。ワトスンはホームズの天才的な捜査能力に驚嘆し、事件は解決に向かう。

　事件の顚末もさることながら、この作品の妙味はホームズの初々しさだろう。事件の解決後、役立たずのグレグスン刑事とレストレード刑事に手柄を横取りされたホームズはぼやく。〈肝心なのは世間の人に、なにかを為したと信じさせることだけだ。でもまあいいや〉〈君の功績はひろく公表して、一般に認められてしかるべきだろう。（略）僕がかわってペンをとってもいい〉と語るワトスンに、ホームズはその日の新聞を差し出した。そこには無能な刑事を讃え、ホームズを素人探偵呼ばわりする記事が載っていた。

　ワトスンはいう。〈「いいじゃないか」と私は答えた。「僕は事件をみんな日記につけているから、やがて世間の人に発表してやるよ。それまではまあ、成功したんだという意識だけで満足しておきたまえ。——世間の奴らは我を非難する。だが我はわが家に秘した多くの財宝を眺めつつ自らを讃えようといったローマの守銭奴みたいにね」〉

　そして、ワトスンはホームズの功績を記録し、伝える人になった。「世間の奴らは」以下の最後の一文は、古代ローマの詩人ホラティウスの箴言《しんげん》。文学音痴のホームズに向けて、あえて放った名文句である。孤独だった探偵と記録者の友情が固まった瞬間で幕。名コンビはこのとき誕生したのである。

（引用元／新潮文庫・延原謙訳）

第一部はワトスンの回想録。第二部では舞台をアメリカ西部に移して事件の背景が描かれる。ホームズが無教養という説はワトスンの観察によるもので、後には覆されているらしい。

アーサー・コナン・ドイル（一八五九〜一九三〇）医師として開業するもうまくいかず、生活のためにホームズ物を執筆。これが大ヒットし、推理小説分野の古典となった。ほかに歴史小説や科学小説も。

大きい少年たちはほとんどおとなのようになっていたことを。

『十五少年漂流記』（一八八八年／フランス）ジュール・ヴェルヌ

だが「休暇」の意義は最後にわかる。語り手はいう。〈すべての子どもたちによく知っていてほしいのだ――秩序と、熱意と、勇気があれば、たとえどんなに危険な状況でも、きりぬけられないものはない、ということを〉〈すべての少年たちは、忘れないでほしいのだ――この少年たちが国に帰ったときには、小さい少年たちはほとんど大きい少年たちのように、大きい少年たちはほとんどおとなのようになっていたことを〉

説教臭い語り手だな、と大人になった私は思うが、大上段な説教が人間、ときには必要なのだ。

選挙、生活、そして戦争。大人社会の縮図のような共同体での経験を経て、少年は大人になる。これすなわち、近代が考える「正しい少年像」である。『十五少年漂流記』から『機動戦士ガンダム』までつながる、チームワークの物語。ややハードなボーイスカウト小説だ。（引用元／集英社文庫・横塚光雄訳）

●「近代」を教えるボーイスカウト小説

少年少女向けの抄訳で読んだという人も多いだろう。ジュール・ヴェルヌ『十五少年漂流記』の原題は『二年間の休暇』である。

物語は〈一八六〇年三月九日の夜は、ひと晩じゅう、雲がひくく海をおおいつくし、数メートル先しか見通せなかった〉という嵐の場面からいきなりはじまる。八歳から一四歳まで、一五人の少年を乗せた帆船が南太平洋を漂流し、無人島にたどりつく。

一五人の内訳は、ニュージーランドの寄宿学校の生徒一四人と黒人の少年水夫一人（プラス犬一頭）。一三歳のブリアンは下級生思いのフランス人。同じく一三歳のドニファンはプライドの高いイギリス人で、ブリアンとは犬猿の仲である。最年長のゴードンは人望の厚いアメリカ人で、初代の「大統領」に選ばれる。国籍も性格も異なる三人の年長者を中心に、学校の名をとったチェアマン島で一五人は二年もの間、生活をともにするのである。

食料となる獲物はすぐとれる。住まいに適したほら穴もやがて見つかる。寝具も衣類も船から運び出すことができ、あらゆる危機は間一髪で回避する。楽天的すぎて巨大なテーマパークでのサバイバルゲームに見えないでもない。

日本語の初訳は森田思軒の『十五少年』（一八九六年）。『十五少年漂流記』は霜田史光訳（一九二五年）から。抄訳で普及した物語だが、集英社文庫版は全訳。

ジュール・ヴェルヌ（一八二八〜一九〇五）プロフィールは196ページ参照。

わたしの黄金の町で幸福な王子が わたしを賞めたたえるようにするつもりだから

『幸福な王子』（一八八八年／イギリス）オスカー・ワイルド

●じつは王子とつばめの恋愛小説？

『幸福な王子』はオスカー・ワイルドの童話の中でも特に有名な一編だろう。

ある町に幸福な王子の像が建っていた。この町に一羽のつばめが飛んでくる。エジプトへ旅立った仲間を追う急ぎ旅の途中だった。ところが、つばめが王子の足もとで眠ろうとすると上から水が降ってくる。王子は泣いていた。「つばめさん、この刀のルビーをあの貧しい母子のところへ持っていってくれないか」つばめは頼みをききいれるが、翌日も王子は用事をいいつけた。「わたしの目のサファイアを抜きとって、あのひもじい青年に届けてくれないか」

貧しい人々を救った博愛と自己犠牲の物語。と見えるのだが、王子とつばめは単なる主従関係か。王子がつばめに用をいいつけるのは彼を一日でも長く引きとめておきたいから。つばめが自分を犠牲にしてまで王子に従うのは無償の愛に目覚めたから。これはむしろ恋愛小説に近い。

冬、死期をさとったつばめはいう。「お手にキスさせてくださいませんか？」王子はいった。「わたしのくちびるにキスしなさい、わたしはおまえを愛しているのだから」

最後を飾るのは宗教的なエンディングだ。つばめの死と同時に王子の鉛の心臓は二つに割れ、王子の像は炉で溶かされ、心臓だけが残った。なんて悲しい恋の末路。

「町じゅうでいちばん貴いものをふたつ持ってきなさい」という神様の命で、天使はつばめの死骸と王子の心臓を持ち帰る。「おまえの選択は正しかった」と神様はいった。

〈天国のわたしの庭で、この小鳥が永遠に歌いつづけるようにし、わたしの黄金の町で幸福な王子がわたしを賞めたたえるようにするつもりだから〉

自身も同性愛者であり、その罪で投獄された作者ワイルド。神様がつばめと王子に永遠の命を与えると約束したのは、表向きには貧しい人々を救った彼らの行為を讃えるためだった。だが、恋愛小説として読むと、このラストはキリスト教が禁じた同性愛への許しのようにも思えるのだ。（引用元／新潮文庫・西村孝次訳）

同性愛が忌避された時代の文学には、ホモ・エロティックな関係性を秘めた作品がじつは少なくない。詳しくは大橋洋一監訳『ゲイ短編小説集』を参照されたし。

オスカー・ワイルド（一八五四〜一九〇〇）「芸術のための芸術」を唱えた世紀末唯美文学の代表的作家。同性愛ゆえに実刑を受け、出獄後は失意のうちにパリで客死した。

「そりゃ、母さんは別さ」

『にんじん』（一八九四年／フランス）ルナアル

●「鬼母」という敵キャラ

赤い髪とソバカスだらけの顔ゆえ、家族から「にんじん」と呼ばれている男の子。母は末っ子のにんじんにだけ辛くあたり、小ざかしい兄と姉は弟を小バカにし、父は妻の異常な行為を止められない。――心温まるヒューマンな家族の物語を読みなれた若い読者にとって、ルナアル『にんじん』は相当ショッキングな小説だろう。

酷な仕事を押しつける。おねしょの罰にあらぬものをスープに入れる。罵倒の言葉を吐き倒す。にんじんに対する母の仕打ちはそりゃもうひどくて目をおおうばかり。一方のにんじんもまた、母に叱られまいとウソはつく、虚勢は張る、動物は殺す。こんな話を子どもに読ませていいのかと、子どもの頃の私はいぶかったものだった。

でも、そう考えるのは「母はわが子を無条件に愛するもの」「子どもは健気で無垢なもの」という固定観念のせいかもしれない。虐待なんてのは昔からあった（昔のほうがひどかった）わけで、その断片を小話風につないだ『にんじん』は、「邪悪な鬼母」という敵キャラと「卑屈な息子」という軟弱キャラのコント集みたいにも見えるのだ。

実際、にんじんも負けっぱなしではない。終盤には「やい、因業婆！」「おれはお前が大嫌いなんだ！」と叫んだり、母の命令を「いやだよ」と拒絶するまでに成長する。

ラストシーンでも、彼は帽子を地べたにたたきつけて叫ぶのだ。「おれなんか、絶対に、誰も愛してくれやしない！」そこに突然現れたボスキャラ、鬼母！

〈すると、にんじんは、無我夢中で附けたす――／「そりゃ、母さんは別さ」〉

とっさの一言。敵の攻撃を未然にかわす、にんじん、渾身の防御である。

最後に母子が和解したら『にんじん』は凡作で終わっただろう。結末近くで衝撃の告白をした父。母の態度の裏には、夫婦の不仲が隠されていた。「二〇歳まで耐えればおまえは自由だ」と語った父の言葉通り、にんじんはやがて家を出ていくだろう。「母さんは別さ」の一言が、少年期を脱しつつある子から母へのリップサービスにも皮肉にも見える。（引用元／岩波文庫・岸田国士訳）

作者の子ども時代を反映しているといわれる作品。訳者の岸田國士は「子供を甘く見るな」というメッセージが本書の主張だと述べている。現代の虐待を考えるヒントにもなりそうだ。

ジュール・ルナール（一八六四～一九一〇）「メルキュール・ド・フランス」誌の創刊に携わり、『根なしかずら』で注目を集めた。『にんじん』の舞台が大ヒットし、演劇分野でも活躍した。

この花こそ、（略）感謝の念やたがいに慕い合う情《こころ》だけは、なお人間の心臓のどこかに生き残るということの証拠なのだ。

『タイムマシン』（一八九五年／イギリス）H・G・ウェルズ

八〇万年の時間を超えて

ロボットと並ぶSF界の人気アイテム、タイムマシン。時間を超えるこの乗り物をはじめて世に送りだしたのはH・G・ウェルズ『タイムマシン』だった。

物語はタイム・トラヴェラーとだけ記された男性が、仲間たちに自ら開発したタイムマシンの原理を説明するところからはじまる。語り手の「僕」をはじめ、みな半信半疑だったが、翌週再び集まると、彼はひどい格好で現れ、時間旅行の経験を語りはじめた。

タイムマシンで彼がたどり着いたのは、八〇万年後の地球。すでに人類の衰退期であるらしく、彼を出迎えた未来人は小柄で〈ひ弱で思ったより知能が低く、たくさんの巨大な廃虚に囲まれて無気力に生活してい〉た。が、やがて彼は知る。彼らはエロイと呼ばれる地上の種族で、地下には生産労働に携わるモーロックという別の種族がいることを。

時間旅行で行き来する範囲は数百年程度、歴史のズレを楽しむタイプの物語に慣れた私たちには衝撃的な時間差だ。しかも資本家と労働者という階級が、地上と地下に分かれていたとは、ダーウィンもマルクスも真っ青である。

未来で凄絶な体験をし、さらに数千万年の時間を旅して戻ってきたタイム・トラヴェラーはしかし、翌日、また何かの事故で時間航行に発ってしまった。

彼は無事帰還できるのか。ラスト、半ば悲観しながら「僕」は彼が残していったものを見る。それは彼が未来で出会った女友達から受け取った花だった。〈この花こそ、たとえ人類の英知と力が失われるような日が来ようとも、感謝の念やたがいに慕い合う情《こころ》だけは、なお人間の心臓のどこかに生き残るということの証拠なのだ〉

八〇万年の時間さえ超える愛。人類が進化するほどの時間を移動しながら、最後はヒューマンに落とす。格差の激しいヴィクトリア朝時代に生まれた小説、最後の一文は確信？　それとも願望？（引用元／角川文庫・石川年訳）

一八九五年に初版が刊行された後も改稿され、現在広く読まれているのは一九二四年版。ちなみに八〇万年前は北京原人やジャワ原人の時代。八〇万年後、人類が進化していても不思議ではない。

ハーバート・ジョージ・ウェルズ（一八六六〜一九四六）教員、ジャーナリストを経て創作活動に転じ、今日SFの古典といわれる科学小説を精力的に発表。中期以降は文明批評的な関心を強め、二〇世紀初頭の思想界に大きな影響を与えた。

その中には憧憬があり憂鬱な羨望があり、そしてごくわずかの軽侮と、それから溢《あふ》れるばかりの貞潔な浄福とがあるのです。

『トニオ・クレエゲル』（一九〇三年／ドイツ）トーマス・マン

●あなたは俗人？　芸術家？

一四歳の頃、トニオは、同級生の美少年、ハンス・ハンゼンが好きだった。けれどもハンスは乗馬に夢中で、トニオが愛する文学には何の興味も示さない。一六歳、トニオは金髪の快活な少女インゲボルグ・ホルムに恋をした。けれどもダンスに夢中なインゲは、トニオのおかしな動きを見て笑った。トーマス・マン『トニオ・クレエゲル』は、いわばスポーツマンに憧れるオタク少年の物語である。

名誉領事を務める几《き》帳《ちょう》面《めん》な北方系の父と、芸術を愛する官能的な南方系の母の間に生まれたトニオ・クレエゲルは「（父のような）市民」と「（母のような）芸術家」という二つの気質の間で思い悩む。めんどくさ〜い人なのだ。

三〇歳をすぎ、ひとかどの詩人として認められるまでになったトニオは、女友達で画家のリザベタ・イワノヴナ相手に日頃の悩みをくだくだと打ち明ける。ところがリザベタにいわれたひと言は「もうそれでおしまいですか、トニオ・クレエゲルさん」。そしてさらにきつい一撃。「あなたは横道にそれた俗人なのよ」生まれた町では変人扱いだったのに、芸術家の目で見れば俗人だったトニオ！

彼のめんどくさ〜い一面はラストにもよく表れている。旅先の北欧で、かつてのハンスとインゲにも似たカップルを見たトニオはリザベタに手紙を書く。〈僕の最も深く最もひそかなる愛は、金髪碧眼《へきがん》の、晴れやかに溌剌とした、幸福で愛想のいい凡庸な人々の所有なのです〉〈その中には憧憬があり憂鬱な羨望があり、そしてごくわずかの軽侮と、それから溢《あふ》れるばかりの貞潔な浄福とがあるのです〉

市民を賛美しているように見えるけど散文的にいい直せば「いいよなあ、凡人は。あんなに呑気に暮らしてられて。ほんと、うらやましいよ」ってことですよね。幸福な俗人にも冷徹な芸術家にもなりきれない男。このラストに共感できたか否かで人は二分できる。共感できたあなたは、もちろん芸術家タイプである。**（引用元／岩波文庫・実吉捷郎訳）**

非モテ男子のトニオだが、彼の理解者たる少女も登場する。詩を読みたいというマグダレエナ・フェルメエレンである。だけどトニオはインゲみたいなギャルが好き。現代と同じだね。

トーマス・マン（一八七五〜一九五五）保険会社の社員を一年で辞め、大学の聴講生になって執筆を始める。『ヴェニスに死す』等の名作を多く発表し、一九二九年ノーベル文学賞受賞。

『桜の園』（一九〇三年／ロシア）チェーホフ

……ったく、……この、未熟者めが！……

没落貴族に明日はある？

桜といえば日本では、うすいピンクの花を愛でるものと決まっている。チェーホフ『桜の園』の花は白である。桜は実（サクランボ）をとるための木、なのだ。

『桜の園』は戯曲、作者によれば「四幕の喜劇」である。地主のラネーフスカヤ夫人が娘のアーニャとともに、パリから五年ぶりに帰ってくる。白い花におおわれた懐かしい桜の園に彼女は感激するが、その土地は競売にかけられることが決まっていた。舞台は革命前夜の帝政ロシアだが、劇中ではもう「革命」が起こっている。

土地を競り落としたのは、領内の農奴の子から実業家に成り上がったロパーヒンだった。桜の木を伐採して別荘地として貸し出せば、あなたがたは救われる。そんな彼の提案を夫人は蹴ったのだ。ロパーヒンは叫ぶ。〈今や桜の園はわたしのもの、わたしのものです！〉

旧知の大学生トロフィーモフも、夫人ら貴族＝封建領主に批判的だった。人間を所有する農奴制の愚かさ。過去を償い、現在を生きよう。その言葉に感化された一七歳のアーニャは打ちひしがれている母にいう。〈御一緒に、ここを出て行きましょう！　あたしたちの手で、ここより立派な新しい園を作るわ。（略）行きましょう、ママ、行きましょう！〉

旧世代の貴族（ラネーフスカヤとその兄のガーエフ）はもうお呼びじゃないのだ。舞台にひとり残されるのは八七歳の老僕フィールスである。

〈ちょいと寝ていよう……。お前も、衰えたもんだなあ……、まるっきり、なんにも残っちゃいねえ……。……ったく、……この、未熟者めが！……（横たわったまま、動かない）〉

一家が去った後、彼は忘れられ、外から鍵をかけられた家に取り残されたのだ。このまま行けば、まさか、遺体で発見されること必至⁉　農奴解放令の際もフィールスは市民になることを拒んだ。遠くに木を伐採する音が聞こえる。桜の老木と老僕がともに滅びる末尾。「未熟者めが！」は彼の口癖だが、最後の一語は帝政ロシアへの罵倒にも思える。（引用元／岩波文庫・小野理子訳）

「未熟者めが！」は神西清の訳（新潮文庫）では「出来そこねえめが！」。ロシア革命の発端となった血の日曜日（一九〇五年）の直前の作品。革命への気運はもう整っていたのかも。

アントン・パーヴロヴィチ・チェーホフ（一八六〇〜一九〇四）父が破産し、苦学しながら医学部へ。在学中から家計を支えるため風刺雑誌にユーモア短編を執筆。やがて本格的に文学を志し、優れた人間観察とペーソスに満ちた作品群を生み出した。

セーラが（略）馬車に乗りこんで去っていくのを、アンはいつまでもただじっと見送っていた。

『小公女』（一九〇五年／アメリカ）バーネット

「あたしは公女」は上流の誇り

　庶民から貴族になった『小公子』とは逆に、『小公女』はお嬢さまが貧しい孤児に転落する物語である。

　母を亡くし、インドで父のクルー大尉と暮らしていたセーラは、七歳でロンドンの寄宿制女学校に入った。ところが一一歳の誕生日に訪れた悲劇。ダイヤモンド鉱山の事業に失敗した父の破産と訃報だった。彼女は屋根裏部屋行きとなり、日夜こき使われる身分となる。が、「あたしは公女さまよ」が信条のセーラはへこたれない。下働きのベッキーと自分を、彼女はフランス革命時の貴族になぞらえる。マリー・アントワネットだって毅然としていた。「わたしはバスティーユの囚人。ベッキーはとなりの独房の囚人なの」

　こういう大人びた子は、学院長のミス・ミンチンでなくても敬遠したくなるタイプだろう。自身の空腹もかえりみず、拾った硬貨で買ったパンを飢えた少女にあげたのも「この子だって、公女さまにとっては、人民たちの一人なんだわ」と考えたからだった。

　ラストはこの少女との再会である。その後、亡き父の共同経営者でセーラを探していたカリスフォード氏と巡り会い、元の暮らしと巨万の富を手にしたセーラは、貧しい人にまたパンを与えたいと考える。

　パン屋ではあの少女アンが働いていた。「ほんとによかったわ」とセーラはいう。あなたなら子どもたちにパンを渡す仕事を喜んでやってくれるだろう。アンは「はい、お嬢さま」と答える。そして〈セーラがインドの紳士と連れ立って店を出ていき、馬車に乗りこんで去っていくのを、アンはいつまでもただじっと見送っていた〉。

「あたしは公女」というセーラの意識はただの空想ではなく、階級的なプライドと見るべきだろう。仕事を手に入れたアンも、セーラの侍女に納まったベッキーも労働者階級の娘。自らを貴族になぞらえ、上流の誇りを胸に苦境を乗り切ったセーラとは出自がちがうのだ。アンとセーラの境遇の差をあえて際立たせるエンディング。永遠の少女小説は意外とシビアなのである。（引用元／岩波少年文庫・脇明子訳）

階級と同時に作品の底辺を支えるのは植民地収奪である。セーラの父も「インドの紳士」と呼ばれるカリスフォードもインドの鉱山開発で財を築く。セーラの幸福もその上にあるってことだ。

フランシス・イライザ・ホジソン・バーネット（一八四九〜一九二四）プロフィールは206ページ参照。

最後の葉っぱが落ちた晩に、あの人があそこへかいておいたのよ。

もうひと波瀾ありそうな結末

窓の外のツタを見て「あの葉が落ちたら私も死ぬのよ」といっていた病気の女の子。だが！

О・ヘンリー『最後のひと葉』は短編の名手による有名な物語である。子どもの頃の記憶では病室にいるのは母と幼い娘のような気がしていたが、舞台は売れない芸術家たちが集まるニューヨークのシェアハウス。これはひとつの部屋をシェアする若い二人の女性のお話だった。

気弱になり「最後の一枚が落ちるときには……」と語るのは肺炎を病んだジョンジー。「そんなバカな話、きいたこともないわ」と一蹴するのはルームメートのスー。二人の階下には傑作を描く描くと豪語しながら何も描かずにときをすごした老人ベアマンが住んでおり、スーの話を聞いてやはり憤慨する。「どうしてそんなバカな考えを」

そして問題の朝、窓外の壁に一枚の葉がまだついたままなのを見てジョンジーは反省する。「死にたいとねがうなんて、罪悪なのね」「あたし、そのうちナポリ湾をかいてみたいわ」

希望を取り戻し、危機を脱したジョンジーに、スーはいった。「ベアマンさんが、きょう病院で肺炎のためになくなったの。たった二日寝たっきりよ」と。「あんた、ふしぎだとは思わなかった？　ああ、ジョンジー、あれが、ベアマンさんの傑作だったのよ――最後の葉っぱが落ちた晩に、あの人があそこへかいておいたのよ」

物語はここで終わる。昔読んだ印象では、希望を持つことの大切さを教える美談であった。しかし、病気の主が大人の女性だとすると、話はいささか変わってくる。ジョンジーはスーの話を聞いてどう思ったか。嵐の夜に無理をして死んだ老人。自分の浅はかな妄想が間接的に彼を殺したことを知って、激しい後悔にかられたのではないか。

彼女は泣き叫ぶのか、茫然自失するのか。もうひと波瀾が予想される終わり方。お守り役であるスーの気苦労がしのばれる。（引用元／偕成社文庫・大久保康雄訳）

『最後のひと葉』（一九〇五年／アメリカ）О・ヘンリー

巧みなストーリーと見事なオチで読ませるО・ヘンリー。が、私生活では横領で逮捕されたり妻と離別したり、難事が絶えなかった。かすかに混じる苦みが物語の隠し味ともいえそうだ。

О・ヘンリー（一八六二～一九一〇）銀行員時代に公金横領の嫌疑で告発され、服役中に創作を始める。市民の哀歓を描き出した短編が多く、欧米ではサキと並んで短編の名手と呼ばれる。

ギーベンラート氏は（略）ただぼんやりと重たい足を引きずって、住みなれた自分の生活のある町のほうへおりていった。

『車輪の下』（一九〇六年／ドイツ）ヘルマン・ヘッセ

学歴と大人の見栄につぶされて

ヘルマン・ヘッセ『車輪の下』は、かつて日本の中高生の必読図書だった。猛勉強の末に難関の神学校に合格したハンス・ギーベンラート。だが、彼は心身を病んで学校を追われ、最後は悲劇的な結末を迎える。

本国のドイツ以上にこの小説が日本で愛読されたのは、学歴社会の中で抑圧を感じる受験エリートの少年たちにとって、ハンスが他人とは思えなかったからだろう。

しかしながら、寄宿学校での話は真ん中の三章と四章だけ。ハンスの父ギーベンラート氏がどれほど凡俗な人物であるかを強調した後、小説の一章と二章で語られるのは、故郷ですごした最後の夏の日々である。勉強ばかりしているハンスを心配し、靴屋のおじさんのフライクはいう。少年時代は外のいい空気の中で運動するほうが大切なんだと。

一方、五〜七章は、退学した傷心のハンスが故郷にもどった後の話である。機械工として再出発しようとした矢先、酔っぱらったハンスは川で溺れ死ぬ。なぜこんなことになったのだと嘆くギーベンラート氏。「ハンスを破滅させたのはあの人たちだ」と葬式に集まった町の牧師や校長を批判した後、靴屋のフライクはギーベンラート氏にいう。

「あなたもわたしも、この子にはもっとしてやることがあったのではないですかな」

靴職人は彼の腕をとるが、〈ギーベンラート氏は、このひとときの静けさと異常に苦しいさまざまの思いからのがれるように、ただぼんやりと重たい足を引きずって、住みなれた自分の生活のある町のほうへおりていった〉。

階層が下の靴屋にいわれるまで、自分の罪に気がつかなかった父。『車輪の下』の主役はハンスではなく鈍くて傲慢な父親と町のお偉方だったのではないか。自分の名誉のために子どもに過度の期待をかけた大人の罪。父の重い足取りは後悔の深さを示していよう。中高生より、むしろ親御さんの必読図書だ。（引用元／集英社文庫・井上正蔵訳）

『少年の日の思い出』で知られるように、自然愛好家だったヘッセ。ハンスが虫や魚と戯れる夏の描写にもその一端がうかがえる。

ヘルマン・ヘッセ（一八七七〜一九六二）牧師を目指し神学校に通うも挫折。町工場や書店で働く傍ら独学で創作に励み、『郷愁』で有名に。一九四六年にゲーテ賞、ノーベル文学賞受賞。

「神は天にあり、世はすべてよし」とアンはそっとささやいた。

『赤毛のアン』（一九〇八年／カナダ）モンゴメリ

●日本中の少女を魅了したおてんば娘騒動記

『小公女』『ハイジ』『あしながおじさん』、古典的な少女小説の主人公にはなぜか孤児が多い。理由は単純。古い価値観の中で女の子を活躍させるには、親の存在が邪魔なのだ。

モンゴメリ『赤毛のアン』もそう。思わぬ手違いからマシュウとマリラという老兄妹のもとに引き取られた一一歳のアン。親友のダイアナやライバルのギルバート、そして学校の仲間や地域の大人たちを巻き込んだ物語は「おてんば娘騒動記」と呼ぶにふさわしい。

原題は「グリン・ゲイブルス（緑の切妻屋根）のアン（Anne of Green Gables）」。緑の屋根の家のニックネームに由来する。それを『赤毛のアン』としたのは村岡花子の訳（一九五二年）である。松本侑子訳（集英社文庫）はじめ多くの新訳が出ている今日からすると、「あら、あたし……ですわ」式の話し方をする村岡訳のアンはいささか古めかしい。が、戦後の少女たちはみな村岡訳の『赤毛のアン』から元気と勇気をもらったのだった。

少女小説のラストは、しかし、たいてい予定調和である。物語の終盤で一〇代の後半に成長したアンは急激に「感心な娘」に変貌するのだ。マシュウが世を去り、グリン・ゲイブルスを売る決心をするマリラ。アンは奨学金をもらって大学に進学する夢をあきらめ、村にとどまろうと決意する。そんなアンに地元の学校の教員の口を譲ったのはギルバートだった。宿敵との和解とロマンスの予感。かくて物語は力強い肯定の言葉で閉じられる。

〈道がせばめられたとはいえ、アンは静かな幸福の花が、その道にずっと咲きみだれていることを知っていた〉〈道にはつねに曲り角があるのだ〉とアンは考える。〈神は天にあり、世はすべてよし」とアンはそっとささやいた〉

女性に自立を促しながらも家族は捨てるなと『赤毛のアン』は教える。この結末は、悩める高度成長期の娘たちに「ほどほどの幸せ」の価値を教えただろう。「東京の大学に行きたいけど、親は地元の短大に行けっていうし」みたいな。ラストはブラウニングの詩の一節。「世はすべてよし」とはいっているが、ほんとかな。負け惜しみのニュアンスを感じるなあ。**（引用元／新潮文庫・村岡花子訳）**

村岡花子をモデルにしたＮＨＫ連続テレビ小説「花子とアン」（二〇一四年）で再び脚光を浴びた作品。ドラマでは「曲がり角を曲がった先には何があるかわからないの」が座右の銘として使われた。

ルーシー・モード・モンゴメリ（一八七四〜一九四二）幼い頃に母を亡くし、祖父母に育てられる。故郷プリンス・エドワード島が舞台の『赤毛のアン』は世界的ベストセラーに。

ランプをもって女中がはいってきた。

『狭き門』（一九〇九年／フランス）アンドレ・ジッド

天上の神との三角関係

アンドレ・ジッド『狭き門』は世界文学界きっての奇態な恋愛小説だ。語り手の「わたし」ことジェロームは二歳上の従姉のアリサが大好き。結婚したいしたいと、ずーっと思ってきた。ところがアリサは彼の求婚を拒み続ける。

「なぜこのままではいけないの?」「今のままで、二人は、十分幸福ではなくって?」

彼女は神への愛に至上の価値を置いていて、地上の幸福はいらぬというのだ。

ジェロームは悩みながらも彼女の気持ちを尊重しようとするが、当のアリサは心身を患い、療養院で死んでしまう。

残されたアリサの日記にはしかし、ジェロームへの切々たる思いが綴られていた。宗教と恋愛感情の間で、彼女も悩んでいたのである。いわば神との三角関係。これじゃあ二人の仲も進展しないはずである。

ジッドはピューリタニズム批判としてこれを書いたというが、日本では別の文脈で愛読された。この禁欲的な感じが一〇代の読者のピュアな心に響いたのであろう。

ラストはアリサの死から十数年。アリサの妹のジュリエットをジェロームが訪ねる場面だ。ジュリエットはいう。「希望のない恋を、そういつまでも心に守っていられると思って?」ジェロームの答えは「そう思うよ」。

ジュリエットは昔、ジェロームが好きだった。が、姉が自分に彼を譲ろうとしていると知り、別の男と結婚したのだ。「目をさまさなければ……」といってジュリエットは立ち上がるが、すぐに〈椅子の上に倒れてしまった。彼女は両手を顔にあてた。泣いているらしかった……／ランプをもって女中がはいってきた〉。

涙の意味は姉を思い出した悲しみか、それともジェロームへの二度目の失恋か。最後のランプ云々は「日が暮れて部屋が暗くなった」の意味だけど、ここには子だくさんの家庭に恵まれた彼女の幸福が象徴されている。次の瞬間、彼女は涙をぬぐって女中に指示を出すだろう。

神への愛に殉じた頑《かたく》なな姉と、失恋するも現世的な幸福をつかんだ柔軟な妹との対比が鮮やか!（引用元／新潮文庫・山内義雄訳）

タイトルはエピグラフにもある「力を尽して狭き門より入れ」（『新約聖書』「ルカによる福音書」）に由来する。かつて高校生の必読図書とされたのは、禁欲が奨励されたせいだろうか。

アンドレ・ジッド（一八六九～一九五一）幼少期の厳格なプロテスタント教育や従姉マドレーヌとの恋愛・結婚生活、音楽的教養が創作のテーマに。批評家としても名を成した。

ぼくたち、幸福に暮すために、いつかきっとあの鳥がいりようになるでしょうから。

『青い鳥』（一九〇九年／ベルギー）メーテルリンク

「幸福は近くにある」って本当？

メーテルリンク『青い鳥』はだれもが結末を知っている（はずの）物語である。青い鳥を探して旅に出たチルチルとミチル。だが、家に帰ってみると、青い鳥はかごの中にいた。幸福は近くにあったのです。

さあ、これは本当かな。

『青い鳥』は六幕一二場の戯曲である。第一場はクリスマス前夜の木こり小屋。窓から金持ちの家を眺める兄妹の前に不気味な妖女が現れる。「青い鳥はいないかね？」鳥はいるけどあげないと断る兄妹に、妖女は病気の娘のために青い鳥を探してくれと依頼する。兄妹は光の精に導かれ、思い出の国、夜の御殿、幸福の花園、未来の王国と旅を続けるが、青い鳥は獲れなかったり死んだり色が変わったり。

そして問題のラスト。兄妹は寝床で目を覚ます。夢だったのだ何もかも。が、兄妹の目に映る小屋は幸福感に充ちていた。そこに現れた隣のおばあさん。病気の娘がチルチルの鳥をほしがっているという。彼はかごの鳥が青いことに気づく。青い鳥はここにいたんだ！

原作にはまだ先がある。チルチルが青い鳥をあげたことで娘の病気は回復。しかし、餌をやろうとしたとき、鳥は逃げてしまうのだ。泣き叫ぶ娘に「またつかまえてあげるからね」と彼はいい、客席に呼びかける。

〈どなたかあの鳥を見つけた方は、どうぞぼくたちに返してください。ぼくたち、幸福に暮すために、いつかきっとあの鳥がいりようになるでしょうから〉

ここには二重の反転がある。

第一に、幸福の青い鳥は辛い旅を経験した者、親切な者だけに与えられること。第二に、青い鳥は逃げてもまた探せばいいこと。求めよさらば与えられん、青年よ荒野を目指せ、可愛い子には旅をさせろ、だ。

身のほどを知れ、現状で満足せよといわんばかりの「幸福は近くにある」論とは正反対の「旅立て」というメッセージ！　しかし、どこでこんな誤解が生じたのか。保守的な大人の陰謀か。きっとそうだ。（引用元／新潮文庫・堀口大學訳）

現在ではミュージカル作品として人気。子どもや市民が自ら上演するケースも多い。ただし、台本はいずれも脚色されている。

モーリス・メーテルリンク（一八六二～一九四九）フランス象徴主義の影響を受けた夢幻的な悲劇で知られる。後半生はより写実的な作風に移行するとともに、自然界の神秘を探る博物学的著作も残した。

こうして、子どもが陽気で、むじゃきで、気ままであるかぎり、これはくりかえされていくのです。

『ピーター・パンとウェンディ』（一九一一年／イギリス）J・M・バリー

歴代の娘の前に現れる謎の少年

ロンドンの住宅街に住むダーリング家の子どもたち、ウェンディ、ジョン、マイケルの三人きょうだいは、両親が留守の夜、謎の少年ピーター・パンに導かれてネヴァーランドに向かう。人魚、妖精、インディアン、そして迷子の子どもたちが住むネヴァーランド。ピーターは片腕の海賊ジェームズ・フック船長との宿命の対決に臨むが……。

J・M・バリー『ピーター・パンとウェンディ』はディズニー映画でおなじみ、『ピーター・パン』の原作である。どこにもない夢の国を舞台にした冒険物語。児童文学で繰り返し描かれてきた題材である。が、これはディズニー版のように単純明快なファンタジーではない。

〈右へまがって、二つめの横丁、それを朝までまっすぐ〉のところにあるネヴァーランド。素直に解釈すれば、それは「子どもの空想が生み出した国」だろう。その証拠に、大人になったウェンディの後日談で物語は幕を閉じる。

結婚してジェインという娘を持ったウェンディ。そこに現れたピーターに、ウェンディは残酷な事実を告げる。「わたしは、ずっとまえに、おとなになったの」だからもういっしょには行けないのだ、と。だが、娘のジェインはピーターとともに飛んでいった。そのジェインもやがて母になり、娘のマーガレットがピーターに出会う。

〈こうして、子どもが陽気で、むじゃきで、気ままであるかぎり、これはくりかえされていくのです〉

子どもの夢は永遠に繰り返されるという、一見幸福なラスト。しかし、はたしてピーター・パンとは誰なのか。ネヴァーランドに住む子たちとは〈ばあやたちがよそ見してる時、うば車からおっこった子どもたちなんだ。もし一週間以内にとどけ出がないと、費用がかかるから、遠くのネヴァーランドに送られちゃうんだ〉とピーターはいい、自分はその隊長だと説明する。彼らは間引きなどでこの世に生を受けることがかなわなかった子どもたちなのではないか。歴代の娘たちの前に現れるピーターが、ウェンディの兄か弟だったとしたら……。どう思います？（引用元／福音館文庫・石井桃子訳）

本作に先だってバリーは『ケンジントン公園のピーター・パン』（一九〇六年）という小説を書いている。主役は赤ん坊のピーター・パン。冒険譚とは異なるが、こちらも奇妙な物語だ。

ジェームズ・マシュー・バリー（一八六〇〜一九三七）一九〇二年の小説で誕生したピーター・パンの物語をその後、舞台で展開して大ヒットさせた。本作はそのノベライズ版。

これは私が生れて初めて書いたラブレターです。ちゃんと書き方を知っているなんて妙《みょう》ですわね？

『あしながおじさん』（一九一二年／アメリカ）ジーン・ウェブスター

●篤志家のスミス氏の正体は……

見ず知らずの資産家に、大学への進学資金を出してもらうかわりに、月に一度手紙を書くよう命じられる。ジーン・ウエブスター『あしながおじさん』は、こうして「ジョン・スミス氏」あてに手紙を書きはじめた、作家志望の少女による書簡体小説だ。

発表から一〇〇年が経過したいまも世界中で愛されているのは、孤児院で育った語り手のジュディことジルーシャ・アボットの快活な性格に加え、「独立への第一歩を踏み出した女の子」の物語らしい細部の輝きからだろう。女子大の寮での生活。初めて読んだ本。農園ですごす休暇。買った物のリスト。ジュディの唯一の不満はスミス氏からの返事が一通も来ないことだったが、彼女の筆は驚きと喜びにあふれ、日本の少女たちの憧れをかきたてたものだった。

しかし後半、ジュディの手紙は微妙に変化する。〈私は今まで一度も男の人と話をしたことがなかったのでございます〉などと書いていた彼女の手紙には、同級生の叔父である「ジャーヴィ坊ちゃま」の記述が増えはじめる。そして大学を卒業後、この人物にプロポーズされた彼女は生い立ちに引け目を感じて固辞するのだが……。

悩みを綴った手紙を機に、スミス氏とついに面会できることになったジュディ。「ぼくがあしながおじさんだったということに気がつかなかったの？」と語るその人物の正体はあの人だった！　彼女は最後の手紙の追伸に書く。〈これは私が生れて初めて書いたラブレターです。ちゃんと書き方を知っているなんて妙《みょう》ですわね？〉

資産家の男性との結婚はシンデレラ物語の王道である。だがジュディはそんな凡庸な子じゃないのだ。孤児院の改善を胸に秘めていた彼女は、誰と結婚すれば夢がかなうか考えたはずである。そして実際、続編の『続あしながおじさん』ではジュディの意向で親友のサリーが孤児院の院長に就任するのだ。浮かれたラブレターの陰に秘めた意志あり。と考えたほうが楽しくない？（引用元／新潮文庫・松本恵子訳）

東健而による初訳（一九二九年）の邦題は『蚊とんぼスミス』だった。新訳（一九三三年）に際し、表題を直訳に近い「あしながおじさん」に変更したのは遠藤寿子。名訳といえるだろう。

ジーン・ウェブスター（一八七六〜一九一六）母はマーク・トウェインの姪。大学在学中から創作を重ね、『あしながおじさん』で有名に。結婚し、女児を早産した直後に死去。

『変身』（一九一五年／オーストリア）カフカ

その様子は、ザムザ夫妻の目には、彼らの新しい夢とよき意図の確証のように映った。

ほんとに「虫」のお話なのか

ある朝起きたら虫になっていた――読んでなくてもみんな知っているフランツ・カフカ『変身』の冒頭部である。高橋義孝の訳（一九五二年）では〈ある朝、グレーゴル・ザムザがなにか気がかりな夢から目をさますと、自分が寝床の中で一匹の巨大な虫に変っているのを発見した〉。

セールスマンの彼は、やばい、電車に乗り遅れると考える。身体に起きた異変より、彼には「いま」が大切なのだ。

意識は人間のまま、視覚も聴覚ももとのままなのに、身体も言葉も自由にならない主人公。家族は彼を気味悪がり、最後はひからびて死んでしまう。筋をまとめてしまえばそれだけの、シュールで非現実的なお話だ。

ところが、高齢化時代のいま読むと、この状況はシュールでも非現実的でもない。虫になった人だけでなく家族も描いているのが『変身』の秀逸なところ。わが身を不本意と感じながらも、どうすることもできない主人公。変わってしまった息子を持てあまし、おろおろする母、りんごを投げつける父、食事だけは運びながらも徐々に世話をしなくなる妹。彼の姿は引きこもりの少年や、要介護の高齢者を思わせる。描かれているのは、介護者と被介護者の現場なのだ。

その伝でゆくとラストも意味深。グレーゴルの死後、両親と妹は数か月ぶりに外出する。電車の中で娘が美しく成長していることに気づいた両親は〈この娘にも手ごろなお婿さんを捜してやらねばなるまい〉と考える。そして〈降りる場所に来た。ザムザ嬢が真っ先に立ちあがって若々しい手足をぐっと伸ばした。その様子は、ザムザ夫妻の目には、彼らの新しい夢とよき意図の確証のように映った〉。

巻末で手足を伸ばす妹は、冒頭、寝床の中でうごめく兄と対照をなす。グレーゴルが死んで「厄介払い」をした後に訪れた解放感と新しい希望。昨日のザムザ一家は今日の私たち。とても他人事と思えない。（引用元／新潮文庫・高橋義孝訳）

カフカは扉に昆虫の絵を入れることを拒否したそうだ。新潮文庫版の解説（一九八五年）で、有村隆広は「登校拒否児」や「ノイローゼになった猛烈社員」を連想させると述べている。

フランツ・カフカ（一八八三～一九二四）保険局に勤めながら執筆を続け、生前はほぼ無名ながら、『審判』『城』等でも孤独感と不安の横溢する独特な小説世界を構築していた。結核のため四〇歳で死去。死後、遺稿が発表され、世界的なブームとなった。

彼はすばらしい本場牡蠣《ロイヤル・ネイティヴ》が十三も、たった一シリングで買えた時分のことを思い出していたのである。

『月と六ペンス』（一九一九年／イギリス）サマセット・モーム

●絵のために妻子も捨てた男

平凡な株式の仲買人だった男が、四〇歳にして妻子を捨て、ロンドンからパリに出て画家になると宣言する。——サマセット・モーム『月と六ペンス』は、画家ゴーギャンの生涯にインスパイアされて書かれた作品といわれる。

〈はじめてチャールズ・ストリックランドを知ったとき、僕は、正直に言って、彼が常人と異なった人間だなどという印象は、少しも受けなかった。だが、今日では彼の偉大さを否定する人間は、おそらくいまい〉

生前はパッとせず、死後名声が高まった画家の人生を、作家の「僕」が回想する形式で物語は進行する。

なぜ一七年も連れ添った妻を捨てたのかと問う「僕」に画家は答える。「ほほう、いけないいかねえ？」彼が友人の妻を奪い、その女性が自殺したときにも「僕」は問い詰めた。画家の答えは「もうあの女の話はたくさん。実にくだらない女だった」。この後画家はタヒチに移住し、そこでも新しい妻と子を得て創作に励むのだが……。ストリックランド、絵しか頭にないヤな男です。でも、女にはモテるんです。

ラストはストリックランドの死後数年たって、老いた「僕」が彼の最初の妻を訪ねる場面だ。

彼女は高価になった亡き元夫の複製画を飾り、天才の妻には夫の業績を広める義務があると語った。

彼女の俗物ぶりにウンザリしながら「僕」は聖書の一節を口にしようとしてやめる。末尾の一文はこれ。

〈彼はすばらしい本場牡蠣《ロイヤル・ネイティヴ》が十三も、たった一シリングで買えた時分のことを思い出していたのである〉

「彼」とは語り手の叔父のこと。かつて二束三文だった天然ガキは、一九世紀半ばに海洋汚染の影響などで激減、「王室御用達のカキ」と呼ばれる高級食材となった。「偉大な芸術家」も、似たようなものだという皮肉である。カキも絵画も価値が上がった途端に見る目が変わる。芸術家なんて世間から見たらこうなんだよ、という自嘲か。それとも諦念か。（引用元／新潮文庫・中野好夫訳）

タイトルは「芸術と現実」「天才と凡人」くらいの意味。語り手に同性愛的傾向を見る解釈もあり、もしそうなら「僕」がストリックランドを見る目にもちがった要素が加わることになる。

ウィリアム・サマセット・モーム（一八七四〜一九六五）フランスに生まれるも早くに両親を亡くしてイギリスにいる叔父に引き取られた。医学校を卒業したが、文学の道に進む。戯曲にも傑作が多い。

生命は死に絶えることはありません！（立ち上がる）不滅です！（両手を前にさしのべる）不滅です！

『ロボット』（一九二〇年／チェコ）カレル・チャペック

●機械文明の果ての少子化社会

ロボットという言葉がこの作品から生まれたのは有名な話。カレル・チャペック『ロボット』（原題は『R《エル》・U《ウー》・R《エル》』）は四幕の戯曲である。

人造人間の製造販売を一手に引き受けるR・U・R（ロッスムのユニバーサル・ロボット）社は、役員以外の労働者や従業員がすべてロボットという会社。ロボットも人間並みに扱うべきだと主張する人道連盟のヘレナに、社長のドミンは反論する。ロボットが働けば人間は労働から解放され、階級も貧困もなくなるはずだと。

だが一〇年後、人類は危機に瀕していた。生産労働をロボットに任せた結果、無用の存在となった人類は生殖機能を失って子どもが生まれなくなり、しかもロボットが暴動を起こす。こうなったのは自分のせいだと嘆く現場責任者のガル博士。〈あの連中は機械であることをやめた。もう自分たちの方が優勢なことを知っているし、われわれを憎んでいる〉

意思を持ったロボットが人間社会を乗っ取るのはSFではおなじみの構図だが、機械文明の果ての少子化まで予言されていたとは！　物語はしかし、意外な結末を迎える。

人工生命創造の秘密を記した文書が失われたために、ロボットも生産不能になったのだ。最後の人類となった建築士のアルクビストは生命の謎を解くにはロボットの解剖が必要だと告げるが、彼が手にかけようとした女性型ロボットと男性型ロボットは互いを思いやり、自分を解剖してくれと懇願した。アルクビストは二人を解放し、新たなアダムとイブになれと指示する。そして神に語りかける。生命は亡びない、人類だけが亡んだのだ。

〈私の目は見たのです——見たのです——愛による主の救いを。生命は死に絶えることはありません！（立ち上がる）不滅です！（両手を前にさしのべる）不滅です！〉

最後は愛が勝つという感動のラストシーン。人類を犠牲にした生命の存続。しかし、次はロボットが創世記からやり直すのか。人類のおごりに対する究極の皮肉かもしれないな。

（引用元／岩波文庫・千野栄一訳）

チャペックのロボットは金属質のメカではなく、人間に近い身体組織を持った人工生命。賦役（強制労働）を意味するチェコ語の「robota（ロボタ）」が語源だそうだ。

カレル・チャペック（一八九〇〜一九三八）幅広いジャンルで健筆をふるい、新聞人としても活躍。現代の機械文明を鋭く風刺し、晩年には台頭するファシズムへの警鐘を鳴らした。

さあゆこう。――ちょうど、お茶の時間にまにあうようだ。

『ドリトル先生航海記』（一九二二年／アメリカ）ヒュー・ロフティング

●よくも悪くも大英帝国的な物語

動物と話ができるお医者で博物学者のドリトル先生。日本では井伏鱒二の訳で知られる全一二巻のシリーズである。

なかでも二巻目の『ドリトル先生航海記』は人気のある一冊だ。オウムのポリネシア、猿のチーチー、犬のジップ、アヒルのダブダブ。先生の助手を務める少年トミー。名前を聞くだけでもなつかしい。

しかしながら、いま読むと時代を感じさせる。

ひとつは、現代の感覚からすると、いささかスローな筋運びだ。ドリトル先生が尊敬する博物学者ロング・アローの消息を求めて、先生と動物たちが再び航海に出る。それが『航海記』の筋立てだが、航海記だというのに一行はなかなか出発しない。三八〇ページほどの本の一六〇ページをすぎても、彼らはまだイギリスにいる。老人になったトミーが語り手を務めているため「先生はおっしゃいました」式の語りのテンポがまた悠長。

もうひとつは、この時代の文学の限界として、西洋中心主義から抜けきっていないこと。一行がやっとの思いでたどり着いたクモサル島は、「アメリカ・インディアン」が住む未開の島だった。火を持たない彼らのために、火のおこし方を教え、隣の部族との戦争の鎮圧に成功した先生は、新しい王様に選ばれてしまう。外から来た白人が、未開人に文明をもたらし、正しい方向へと導く。植民地主義なのだ、発想が。

救いは、物語がそこでは終わらないことだろう。終盤、王様の仕事に忙殺され、自由を失った先生を案じ、動物たちは先生を島から連れ出す。島の住民と別れを惜しむヒマもなく、巨大な「海カタツムリ」の殻に乗って、イギリスに戻った一行。留守番のダブダブが台所で火をたいているかしら、というトミーの声に応じて先生はいう。

〈四時だ！　さあゆこう。――ちょうど、お茶の時間にまにあうようだ〉

よくも悪くも、大英帝国の時代らしい物語。海洋冒険ロマンというスタイルも、先生（と読者）を非日常から日常に引き戻すしかけが「お茶の時間」である点も。（引用元／岩波少年文庫・井伏鱒二訳）

いまの子どもたちには、河合祥一郎の新訳によるドリトル先生シリーズ（角川つばさ文庫）がおすすめ。訳文は一新され、差別的な表現に関する解説もつく。

ヒュー・ロフティング（一八八六〜一九四七）イギリス生まれだが、アメリカで働きながら執筆。第一次世界大戦時、傷ついた軍馬の悲惨な状況を見てシリーズ第一作『ドリトル先生アフリカゆき』の着想を得た。

あんなに長いあいだ引き廻されながら、歌ひとつうたえないなんて。これでは歩き損じゃないか、というのだ。

『阿Q正伝』（一九二二年／中国）魯迅

●冤罪で処刑されたホームレスの男

〈私が阿Q《あキュー》の正伝《せいでん》を書こうと思い立ってから、もう一年や二年ではない。しかし書きたい一面、尻込みもする〉魯迅『阿Q正伝』の、煮え切らない書き出しである。

さもありなん。正伝、すなわち伝記を書こうにも、阿Qは本名も原籍も経歴もはっきりしない男なのだ。家も家族も定職もなく、土地廟《びょう》（日本でいえば鎮守の社）に住み、日雇い労働でわずかな稼ぎを得ている。気の小さい男だが、自尊心だけは強く、口論になると「おいら、むかしは――おめえなんかより、ずっと偉かったんだぞ」といい返す。

何をやってもうまくいかない阿Qは、革命騒ぎに地主たちがおびえているのを見て、ふと〈革命も悪くないな〉と考える。〈こん畜生どもをカクメイしてやる、憎い野郎どもを！……おいらだって、革命党にくらがえできるぞ！〉

しかし、相手にされるわけもなく、結局は窃盗団の一味と誤解され、逮捕投獄の上、処刑されるのだ。

ときは清国が倒れ、中華民国が成立した辛亥革命（一九一一～一二年）の頃。阿Qは冤罪で処刑されたわけだが、彼に同情する人は誰もいない。

とりわけグサッとくるのはラストである。

刑場に向かう道で、はじめて〈首をちょん切られに行くのではないか？〉と気づいた愚鈍な阿Q。語り手は事件後の「世論」について記す。

村の人々は阿Qを悪人と断じた。〈銃殺に処せられたのが何よりの証拠、悪くなければ銃殺されるはずがない〉と。一方、城内の人々は不満だった。〈銃殺は首斬りほど見ておもしろくないから。それになんと間ぬけな死刑囚ではないか。あんなに長いあいだ引き廻されながら、歌ひとつうたえないなんて。これでは歩き損じゃないか、というのだ〉

茫然自失し、声も出なかった阿Qと、すべてを見世物として消費する世論。今日のジャーナリズムやインターネットにも通じる話ではある。公開処刑の方法が変わっただけで。（引用元／岩波文庫・竹内好訳）

阿Qの処刑方法が、かつて彼が目にした絞首刑だったのか、人々がいうように銃殺だったのかは不明。訳者の注によれば、死刑の方法が銃殺に変わったのは革命後という。

魯迅（ろじん　一八八一～一九三六）本名は周樹人。字は予才。日本に留学して医学を志し、のち文学に転じる。帰国後、辛亥革命への幻滅の中から、中国社会の現状を鋭く批判する作品群を発表。その活躍は多方面に及び、中国近代文学の祖となった。

ぼくが彼女に与えたのは、それだけ……ただそれだけだった……

『青い麦』（一九二三年／フランス）コレット

●ひと夏の体験は苦かった

コレットはかつて、サガンと並ぶ女子高生のアイドル作家だった。一五歳の少女と一六歳の少年の淡い恋を描いた『青い麦』なんてドキドキだったよ。

……と思っていたのだが、読み返してみると、ん？　単純に「淡い恋」ともいえない感じだな。

ヴァンカとフィルは夏休みをブルターニュの海辺の別荘ですごす幼なじみ同士。しかし、ヴァンカが一五歳、フィルが一六歳になった今年は、お互いを意識して以前のように無邪気になりきれない。そこに現れた年上のダルレイ夫人。「ねえ、坊や」と話しかける夫人にフィルはふらふらと誘われて……。ひと夏の体験、の物語である。

フィルの場合はしかし、ヴァンカに知られたのがまずかった。嫉妬にかられ、彼をなじったあげくヴァンカはいう。「わたしにこそあんたは求めるべきだったのよ……」

ひと夏で二人も！　それは調子よすぎるべ、と大人になった私は思うが、思索的なこの少年は自らに訪れた空前のモテ期を歓迎するどころか、深く沈みこむのである。手荒なふるまいに出たことで、恋人を傷つけたのではないかと思い悩むフィル。ところがヴァンカとの一夜が明けた後、彼が朝の窓辺で目にしたのは、鼻歌を歌うヴァンカの姿だった。

彼女に何のショックも与えなかったフィル。かくして小説は彼の失望と自戒の言葉で幕を閉じる。〈ぼくは英雄でもないし、死刑執行人でもない……ちょっとばかりの苦痛と、ちょっとばかりの快感……ぼくが彼女に与えたのは、それだけ……ただそれだけだった……〉

さあ、これは意味深だ。ダルレイ夫人はフィルを利用しただけだった。しかし、もしかしたら（ヴァージンを捨てたかった）ヴァンカにも利用されただけ？

一歩まちがえばソフトポルノにもなりかねぬ事態を、小説はあくまで詩的な言葉でつづっていく。樋口一葉『たけくらべ』なども連想させつつ、性がからむあたりがおフランス。青少年は自分の力を過信しがちだ。単純に、いいじゃん、二度もいい思いをしたんだから、とはいえぬ展開。少年も性の被害者になり得るのだ。（引用元／集英社文庫・手塚伸一訳）

人妻と若い男の疑似恋愛というフランス文学の伝統も織り込んだ青春小説。罪悪感に悩む少年の姿が女性読者に愛読された原因かもしれない。

シドニー＝ガブリエル・コレット（一八七三〜一九五四）最初の夫の名義で『学校のクローディーヌ』を発表し好評を博す。離婚後はホールのダンサーをしながら小説執筆を続け、『シェリ』で文壇的地位を確立。第一次世界大戦では従軍記者としても活躍した。

こうしてぼくたちは、絶えず過去へ過去へと運び去られながらも、流れにさからう舟のように、力のかぎり漕ぎ進んでゆく。

『グレート・ギャツビー』（一九二五年／アメリカ）フィッツジェラルド

金と女の野望にかけた男の結末

ニューヨーク郊外の、とある邸宅で夜ごと繰り広げられる華やかなパーティー。しかし、主催者であるジェイ・ギャツビーの経歴を出席者は誰も知らない。――フィッツジェラルド『グレート・ギャツビー』は、いろんな意味でアメリカ的な作品だ。一九二〇年代のアメリカは日本のバブル期同様、第一次大戦後の空前の好景気に沸いていた。

物語はギャツビーの家の隣に越してきた「ぼく」ことニック・キャラウェイを語り手に、ギャツビーが貧しい階層から成り上がったこと、ギャツビーとニックの親戚デイズィはかつて恋仲だったことなどを明かしていく。五年前、ギャツビーは名もない士官だったが、彼の海外遠征中にデイズィは恋人を裏切り、富豪のトム・ビュキャナンと結婚したのである。戦線から戻ったギャツビーは彼女を取り戻すべく、ビュキャナン夫妻が住む入り江の対岸に屋敷をかまえる。デイズィとの再会で夢は一瞬かなったように見えたが……。

金と女を手に入れる。わかりやすい野望である。だが不幸な事態が重なって、結局彼はある人物に射殺されるのだ。

ラストの一文はこの小説でもっとも有名な部分である。故郷に帰る前夜、「ぼく」は亡きギャツビーを、新天地を求めて北米大陸に渡った祖先に重ねる。ギャツビーは未来を信じていた。だから、と「ぼく」は考える。〈こうしてぼくたちは、絶えず過去へ過去へと運び去られながらも、流れにさからう舟のように、力のかぎり漕ぎ進んでゆく〉

これが日本だったら、栄華をきわめて身を滅ぼしたギャツビーは「諸行無常」「盛者必衰の理《ことわり》」の例にされただろう。フロンティア・スピリッツの国はちがう。隣人の不幸な運命さえ、明日へのパワーに変えるのだ。

ここまで観察者、報告者に徹していたニックは、この瞬間から自らの人生の主人公になったというべきだろう。「この世の中の人がみんなおまえと同じように恵まれているわけではない」という彼の父の忠告からはじまった小説。みごとな主役交代劇ではある。（引用元／新潮文庫・野崎孝訳）

ロバート・レッドフォード主演の映画でも知られる作品。二〇〇六年に村上春樹の新訳が出版され、映画は二〇一三年にレオナルド・ディカプリオ主演でリメイクされた。ギャツビーへのニックの感情に同性愛的傾向を見る向きもある。

スコット・フィッツジェラルド（一八九六〜一九四〇）「失われた世代」の代表的作家で、一九二〇年代に最も活躍した。流行作家となるも遊興に耽って借金を抱え、アルコール依存症になり心臓麻痺で死去。

バタン・バタン、バタン・バタン・バタンと、階段をのぼっていく音がきこえてきました。

『クマのプーさん』（一九二六年／イギリス）A・A・ミルン

●日本語訳のワザも芸術的だ

プーといったら、いまの子どもたちにはディズニー版の『くまのプーさん』だろう。だが、昭和の子どもたちにとってのプーは、石井桃子の訳（一九四〇年）による、A・A・ミルン『クマのプーさん』と決まっていた。

風船につかまってハチミツをとろうとしたり、ウサギの穴にはまったり、トンチンカンだが愛すべきプー。イーヨー、コブタ、ウサギ、フクロといった森の仲間たち。続編の『プー横丁にたった家』で登場するトラー。石井訳に親しんだ者に、ディズニー式のピグレット、ラビット、オウル、ティガーといった名前はしゃらくさく、そっちが原典に忠実なのだとしても、どうもしっくりこない。

訳者のワザが光るのはとりわけこんな箇所である。

字が書けないプーは、イーヨーへのプレゼントに「お誕生日御祝《おんいわ》い」と書きたいと思い、フクロに「書いてくれませんか」と頼む。フクロは書いた。こんなふうに……。

〈おたじゃうひ　たじゅやひ　おたんうよひ　おやわい　およわい〉書きまちがいが芸術の域に達してる！

〈プーは、ほれぼれと、それを見物しました。／「なに、ちょっとお誕生日御祝いと書いただけのことです。」と、フクロは、なんでもなげにいいました。／「とってもながくて、りっぱだ。」と、プーはすっかり感心して、いいました〉

息子のクリストファー・ロビンに父が語り聞かせる物語。プーはもともとクマのぬいぐるみである。

書き出しは〈そうら、クマくんが、二階からおりてきますよ。バタン・バタン、バタン・バタン、頭を階段にぶつけながら、クリストファー・ロビンのあとについてね〉。ラストはこれの反対だ。〈クマのプーさんが、クリストファー・ロビンのあとから、バタン・バタン、バタン・バタンと、階段をのぼっていく音がきこえてきました〉

子どもの手でぶら下げられ、階段を逆さまに引きずられるクマ。一階と二階をつなぐ階段はファンタジーの国の出入り口。かわいいだけではない、おしゃれな構成の本なのだ。（引用元／岩波少年文庫・石井桃子訳）

石井桃子（一九〇七～二〇〇八）は児童文学界に大きな足跡を残した翻訳家・作家。「うさこちゃん」も「ピーターラビット」も彼女の訳でなければここまで普及しなかっただろう。

アラン・アレクサンダー・ミルン（一八八二～一九五六）幼少時にH・G・ウェルズの知遇を得て、多大な影響を受ける。探偵小説も書いたが、日本では「クマのプーさん」シリーズの作者として有名。

ジョン・トマスは少しうなだれた姿で、しかし希望に満ちて、ジェイン夫人におやすみなさいを言っています

『チャタレイ夫人の恋人』（一九二八年／イギリス）ロレンス

問題は性描写か、性道徳か

その昔、私も伏せ字入りの新潮文庫（一九六四年）を持っていた。ロレンス『チャタレイ夫人の恋人』。一九五〇年の邦訳後、日本では内容以上に作中の性描写をめぐるチャタレイ裁判で有名になってしまった作品である。英語圏でも物議をかもしたというが、一九九六年に出た完訳版を読んで「どこが猥褻？」と思う人が多いだろう。

コンスタンス（コニー）は貴族のクリフォード・チャタレイと結婚したが、彼は第一次大戦で負傷、下半身不随となって帰ってきた。跡継ぎを得るために他の男と関係してもいいという夫にコニーは驚くが、やがてコニーは森番のメラーズと出会い、密会を重ねるようになっていく。

際立つのは、性より階級の問題だ。不倫は許すといいながら、相手が労働者階級の男と知って激怒する夫。妊娠したコニーは夫と離婚してメラーズと暮らしたいと望むが、メラーズにもじつは別居中の妻がいた。悲劇を予感させる八方塞がりの状況！　そもそもこの小説は〈現代は本質的に悲劇の時代である〉という一文からはじまるのだ。

物語はしかし、予想に反して希望が見える結末を用意する。チャタレイ家を出たコニーと森番を解雇されたメラーズは、別々の場所で再会できる日を待つのである。

殊勝にも〈いま僕は貞潔を愛しています〉とコニーへの手紙に書くメラーズ。だが、〈ジョン・トマスは少しうなだれた姿で、しかし希望に満ちて、ジェイン夫人におやすみなさいを言っています〉という手紙のラストはどういう意味？

じつはジョン・トマスは男性器を、ジェイン夫人（レディ・ジェイン）は女性器を指す隠語。作中でもコニーとメラーズがこの隠語を使って会話する場面がある。

当局を刺激したのは性描写より性道徳だったかもしれない。男も女も、ここに出てくる人物はみな貞淑とは無縁なのだ。ピューリタニズムの仮面をかぶった上流階級の虚飾をはがす昼ドラ風の問題作。エッチは、いや愛は、階級を超えるのだ。

（引用元／新潮文庫・伊藤整訳、伊藤礼補訳）

チャタレイ裁判とは、訳者の伊藤整と版元の社長が刑法のわいせつ文書頒布罪で起訴され、表現の自由をめぐって争われた裁判。一九五七年、最高裁が上告を棄却して有罪が確定している。

デイヴィッド・ハーバート・ロレンス（一八八五〜一九三〇）炭鉱労働者の父と元教師の母をもつ。母子間は倒錯的な愛情で結ばれた。ドイツ女性を妻にし、第一次大戦中はスパイ嫌疑を受ける。戦後は欧州やメキシコに滞在した。

「そうか」体をふるわせた。「わかった、中に入れてくれ」

『マルタの鷹』（一九三〇年／アメリカ）**ダシール・ハメット**

●ハードボイルドはここからはじまった

ダシール・ハメット『マルタの鷹』はハードボイルドの先駆とされる作品だ。私立探偵のサム・スペードは紳士とも謎解きの天才とも異なるタイプ。なにせ登場シーンがこれである。〈スペードは、エフィ・ペリンに声をかけた。「なんだい、スウィートハート」〉

　エフィ・ペリンは探偵事務所の秘書である。「女のひとが、あなたに会いたいそうよ」客は美女らしい。「通してくれ、ダーリン。すぐにだ」こういう会話に心酔できる人こそハードボイルドの望ましい読者である。

　その日、彼のもとを訪れたのはあやしい女性。妹を探してほしいという。相棒のマイルズはある男の尾行に出るが、マイルズは尾行中の男ともども射殺されてしまった。依頼者の話はデタラメで、じつはスペイン国王の秘宝「マルタの鷹」の争奪にかかわっていたのである。

　秘書のエフィ・ペリン、依頼者のブリジッド・オショーネシー、さらに相棒マイルズの妻アイヴァ・アーチャーという三人の女性の共演が、この小説の見どころであろう。スペードはアイヴァと不倫関係にあるばかりか、ブリジッドとも不適切な関係になっちゃうわけで。

　とはいえ非情な探偵は簡単には陥落しない。ラスト近くでマイルズ殺しの真犯人を警察に突き出したスペード。月曜の朝、オフィスに行くとエフィの冷たい視線が待っていた。〈「あなたが、あのひとを引き渡したのね、サム」／スペードはうなずいた。「きみのサムは探偵さんなんだ」〉

　次の瞬間、スペードの顔は蒼白になる。ドアの取手が鳴ったのだ。「アイヴァよ」〈「そうか」体をふるわせた。「わかった、中に入れてくれ」〉

　秘書との会話ではじまり、秘書との会話で終わる構成。嵐の前の一瞬の静けさをとらえたラストである。何気ない一言だが、扉を開ければ面倒な女性とのやりとりが待っている。冷たくされても、扉のこちら側にいるエフィだけが、彼にとっては味方なのだ。でも、秘書の腰を抱いたり頭をなでたりするのは、訴えられても仕方ないセクハラです。真似しないよーに。（引用元／ハヤカワ・ミステリ文庫・小鷹信光訳）

ハードボイルドとは感情表現をまじえず、外部から観察できる事実だけで構成された小説のこと。ハンフリー・ボガートが演じた映画も、サム・スペードのイメージに一役買ったといわれる。

ダシール・ハメット（一八九四〜一九六一）一三歳で学校を中退、二〇歳でアメリカ屈指の探偵会社に勤める。そのときの経験を活かした『血の収穫』が大反響を呼んだ。ハードボイルドの始祖と評される。

偉大なリヴィエール、自らの重い勝利を背負って立つ勝利者リヴィエール。

『夜間飛行』（一九三一年／フランス）サン＝テグジュペリ

●事故の夜、郵便会社の支配人は

『星の王子さま』がヒューマンな子どもの論理の物語なら、こっちはおそろしく現実的な大人の論理の物語。サン＝テグジュペリ『夜間飛行』は、デビュー作『南方郵便機』と同様、南米とヨーロッパの間を結ぶ航空郵便会社に所属する人々の姿を追った中編である。

小説はある一夜の出来事を描いている。パタゴニアとチリとパラグアイ。南と西と北から飛びたった三機の飛行機が、ブエノスアイレスめざして帰還しようとしていた。

ところが、ややあって暴風雨に巻き込まれ、パタゴニア便との連絡が途絶えた。夜の孤独の中で懸命に操縦桿《かん》を握るパイロットのファビアン。地上で無事を祈る郵便会社の支配人リヴィエール。それで事態はどうなったか。

〈リヴィエールは、いま、静かな歩を運んで、自分のきつい視線の前にうなだれる事務員たちのあいだを通り、仕事が待っている支配人室へと戻る。偉大なリヴィエール、自らの重い勝利を背負って立つ勝利者リヴィエール〉

勝利者という以上、遭難は免れたのかと思いきや、すぐ前の文は〈すでに、飛行機というこのパイプ・オルガンの歌が、天へ上りつつあった〉。最悪の事態である。

リヴィエールは、わずかな遅刻や故障も許さず、パイロットの処罰もいとわず、いかなる悪天候でも事故の直後でも機を飛ばす冷徹な管理者である。朝になればこの遭難が公になり、多くの非難が襲いかかってくるだろう。

そのリヴィエールの背中に、語り手は突然エールをおくるのだ。偉大なリヴィエール！　ここまで淡々としていた語り手が、感きわまって漏らした賛辞。

夜間の郵便飛行は当時、危険と隣り合わせのベンチャービジネスだった。それでもひるむな、とこのラストは主張する。リヴィエールの信条は「部下の者を愛したまえ。ただそれと彼らに知らさずに愛したまえ」。管理職として日夜たたかう孤独なあなたのための文学である。（**引用元／新潮文庫・堀口大學訳**）

通信文にのみ「燃料なおいくばくありや」というような文語を当てた堀口大學の名訳（一九三九年）も美しい作品。同様の郵便事業に従事した作者の体験も反映しているといわれる。

サン＝テグジュペリ（一九〇〇〜一九四四）飛行家。航空隊での兵役を終えた後、航空会社のパイロットになる。第二次大戦中、偵察飛行のためコルシカ島を発進後に消息を絶った。

「わたしも、このくらいのごほうびは、もらってもいいよな」

『点子ちゃんとアントン』（一九三一年／ドイツ）ケストナー

ベルリンを二つに分ける橋の上で

『エーミールと探偵たち』『飛ぶ教室』『ふたりのロッテ』。高橋健二らの訳で親しまれた岩波のケストナー作品は、現在、池田香代子の新しい訳で生まれ変わっている。『点子ちゃんとアントン』もそんな中の一冊。

点子ちゃんことルイーゼ・ポッゲは大金持ちの社長の娘。彼女の母は娘を養育係の女性に任せたまま、芝居だパーティーだと遊び回っている。点子ちゃんは両親に隠れて養育係のアンダハトさんと家を抜け出し、ヴァイデンダム橋でマッチを売っていた。

一方のアントン・ガストは病気の母と二人暮らし。自分で料理をし、家計簿もつけ、夜は生活費を稼ぐため、やはりヴァイデンダム橋の上で靴ひもを売っていた。

舞台設定がすばらしい。川ひとつ隔てて富裕層と貧困層が住み分けるベルリンの街。その中間地点にかかる橋で物を売る少女と少年。接点がない二人を出会わせるためのしかけがこの橋なのだ。

そんな対照的な境遇にある二人の友情を描きつつ、物語は二つの家庭の「事件」を追うのだが、子どもの頃は気づかなかった。養育係に物売りを強要された少女。貧しさゆえに母にないしょで物売りをする少年。これは児童虐待の物語だったのである。

ラストは騒動がすべて片づき、アントン母子に救済の手をさしのべた父親のポッゲ氏に、点子ちゃんが「はい、ごほうび」と葉巻とマッチを差し出す場面である。〈父さんは、葉巻に火をつけて、さいしょの煙を吐き出すと、おいしそうに、ふうとうなって、こう言った。／「わたしも、このくらいのごほうびは、もらってもいいよな」〉

マッチという小道具が、ここで負（売り物）から正（父へのごほうび）に転換する。大人の都合で二人が翻弄された以上、最後は大人が許される必要があるのである。

この本には各章の後に「立ち止まって考えたこと」という作者の解説がつく。「ハッピーエンドについて」と題された解説の最後は〈この地上は、もう一度、天国になれるはずだ。できないことなんて、ないんだ〉。子どもたちへのエールである。（引用元／岩波少年文庫・池田香代子訳）

この頃のドイツは、世界大恐慌の影響で貧富の差が拡大。社会不安が高まり、一九三三年にはヒトラー内閣が成立した。その意味では社会を告発した小説とも読める。

エーリヒ・ケストナー（一八九九〜一九七四）『エーミールと探偵たち』で一躍有名になる。自由主義的作風がナチスに厭われ、一時ドイツで執筆・出版を禁止されるも、戦後は再び活躍。

サムとブルーノは、その最後の証拠品を凝視していた。

『Xの悲劇』（一九三二年／アメリカ）エラリー・クイーン

●ダイイング・メッセージが語るもの

エラリー・クイーンとは、マンフレッド・リーとフレデリック・ダネイの合同の筆名。二人はいとこ同士であり、数多くの推理小説を合作した。

わけてもよく知られるのは名探偵ドルリー・レーンが活躍する『Xの悲劇』ほか四部作だろう。

ドルリー・レーンはシェイクスピア劇を得意とする舞台俳優だったが、聴力を失い、六〇歳を前に舞台を引退した。物語は「ハムレット荘」と名づけられたレーンの家を、サム警部とブルーノ地方検事が訪ねるところからはじまる。

ニューヨークの市電の中で起きた殺人事件。被害者のロングストリートは株式仲買人。自身の婚約披露の会の後、彼は出席者とともに飛び乗った電車の中で倒れ、絶命した。彼の上着のポケットには五十数本の縫い針を刺したコルクの玉が入っていた。針の先にはニコチンの毒液が塗ってある。これが凶器だった。そんなものをいつ誰が彼のポケットに入れたのか。話を聞いたレーンは犯人はもうわかったというが、やがて第二、第三の悲劇が起こる。

レーンは抜群の頭脳の持ち主で、読唇術ができ、元俳優だから変装だってお手のものだ。他方、犯人も変装の名人で、これが事件をややこしくする。

『Xの悲劇』は今日の推理劇でもおなじみの「ダイイング・メッセージ」を意識的に用いた先駆的な作品として知られる。ローカル線の中で起きた第三の殺人で、遺体は左手の中指と人さし指を重ね、何かの印をつくっていた。レーンは推理する。〈重ね合わせた指にいちばんよく似ている図形的記号は、あきらかにXではありませんか！〉

そして最後の一文は……おっと、残念。それは明かせません。謎解きのすべてが最後の一文に思いっきり凝縮されているからだ。仕方がないので直前の部分を。

〈サムとブルーノは、その最後の証拠品を凝視していた〉

さて、二人が凝視した証拠品とは何だろう。ううむ、これが「X」の正体か。若い読者には意味不明かもしれないな。だっていまの電車はこういう道具、使わないでしょ。これ以上はないしょ。（引用元／創元推理文庫・鮎川信夫訳）

トリックや謎解きそのものを主眼とする「本格ミステリー」に属する作品。ドルリー・レーンが探偵を務める四部作は、他に『Yの悲劇』『Zの悲劇』『レーン最後の事件』がある。

エラリー・クイーン：フレデリック・ダネイ（一九〇五～一九八二）、**マンフレッド・ベニントン・リー**（一九〇五～一九七一）ダネイとリーはいとこ、プロットとトリックをダネイが、執筆をリーが担当した。エラリー・クイーンは物語の名探偵の名前でもある。

ジェインは（略）いつもメアリー・ポピンズがするように、マイケルの毛布をぐあいよくなおしてやりました……

『風にのってきたメアリー・ポピンズ』（一九三四年／イギリス）P・L・トラヴァース

●余計な説明をしないクールな乳母

その人は東風にのって桜町通り一七番地にやってきた。そして「風が変わるまではいましょう」といった。『風にのってきたメアリー・ポピンズ』は泣く子も黙る世界最強の乳母の物語である。彼女のいる場は不思議でいっぱい。笑うたびに体が空中に浮いたり、隣家の犬の言葉を通訳したり、磁石の文字盤がグルグル回ると世界中に旅ができたり。ジェインとマイケルに双子のジョンとバーバラを加えたバンクス家の子どもたちは、彼女に夢中である。

しかし、メアリー・ポピンズは余計なことはいっさいしゃべらず、子どもを甘やかさない。彼女はいつもツンとしていて、すぐ不機嫌になる。子どもたちが不思議な出来事について質問しても「どういうことです、空中にですって?」「いいかげんにしてください」。

そのうえ、メアリー・ポピンズその人同様、語り手もいっさいの説明をしない。彼女が誰でどこから来たのか。なぜバンクス家だったのか。質問をぴしゃりと拒否された子どもたち同様、読者もそれ以上の詮索は無駄だと知る。

季節が春に変わった西風の日、彼女は挨拶もせずに去る。彼女が空の彼方に消えた後、ジェインは小さな包みと手紙を見つける。友人のバートが描いたメアリー・ポピンズの絵だった。〈マイケルには磁石をあげましたから、この絵はあなたにあげます〉

ジェインは弟のベッドに絵をすべりこませる。〈「こんやは、もっててていいわ。」と、ジェインは小声でいって、そして、いつもメアリー・ポピンズがするように、マイケルの毛布をぐあいよくなおしてやりました……〉

何ひとつくれなかったメアリー・ポピンズのたったひとつの贈り物。ジェインが姉らしくふるまうのは「帰ってくるまで、おとなしくしているんですよ」とメアリー・ポピンズに命じられたからだ。躾《しつけ》の効果抜群である。大人には子どもが知らない世界があるのだと、この本はさりげなく主張する。ジュリー・アンドリュース主演の映画とはまた異なる、その厳しさがステキ。（引用元／岩波少年文庫・林容吉訳）

一九六四年の映画で有名になった作品。二〇一三年にはディズニーがトラヴァースに映画化の許可を得るまでの二〇年にわたる交渉を描いた映画『ウォルト・ディズニーの約束』が公開された。

パメラ・リンドン・トラヴァース（一九〇六〜一九九六）バレエや演劇の経験を経て、病気療養中に創作活動を開始。「メアリー・ポピンズ」は二〇か国語に翻訳される人気シリーズとなった。

「事件の真相についての説明も終わりましたので、わたしはそろそろ退場するとしましょう……」

『オリエント急行の殺人』（一九三四年／イギリス）アガサ・クリスティー

幕切れも芝居のような推理劇

イスタンブールからカレーへ向かう豪華大陸横断列車、オリエント急行。列車は途中で雪に閉じ込められて立ち往生する。その列車のコンパートメント内で起こった殺人事件。被害者はアメリカ人の金持ちラチェットで、遺体には一二か所もの刺し傷があった！　アガサ・クリスティー『オリエント急行の殺人』。名探偵エルキュール・ポアロが活躍するシリーズの中でも、特によく知られた一冊である。

雪で止まった列車は密室。列車には多彩な国籍と階層の人々が乗っている。たまたま乗り合わせたポアロは鉄道会社の重役である友人のブークに頼まれ、医師のコンスタンティンとともに真相の解明に乗り出すが、一二人の乗客にはみなアリバイがあった。

推理の過程で表面化するのは、過去の幼女誘拐殺人事件である。犯人はラチェットだったが、彼は無罪になり、名前を変えてのうのうと暮らしていたのである。すると今度の事件は、ラチェットへの復讐をねらった人物の犯行？

有名な作品だから、結末を知っている人も多いだろう（でも、初読のときは驚きます）。

最終章でポアロは乗客全員を集めて演説する。「この事件には二つの解決法が考えられます。いまからその二つをみなさんにご披露して、ここにおられるムッシュー・ブークとコンスタンティン先生に、どちらの解決法が正しいかの判断をお願いしようと思います」

「真相究明」ではなく「解決法」。彼が「解決法」として示したのは、外部犯行説と乗客犯行説だった。ブークも医師も片方の説に賛成する。〈「それでは」ポアロは言った。「事件の真相についての説明も終わりましたので、わたしはそろそろ退場するとしましょう……」〉

芝居の終幕みたいな幕切れだが、この事件自体が、そう、列車を舞台にした一種の大芝居なのである。大人の世界では、しばしば「真相」よりも「解決法」が優先されるということがよくわかる作品。（引用元／ハヤカワ文庫・山本やよい訳）

『アクロイド殺し』（一九二六年）と並んで意表を突く作品。結末を知って読み直すとまた別の発見があるのが魅力。乗客全員が芝居上手で、たいへん演劇的なことに気づかされる。

アガサ・クリスティー（一八九〇〜一九七六）第一次世界大戦中に篤志看護師として働く傍ら執筆を始め、ベルギー人探偵ポアロ・シリーズで不動の地位を築く。老嬢探偵ミス・マープルも有名。

「僕たち二人は——僕たちは、何も恐れる必要がないんだ」

『大地』（一九三五年／アメリカ）パール・バック

●舞台は中国、結末はアメリカン

貧農から地主にまで成り上がった一代目（第一部「大地」）。父が残した財産を元手にそれぞれ勝手な生き方を選ぶ二代目世代（第二部「息子たち」）。軍人として出世した父への反発から自由な道を求める三代目（第三部「分裂せる家」）。パール・バック『大地』は、辛亥革命（一九一一～一二年）前後の中国を舞台に、三代にわたる一族を描いた、ザ・大河ロマンである。長い小説だが、難解なところは何もない。

主役三代の女性との関係も、時代を映している。第一部の主人公・王龍《ワンロン》は貧しさゆえに嫁をもらえず、地主の黄《ホワン》家の女奴隷だった阿蘭《アーラン》をもらい受けて結婚した。器量は悪いが働き者の妻のおかげで財をなしたくせに、この男は強権的で、第二夫人にウツツをぬかす。

第二部の主人公である三男の王虎《ワンフー》は父に反発、家を出て武将となるが、好きな女を父に奪われたことで女嫌いとなり、女よりも子が欲しいと一度に二人の妻をめとる。

粗野な祖父、血の気の多い父にくらべ、第三部の主人公・王淵《ワンユアン》はぐっと軟弱な草食系である。戦争は嫌い。農業が好き。革命党員だと密告されて逮捕されたり、アメリカに逃亡したり、帰国後は革命軍に入れといとこに誘われたりするものの、悩んでばかりいる。そんな淵の前に現れたのは、美人で清楚で医師を志す女性・美齢《メイリン》だった。

第一部が寓話風、第二部が活劇風なら、第三部は悩める青年が主役の青春小説風ですかね。

その証拠（？）に、ラストはなんとキスシーンである。

「今、僕がしたのは外国の習慣です。あなたが、いやなら——」と言い訳する淵を美齢はさえぎる。「外国の習慣でも、悪いことばかりじゃありませんわ！」

やったぁ、と舞い上がる淵。あとはテンション上がりまくりである。

〈いったい、さっき、おれは何を恐れていたのだろう？／「僕たち二人は」と彼は言った。「僕たち二人は——僕たちは、何も恐れる必要がないんだ」〉

将来に対する淵の不安は、この一件で氷解するのだ。恋愛ブラボー、大地（農業）ブラボーなエンディング。舞台は中国だが、結末はどこまでもアメリカンだ。（**引用元／新潮文庫・新居格訳、中野好夫補訳**）

文庫本で全四冊の大著。長いあいだ日本の中高生の必読図書だったのは、この健康的で前向きな結末ゆえだったのかもしれない。

パール・バック（一八九二～一九七三）宣教師の両親と共に中国へ渡り、長く生活した。『大地』でピューリッツァー賞受賞後は人気作家となり、一九三八年にノーベル文学賞を受賞。平和運動にも尽力。

明日はまた明日の陽が照るのだ

『風と共に去りぬ』（一九三六年／アメリカ）マーガレット・ミッチェル

●スカーレットに反省は似合わない

マーガレット・ミッチェル『風と共に去りぬ』は、他のどんな場面よりラストシーンが有名な小説だ。

　南北戦争の後、何もかも失って「明日、タラへ帰ろう」と決意するヒロインのスカーレット・オハラ。敗北を認めぬ彼女は昂然《こうぜん》と顔を上げる。

〈みんな、明日、タラで考えることにしよう。そうすれば、なんとか耐えられるだろう。明日、レットをとりもどす方法を考えよう。明日はまた明日の陽が照るのだ〉

“Tomorrow is another day.”（「明日はまた別の日」）という最後の一文は「明日は明日の風が吹く」「明日は明日の日が昇る」など何通りもの訳し方があるけれど、絶望の淵から立ち上がる強さがみなぎる。日本で本書がベストセラーになったのは一九四九年。敗戦後の焦土から復興を目指す日本人は、この台詞に大いに励まされたのだ。

　このシーン、映画では夕焼けをバックに荒れはてた耕地の赤土を手に取るヴィヴィアン・リーの姿が印象的だった。

　と一瞬思ったのだけれど、ちがうちがう。それは第一部のラストシーン。物語全体のラストは室内で、しかもスカーレットが決意したのは、郷土の再建とかではなく、夫の心を取り戻すという、超プライベートな案件なのだ。

　娘のボニーが事故で死に、因縁浅からぬメラニーが流産の果てに死に、夫のレット・バトラーにまで愛想を尽かされた。失ってはじめて知るレットへの愛。彼女は断固決意する。〈ひとたび心をきめたからには、手に入れることができない男なんて、これまでだって、ひとりもいなかったではないか〉そして、くだんの文章に接続される。

　初恋の人アシュレを追い続け、複数の男を手玉に取り、やりたい放題だったスカーレットが傲慢だった自分を反省する。それが『風と共に去りぬ』第五部の後半で、つまり最後に彼女は「いい人」になりかけるのである。ところが結局「懲りない女」だったということが、「私はあきらめない」と誓うこの結末で明らかになる。懲りない彼女は「懲りない南部」も思わせる。「明日は明日の」が男がらみの決意でも、白けるなかれ。永遠のタカビー女に反省は似合わない。（引用元／新潮文庫・大久保康雄、竹内道之助訳）

やや古めかしかった大久保・竹内訳に代わり、二〇一五～一六年には、鴻巣友季子訳（新潮文庫・全五巻）、荒このみ訳（岩波文庫・全六巻）が登場。ヒロイン像に微妙な差があるのがおもしろい。

マーガレット・ミッチェル（一九〇〇～一九四九）怪我で部屋に籠もったのを機に執筆。一〇年近い歳月をかけて『風と共に去りぬ』を完成させ、世界的に大ヒット。自動車事故で死去。

彼女は顔をあげて納屋のなかを見まわした。唇はとじられて神秘な微笑を浮べた。

『怒りの葡萄』(一九三九年/アメリカ) スタインベック

嵐の中で出産に臨んだトムの妹ローザシャーン(「シャロンのバラ」の意)。だが、赤ん坊は死産だった。身を寄せた納屋には瀕死の男がいた。幼い息子が訴える。「飢え死にしそうなんだ。綿畑で病気になったんだ」

〈『シャロンのバラ』は布団の片端をゆるめて胸の乳房をあらわにした。「のまなきゃいけないわ」〉〈彼女の手が男の頭のうしろに伸びて、それをささえた。指が、やさしく男の髪をまさぐった。彼女は顔をあげて納屋のなかを見まわした。唇はとじられて神秘な微笑を浮べた〉

宗教画めいた結末。「乳と蜜が流れる地」の現実を、聖母マリアのイメージで超えようとしたのか。しかし、これってセクハラだよね。若い女に犠牲的行為を強いる共同体の気持ち悪さ。資本主義の矛盾が、聖母の微笑で解消できるわけないっての。(引用元/新潮文庫・大久保康雄訳)

ジョン・フォード監督の映画も有名。「怒りの葡萄」は『新約聖書』の「黙示録」、「シャロンのバラ」はパレスチナに咲く純潔のシンボルで、『旧約聖書』の「雅歌」に由来する言葉だそうだ。

ジョン・スタインベック(一九〇二~一九六八)ニューヨークでの記者生活などを経て、創作を開始。故郷カリフォルニア州の風土を背景に、貧しい農民たちの生活を共感を込めて描いた。

移住者を取り巻く過酷な現実

わかりやすくいえば、スタインベック『怒りの葡萄《ぶどう》』は米国版のプロレタリア文学だ。

刑務所で四年間服役し、仮釈放になったトム・ジョードが故郷のオクラホマに帰ると、家はもぬけの殻だった。砂嵐で耕作不能になった土地を捨て、一家はカリフォルニアを目指して旅立っていたのである。家族と再会したトムに元説教師のケーシーらをまじえ総勢一三名となった一行は、おんぼろトラックでルート66を走る。

しかし、旅の途中で祖父と祖母は死に、兄は脱落、目的地のカリフォルニアではさらに過酷な現実が待っていた。農業の機械化で土地を失った移民が大量に押し寄せ、労働者を徹底的に搾取する構図ができあがっていたのである。移住者は差別され、一家はますます追いつめられる。

偶数章ではジョード一家の動向を、奇数章では一九三〇年代の経済や社会状況を追う形式。人物の内面を描かず、外面描写に徹した書き方はドキュメンタリー風だ。作者はモーゼがイスラエルの民を率いてエジプトを脱出する『旧約聖書』の「出エジプト記」を意識したらしい。

ただし、このラストはいただけない。

「おまえは、ぼくのラッシー＝カム＝ホームだよ」

『名犬ラッシー』（一九四〇年／アメリカ）エリック・ナイト

一〇〇〇マイルを旅した犬

『フランダースの犬』のパトラシエが死ぬまで働き続けた労働者犬なら、ラッシー（スコットランド方言でお嬢さんの意味）は才色兼備で誇り高いお嬢様犬。

ナイト『名犬ラッシー』は、そのお嬢様犬が、スコットランドからイングランド北部のヨークシャー州まで直線距離で四〇〇マイル（約六五〇キロ）、道に迷ったり迂回したりを入れれば一〇〇〇マイル（約一六〇〇キロ）もの長旅をする、一風変わったロードノベルだ。

ラッシーはヨークシャー州の炭鉱で働くキャラクロー家の犬だったが、炭鉱の閉山で父親のサムが失業。犬を飼う余裕はなくなり、犬好きの老公爵に高額で売られた。

しかし毎日四時五分前に息子のジョーを校門まで迎えに行く習慣があったラッシーは、何度も公爵家の犬舎を抜けだし、ジョーを迎えに行ってしまう。ドッグショーの準備でスコットランドに連れて行かれたラッシーは、やはり定時に無意識の衝動にかられ、南をめざして旅立つのだ。

犬と少年の友情をベースにしたシンプルなストーリー。とはいえ、擬人化せずに誇り高いラッシーの冒険を描いてみせるあたり、さすがは犬飼育の先進国イギリスの物語である。ヨークシャー州は炭鉱で栄えた土地であると同時に犬のブリーディングに秀でた地域で、貧しい炭鉱労働者が貴族のような犬を連れ歩いていたりもするのだ。

みすぼらしい姿で帰還したラッシーを見事に再生させたサム。その功績を認められ、彼が公爵家の犬舎係に採用されるところで物語は幕を閉じる。「おまえは、うちに帰ってきてくれた犬だよね、ラッシー。おまえは、ぼくたちに幸運をもってきてくれたんだ」と語るジョー。「おまえは、ぼくのラッシー＝カム＝ホームだよ」

帰還後のラッシーが七匹の子犬を産むのは唐突だけど、お嬢様犬なのにいつどこで⁉　と考えるのは早とちり。サムは優秀なブリーダー。子犬を産むのも優れたメス犬の使命なのだ。そう思うと犬がもたらす幸運にも実利的な意味が加わる。忠犬ハチ公の物語とは一味ちがうのだね。（引用元／講談社青い鳥文庫・飯島淳秀訳）

ラストのフレーズ「帰ってきたラッシー」がこの小説の原題。ラッシーといえばコリーの別名というほど、有名になった犬。別のエピソードを追加してドラマやアニメにもなった。

エリック・ナイト（一八九七〜一九四三）イギリス生まれで一五歳のときにアメリカに移住。故郷のヨークシャー州を舞台にした作品を書いた。飛行機事故で死去。

この私に残された望みといっては、私の処刑の日に大勢の見物人が集まり、憎悪の叫びをあげて、私を迎えることだけだった。

『異邦人』（一九四二年／フランス）カミュ

「理由なき殺人者」の心の叫び

〈きょう、ママンが死んだ〉

窪田啓作の訳（一九五四年）による、あまりにも有名な冒頭部分。カミュ『異邦人』。格調の高い邦題にオシャレな書き出し。難解で高尚なイメージに反して、これは二一世紀のいま読むのにふさわしい小説だ。

主人公のムルソーは会社の休みをとり、養老院で死んだ母の葬儀に出席した。翌日は海水浴に行き、女の子と映画を見て笑いころげ、その夜ふたりは寝た。ところが後日、彼は隣人のトラブルに巻き込まれ、図らずもピストルでアラブ人を撃ってしまう。逮捕された彼を待っていたのは不利な証言の数々だった。母の葬式で泣かなかった、煙草を吸っていた、葬式の翌日に恥ずべき行為にふけった……。敵意が集中し、陪審員は彼に死刑を宣告する。

殺人の動機を問われたムルソーは「太陽のせいだ」と答えるが、これは「理由なき殺人」に近い。ムルソーの無関心な態度も、老人介護施設で暮らす母と子の関係も、犯罪者を異常人格と決めつける雰囲気も、まるで現代だ。

表題の異邦人（エトランジェ＝L'Étranger）とは共同体から排除された者、くらいの意味。英語式にいえばストレンジャー（The Stranger）だ。もし書き出しが「きょう、オカンが死んだ」で、一人称が「おいら」だったら、印象はちがっただろう。ムルソーは少し変わったところはあるが、プレゼンテーションが下手な普通の若者なのだ。

独房の中でいじけていた彼が〈はじめて、世界の優しい無関心に、心をひら〉くのは、死刑宣告の後だった。そのときはじめて、彼は自分の居場所と希望を見つける。〈私がより孤独でないことを感じるために、この私に残された望みといっては、私の処刑の日に大勢の見物人が集まり、憎悪の叫びをあげて、私を迎えることだけだった〉

何でもいいからとにかく世間に注目されたい。最後の一節は自己承認を求めてさまよう現代の若者たちを連想させる。

（引用元／新潮文庫・窪田啓作訳）

英語版の序文で〈母親の葬儀で涙を流さない人間は、すべてこの社会で死刑を宣告されるおそれがある〉とカミュは書いている。司法とジャーナリズムへの警告とも受け取れる。

アルベール・カミュ（一九一三～一九六〇）アルジェリア生まれ。新聞記者として働く傍ら、創作をした。『異邦人』で世界的名声を得て、一九五七年ノーベル文学賞を受賞するも、六〇年に交通事故で急逝。

もう、どちらがどちらか、さっぱり見分けがつかなくなっていたのだった。

『動物農場』（一九四五年／イギリス）ジョージ・オーウェル

●被支配者の隷従ぶりがコワイ

ジョージ・オーウェル『動物農場』は、旧ソ連のスターリニズムを批判した二〇世紀のイソップ物語といわれている。〈荘園農場のジョーンズ氏は、夜、鶏小屋の戸締まりをしたが、すっかり酔っぱらっていたので、つい、くぐり戸を閉め忘れてしまった〉

この機をとらえてはじまった動物たちの革命。虐げられた動物たちは農場から人間を追い出すことに成功し、自らの手で農場を運営する権利を奪う。農場は「動物農場」と名を改め、理想的な未来へ向けて動きだしたはずだった。

ところがリーダー格の二頭の豚、スノーボールとナポレオンの路線が対立し、権力闘争に敗れたスノーボールが追放されてから事態は悪化。ナポレオンは独裁者と化す。

特権階級と化した（官僚みたいな）豚。その手下となった（警察を連想させる）犬。（労働者を思わせる）牛、馬、羊、山羊、鶏、下層の動物たちは独裁者の下で過酷な労働を強いられるが、しだいにそれにも慣らされていく。

おチョクられているのは、もちろん旧ソ連だけではない。ラストはとりわけ、身につまされる。気がつけば革命の理念は書き換えられ、豚たちはかつて追い出したはずの人間とトランプゲームに興じている。〈屋外《そと》の動物たちは、豚から人間へ、また、人間から豚へ目を移し、もう一度、豚から人間へ目を移した。しかし、もう、どちらがどちらか、さっぱり見分けがつかなくなっていたのだった〉

与党に擦り寄る野党しかり。本分を忘れて政権に忖度するマスメディアしかり。人間社会も同じですからね。

もうひとつ、この物語が教訓的なのは、発電用の風車が人心掌握の道具に使われている点である。

動物たちは死ぬ気で風車の建設をめざすが、風車は完成しても幸福は遠い。風車さえ完成すれば幸福になれる、と信じる動物たちは、気の毒なのか、愚かなのか。支配者の狡猾さもだけれど、被支配者の隷従ぶりがリアルすぎて、ゾッとする。（引用元／角川文庫・高畠文夫訳）

今日の国家や政治を考えるうえで、これほど適したテキストはちょっとない。「逆ユートピア（ディストピア）小説」とも呼ばれる作品。作中の風車は、ほとんど現代の原発のごとしである。

ジョージ・オーウェル（一九〇三〜一九五〇）イギリス植民地時代のインドに生まれる。イギリスに帰国後、ルポルタージュや小説を書いて世評を得る。評論家としても知られる。

「あんたたちも、海賊になる？」

『長くつ下のピッピ』（一九四五年／スウェーデン）リンドグレーン

●世界最強の女の子の孤独

まっ赤なおさげ髪にそばかすだらけの顔。彼女は草ぼうぼうの「ごたごた荘」に、サルのニルソン氏を連れ、金貨のつまったスーツケースをさげてやってきた。

リンドグレーン『長くつ下のピッピ』は、世界中の子どもたちを魅了してやまない児童文学の名作である。

彼女はまだ九歳だが怪力の持ち主で、彼女を「子どもの家」に入れようとしたおまわりさんも、教室で勉強を教えようとした学校の先生もたじたじだ。

『あしながおじさん』や『赤毛のアン』など「みなし子」を主人公とした少女小説の、これはパロディともいえるだろう。そのシンボルが足の二倍もあるピッピの靴だ。シンデレラの小さな靴に象徴されるように、なにかと行動を制限されてきた女の子。けれどピッピはいう。「これなら足の指がよくうごかせるもの！」大きな靴は自由の証しなのである。

とはいえ「世界一強い女の子」の内面にひそむ負の側面も無視できない。

最終章で、屋根裏から出てきたピストルを、ピッピは隣に住むトミーとアンニカ兄妹にプレゼントする。迎えにきた父親と帰っていく二人。その背中に向かって、片手にピストル、片手に剣という姿で、ピッピはいい放つのである。

〈「わたし、大きくなったら、海賊になるわ！」／ピッピはそうさけんでいました。／「あんたたちも、海賊になる？」〉

これをピッピお得意のおふざけととっていいのか。

母とは赤ん坊の頃に死に別れ、船長だった父は嵐で遭難した。が、父はどこかの島に流れ着いて王様になったと信じるピッピ。口うるさい親はいない。学校にも行かない。大人を向こうに回して突飛な行動に出るピッピは、子どもたちの夢を体現した存在である。

しかし、大人から見れば、彼女は共同体と相容れない虚言癖の強い子だ。「海賊になる」の一言にはそんな彼女の寂しさと、世界へのかすかな敵意がにじむ。「あんたたちも戦え」と鼓舞しているようにも見える。最強の女の子の孤独が凝縮された、ちょっと切ないラストシーンだ。（引用元／岩波少年文庫・大塚勇三訳）

後に三部作となった不朽の名作。完結編『ピッピ南の島へ』のラストでピッピはろうそくを見ている。〈それから、ピッピは、ふっと、火をけしました〉これも秀逸な終わり方である。

アストリッド・リンドグレーン（一九〇七～二〇〇二）教師や事務員として働く傍らシングルマザーとなり、創作を始める。『長くつ下のピッピ』で一躍名を馳せ、良質な児童文学を多く世に送り出した。二〇一八年には彼女を主役にした評伝映画が公開された。

こんどはセブン・ポーカーといくか。

『欲望という名の電車』（一九四七年／アメリカ）テネシー・ウィリアムズ

●ブランチは女性版「フーテンの寅次郎」

テネシー・ウィリアムズ『欲望という名の電車』。新劇ファンにはよく知られた二〇世紀を代表する戯曲である。主役のブランチは、日本では杉村春子の当たり役となった。

舞台はニューオーリンズの下町。屋敷をなくして行き場を失ったブランチ・デュボアが、妹のステラの安アパートを訪ねてくる。メモを手にしたブランチは道を尋ねる。

〈「欲望」という名の電車に乗って、「墓場」という電車に乗りかえて、六つ目の角でおりるように言われたのだけど――「極楽」というところで〉

欲望、墓場、極楽はいずれも固有名詞。彼女は「欲望通り」を走る路面電車でここに来たのだ。

ステラは姉を歓迎するが、ステラの夫のスタンリーは貧しい退役軍人で、ボウリングとポーカーが楽しみという無教養な労働者。南部の大地主の家で生まれ育ったブランチには我慢ならない。一方、スタンリーも居候のくせに気取ったブランチが気に入らない。家庭の日常を乱すやっかい者という意味で、ブランチは女性版「フーテンの寅次郎」といえるかもしれない。過去の秘密を暴かれ、新しい恋も失ったブランチは、結局ここを出て行くしかない。

迎えにきたのは、ブランチが空想する百万長者の恋人ではなく、医師だった。

〈どなたかは存じませんが――私はいつも見ず知らずのかたのご親切にすがって生きてきましたの〉と医師の腕にすがるブランチ。〈ブランチ！　ブランチ！　ブランチ！〉妹の声を背に、彼女は男たちがポーカーをする部屋をふりむきもせずに出て行く。泣きじゃくるステラを慰めるスタンリー。ポーカー仲間の声がかぶさる。

〈こんどはセブン・ポーカーといくか〉

最後の一言は、夫婦がもとの日常に戻るための合図だろう。

南北戦争後の没落に耐えられない姉と、新しい環境になじんだ妹。精神を病んだブランチは悲劇の女性だが、半面、究極の自由人である。いいじゃないの、過去に誰と寝たって、虚言が多くたって。女の風来坊は許されない、と宣告するような幕切れではある。（引用元／新潮文庫・小田島雄志訳）

エリア・カザン監督の映画（一九五一年）では、ブランチをヴィヴィアン・リー、スタンリーをマーロン・ブランドが演じた。ブランチはスカーレット・オハラのネガ版といえるかも。

テネシー・ウィリアムズ（一九一一～一九八三）大学卒業後、各地を放浪しながら創作を続け、『ガラスの動物園』と本作で戦後アメリカ演劇を代表する作家のひとりに。一九六〇年代には酒や麻薬で私生活が荒れるも、死の直前まで多くの作品を生み続けた。

ペストが再びその鼠どもを呼びさまし、どこかの幸福な都市に彼らを死なせに差し向ける日が来るであろうということを。

『ペスト』（一九四七年／フランス）カミュ

暗喩ではなくリアリズム

WHOが新型コロナウイルス感染症に関する緊急事態を宣言したのは二〇二〇年一月。終了宣言は二三年五月。その初期に爆発的に読まれたのがカミュ『ペスト』である。

舞台は仏領アルジェリアの都市オラン。〈四月十六日の朝、医師ベルナール・リウーは、診療室から出かけようとして、階段口のまんなかで一匹の死んだ鼠につまずいた〉これがすべてのはじまりだった。鼠の死骸が増え、正体不明の熱病による死者も急増している。医師のリウーは認めざるを得なくなる。これはペストだ！

リウーは県庁に連絡するが、行政の反応は鈍く、公式発表は楽観的。その間にも感染者と死者は増え続け、隔離病棟の病床が不足しはじめる。ついにリウーは知事に電話し、市中にペストの流行が宣言された。市の門が閉鎖され、一切の交通は遮断され、信書の交換も禁じられた。

作中のペストはかつて、戦争、独裁、テロなどの暗喩と解釈されてきた。しかしコロナ後、読み方は一変したといえるだろう。なんだなんだ、今の状況と同じじゃないの。そう、これはリアリズム小説だったのだ！

はじまり方もリアルなら、収束の仕方もリアルである。

発生から四か月後の八月、猛暑の中でペストはピークを迎え、一二月末になってやっと退潮の兆しが見えはじめた。翌年一月二五日、当局はついにペストの収束宣言を出すが楽観は許されず、事実、リウーとともに医療現場で闘ってきたタルーが命を落とし、さらにリウーのもとには郊外で療養していた妻の死亡の知らせが届くのだ。

二月、市の門が開けられた。祝賀の花火が上がり、人々は歓喜に沸くが、リウーは群衆の知らないことを知っていた。〈ペスト菌は決して死ぬことも消滅することもないものであることを。そしておそらくはいつか〈ペストが再びその鼠どもを呼びさまし、どこかの幸福な都市に彼らを死なせに差し向ける日が来るであろうということを〉。

不穏な予言で小説は終わるのだ。ウイルスの種類こそ違え、リウーの予言は正しかった。作中のペストは一〇か月で終わったが、二一世紀のコロナ禍は三年以上も続いたのだ。（引用元／新潮文庫・宮崎嶺雄訳）

新潮文庫『ペスト』は二〇二〇年四月に一〇〇万部を突破。同時期にはデフォー『ペストの記憶』（一七二二年）も注目された。

アルベール・カミュ（一九一三〜一九六〇）プロフィールは242ページ参照。

私自身歳月の悲劇的な腐食作用によって、ベアトリスの顔立ちをゆがめ、忘れつつある。

『エル・アレフ』（一九四九年／アルゼンチン）ボルヘス

●宇宙のすべてを収めた玉

前衛的な技法と古い物語性を兼ねそなえたラテンアメリカ文学のブームが起きたのは二〇世紀後半。ことにボルヘスは、驚くべき博識と奇想で世界中をあっといわせた。『エル・アレフ』は『伝奇集』と並ぶ短編集。表題作は彼の代表作である。

物語はベアトリスという女性が死ぬところからはじまる。彼女に報われぬ恋をしていた「私」はベアトリスの死後も、彼女の誕生日に毎年彼女の家を訪れ、従兄弟のダネリと懇意になった。だが、この男は詩作好きで、彼の駄作に付き合わされるハメになる。ところがある日、ダネリから電話があり、家が取り壊されることになったという。

〈地下室の片隅にエル・アレフがあるので、詩を完成させるためにはあの家がなくてはならない〉と語るダネリ。エル・アレフとは〈すべての点を含んでいる空間上の一点〉だという。案内された地下室で「私」が見たエル・アレフは直径二～三センチの光る球体だったが、〈その中に宇宙空間がそのままの大きさですっぽり収まっていた〉。

ここからはじまるエル・アレフの描写は、まさに世の森羅万象を詰め込んだかのような言葉の嵐。読者はほんとに「宇宙空間のすべて」を体感した気分になるだろう。

感動しながらも、しかし「私」はダネリに、君は心を病んでいる、町を出たほうがいいとすすめる。退屈な詩の源泉が、世にも稀なる玉だったという逆転劇。エル・アレフの中には愛するベアトリスの姿も含まれていたのである。

最後の一文はこれ。

〈すべてのものを見、その後忘れてしまったが、それでも見たと言えるのだろうか？　われわれの頭脳はものを忘れるようにできている。私自身歳月の悲劇的な腐食作用によって、ベアトリスの顔立ちをゆがめ、忘れつつある〉

たしかに見た（読んだ）。それなのに何を見た（読んだ）かを覚えていない。まるでこの作品そのものを評しているかのようではないか。（引用元／平凡社ライブラリー・木村榮一訳）

ダンテの『神曲』にインスパイアされたという短編。ちなみにボルヘスは驚異的な記憶力の持ち主で、「忘却」に憧れていたそうだ。と思うと最後の一文がまたちがって見える。

ホルヘ・ルイス・ボルヘス（一八九九～一九八六）第一次大戦期に滞在したヨーロッパで前衛思想の影響を受け、帰国後、積極的な創作活動を開始。圧倒的な知識と想像力によって時空を超えた円環的・迷宮的世界を構築した。五〇代でほぼ全盲となり、口述筆記で作品を生んだ。

女史は先月、八十二歳でこの世を去った。

●憲法にも似た「ロボット三原則」

彼女スーザン・キャルヴィン博士は一九八二年生まれの七五歳。ロボット心理学の権威としてUSロボット社を支えてきた。ロボット文学の古典、アイザック・アシモフ『われはロボット』は、そんな女性博士がロボット開発史を回想した連作短編集である。

一九九六年に開発された子守りロボットのロビイは言葉を話せなかったが（「ロビイ」）、やがてロボットの能力はめきめき上がり、そのぶん、新たなトラブルも発生する。水星で鉱山採掘に従事するスピーディ（「堂々めぐり」）、哲学者めいたことをいいだすキューティ（「われ思う、ゆえに……」）、人の心を読むハービイ（「うそつき」）。

チャペックの『ロボット』がロボットという語の生みの親なら、アシモフがこの作品で提示したのは「ロボット工学の三原則」だった。

①ロボットは人間に危害を加えてはならない。②ロボットは人間に与えられた命令に服従しなければならない。③ロボットは自己を守らなければならない。

①安全性、②利便性、③耐久性と考えれば、これは乗り物や家電などの道具一般にあてはまる概念ともいえるのだが、三原則の解釈にもゆらぎがある点は憲法と同じ？

『われはロボット』（一九五〇年／アメリカ）アイザック・アシモフ

最終話「災厄のとき」で描かれるのは二〇五二年、キャルヴィン博士と世界統監スティーヴン・バイアリイ（ロボットではないかとの噂もある政治家）との対話である。いまやロボット三原則に基づいて、経済を握り、人類を破滅から守る役割まで担うことになったロボット。〈なんとおそろしいことだ！〉と語るバイアリイに〈すばらしいことじゃありませんか！〉と博士は応じる。〈あらゆる紛争がついに避けられることになったんですもの〉

人類とロボットは共存できるのか。聞き書きスタイルの物語らしく〈スーザン・キャルヴィンにふたたび逢うことはなかった。女史は先月、八十二歳でこの世を去った〉で小説は終わるが、それは二〇六四年のこと。この小説で描かれた二一世紀前半のロボット進化史はわれわれの同時代なのだ。（引用元／ハヤカワ文庫・小尾芙佐訳）

アシモフは「人間と敵対する怪物」という旧来のロボット観から決別したかったと述べている。ロボット三原則は後のSF作品のみならず、実際のロボット開発にも影響を与えたそうだ。

アイザック・アシモフ（一九二〇〜一九九二）生化学者。三歳でロシアからアメリカに渡り、ボストン大学で教える傍ら、ロボットや人類の未来史をめぐる壮大なSF作品を発表。このほか科学啓蒙書も多数執筆し、著作の数は約二〇〇冊に及ぶ。

話せば、話に出てきた連中が現に身辺にいないのが、物足りなくなって来るんだから。

『ライ麦畑でつかまえて』（一九五一年／アメリカ）サリンジャー

●現実の出来事か、全部妄想だったのか

サリンジャー『ライ麦畑でつかまえて』を読んでると、文体までうつっちまうんだな。当時の若者言葉をまんま訳した野崎孝の訳（一九六四年）のせいだと思うんだけどさ。

学校を追い出された一六歳のホールデン少年が街を彷徨《さまよ》う三日間、っていうのがお話のほぼすべてなんだけどね。酒は飲む、煙草は吸う、女の子は買う（やることやらずに彼は彼女を帰しちゃうんだけど）。不良ぶってるけど、痛々しいほどの背伸びっぷりだ。

もっとも〈こんな西部の町なんかに来て静養しなきゃならなくなった〉って本人が最初に明かしているように、『ライ麦畑』はホールデン少年が病院で自分のことを語った話なんだ。で、病院ってのはどうも精神科らしいんだな。

最終章で彼は〈大勢の人に話したのを、後悔してるんだ〉なんて告白してる。〈おかしなもんさ。誰にもなんにも話さないほうがいいぜ。話せば、話に出てきた連中が現に身辺にいないのが、物足りなくなって来るんだから〉

ここで小説は終わるんだ。どう考えるかだよね、これを。

まずホールデン少年はほんとに心を病んでたのか。それとも学校という社会に適応できない少年を、大人たちがむりやり病院に入れたのか。でさ、もし彼がほんとに病気だったとしたらだよ。彼が語った三日間の物語が、実際にあったことなのか、妄想なのかもわからなくなってくる。彼が正気だとしたって、ウソかもわかんないんだしね。

答えは謎だけどさ、たぶん妄想小説なんだよな。

途中、妹のフィービーと会話をしてて、好きなものを問われた彼は〈今みたいなのが好きだ〉と答える。するとフィービーはいうんだよ。〈そんなの、実際のものじゃないじゃない！〉彼はいいはる。〈いや、実際のものだとも！　実際のものにきまってる！〉（傍点原文ママ）

全部彼の妄想だったと考えてラストを読み直すと、彼の孤独の深さが身にしみない？「永遠の青春小説」とはいうけどさ、青春が溌剌しているなんてのはウソッパチだからね、本当は。（引用元／白水Uブックス・野崎孝訳）

村上春樹の新訳『キャッチャー・イン・ザ・ライ』（二〇〇三年）も話題になったが、今も野崎訳のファンは多い。

ジェローム・デイヴィッド・サリンジャー（一九一九〜二〇一〇）第二次世界大戦に従軍した後、『ライ麦畑でつかまえて』を発表して一躍脚光を浴びる。一九六五年以後は作品を発表せず、沈黙を守った。

老人はライオンの夢を見ていた。

『老人と海』（一九五二年／アメリカ）ヘミングウェイ

老いた漁師とカジキの格闘

ヘミングウェイ『老人と海』。この表題から、昔、私がイメージしていたのは、うららかな春の海でのんびり釣り糸を垂れる老人の姿だった。

もちろんそれは大まちがい。物語の骨格をなすのは老いた漁師と巨大なカジキとの死闘である。四日間にわたる格闘の末、ようやく彼は大魚をしとめるが、舟の横にくくりつけた獲物はサメに無惨に食いちぎられ、港に戻ったときには残骸だけになっていた。

大昔の私が誤解したのも無理はない。主人公のサンチャゴは、青っちろい日本文学にはあまり登場しないタイプの老人だからだ。彼は肉体派である。そして肉体派らしく、自らの肉体の衰えを誰よりも知っている。小説が〈かれは年をとっていた〉という一文ではじまるのも、やせこけた四肢や褐色のしみができた皮膚がわざわざ描写されるのも、ひとりで海に出たサンチャゴが「がんばるんだぞ」と左手に話しかけたり「頭よ、しゃんとしろ」と自分に活を入れるのも、肉体派の視点で綴られた小説ならではだ。

そんな彼が眠るたびに見るのはライオンの夢である。

ラストもそう。港に戻った彼は眠りこけている。いつも老人を手助けしてきた少年が彼の寝姿を見守っている。そして

最後の一文。〈老人はライオンの夢を見ていた〉

なぜライオン？ 百獣の王に過去の自分を重ね合わせている？ ページをさかのぼると、このライオンは必ずしもハンターとしてのライオンではないことがわかる。〈ライオンは薄暮のなかで子猫のように戯れている。老人はその姿を愛した〉ヘミングウェイの猫好きは有名だが、牙を抜かれたライオンは猫なのだ。

と考えると、『老人と海』は本当は猫でいたかったライオンの物語と読めなくもない。残骸となったカジキは満身創痍の老人と重なるが、夢の中のライオンは平和である。

心身ともにマッチョたることを求められるアメリカ式ヒーローの悲喜劇。春の海でのんびり釣り糸を垂れる東洋の太公望のほうが幸せかもしれないなあ。（引用元／新潮文庫・福田恆存訳）

キューバを愛する作家がキューバを舞台にキューバで書き上げた作品。本書のもうひとりの重要人物は老人を尊敬するマノーリン少年だ。この子の存在が小説に光を与えている。

アーネスト・ヘミングウェイ（一八九九～一九六一）第一次大戦の経験を材に作品を多く執筆。一九五四年にノーベル文学賞受賞。晩年は二度の飛行機事故による後遺症に悩まされ、猟銃自殺。

警官にさよならをいう方法はいまだに発見されていない。

『長いお別れ』（一九五三年／アメリカ）　レイモンド・チャンドラー

●「ギムレットには早すぎる」とは

フィリップ・マーロウは、ロサンゼルスの私立探偵。レイモンド・チャンドラー『長いお別れ』はシリーズの中でも最高傑作といわれる長編だ。

マーロウがはじめてテリー・レノックスに会ったとき、彼はロールス・ロイスの中で酔いつぶれていた。やがて二人は意気投合するが、ある日、レノックスがマーロウに助けを求めてきた。億万長者の娘である妻が惨殺され、警察に追われているらしい。友の潔白を信じたマーロウは逃亡を助けるが、自分は厳しい追及にあい、留置所にぶちこまれる。ようやく釈放されたとき、マーロウは信じがたい事実を知らされる。レノックスがメキシコで自殺した！

物語は二転三転するが、『長いお別れ』は数々の名場面や名台詞でも知られている。「アルコールは恋愛のようなもんだね」はバーでのマーロウとレノックスの会話の一部。「さよならをいうのはわずかのあいだ死ぬことだ」はマーロウがさる女性と別れた後の感慨。

有名な一言は最終盤にも登場する。マーロウはその日、メキシコからの来訪者に会っていた。マイオラノスと名乗る来訪者は、レノックスの死の真相を知っているという。男はふいに口にした。「ギムレットにはまだ早すぎるね」

直接的な意味は「まだバーが開く時間ではない」だが、マーロウと死んだレノックスにとってギムレットは特別な酒だった。ということは……。マーロウは男に別れを告げる。「さよなら、マイオラノス君。友だちになれてうれしかったぜ――わずかのあいだだったがね」

〈私はその後、事件に関係があった人間の誰とも会っていない。ただ、警官だけはべつだった。警官にさよならをいう方法はいまだに発見されていない〉

どうです、このヒネった落とし方。

ハードボイルド小説だから、ニヒルぶってますけどね。心の中ではマーロウ、号泣してるのよ。ひとつの友情がはじまって終わるまでの物語。マーロウにさよならをいう方法はまだ発見されていない、な読者が多いはずである。（引用元／ハヤカワ・ミステリ文庫・清水俊二訳）

新訳（『ロング・グッドバイ』二〇〇七年）を手がけた村上春樹は、この作品はフィッツジェラルド『グレート・ギャツビー』を下敷きにしたのではと述べている。興味深い説である。

レイモンド・チャンドラー（一八八八～一九五九）ジャーナリスト、石油会社勤務を経て小説を執筆。私立探偵フィリップ・マーロウ・シリーズでハードボイルドの代表的作家となる。

やがてカレランは、遠ざかる太陽に背を向けた。

『幼年期の終わり』（一九五三年／イギリス）A・C・クラーク

〈六十億キロのかなた、冥王星の軌道を超えた先で、カレランはふいに暗くなったスクリーンを見つめていた。記録はここまで。ミッション完了。いま彼は帰途についた〉カレランが最後に何を見たかは、ここでは内緒。〈思いにふける彼に声をかける者はなかった。やがてカレランは、遠ざかる太陽に背を向けた〉

幼年期とは「人類の幼年期」の意味。タイトルに象徴されるように、オーヴァーロードの役割は教師か親、地球人は生徒ないしは子に近い。地球を外から見るカレランの視点を導入したことで可能になった、壮大なスケールの一大叙事詩。親は子を見守るしかなく、そして子は親を超えていく。太陽系の外に去っていくカレランの胸に去来するのはどんな思いだったのだろうか。（引用元／光文社古典新訳文庫・池田真紀子訳）

米ソの宇宙開発競争を前提にした第一章だけ、冷戦終結を迎えた一九八九年に書き換えられた。普及しているハヤカワ文庫版（福島正実訳）は旧版の訳で、そこでのカレランはカレルレンだ。

アーサー・チャールズ・クラーク（一九一七～二〇〇八）近未来の宇宙や海洋を舞台に、人類文明の本質を壮大なスケールで追究。映画とタイアップした『２００１年宇宙の旅』は、ＳＦ史に残る大ヒットとなった。一九五六年にスリランカに移住、後半生を同地ですごした。

宇宙から来た「黒船」の目的は

『美しい星』を書いた三島由紀夫が絶賛したのは有名な話。『幼年期の終わり』は『２００１年宇宙の旅』でも知られるＡ・Ｃ・クラークの代表作だ。

宇宙の果てから訪れて、上空にとどまり続ける巨大な宇宙船の群れ。人々は「オーヴァーロード」と呼びはじめるが、地球に飛来した目的も正体もわからない。オーヴァーロードの地球総督カレランは、国連事務総長のストルムグレンに、人類が自分たちの姿を受け入れるには五〇年の歳月が必要だといった。約束の五〇年後、人々が目にしたのは……。

技術も知力もはるかに勝るオーヴァーロードと、未熟ながらもまだ先がある人類との関係は、イギリスに代表される旧宗主国と植民地の関係、あるいは黒船を送ったアメリカと日本の関係なんかも連想させる。問題が山積した人類の末路を憂え、お節介にも地球に来たらしい異星人。彼らの監督下で、人類は世界連邦化計画に基づく理想的な世界を実現させる、なんていうのは西欧流の覇権主義に近いが、この先には予想もできない展開が待っている。オーヴァーロードの上には、さらに未知なる存在があったのだ。

最後にたどり着くのは、ＳＦ版の黙示録ともいうべき光景である。

これこそ、昼のために、とっておくべきものだ。昼のために……／そのころ、おれたちは街に着く。

『華氏451度』（一九五三年／アメリカ）ブラッドベリ

期」「沈黙をまもる時と語りだすべき時」がある。果実を実らせた木々が目に入った。〈そうだ、とモンターグは思った。これこそ、昼のために、とっておくべきものだ。昼のために……／そのころ、おれたちは街に着く〉

いつか来る昼を信じる力強い結末。しかし、署長はこういうのだ。スピードが求められる時代には〈本だって、それにつれて短縮され、どれもこれも簡約版。ダイジェストとタブロイド版ばかり。すべては煮つまって、ギャグの一句になり、かんたんに結末に達する〉。

「華氏451度」とは紙が自然発火する温度という。米国の「赤狩り」の時期に書かれた作品。焚書、すなわち文化破壊とは、言論統制のみならず大衆化も含むのだという予言がおそろしい。（引用元／ハヤカワ文庫・宇野利泰訳）

焚書は過去の出来事にあらず。中国の文化大革命、クメール・ルージュ、タリバン……。スマホなんかも。

レイ・ブラッドベリ（一九二〇〜二〇一二）少年期から熱烈なSFファンで、若くして数々の傑作を生み出した。SFという形式で奔放なイマジネーションを展開する「抒情的SF」の作風は、E・A・ポーらアメリカ幻想文学の系譜につらなるともいわれる。

●焚書の時代はまるで現代

〈火の色は愉しかった。／ものが燃えつき、黒い色に変わっていくのを見るのは、格別の愉しみだった〉という不穏な文章で、ブラッドベリ『華氏451度』ははじまる。

物語の舞台は近未来。本は禁制品で、読むのも所持するのも印刷するのも禁止。見つかった本はその場で燃やされ、違反した者は逮捕される。人々はしかし特に不自由とも思わず、テレビの巨大画面にどっぷりつかり、超小型ラジオ「海の貝」の情報で満足していた。しかも、役所の焚書課に勤める主人公のモンターグに、署長のビーティはいうのである。

この役所にいると、だれでも一度は本に興味を持つ。〈ところが、読んでみて、けっきょくそこには、これといって意味のあることはないのを知った〉

意味深な話だが、この後、モンターグは本を愛する老人たちと出会って本を焼く側から守る側へと回り、追われる身となるのである。老人のひとりはいう。〈いまこうして、重いおもいをしてもち運んでおる荷物が、いつかだれかの役に立つのだと、それだけを心がけるべきだ〉

重い本を抱え、老人たちと山道を逃げながら、モンターグは考える。どんなものにも「打ちこわす時期と築きあげる時

（士官は）その間、沖合はるかに停泊している端正な巡洋艦の姿に、じっと眼をそそいでいた。

『蝿の王』（一九五四年／イギリス）W・ゴールディング

●『十五少年』を異化する戦慄の二〇世紀文学

少年たちを乗せた飛行機が南太平洋の孤島に不時着し、助けを待ちつつ彼らだけの生活をはじめる。W・ゴールディング『蝿《はえ》の王』は『十五少年漂流記』を意識しまくった小説だ。もっとも気の弱い人にはおすすめしない。吐き気がしそうな展開や描写が満載。悪趣味のきわみだからである。

島は珊瑚礁の楽園で、食料も豊富に手に入った。少年たちも最初は楽しくやっていた。しかし、血なまぐさい殺戮《さつりく》の場面を見たくなくて獲物の豚はなかなか獲れず、救助隊に居場所を知らせる焚き火も火の当番の子が狩りに熱中して消えてしまう。こうして二つのチームに分かれた少年たちは対立を深め、事態は最悪の方向に向かうのだ。

少年たちから秩序を奪ったものの正体は恐怖だろう。恐怖は人に何だってさせるのだ。

『十五少年漂流記』とのちがいはラストにも表れている。火事になった島に煙を見つけて上陸してきた海軍士官はいった。「なかなかおもしろそうに遊んでるじゃないか」しかし「いったいきみたちは何人いるのかね？」という質問に、リーダー格の少年ラーフは答えられない。「きみたちはみんなで何人ここにいるかも知らないっていうのかい？」少年たちの成長をたたえて終わる『十五少年漂流記』とのなんたる差か。

〈少年たちの嗚咽にとり囲まれた士官は、心を動かされかなりどぎまぎした。彼らが気をとりなおす時間の余裕を与えようと、顔をそむけた。そしてじっと待っていた。その間、沖合はるかに停泊している端正な巡洋艦の姿に、じっと眼をそそいでいた〉

安心して泣く少年たちのかたわらで、士官は何を思ったか。母国イギリスの少年たちの荒廃ぶりに対する嘆きか。彼らを追いつめた大人としての苦い責め苦か。

だが、ことはそう単純ではない。それが巡洋艦という戦争の船である以上、少年たちが本国に戻れる保証はないからだ。なにしろ舞台は近未来。少年たちは核戦争から疎開する途中で遭難したのだ。島の外で待ち受けるのはもっと過酷な運命。この時間は一瞬の休息にすぎないのである。（引用元／集英社文庫・平井正穂訳）

「蝿の王」とはハエが群がる豚の生首のこと。正統派冒険小説のパロディとしても読める作品。

ウィリアム・ゴールディング（一九一一〜一九九三）第二次大戦に従軍。初の小説『蝿の王』で高い評価を得た後も重厚な作品を発表し、一九八三年ノーベル文学賞を受賞した。

これこそ、おまえと私が共にしうる、唯一の永遠の命なのだ、我がロリータ。

『ロリータ』（一九五五年／アメリカ）ナボコフ

●少女の成長、男の妄想

〈ロリータ、我が命の光、我が腰の炎。我が罪、我が魂。ロ・リー・タ。舌の先が口蓋を三歩下がって、三歩めにそっと歯を叩く。ロ。リー。タ〉

ナボコフ『ロリータ』の本文の書き出しである。元祖ロリコン小説というべきスキャンダラスな長編は、いま、二〇世紀の傑作のひとつに数えられている。

テキストは、殺人容疑で勾留中に死亡したハンバート・ハンバートなる人物が残した回想録の形をとる。ドロレス・ヘイズ（愛称ロリータ）という一二歳の少女に魂がしびれるような恋をしたハンバート。彼女は人間ではない、ニンフェット（小悪魔）だと思った彼は、ロリータの母と結婚、彼女の父という立場を手に入れた。しかも妻は不慮の死をとげ、二人は逃避行よろしく全米を車で旅することになる。

夢にまで見たロリータとの甘美な日々。だが、人間離れしていたはずのロリータは男を自ら誘惑し、彼が求めていたニンフェット像からどんどん離れていく。

ロリコンの、ここが哀しいところである。子どもはすぐに成長し、愛玩の対象ではなくなって、大人を逆に苦しめるのだ。ロリータが去った後、ハンバートは彼女の幻影を求めてひとり旅を続けるが、次に再会したとき、一七歳に成長したロリータは妊娠していた。

本人にとっては悲劇だが、「読者のみなさん」「陪審員のみなさん」と呼びかけながらハンバートが開陳する中年男のあられもない感情は滑稽だ。ラストでも妄想が炸裂する。〈いま私の頭の中にあるのは、絶滅したオーロクスや天使たち、色あせない絵具の秘法、預言的なソネット、そして芸術という避難所である。そしてこれこそ、おまえと私が共にしうる、唯一の永遠の命なのだ、我がロリータ〉

『源氏物語』や『不思議の国のアリス』にも刻印された嗜好性を、とことん煮詰めた奇書。ただし、今日の基準では完全な性的児童虐待だ。犯罪者の病理を学ぶくらいの気持ちで読まれたし。（引用元／新潮文庫・若島正訳）

いわゆるロリータ・コンプレックスの語源とされ、アメリカで出版を目論むも次々に断られたという、いわくつきの作品。最終的にはフランスで出版され、世界的なベストセラーになった。

ウラジーミル・ナボコフ（一八九九〜一九七七）ロシアのサンクトペテルブルク生まれ。ベルリン、パリでの亡命生活の後、アメリカに渡り英語でも執筆を続ける。豊かな言語力と博識を誇るアメリカ文学異形の巨匠。

そしてもちろん、ぼくはピートの肩を持つ。

『夏への扉』（一九五七年／アメリカ）ロバート・A・ハインライン

冷凍睡眠で西暦二〇〇〇年に飛んだ「ぼく」

ウェルズが一九世紀末に発明したタイムマシンは、その後、多方面へと発展をとげた。ロバート・A・ハインライン『夏への扉』もそのひとつ。

一九七〇年、親友と共同で家事ロボット（文化女中器《ハイヤード・ガール》）の会社を立ち上げた語り手の「ぼく」ことダンは、親友と婚約者に裏切られ、失意の中、保険会社がすすめる冷凍睡眠に入る。〈ままならぬ浮世に一時おさらばして、新世界に再び目を覚ます〉さすれば〈おそらくはいまよりずっとましな世界になっているはずだ〉と考えたのだった。

三〇年後、ダンは目覚めるが、保険内容が改竄《かいざん》されて財産はなくなっており、会社も乗っ取られていた。

この時代の先端技術を学ぶ中、彼は自分と同名の人物が一九七〇年にロボットの特許をとっていたことを知る。不完全ながら軍事目的のタイムマシンが存在すると知ったダンは、再び七〇年に戻るが……。

一九七〇年に暮らす主人公が二〇〇〇年に飛ぶ、未来のまた未来を描いたSF小説。ダンが開発したお掃除ロボットはすでに近いものが存在するし、製図機はコンピュータを用いて製図をする現在のCADを、開発中の自動秘書機はパソコンを連想させる。そんな「答え合わせ」の妙味もさることながら、この小説の特徴はその明るさだろう。

物語のムードメーカーは、ダンが愛情を注ぐ愛猫のピートと少女リッキイだ。冬になるとピートは人間用のドアをすべて開けろとダンに迫った。〈少なくともどれか一つが、夏に通じているという固い信念を持っていたのである〉とは冒頭近くの一文。末尾も同じ逸話だ。〈彼はいつまでたっても、ドアというドアを試せば、必ずそのひとつは夏に通じるという確信を、棄てようとはしないのだ。／そしてもちろん、ぼくはピートの肩を持つ〉

二つの時代を行き来したダンの哲学は〈未来は、いずれにしろ過去にまさる〉。冬でも必ず夏への扉はある。ベトナム戦争さえ経験しておらず、消費文明を謳歌していた一九五〇年代のアメリカ。未来は必ず明るいと信じる、その楽観主義がまぶしい。（引用元／ハヤカワ文庫・福島正実訳）

アシモフ、クラークと並んでSF界のビッグスリーと呼ばれるハインライン。『バック・トゥ・ザ・フューチャー』風なところもあるこの作品は、特に日本での人気が高いそうだ。

ロバート・アンスン・ハインライン（一九〇七〜一九八八）三〇代前半でデビューし、第二次大戦後に本格的な執筆活動を展開。現代の社会情勢を踏まえつつ、近未来の比較的身近な天体におけるさまざまな人間模様を、斬新な趣向で描いた。

時には鳩《はと》や雀《すずめ》が飛びすぎることもある。

『悪魔の涎』（一九五九年／アルゼンチン）　コルタサル

●動画を見ながら語る語り手

ラテンアメリカ文学の中でも、コルタサルはボルヘスと並ぶ短編の名手。留学先のフランスでシュールレアリスムに傾倒しただけあり幻想的な作風で知られる。

〈どう話したものだろう。ぼくはと一人称ではじめるべきか、きみは、彼らはとすべきか〉（傍点原文ママ）ではじまる『悪魔の涎《よだれ》』は、それがよくわかる作品だ。

語り方を思案しつつ〈今、ぼくに見えているのは雲だけだ〉とか〈今、鳩《はと》が一羽飛んで行く〉とか、余計な描写を挟まずにいられない語り手。彼の生業《なりわい》は翻訳家だが、趣味で写真も撮っている。

一か月前の一一月七日、「ぼく」はパリの川岸でひと組の男女を見ていた。母子ほども年の離れたアベック。少年は一四～一五歳。女は少年を誘惑しようとしているらしい。「ぼく」は想像をたくましくしながらシャッターを切るが、女に見とがめられ、フィルムを渡せと迫られる。その隙に少年は逃げ、あやしい男が近づいてきた。後日、彼はフィルムを現像し、引きのばして壁に貼った。ところが、ふと気づくと、写真の中の人々が動いている！

〈あの時、ぼくは何も知らずにその場に割り込んで行き、そのせいでむこうの筋書が台なしになってしまったが、その続きが今はじまろうとしていた。現実は、ぼくが以前に想像したよりもはるかに恐ろしいものだった〉写真のこちら側にいる自分は少年を助けられない。

コルタサルは、小説が映画に似ているとすれば、短編は優れた写真に似ていると述べている。

ラスト、「ぼく」は長方形の画面を見ている。〈少しずつ画面が明るくなる。たぶん、太陽がのぞいたのだろう。ふたたび雲がかたまって姿を見せる。時には鳩や雀《すずめ》が飛びすぎることもある〉

小説の序盤に出てきた描写と同じだ。そう、「ぼく」は映画のように変化する写真を見ながら語っていたのだ。幻覚なのか現実なのかは永遠の謎。（引用元／岩波文庫『コルタサル短篇集』木村榮一訳）

悪魔の涎とは、晴れた日にクモの糸が浮遊する自然現象のこと。ミケランジェロ・アントニオーニ監督の映画『欲望』（一九六六年）の原作になったことでも知られる作品。

フリオ・コルタサル（一九一四～一九八四）教師、翻訳者の仕事をしながら執筆活動に没頭し、ボルヘスに評価される。現代人の魂の彷徨を描く『石蹴り遊び』が高い評価を受ける。フランス留学後はパリに住み、執筆を続けた。

「会食があるんだ。すこし遅くなってから行く、あの……」

『ブラームスはお好き』（一九五九年／フランス）サガン

アラフォー女性の前に現れた美青年

「年の差カップル」は近年珍しくなくなったが、文学界隈でその方面の大家を探すとしたら、やっぱりフランソワーズ・サガンだろう。『ブラームスはお好き』は三角関係に悩むアラフォー女性が主人公の、けだるい恋愛小説だ。

ポールは三九歳のバツイチ女性。装飾デザイナーとして自立し、ロジェという数年来の恋人もいる。そんな彼女の前に現れた二五歳の美青年シモン。若い娘にウツツを抜かすロジェに愛想が尽きかけていたポールは、シモンの熱烈な求愛に応えようとするが。

表題はポールをデートに誘おうとシモンが出した手紙の一節に由来する。〈『六時に、プレイエル・ホールでとてもいい音楽会があります』とシモンは書いていた、『ブラームスはお好きですか？　きのうは失礼しました』ポールはほほえんだ。彼女は二行目の『ブラームスはお好きですか？』にほほえんだのである。それは、彼女が十七ぐらいの時、男の子たちが彼女にきいたのとおなじ種類の質問だった〉

洋の東西を問わず、考えることはみないっしょ。とはいえ、そこは分別のある大人である。腐れ縁の中年男と駄々っ子みたいな美青年の間で揺れながら、結局、彼女は腐れ縁のロジェを選ぶのだ。去っていくシモンに向かって叫ぶポール。「もう、私、オバーサンなの」

三九歳でオバーサンとは失敬な話だが、加齢に対するおびえは書き出しにもしっかり刻印されていた。〈ポールは鏡にうつる自分の顔を見つめていた〉

では若い男に嫉妬し、ようやく恋人を取り戻したロジェはどうだったか。〈八時に、電話が鳴った。受話器をとるまえに、彼女は、もうどういう電話かわかっていた。「ごめんね」とロジェが言った。「会食があるんだ。すこし遅くなってから行く、あの……」〉

これがラスト。「あの……」の後がフェイドアウトするのはロジェの言葉をポールが聞いていない証拠である。ふたりの倦怠は止められないのだ。それでも「守りの恋愛」を選んだ大人の女。高級少女マンガと揶揄されたサガンだが、結末は意外に冷静。若い男とくっついても持ち出しが増えるだけ。賢明な判断ではある。（引用元／新潮文庫・朝吹登水子訳）

一八歳のデビュー作『悲しみよこんにちは』とはちがうタイプの三角関係。早熟なサガンが本書を書いたのは、二四歳のときだった。

フランソワーズ・サガン（一九三五〜二〇〇四）ソルボンヌ大学在学中に『悲しみよこんにちは』を書き一躍文壇のスターに。その後、自動車事故で重傷を負い、薬物依存症になるなど波瀾万丈の人生を送った。

そうしたら、もう一度あの子をよみがえらせてみせるわ……

『アウラ』（一九六二年／メキシコ）フエンテス

●若さを取り戻したい老婦人

メキシコと聞いて一一月初旬の「死者の日」を思い出す人もいるだろう。ハロウィーンの翌日からはじまるこの祭りでは、骸骨のモチーフが頻繁に使われる。

メキシコを代表する作家フエンテスの『アウラ』はそんな祭りを想起させる幻想的かつ不気味な短編小説だ。

書き出しは〈君は広告に目を止める〉。

そう、これは二人称の小説なのだ。ある日、新聞で〈若い歴史家求む。細心周到で几帳面、フランス語の知識要〉という求人広告を見た「君」ことフェリーペは指定の住所を訪ねるが、そこは中が暗闇の屋敷で、求人主は一〇〇歳を超えていそうな老婦人だった。彼女、コンスエロ夫人は六〇年前に死んだ夫が残した回想録を整理して、出版できるようにしてほしいという。しかも彼女がいうには「この家で寝起きしていただくというのがこちらの条件です」。

部屋を与えられたフェリーペはさっそく作業にとりかかるが、屋敷には夫人の姪《めい》だというアウラなる女性がいて、彼はアウラの魅力に取りつかれてしまう。夜ごと、エロティックな夢にうなされるフェリーペ。アウラは叔母に幽閉されているのではと疑った彼は、彼女の救出をもくろむが……。

ちょっとコワイです。しかも彼のベッドに現れるコンスエロ夫人ともアウラともつかぬ女性の幻影ときたら、ときには若く、ときには老い、ときには骸骨のように目に穴が開いているのである。

ラスト近く、叔母の部屋で待っているとアウラに誘われたフェリーペはついにエロティックな夢を実現させるが、唇を離すとそこには老いた女性の裸体が！　〈あの子は戻ってくるわ、フェリーペ。二人で力を合わせて彼女を連れ戻しましょう。しばらく力を蓄えさせて。そうしたら、もう一度あの子をよみがえらせてみせるわ……〉

アウラはいつまでも若くありたいと願う夫人の願望が生み出した影だったのだ。映画の『雨月物語』にも影響されたという幻想譚。女を年齢や容姿で選別する点においては失礼千万なお話ですけどね。（引用元／岩波文庫『フエンテス短篇集』木村榮一訳）

フエンテスが影響を受けたという『雨月物語』は上田秋成による近世の怪奇小説。溝口健二監督の映画は、この世のものとも思えぬ女に翻弄される男を描いた幽界譚で、本作との類似性を感じさせる。

カルロス・フエンテス（一九二八〜二〇一二）外交官の父をもち、幼少時をアメリカで過ごす。雑誌編集の傍ら執筆し、初の長編小説『澄みわたる大地』で名声を得て、メキシコを代表する作家になる。仏、英、米の大学で教職に従事した。

どーかついでがあったらうらにわのアルジャーノンのおはかに花束をそなえてやてください。

『アルジャーノンに花束を』（一九六六年／アメリカ）ダニエル・キイス

●八〇年分を八か月で駆け抜けて

知的障害のある青年がＩＱを上げる脳の手術を受けて天才に生まれ変わる。ダニエル・キイス『アルジャーノンに花束を』は卓抜なアイディアで読者を魅了する異色のＳＦ小説だ。

小説は「経過報告」と題された手記の形で進行する。〈ぼくの名まえわチャーリイゴードンでドナーぱん店ではたらいててドナーさんわ一周かんに11どるくれてほしければぱんやけえきもくれる。ぼくの年わ三十二さいでらい月にたんじょお日がくる〉これが初日、三月三日の「けえかほおこく」だ。自己紹介のくだりである。

ねずみのアルジャーノンと迷路ゲームの競争をして負けたチャーリイ・ゴードンは、アルジャーノンとともに脳の手術を受け、四月には〈近頃ずいぶん本を読むし、読んだことはほとんど頭に入っている〉という状態に、五月には学生たちの議論を聞いて〈このような初歩的なレベルで議論することにはもはやなんらの興味も湧かない〉と感じるまでに、六月には彼の手術をした教授のレベルも超えて、彼らの実験に疑いを持つまでになる。〈教授たちは過ちを犯している、しかるにだれひとりそれに気づいていない〉

だが、彼の知能はその後低下し、一一月二一日、最後の経過報告は〈どうしてまたばかになてしまたかぼくがなにかわりいことをしたかわからない〉。

小尾芙佐《おびふさ》の巧みな日本語訳もあいまって、ジェットコースター並みの、知識レベルの急上昇と急降下は興奮すら誘う。しかし、彼が八か月でたどった道を、われわれは八〇年かけて経験するだけかもしれないのだ。知識を習得する喜び、恋愛の戸惑い、職場での悩み、衰えへのおびえ……。

最後の報告に「ついしん」として彼は書く。〈どーかついでがあったらうらにわのアルジャーノンのおはかに花束をそなえてやてください〉

同じ手術を受けたネズミのアルジャーノンは死んだのだ。友を気遣う優しさ。知能より大事なものがあるのだと教えるようなラストである。（引用元／ハヤカワ文庫・小尾芙佐訳）

各国で、何度も映画化、舞台化、テレビドラマ化された人気の作品。日本のドラマでは、二〇〇二年版ではユースケ・サンタマリアが、二〇一五年版では山下智久が主役を演じた。

ダニエル・キイス（一九二七〜二〇一四）雑誌編集者などを経て、後に専業作家となる。一九五九年、中編小説として発表された本作は、六六年に長編に改作され、世界的なベストセラーとなった。

その甲らには、この物語をここまで読んできた人にしか見えない文字が、ゆっくりと浮かびあがりました。

『モモ』（一九七三年／ドイツ）ミヒャエル・エンデ

●スマホみたいなカメに導かれ

廃墟となった円形劇場にひとりの女の子が住みはじめた。名前はモモ。彼女に話を聞いてもらうだけで人々は幸福な気分になる。ところがここに、時間貯蓄銀行から灰色の男たちがやってきて……。ミヒャエル・エンデ『モモ』は一九七〇～八〇年代に一世を風靡《ふうび》し、いまなお読み継がれている物語である。子どもより大人に人気があるような気がするのは、時間をめぐる展開に近代批判、ないし現代社会への風刺の要素が含まれているからだろうか。

灰色の男たちに促された人々は一刻も時間を無駄にすまいと効率だけを求めるようになり、おかげで経済は発展するが、幸福感は遠のく。時間の貯蓄を呼びかける灰色の男たちはじつは時間泥棒で、人から奪った時間で生きていた。

モモを支援するのは、甲羅に文字が浮かび上がる不思議なカメのカシオペイア（じつは時間を司るマイスター・ホラの使者）である。カシオペイアに導かれ「時間の国」に赴いた彼女は、終盤にいたって灰色の男たちと対決し、奪われた時間を取り返すのだ。

再び戻った幸福な時間の流れ。一方、時間の国に帰ったカシオペイアは、マイスター・ホラにねぎらわれ、甲羅に「アリガトウ！」と表示した後、〈しずかなくらいものかげにもぐりこむと、頭と手足をひっこめました〉。そしてラスト。

〈その甲らには、この物語をここまで読んできた人にしか見えない文字が、ゆっくりと浮かびあがりました〉

「この物語をここまで読んできた人にしか見えない文字」とは何だったのか。挿絵では「オワリ」だが、物語の経緯にならえば「ゴキゲンヨウ！」でしょうね。

にしても三〇分後の出来事が予測でき、「ツイテオイデ！」とか「ツキマシタ」とか、何でも甲羅に表示して教えてくれるカシオペイアは、スマホみたいなやつである。

時間のみならずＩＴ機器にも縛られている現代人。エンデがそんな未来まで予見していたとしたら、まさにミラクル。モモが最後にスマホなカメと別れるのは、ＩＴに頼りすぎるなという警告かも！（引用元／岩波少年文庫・大島かおり訳）

モモがピーター・パンやアリスと決定的に違うのは、彼女が世界の救世主として機能していることである。彼女はナウシカ系のヒロインなのだ。いかにも二〇世紀後半の物語らしい。

ミヒャエル・エンデ（一九二九～一九九五）幻想的かつ現代文明への批判を込めた、新しいタイプのメルヘンを創造。最初の妻と死別し、晩年に『はてしない物語』の翻訳者、佐藤真理子と結婚。

鐘の音などが、永遠と呼ばれる無窮の時間がやっと終わったという吉報を世界じゅうに告げたが、それも聞かずにである。

『族長の秋』（一九七五年／コロンビア）ガルシア＝マルケス

●悪行の限りを尽くした独裁者の死

『族長の秋』は『百年の孤独』と並ぶガルシア＝マルケスの傑作長編小説だ。カリブ海沿岸の架空の国に、独裁者として君臨する大統領。〈週末にハゲタカどもが大統領府のバルコニーに押しかけて、窓という窓の金網をくちばしで食いやぶり、内部によどんでいた空気を翼でひっ搔きまわしたおかげである〉書き出しは、大統領の死が公表された日の話。

大統領の無残な死からはじまった物語は、彼の生涯と悪行の数々を、暴力的なほどに高密度な筆致でつづっていく。そもそも大統領は年齢が一〇七歳から二三二歳の間という話さえあり、やることなすこと常軌を逸している。

腹心の部下だった将軍が信じられなくなり、殺害した死体を丸焼きにして宴会料理として出す。美人コンテストで優勝した女性に魂を奪われ、彼女が住む貧民街を造りかえて貧乏人を追い出す。平凡な修道女に関心を持ち、箱に詰めて誘拐して妻にする。数千人単位で人は殺す、女は犯す。そのうえ彼は、自分が民衆に愛されていると信じている。そこが滑稽でもあり、哀れでもあり。

神話的とも寓話的ともいえるけれども、独裁者が語る「わし」と民衆らしき「われわれ」ほか、多様な一人称が錯綜した文体は、読者を圧倒することまちがいなし。

かくしてラスト、あらためて大統領の死が語られる。秋の終わりに彼は死んだ。〈解放を祝う音楽や、にぎやかな爆竹の音や、楽しげな鐘の音などが、永遠と呼ばれる無窮の時間がやっと終わったという吉報を世界じゅうに告げたが、それも聞かずにである〉

この結末には伏線がある。物語の序盤、大統領の影武者が死んだとき、彼は独裁者の死を祝う民衆の姿を見たのである。〈復活祭用の火矢やローマ花火が打ちあげられ、解放を祝う太鼓が打ち鳴らされ〉るのを。民衆が「わし」の死を祝っている！　殺してやる！　大統領は影武者の死を祝った人々を皆殺しにした。が、今度ばかりはそれもできない無念。独裁者は孤独だ。民衆に愛されていると思いこんだ裸の王様の究極の悲喜劇である。（引用元／集英社文庫・鼓直訳）

各章が終わるまで改行がなく、会話と地の文の区別もない独特の小説。ボルヘスやガルシア＝マルケスら南米文学の特徴は「マジック（魔術的）リアリズム」といわれている。

ガブリエル・ガルシア＝マルケス（一九二七～二〇一四）ジャーナリスト、小説家。南米の架空の村をめぐる年代記『百年の孤独』で世界的名声を獲得。一九八二年にノーベル文学賞を受賞。

この夢は短いけれど、ハッピーエンドの夢なんですもの

『蜘蛛女のキス』（一九七六年／アルゼンチン）マヌエル・プイグ

●これは友情？　それとも恋？

ホモ・セクシュアルな関係を描いたラテンアメリカ文学の傑作。マヌエル・プイグ『蜘蛛女のキス』はほぼ全編、密室の中の会話だけで進行する小説だ。

未成年者の猥褻幇助罪で八年の懲役となった同性愛者のモリーナ（三七歳）と、政治活動を先導して検挙された革命を夢見るバレンティン（二六歳）が刑務所で同室になった。モリーナはバレンティンにかつて見たB級映画のストーリーを延々と語ってきかせ、それがこの小説のかなりの部分を占める。性格も素行も正反対の二人はときに反発しあいながらも距離を縮め、互いを理解しあうようになる。

が、モリーナは裏で、刑務所長から、仮釈放と引きかえにバレンティンの政治活動に関する情報を聞き出すようにとの指令を受けていた！　それでもモリーナはバレンティンを裏切れない。下剤（？）を仕込まれた食事で下痢に苦しむバレンティンと、それを母親か看護師のようにケアするモリーナに二人の関係は象徴的に表れている。

〈「だめだ、まだくらくらする、どうしようもない……」／「いいのよ、あたしがするわ、心配しないで。あなたは楽にしててちょうだい」／「すまない……」〉

あるいは二人がかわす、こんな映画っぽい会話。

〈「あんたは蜘蛛女さ、男を糸で絡め取る」／「まあ、素敵！　それ、気に入ったわ」〉

結末は悲劇的である。仮釈放になったモリーナは、バレンティンの頼みで彼の活動家仲間を訪ねるが、口封じのために発砲され、一方、バレンティンも拷問を受け、朦朧とする意識の中で恋人のマルタなのかモリーナなのかわからない相手と会話する。

〈君を永久に失うんじゃないか〉と心配するバレンティンに妄想の中の相手は答える。〈だいじょうぶよ、バレンティン、そんなことにはならないわ、だって、この夢は短いけれど、ハッピーエンドの夢なんですもの〉

友情と恋愛が渾然一体となった物語。ラストの一文はまるで映画についての評言のようだ。（引用元／集英社文庫・野谷文昭訳）

日本語の「オネエ言葉」を生かした訳文が特徴的。モリーナ役のウイリアム・ハートがアカデミー主演男優賞を受賞するなど、エクトル・バベンコ監督の映画（一九八五年）も評価が高かった作品。

マヌエル・プイグ（一九三二〜一九九〇）映画監督を目指すが挫折し、小説家に転じて書いた『赤い唇』などが大ヒット。アメリカ、メキシコ、ブラジルで亡命生活を送り、エイズで死去。

死ぬまであなたを愛するだろう。

『愛人 ラマン』（一九八四年／フランス）マルグリット・デュラス

●人種も階層も時間も超えた恋

〈十八歳でわたしは年老いた〉という、おそろしいフレーズ。ヌーヴォー・ロマンの書き手としても知られるマルグリット・デュラス『愛人 ラマン』は、作者の自伝的小説（しかも初体験の描写つき）として評判になった一九八〇年代のベストセラー小説だ。語り手の意識の流れをそのままたどったような文章から、特異な青春が浮かび上がる。

舞台は一九三〇年代の仏領インドシナ（現在のベトナム）。ヒロインはフランス人高校で学ぶ一五歳の少女である。ある日、彼女はメコン川の渡し船でひとりの青年に会う。華僑の富豪の息子である中国人青年だった。

ほどなく彼は黒塗りの車で迎えに来た。

〈彼女は男に言う、あなたがあたしを愛していないほうがいいと思うわ。たとえあたしを愛していても、いつもいろんな女たちを相手にやっているようにしてほしいの〉

こうして二人はチャイナタウンの秘密の部屋で情事にふける「愛人」同士となるが、母は激怒し、娘を娼婦呼ばわりする。他方、男にも許嫁《いいなずけ》がいて、フランス娘と結婚したいという懇願は父に一蹴される。単純な恋愛小説といえないのは、彼の愛情に彼女は応える気がないからだ。人種の差と貧富の差。宗主国の娘と現地の青年の関係。少女の情事は自分を愛してくれない母へのあてつけでもあった。

ただ、ラストシーンは美しい。

別れて十数年後、パリに戻って本を書きはじめた彼女に男から電話がかかってくる。〈ぼくだよ。女は声を聞いただけでわかった〉彼のふるえる声は、中国訛りを取り戻す。〈男は女に言った、以前と同じように、自分はまだあなたを愛している、あなたを愛することをやめるなんて、けっして自分にはできないだろう、死ぬまであなたを愛するだろう〉

卒倒しそうな殺し文句！

ここで小説はプツンと終わる。声の勝利というべきだろう（お互いの姿はむしろ幻滅のもとである）。あまりにも早く人生を知ってしまった少女と、狂おしいまでの愛に燃える青年。自信満々だったバブル期の女子がウットリしたのも道理かな。

（引用元／河出文庫・清水徹訳）

オリエンタリズム（西洋の東洋に対する差別的な視線）を含んだ作品であるのは事実だが、エキゾチックな舞台とあいまって、ジャン＝ジャック・アノー監督の映画も（一九九二年）ヒットした。

マルグリット・デュラス（一九一四〜一九九六）フランス領インドシナで生まれ育ち、一七歳でフランスに渡る。『愛人 ラマン』は原作、映画ともに大ヒット。戯曲や映画監督の仕事も数多い。

ロバート・キンケイドという男とフランチェスカという女のために、おれはあの曲を演奏するのさ。

『マディソン郡の橋』（一九九二年／アメリカ）R・J・ウォラー

四日間の情事、二二年間の純愛

作家らしき「わたし」がある兄妹に亡き母のことを書いてほしいと依頼される。『マディソン郡の橋』はそんな設定ではじまる、秘められた恋の物語である。

ロバート・キンケイドは五二歳。「ナショナル・ジオグラフィック」で仕事をするバツイチのカメラマン兼ライターだ。フランチェスカ・ジョンソンは四五歳。農場を営む夫を支え、高校に通う二人の子を産み育てた母でもある。

一九六五年八月一六日、月曜日、近くの屋根つきの橋を撮影に来たロバートと、フランチェスカは出会った。

ちょうど家族は留守の日で、フランチェスカはロバートを夕食に招いた。それから木曜日まで、二人は情熱的な時間をすごし、金曜日の朝、フランチェスカの家族が戻ってくる前に別れた。たった四日間の恋である。

しかし、ドラマは続いていた。六七歳の誕生日（一九八七年）、彼女は過去を回想する。「ナショジオ」の誌面を通してロバートを見守ってきたこと。だが七五年に彼は誌面から消え、八二年、彼の遺品が届いたこと。彼は六九歳で死去し、遺灰は思い出の橋の近くに撒かれていた。

〈ああ、ロバート……ロバート……ひどいわ〉

四日間の恋をひきずった二二年の歳月！　二年後、フランチェスカも六九歳で死去し、遺灰は橋から撒かれた。

要は大人のおとぎ話である。だが、おとぎ話を本当らしく見せるため、作者はあらゆる手を尽くす。二人の手紙やノートを引用したり、「わたし」の取材過程を明かしたり。

最後に登場するのは晩年のロバートと親しかったミュージシャンである。友の恋バナに感動した彼は曲を書いた。〈夕暮れになると、おれはここに立って、おれの楽器を鳴らす。ロバート・キンケイドという男とフランチェスカという女のために、おれはあの曲を演奏するのさ〉

追悼の曲ではなく、これは二人の愛への賛歌と解釈すべきだろう。これはあくまで純愛なのだと読者を納得させるためのダメ押しである。大人のおとぎ話はめんどくさいのだ。（引用元／文春文庫・村松潔訳）

メリル・ストリープとクリント・イーストウッド主演の映画もヒットした、世界的な大ベストセラー。作中の橋（ローズマン・ブリッジ）はアイオワ州に実在し、文化財として保護されている。

ロバート・ジェームズ・ウォラー（一九三九〜二〇一七）大学で二五年経済学を教えた後に執筆活動に入り、『マディソン郡の橋』が世界中でベストセラーに。アマチュア写真家、ギター演奏家など多彩な顔をもつ。

ノンフィクション篇

蛤《はまぐり》のふたみにわかれ行《ゆく》秋《あき》ぞ

『おくのほそ道』（一七〇二年）　松尾芭蕉

●旅の終点は岐阜県だった

日本人ならみんな知ってる松尾芭蕉『おくのほそ道』。李白からとった〈月日は百代の過客にして、行《ゆき》かふ年も又旅人也〉という発端も有名だ。ではその行程は？　終点は？

芭蕉が江戸深川を発ったのは一六八九（元禄二）年の春だった。ときに芭蕉は数えで四六歳。同行の曽良《そら》は四一歳。三月二七日（新暦の五月一六日）、見送りの人々とともに隅田川を舟でさかのぼった二人は千住で舟をおり、旅の第一歩を踏み出す。旅立ちの句は〈行春《ゆくはる》や鳥啼魚《とりなきうお》の目は泪《なみだ》〉。鳥の声（嘆き）や魚の目（涙）に重ねた別れの句だ。

日光街道を北上し、二人が目指したのは松島（宮城県）である。『おくのほそ道』はみちのくの歌枕（古い歌に詠まれた名所旧跡）を訪ねる旅。松島は東北最大の歌枕だった。だが芭蕉は、肝心の松島の句を『おくのほそ道』に入れていない（曽良の句のみ収録）。ここで一句詠むのは普通すぎる。わざと「はずす」のが「かるみ」と判断したか。

後半は一転、南へ下る旅である。平泉（岩手県）に寄り、奥羽山脈を越えて日本海側へ出た後は、出羽（山形県）から海沿いを南下。体調を崩した曽良が途中でリタイアするなどのアクシデントがありつつも、敦賀（福井県）を経由し、終点の大垣（岐阜県）に着いたのは旧暦の八月だった。

大垣には回復した曽良ら大勢の弟子が集まり、にぎやかな時をすごす。が、そこで終わりと思いきや〈旅の物うさもいまだやまざるに、長月六日になれば、伊勢の遷宮おがまんと、又舟にのりて〉と来た。九月六日（新暦の一〇月一八日）になって、これから舟で伊勢参りに行くというのである。かくて最後の句は〈蛤《はまぐり》のふたみにわかれ行秋ぞ〉。

蛤の蓋と身が引き裂かれるのにも似た、親しい人々との別れの句。最初は隅田川、最後は揖斐《いび》川。「行春」に旅立った芭蕉は「行秋」に再び旅立つのである。

オシャレな構成だけれども、蛤は川下の桑名（三重県）の名物、ふたみは伊勢の二見浦（三重県）にかかっているから、ここでも終点の大垣の風物は織り込まれていない。それも「はずし」か。ひねくれ者だね。

ちなみに芭蕉作と誤解されてきた「松島やあゝ松島や松島や」は別の狂歌師の句。大垣市には現在「奥の細道むすびの地記念館」が建ち、二四〇〇キロに及ぶ旅の全容を追体験できる。

松尾芭蕉（まつお・ばしょう　一六四四～一六九四）伊賀に生まれ、京都で北村季吟に学び、三〇歳ごろ江戸に出る。談林派の宗匠となるも、その後、市中から深川の草庵に転居。東北をはじめ諸国を旅するなかで不易流行の理念を確立し、「ほそみ」さらには「かるみ」の作風に到達した。

猶《なほ》雪の奇談《きだん》他事《たじ》の珍説《ちんせつ》こゝに漏《もら》したるも最多《いとおほ》ければ、生産《せいさん》の暇《いとま》ふたゝび編《へん》を嗣《つぐ》べし。

『北越雪譜』（一八四一年）鈴木牧之

●江戸を驚かせたベストセラー

『北越雪譜《ほくえつせっぷ》』は江戸後期、天保年間に出版された二編七冊の随筆である。著者の鈴木牧之は魚沼郡塩沢（現新潟県南魚沼市）で越後縮《ちぢみ》の仲買と質屋を営む無名の一商人だった。

写真なんかない時代だ。図入りで描かれた雪国の風物は江戸の人々を驚かせ、本書はたちまちベストセラーになった。

実際、〈凡《およそ》天より形《かたち》を為《な》して下《くだ》す物《もの》○雨《あめ》○雪《ゆき》○霰《あられ》○霙《みぞれ》○雹《ひょう》なり〉ではじまるその内容は、雪にまつわる気象学から越後一帯の地理、吹雪や雪崩《なだれ》のこわさ、熊や狐や鹿などを捕る方法、正月や祭りの風俗、この地の特産品である越後縮の織り方や鮭の調理法まで多岐にわたる。

〈凡日本国中に於て第一雪の深き国は越後なりと古昔《むかし》も今も人のいふ事なり。しかれども越後に於も最《もっとも》雪のふかきこと一丈二丈におよぶは我住魚沼郡《わがすむうをぬまごほり》なり〉と牧之は書く。

一年の半分は雪に閉ざされる魚沼。越後には多くの文人墨客が訪れているが、冬の詩歌も紀行文もないのは、みんな〈秋のすゑにいたれば雪をおそれて故郷《ふるさと》へ逃帰《にげかへ》るゆゑ〉。つまり雪に恐れをなした弱虫だからだ、と。逆にいえば、ここにこそ本書が書かれ読まれた理由があった。

最後の項は「鶴恩に報《むく》ゆ」。病気の鶴を助けた男のもとに後日鶴が現れ、丈が六尺（約一八〇センチ）余、一枝に数百粒の実がつく稲を置いていったというめでたい話である。そして少しばかりなごりおしそうな末尾。〈猶《なほ》雪の奇談他事《きだんたじ》の珍説《ちんせつ》こゝに漏《もら》したるも最多《いとおほ》ければ、生産《せいさん》の暇《いとま》ふたゝび編《へん》を嗣《つぐ》べし〉「生産の暇」ってところが泣かせる。

ここで予告した通り、牧之は第三編、第四編で春夏秋を書くプランを持っていたらしい。しかし、願いかなわず、翌年七二歳で病没する。結果的に、春のはじめで終わった『北越雪譜』は全編これ雪、雪、雪、雪の書物となった。

インフラが整備された二一世紀になっても、雪の脅威は変わらない。日本列島が大雪に見舞われ、何百台ものクルマが大雪で立ち往生するのも現代の〈雪の奇談〉か。「それみたことか」という牧之の声が聞こえるようだ。

新潟県南魚沼市には現在「鈴木牧之記念館」が建ち、周辺の塩沢宿の町なみは「牧之通り」として整備されている。遅ればせながらの「北越雪譜」観光。訪れるべき時期は、もちろん冬だ。

鈴木牧之（すずき・ぼくし　一七七〇〜一八四二）越後国魚沼郡に生まれ、江戸で曲亭馬琴や十返舎一九らの知遇を得て、北国の文化や風土を紹介する作品を執筆した。一方で、家業の縮仲買商も守り立てた。

万国のプロレタリア団結せよ！

『共産党宣言』（一八四八年／ドイツ）マルクス＋エンゲルス

共産主義といえば「私有財産の廃止」で、これがマルクス主義が嫌悪され、弾圧される最大の原因だったりもするのだが、貧しい労働者に財産なんかもともとないじゃんか、と彼らは主張する。かくて『宣言』はラストで高らかに呼びかける。〈プロレタリアは、革命においてくさりのほか失うべきものをもたない。かれらが獲得するものは世界である。／万国のプロレタリア団結せよ！〉

この言葉を胸に武器を持って立ち上がった人、危険思想とみなし国家をあげて叩きつぶしにかかった人。世界を変えたという意味で、最強のキャッチコピーだったことはまちがいない。人を動かすのは、やはり言葉の力なのである。（引用元／岩波文庫・大内兵衛、向坂逸郎訳）

日本語にはじめて訳したのは堺利彦と幸徳秋水だが（一九〇四年）、戦前の日本では発禁の対象だった。岩波文庫版は一九五一年刊。他にも多くの日本語訳が存在する、歴史的名著である。

カール・マルクス（一八一八～一八八三）フランスの初期社会主義やイギリス古典経済学の批判的研究を通じて史的唯物論を確立。イギリス亡命中に書かれた『資本論』第一部はマルクス経済学の基礎となった。

フリードリヒ・エンゲルス（一八二〇～一八九五）マルクスの伴走者として『共産党宣言』や『ドイツ・イデオロギー』を共同執筆。マルクスの死後『資本論』の遺稿を整理し、第二部、第三部として出版した。

世界でもっともよく知られたラストはこれだ

〈ヨーロッパに幽霊が出る――共産主義という幽霊である〉（前文）〈今日までのあらゆる社会の歴史は、階級闘争の歴史である〉（第一章）どちらも超有名なフレーズ。マルクス＋エンゲルス『共産主義者宣言』の書き出しである。結語も同様。〈万国のプロレタリア団結せよ！〉は、世界でもっともよく知られたラストの一文といえるだろう。

『宣言』は共産主義者同盟のマニフェストとして書かれた文書である。『共産党宣言』と訳されてはいるものの、旧ソ連や中国のような「共産党」という政党が出現するのはロシア革命以後の話で、マルクスの時代はゆるやかな同盟が存在するだけだった。

檄文《げきぶん》だから文章は戦闘的だが、中身の半分近くは歴史の話だ。自由民と奴隷、貴族と平民、領主と農奴、ギルドの親方と職人、あらゆる歴史は圧制者と被圧制者の対立の歴史だった。工業社会が生んだ資本家（ブルジョア）階級は封建領主を倒して革命的な役割を演じたが、階級的な対立は解消されなかった。ブルジョア階級の支配の下では、富は私人に蓄積されて資本となり、労働者は奴隷化し、ときに暴徒化する。支配階級を倒す機は熟しつつあるが、そのためにはまず労働者が「革命的プロレタリア」にならなくちゃ。

人にして人を毛嫌いするなかれ。

『学問のすゝめ』（一八七六年）福沢諭吉

●最初より最後が使える自己啓発書

〈天は人の上に人を造らず人の下に人を造らずと言えり〉

福沢諭吉『学問のすゝめ』のあまりにも有名な書き出しだ。でも、誤解してはいけない。諭吉はべつに「人類はみな兄弟」という平等思想を説いたわけではない。

〈人は生れながらにして貴賤貧富の別なし。ただ学問を勤めて物事をよく知る者は貴人となり富人となり、無学なる者は貧人となり下人となるなり〉

「世の中には賢い人と愚かな人、貧しい人と富める人、身分が高い人と低い人がいるでしょ。その差はどこにあると思う？」（意訳）と話は続き、それは学問があるかないかの差だ（賢人と愚人との別は、学ぶと学ばざるとに由《よ》って出来《いでく》るものなり）と結論づけられる。

学ばぬものは「貧人」となり「下人」となるのだ。だからみなよく学べ、と。

『学問のすゝめ』は明治の大ベストセラーだった。一八七二（明治五）年から五年にわたって全一七編の小冊子の形で出版され、一編二〇万部として計三四〇万部は売れたはずだと諭吉自身も豪語している。

内容的にはいまでいう自己啓発書、ビジネス書に近い感覚。江戸の身分制度はもう古い。実学を学び、政府にも意見をいえる人民になれと鼓舞するそのアジテーションは、時代が変わったことを人々に実感させたにちがいない。

最後の「十七編」は「人望論」と題された自己PR論、コミュニケーション論である。碁、将棋、食事、茶、腕相撲、何でもよい、幅広く人と付き合えと諭吉はいう。

〈世界の土地は広く人間の交際は繁多にして、三、五尾の鮒《ふな》が井中《せいちゅう》に日月《じつげつ》を消《しょう》するとは少しく趣きを異にするものなり。人にして人を毛嫌いするなかれ〉

世界は広い。井の中の魚とはちがうのだ。——世界を見てきた人らしい一文である。抽象的な冒頭より、こちらのメッセージのほうが汎用性は高いかもしれない。明治のエリートは諭吉の教えをストレートに受けとめ、争って学歴の取得を目指したが、これからはラストの一文を広めたい。人間関係で悩む若者にはぜひ一言。諸君、「人にして人を毛嫌いするなかれ」だよ。福沢諭吉もそういってるよ。

とはいえ本書はやはり男子向き。女子向きなのは、同じ福沢諭吉の『女大学評論 新女大学』（石川松太郎編『女大学集』所収）。こちらは先取性と差別性が混在しているのがおもしろい。

福沢諭吉（ふくざわ・ゆきち　一八三五～一九〇一）青年期にアメリカやヨーロッパを訪問、英米流の民主主義思想を学ぶ。帰国後、慶應義塾を設立。若い世代や国民への啓蒙、日本の近代化に尽力した。

冬の荒涼とした海が烈しく打ち寄せる起伏の多い海岸であった。

『日本奥地紀行』（一八八〇年／イギリス）イザベラ・バード

北を旅した英国人女性旅行家

〈荒涼たる海原を航海し続けること十八日間で、シティ・オブ・トーキョー号は、昨日の朝早くキング岬（野島崎）に到着し……〉

イザベラ・バード『日本奥地紀行』の書き出しである。

著者は英国人の女性旅行家。長い航海を経て横浜に降り立ったときには四七歳だった。〈一八七八年（明治十一年）四月に、以前にも健康回復の手段として効き目のあった外国旅行をすることを勧められたので、私は日本を訪れてみようと思った〉という控えめな「はしがき」がついている。

だが実際は健康回復の手段どころの騒ぎではない。横浜で従者兼通訳の伊藤なる一八歳の少年を雇ったバードは馬で日光へと向かい、そこから北にルートをとって、会津、新潟、米沢、横手、秋田、青森、さらに津軽海峡から北海道に渡る。函館から船で横浜に戻るまで三か月間にわたる大旅行。アイヌ民族の生活ぶりもこと細かに記されている。

都市にはすでに西洋風の建物が建ちはじめていたが、バードが好むのはもっぱら西欧の影響を受けていない「未踏の地」だ。日本人はみな勤勉で礼儀正しいが道徳の水準は低い、宿はどこも優秀だがノミと悪臭はひどいなど、上げたり下げたり、いいたい放題のバード。英語を話す西洋人の中年女性が突然現れた各地の人たちはビックリしただろう。

北海道から戻った彼女は関西方面に赴くが、本書ではその部分はカットされ、日本での最後の日々が記される。横浜港を発ったのは同じ年の一二月だった。

〈汽船ヴォルガ号にて、一八七八年クリスマス・イヴ。——雪を戴いた円い富士山頂は、朝日に赤く輝いていた。私たちは十九日に横浜港を出て、ミシシッピー湾（根岸湾）の紫色の森林地帯のはるか上方に富士山が聳え立つのを見たのである。三日後に私は日本の最後の姿を見た——冬の荒涼とした海が烈しく打ち寄せる起伏の多い海岸であった〉

荒涼たる海ではじまり、荒涼たる海で終わる日本の旅。

西日本への旅も含めた完全版も出版されているが、ラストについては、普及版として刊行された本書のほうがいい。ちなみにバードが日本で最後に訪れたのは東京の桐ヶ谷火葬場だった。（引用元／平凡社ライブラリー・高梨健吉訳）

完全版の邦訳には『完訳　日本奥地紀行』全四巻（東洋文庫・金坂清則訳注・二〇一二～一三年）、『イザベラ・バードの日本紀行』上下（講談社学術文庫・時岡敬子訳・二〇〇八年）がある。

イザベラ・バード（一八三一～一九〇四）旅行家、紀行作家。牧師の家に生まれ、少女時代は病弱だったが療養を兼ねて世界中を旅行。アメリカ、カナダ、日本、朝鮮、中国等の旅行記で著名になった。

何処《どこ》となく都の空の彼方で汽笛の響がする。

『武蔵野』（一八九八年）国木田独歩

午の時報）のこと。東京の午砲台は丸の内にあった。それが聞こえるっていうことは、この「武蔵野」はどこ？　という か自然描写はどこへ行った？　と思うけど、それは都会と自然を分けたがる今日の自然観のせい。独歩が愛した関東の落葉樹林は、北海道の原生林などとちがい、人の手の入った林である。いまの言葉でいえば「里山」に近い。

人の暮らしに近い自然。都市と田舎の境界。明治の東京にはそんな場所がたくさんあった。

鳥、風、虫、荷車、馬の蹄《ひづめ》……。作中には「音の風景」も多く、その最後に遠くで汽笛が鳴るのである。

都心との絶妙な距離感。冒頭の「文政年間」から「汽笛の響がする」近代まで、ちょっと時間の旅をした感じもある。

ちなみに『武蔵野』の執筆以前、独歩は渋谷に住んでいた。ファッションビルが立ち並ぶあのへんも、明治の頃には雑木林のある「武蔵野」だったのだ。

「武蔵野」がどこからどこまでを指すかはむずかしい。武蔵野市には『武蔵野』の一文をとった独歩の碑が建つが、渋谷には「国木田独歩住居跡」の碑が。ＮＨＫの裏あたりです。

国木田独歩（くにきだ・どっぽ　一八七一〜一九〇八）詩や小説を書きながら、編集者としての才も発揮し、雑誌「婦人画報」の初代編集長を務めた。自然主義文学の草分けとされる。

●風景を発見した文学

〈武蔵野の俤《おもかげ》は今わずかに入間郡に残れり〉と自分は文政年間に出来た地図で見た事がある〉

国木田独歩『武蔵野』の書き出しである。定型句として現在もよく使われる「武蔵野の面影がのこる……」という表現は、ここに由来するらしい。

『武蔵野』の文学史的な価値は「風景」を発見したことだといわれる。風景は最初からそこにあるのではなく、見る側の意識があってはじめて風景になる。ツルゲーネフが書き、二葉亭四迷が訳したロシアの白樺林の描写を読んで、独歩は「コレだ！」とひらめいた。それで真似して書いたのが『武蔵野』で、とりわけ彼の心に響いたのは四季折々に姿を変える落葉樹林だった。落ち葉の積もった林になど、独歩以前は誰も見向きもしなかったのである。

かくて独歩は武蔵野の自然に最大限の賛辞を捧げるのだが、ラストに描かれているのは〈大都会の生活の名残と田舎の生活の余波〉が落ち合う場所だ。〈九時十時となると、蝉《せみ》が往来から見える高い梢で鳴きだす、だんだん暑くなる〉と夏の午前中の風景を描写した後に、〈それでも十二時のどんが微かに聞えて、何処《どこ》となく都の空の彼方で汽笛の響がする〉。

ここでテキストは終わる。「十二時のどん」とは午砲（正

その香は、「路辺に立ちて眺めやれば」遠き彼方の見えざる丘から風に漂うて来るであろう。

『武士道』（一八九九年）新渡戸稲造

●忘れられゆく精神風土

〈武士道《シヴァリー》はその表徴たる桜花と同じく、日本の土地に固有の花である〉新渡戸稲造『武士道』の有名な書き出しである。もっともこれは、新渡戸の門下生だった経済学者の矢内原忠雄による日本語訳（一九三八年）。

札幌農学校を卒業し、米国やドイツに留学した国際派の新渡戸は、ことあるごとに、留学先で、あるいは妻のメアリーに「日本ではどうなの？」「なぜ日本ではああなの？」などと質問された。「われ太平洋の橋とならん」と望んだ新渡戸は、それに応えようと、米国滞在中に英語で『武士道』を執筆した。この本はキリスト教圏の読者に向けた、思想版のニッポンガイドなのである。

というわけなので、『武士道』は必ずしも近世武士道の「正しい概説書」ではない。武士道だけで日本の精神風土を語るのもほんとは無理があるのだが、西洋と東洋の融合を願う新渡戸はあの手この手だ。冒頭の「シヴァリー」とは騎士道のこと。義、勇、仁、礼、誠といった概念を、彼は西洋の哲学や文学を引きながら説明する。そこで強調されるのは、日本的な精神の固有性というよりは普遍性、武士道と西洋の騎士道やキリスト教との共通点だ。

しかし、「武士道の将来」と題された最終章で、彼は〈武士道は一の独立せる倫理の掟《おきて》としては消ゆるかも知れない〉と懸念を表明する。二〇世紀は目前。拝金主義と功利主義が幅を利かせていた。かくて彼は書く。

〈百世の後その習慣が葬られ、その名さえ忘らるる日到るとも、その香は、「路辺に立ちて眺めやれば」遠き彼方の見えざる丘から風に漂うて来るであろう〉

半ば「滅びる」と新渡戸は予想しているのである。しかし思想が忘れられても、香は残るだろう、と。

文中の「路辺に立ちて眺めやれば」は詩の一節。〈いずこよりか知らねど近き香気に、／感謝の心を旅人は抱《いだ》き、／歩みを停め、帽を脱《と》りて／空よりの祝福を受ける〉この引用で本は幕を閉じる。自負と諦念が混じった美しくもあり、哀しくもある幕切れである。

原題は『Bushido, The Soul of Japan』。ちなみに「武士道と云ふは死ぬ事と見付けたり」は近世の鍋島藩士・山本常朝による『葉隠』の一節で、この本とは無関係。

新渡戸稲造（にとべ・いなぞう　一八六二〜一九三三）札幌農学校卒業後、米・独に留学。東京帝大、京都帝大等で教え、民主主義教育の礎を作る。『武士道』は各国でベストセラーに。国際連盟事務局次長も務めた。

この問題を提《ひっさ》げて今日政治社会の腐敗を叫破《きょうは》し、平民政治を開きて下層社会の幸福を謀らん。

『日本の下層社会』（一八九九年）横山源之助

●渾身の元祖格差社会レポート

〈東京市十五区、戸数二十九万八千、現住人口百三十六万余〉その十分の幾分かは生活に困らぬ中流以上だが、〈多数は生活に如意ならざる下層の階級に属す〉。

横山源之助『日本の下層社会』はこんな書き出しで始まる明治の名ルポルタージュである。産業革命期の明治三〇年前後、新聞記者でもあった横山は自らの足で各地を歩き、人々の生活ぶりを詳細なレポートにまとめた。

職人社会、手工業の現状（桐生・足利地方の織物工場、阪神地方の燐寸《マッチ》工場など）、機械工場の労働者（綿糸紡績工場、鉄工場など）、小作人、といった項目がずらりと並んだ目次を見ると、さながら仕事図鑑のごとし。

しかし中身はさにあらず、横山の意図は収入から支出まで、彼らの生活実態をつぶさに記すことにあった。

東京の最下層民を取り上げた最初の章には、日稼人足、人力車夫、くず拾い、大道芸人、巻きタバコやマッチ箱をつくる内職など、今日では消えた仕事が登場する。

暮らしぶりを見て〈屑拾・芸人の如きは二十銭以下十五銭内外なりとすれば、いかにしてかれらは生活するものぞ〉〈貧民に最も負担となるは家賃なるべし〉と憤る。

桐生・足利の織物工場については労使関係に着目し、〈工女とその主人との関係を見るに、殆んど封建時代の君主が臣下に対すると相似たり〉と記す。

このままじゃいかん、と考えたのだろう。

注目すべきは、巻末に「日本の社会運動」と題する付録が収録されていることだ。そこで彼は維新以来の政治と社会運動の流れをたどり、労働組合が未発達なことを嘆き、教育の必要性から「貧民学校を起すべし」と説く。

〈偏頗《へんぱ》なる社会、不公平なる社会〉をなんとかしたい！　かくて本書は力強い宣言で閉じられる。

〈余輩は諸君と共に今日静かに日本の下層社会を研究し、この問題を提《ひっさ》げて今日政治社会の腐敗を叫破《きょうは》し、平民政治を開きて下層社会の幸福を謀らん〉

諸君とともに下層社会の現実を研究し、政治の腐敗に声を上げ、彼らを救おうではないか。社会派ルポルタージュの面目躍如。若きライターの正義感がみなぎるラストだ。

本書刊行時、横山はまだ二八歳だった。その生涯については立花雄一『横山源之助伝　下層社会からの叫び声』に詳しい。

横山源之助（よこやま・げんのすけ　一八七一～一九一五）富山県に生まれ一五歳で上京。二葉亭四迷らと出会って文筆を志し、二三歳で新聞社に入社するも、本書出版後、過労で倒れて退社。農商務省『職工事情』（一九〇三年）の調査に参加するなど、その後も多彩なルポを書き続けた。

告げよ、その男に、私が涙にくれているのを見たと

『ノアノア』（一九〇一年／フランス）ポール・ゴーギャン

●タヒチに渡った画家がしたこと

画家のゴーギャンをモデルにしたモーム『月と六ペンス』は、そうはいってもモームの脚色のかなり入ったフィクションである。では生身のゴーギャンはどうだったのか。

「ノアノア」とはタヒチ語で「かぐわしい香り」の意味。一八九一年六月から九三年六月まで、ゴーギャンはタヒチに滞在し、約五〇点の絵画を制作した。『ノア ノア』はそのときの体験をもとにした随想である。

本は六三日間の航海の後、船がタヒチに到着するところからはじまる。ヨーロッパ化されたタヒチに最初は失望した彼も、中心部から離れた場所に住まいを借り、徐々に土地の暮らしや風習になじんでいく。要約すれば、ヨーロッパ人のひとりの男が文明の衣を脱ぎ捨て野性を獲得するまでの魂の遍歴、ということになろう。

しかし、このテキストはいやに官能的なのだ。っていうか彼はもうほとんど現地の女しか見ていないのである。文明化された最初の愛人、彼を見舞う王女、肖像を描きたいという求めに応じた娘、そして妻となる一三歳の少女テウラ。

総領事ハリスと唐人お吉、ピンカートンと蝶々夫人じゃないけれど、文明国の男には現地妻が必要なの？　けれど、そういう男は必ずいつかは母国に帰る。ゴーギャンもフランスに戻る日が来る。

岸壁を離れる船の甲板から、彼は涙にくれるテウラを見る。そして〈御身ら、南と東の軽やかな微風よ〉という呼びかけではじまるマオリの詩を思い出すのだ。

〈急ぎ連れだってべつの島へ駆けよ。そこに、私を捨てた男がいるはず、気に入りの木陰に腰掛けて。告げよ、その男に、私が涙にくれているのを見たと〉

女性目線の詩でレポートを終えるなど、いい気なものだ。ここには宗主国と植民地の関係がはっきり刻印されている。こういう詩がほんとにあるのだとしたら、似たような男女がこの地には大勢いたのだろう。もっとも『ノア ノア』もゴーギャンの脚色（願望？）が混じった一種の虚構であるらしい。現地の女は文明国の男のもてなし方を知っている。涙にくれたその後は「やれやれ」と伸びをしていたかもしれない。

（引用元／ちくま学芸文庫・岩切正一郎訳）

実際のゴーギャンはけっして順風満帆な人生ではなかった。彼は二度タヒチを訪れているが、これは最初のときの滞在記。訳者は「ゴーギャンの個人的な神話」と評している。

ポール・ゴーギャン（一八四八〜一九〇三）後期印象派の画家。株式仲買人として成功する傍ら、趣味の絵を印象派展に出品。ゴッホとの共同生活を経てタヒチに移住。地元の人々を題材にして絵画を創作した。

微笑を浮かべつつ、利休は未知の国へ立ち去った。

『茶の本』（一九〇六年）岡倉天心

日本文化の優位性を語った芸術論

〈茶のはじまりは薬用であり、のちに飲料となった〉

そんな一文から、岡倉天心『茶の本』は書き出される。原題は『The Book of Tea』。ボストン美術館の中国・日本部の顧問だった天心は、英文でこれを執筆し、本もニューヨークで出版された。

中国にはじまる茶の歴史をひもとき、道教や禅の思想と茶の湯の関連を論じ、茶室のデザインを語り、生け花の極意を語り、芸術を鑑賞する態度について云々する。

西洋人に東洋の文化を伝える体裁をとりながら、西欧文明をチクリとやることも忘れない。室内を博物館みたいに飾りたてる西洋の館にくらべ、簡素なるわが茶室のすがすがしいこと。花の頭部だけをごちゃごちゃ花瓶に入れる西洋にくらべ、床の間の花一輪の配置に自然を仮託するわが生け花の繊細なこと。日本の読者は溜飲を下げただろう。

西洋人は自分の宗教や文化は押しつけても、東洋の文化を受け取ろうとしない。唯一、東西の文化が結節したのが茶だったと天心はいう。ときは日露戦争の直後。

〈西洋人は、日本が平和のおだやかな技芸に耽っていたとき、野蛮国とみなしていたものである。だが、日本が満州の戦場で大殺戮を犯しはじめて以来、文明国と呼んでいる〉などの言葉は西欧列強と日本への皮肉炸裂だ。

最終章「茶の宗匠たち」は、秀吉に切腹を命じられた千利休の話である。最後の茶会の後、死に装束の利休は辞世の句を詠む。〈来れ、汝／永遠の剣よ！／仏陀を殺し／達磨を殺し／汝は汝の道を切りひらきたり〉そして〈微笑を浮かべつつ、利休は未知の国へ立ち去った〉。

まるで小説のラストである。天心はなぜこの場面を一書の最後に置いたのか。死の美学を説く武士の心得を排し、茶こそが「生の術」だと語っていたのに。

そこには自身の境遇が関係していたらしい。美術史家として重用された天心も、このころは西洋礼賛派に敗北しつつあった。自らの悲運を悲劇の茶人に重ねたラスト。「微笑」の一語に意地がこもる。（引用元／講談社学術文庫・桶谷秀昭訳）

天心が土台を築いた重要な仕事のひとつは文化財保護である。彼が発案した古美術保存の方針は「現状維持修理」。この思想は現在も受け継がれ、国宝修復の際などの基準となっている。

岡倉天心（おかくら・てんしん　一八六三〜一九一三）幼時から英語に熟達し、フェノロサの通訳で頭角を現し、一七歳で東京帝大を卒業。文部省官吏となり、東京美術学校長を経て日本美術院を創設。欧米、中国、インドを遊歴し、ボストン美術館顧問も務めた。

彼らの主権者の冠を破砕せよ。而して復讐の冠を以て、その頭《こうべ》を飾らしめよ。

『谷中村滅亡史』（一九〇七年）荒畑寒村

●企業と政府への渾身の一撃

「公害の原点」と呼ばれる足尾鉱毒事件は、田中正造（一八四一～一九一三）の名とともに私たちの胸に刻まれている。『谷中《やなか》村滅亡史』はその田中正造の依頼を受け、弱冠二〇歳（若い！）の荒畑寒村が一気に書き上げた迫真のドキュメンタリーである。

〈谷中村をして今日あらしめたる、当面の問題は即ち瀦水池《ちょすいち》にありといへども、実はその因を遠く鉱毒問題に発せるなり〉明治の文語文はとっつきが悪いけど、本書のような報告と告発を目的とした書にはぴったり。

古河財閥が経営する足尾銅山から出た鉱毒は、渡良瀬川の魚を死滅させ、山林を丸裸にし、雨が降れば大洪水となって、渡良瀬川と利根川流域の農民に多大な被害をもたらした。被害民の訴えは受け入れられず、代議士としてこれを告発し続けた田中正造は、ついに議員を辞職し、天皇に鉱毒問題解決を迫る直訴に及ぶ。

栃木県の南部に位置する谷中村は肥沃な土地であったが、耕作不能となって反鉱毒運動に発展。やがて政府は鉱毒問題を治水問題にすりかえて村民を強制移住させるに至った。そこまでの一部始終を、寒村は悲憤慷慨《ひふんこうがい》にみちた筆で綴る。

〈あゝ、事遂に爰《ここ》に至る、今は進むも死、退くもまた死なり〉〈されば見よ、彼らの人民を追はんとせる、その手段のいかに陰険を尽し、陋劣を極めたるかを〉

この書はしかし、出版と同時に即発禁処分となった。原因は不穏当なラストにあったらしい。

〈あゝ、悪虐なる政府と、暴戻なる資本家階級とを絶滅せよ、平民の膏血《こうけつ》を以て彩られたる、彼らの主権者の冠を破砕せよ。而して復讐の冠を以て、その頭《こうべ》を飾らしめよ〉

谷中村が強制廃村に追い込まれたのは本書出版と同じ一九〇七年。同時代の事件だけに、寒村の筆は当然、企業と政府への批判に向いた。田中は「少し芥子《からし》がきき過ぎましたね」と述べたという。たしかにこれではルポというよりアジテーションだ。それでも迫る熱い思い。渾身の一撃である。

いま読むと福島や沖縄にも思いをいたさざるを得ない本。毒を薄める調整池の犠牲となった村の記憶は、渡良瀬遊水池の敷地内にある「旧谷中村遺跡」に、わずかにとどめられている。

荒畑寒村（あらはた・かんそん　一八八七～一九八一）幸徳秋水、堺利彦らの社会主義思想に共鳴して平民社に参加。しだいに労働組合運動に傾倒し、共産党、社会党の結成に関わり、衆議院議員に二回当選するも離党。晩年は文筆業に専念した。

闘争好きを除いた日蓮、これが私どもの理想とする宗教者であります。

『代表的日本人』（一九〇八年）内村鑑三

●世界に通じる五人を熱烈紹介

新渡戸稲造は『武士道』で日本の精神文化を語り、岡倉天心は『茶の本』で日本の美意識を書いた。同じ頃、やはり英文で執筆されたのが内村鑑三『代表的日本人』である。

西欧社会に日本を紹介するにあたり、内村が「代表的日本人」に選定したのは五人の先人だった。新日本創設に献身した西郷隆盛。理想的な封建領主というべき米沢藩主・上杉鷹山。農村改革で窮民を救った二宮尊徳。「村の先生」として尊敬を集めた中江藤樹。そして鎌倉時代の闘う仏僧・日蓮上人。日本史のスターとは微妙にズレる。

「なぜこの人選？」という疑問はやがて解ける。札幌農学校時代にキリスト教に改宗し、三年あまりのアメリカ留学を経験した内村は、彼ら五人に私利私欲を捨てたキリスト者に通じる精神を見ているのである。〈西郷の偉大さはクロムウェルに似ていて、ただピューリタニズムがないためにピューリタンといえないにすぎないと思われます〉とかね。

とりわけ内村の筆が熱を帯びるのは、時代的にはもっとも古い日蓮について書かれた最終章だ。日蓮と一六世紀ドイツの宗教改革者を重ねて彼は書く。〈首府を訪れた一人の田舎僧侶の目には、あたかもローマを訪れたルターのように、目に見るもの、耳にする教え、ことごとく異様でした〉そしてルターが聖書に回帰したように、日蓮は法華経にたどりついた。彼はまたユダと日蓮を重ねる。〈日本では日蓮のように、非難中傷を山ほどあびせられた人はいません〉と。にもかかわらず没後、多くの信徒を獲得した日蓮。ラストは熱烈なラブコールである。〈闘争好きを除いた日蓮、これが私どもの理想とする宗教者であります〉

内村が日蓮に過剰な思い入れを示すのは、無教会派を名乗った自身の宗教観とも重なるところがあったからだろうか。日清戦争時には「義戦」を信じ、日露戦争では「絶対非戦論」に転じた内村。ナショナリストなのかコスモポリタンなのか、はっきりしない部分を含みながらも強引な断定の仕方が妙に気持ちいい。（引用元／岩波文庫・鈴木範久訳）

外遊経験者は日本贔屓になりやすい。新渡戸著、岡倉著、内村著にもその気はあるが、当時の日本は野蛮な国と見られていた。国際社会に通用する日本を紹介したいとの思いも無視できまい。

内村鑑三（うちむら・かんぞう　一八六一～一九三〇）アメリカ留学から帰国後は、教職についたものの「不敬事件」でクビとなり、他校で教えながら著作活動で文名を高めた。萬朝報の主筆に迎えられるも、その後退社。後半生は無教会主義を唱えた。

本堂のうしろの木陰にはむしろを敷いて機《はた》が出してあった。

『古寺巡礼』（一九一九年）和辻哲郎

●闊達な青年のガイドで巡る奈良

一九一八（大正七）年五月、和辻哲郎は友人数人と奈良の寺々をめぐる旅に出た。『古寺巡礼』はそのときの印象記である。当時の和辻はまだ二〇代後半。みずみずしい感受性が炸裂し、同じ奈良の寺訪問記でも、後に出た亀井勝一郎『大和古寺風物誌』の求道者ぶりとは対照的だ。

和辻がまず意識を向けるのは、仏教美術と世界史との関連性である。出発前に友人からアジャンタ壁画の模写を見せられたと語る和辻の思考は縦横無尽だ。ギリシャへ、インドへ、中国へと思いをはせる。百済観音から漢の石刻画に飛び、伎楽面からギリシャ悲劇を連想する。

彼はまた当時の人々に想像をめぐらせる。亀井勝一郎がありがたがってやまない、皇后が一〇〇〇人の垢を流したという「光明皇后施浴の伝説」も、若き和辻の筆にかかると美女に垢を流された側の身になって〈宗教的な法悦と官能的な陶酔との融合〉ってな話になり、〈西洋の風呂は事務的で、日本の風呂は享楽的だ〉とかいいだす。

中宮寺の菩薩像を語った最後の章で、感情はさらに爆発する。〈その与える印象はいかにも聖女と呼ぶのがふさわしい〉〈およそ愛の表現としてこの像は世界の芸術の内に比類のない独特なもの〉和辻青年、もうめろめろである。こうして中宮寺の菩薩に最上級の愛を捧げた後、彼は最後の寺に向かうが、そこの描写はたった四行。〈法輪寺の古塔、眼の大きい仏像なども美しかった。荒廃した境内の風情もおもしろかった。鐘楼には納屋がわりに藁《わら》が積んであり、本堂のうしろの木陰にはむしろを敷いて機《はた》が出してあった〉

なんという雑な扱い。恋人と情熱的なデートをした後の脱力した帰り道みたい。しかも本堂の裏の機織り機って。うらぶれ感を強調しすぎだろう。

法輪寺は、法隆寺や法起寺の塔と並ぶ三重塔を有する古刹である。一九四四年に塔が落雷で焼失するも（一九七五年に再建）、この時期には塔もあり、ここまで雑に扱われるいわれはない。「眼の大きい仏像」は十一面観音菩薩立像だと思うけど、和辻青年のお好みではなかったか。単に疲れて適当な描写になっただけかもしれませんけどね。

現在普及しているのは、若書きの部分を削ったとされる一九四七年の改訂版（岩波文庫）だが、二〇一二年には『初版 古寺巡礼』（ちくま学芸文庫）が発売された。読み比べるのも一興である。

和辻哲郎（わつじ・てつろう　一八八九～一九六〇）ニーチェ、キルケゴールの研究から出発し、独自のハイデガー解釈を通じて「人間の学」としての倫理学を確立。また、日本・中国・インド・西洋の思想史、文化史研究に大きな業績を残す。

ありがたいことに、わたしたちはまた一年齢《とし》をとる。

『園芸家12カ月』（一九二九年／チェコ）カレル・チャペック

●園芸マニアの永遠のバイブル

ガーデニングのファンは多いが、この本を知らないガーデナーはモグリだといっておこう。『園芸家12カ月』。チェコを代表する作家で、無類の園芸マニアでもあったカレル・チャペックの極上のエッセイだ。一月から一二月まで、季節を追って記述される本書で観察され、分析されているのは「園芸」ならぬ「園芸家」の生態である。

園芸家が生き生きする四月。それは芽吹きと移植の季節である。だから〈四月の園芸家とは、干からびかかった挿木苗を手にもち、自分の庭を二〇ぺんぐらいぐるぐる歩いて、どこかに一箇所ぐらい何にも植わっていない場所はないかとさがしまわる男のことだ〉。

七月の主な仕事は水やりである。しかし〈なかんずくいちばんたっぷり灌水ができるのは自分自身だ〉と園芸家はいう。〈ホースというやつは、いちばん思いがけない、真ん中へんのどこかに穴をあけたがる〉癖があり、いつも頭から噴水を浴びるハメになる。

こうした記述が続き、最後「12月の園芸家」の章にいたって、ようやく園芸家は忘れていたことに気づくのだ。

〈庭が雪の下にしずんでしまったいまごろになって、急に園芸家は思い出す。たった一つ、忘れたことがあったのを。

――それは、庭をながめることだ〉

園芸家のみならず、すべてのマニアをして「うわっ、私のことみたい」と苦笑させずにおかないこの本は、ちょっとこう、人生の書だったりもするのである。〈われわれ園芸家は未来に生きているのだ〉と作家はいう。バラが咲くと来年はもっときれいに咲くだろうと考える。一〇年たったらこの木はもっと育つ。五〇年後はもっとである。

〈本物、いちばん肝心のものは、わたしたちの未来にある。新しい年を迎えるごとに高さとうつくしさがましていく。ありがたいことに、わたしたちはまた一年齢《とし》をとる〉

これが最後の一文。園芸家の目で見れば、年月がたつことこそが至上の喜びだ、というのである。現在という土の中にも、見えないだけで、たくさんの芽が育っている。現在を悲観するなかれという作家、いや園芸家からのささやかなメッセージである。（引用元／中公文庫・小松太郎訳）

当時のチェコはナチスの侵攻前夜。作者は抵抗を続けていた。と考えると、この結末にもう少し切実な意味が加わる。兄のヨゼフ（後に強制収容所で死亡）の挿絵も楽しい本。

カレル・チャペック（一八九〇～一九三八）プロフィールは225ページ参照。

船の往来は今なお絶えることもございません。絶えることもございません。

『武士の娘』（一九二五年）杉本鉞子

●海外でヒットした「和才洋魂」の書

杉本鉞子《えつこ》の自伝的作品『武士の娘』は変わった本だ。

まず著者の経歴。鉞子は明治六（一八七三）年、越後長岡藩の家老の娘に生まれた。四書をみっちりたたき込まれ、兄の友人で貿易商を営む杉本松雄と一三歳で婚約。東京のミッション系の女学校で学んだ後、二〇代で渡米した。

渡米後、二女の母になった鉞子はその後夫を亡くし、幼い娘たちと東京に移住。そしてまた長女が一五歳になったのを機に、こんどは教育のために渡米する。本書はつまり新渡戸稲造『武士道』などと同じく、日本文化を紹介するために英語で書かれた本なのだ。

原題は『A daughter of the Samurai』。全米で大ヒットし、各国語に翻訳され、日本より海外で有名になった。

自伝的な随筆とはいえ、厳格な武士の家（それも戊辰戦争で敗北した藩の）から自由の国へ渡った人らしく、彼女は日米の両極端な文化を観察し、批評する。

最終章「黒船」で彼女が語るのは〈西洋も東洋も人情に変りのないこと〉、でも、その事実は東洋人にも西洋人にも理解されにくいという現実である。

「ヱツ坊や、異人さんと神国日本の人々は、何度船が往来しても、近づきあうことはありませんよ」そう説く祖母への反論で本書は幕を閉じる。

〈あから顔の異人さんも、神国日本の人々も、今尚互いの心を理解しおうてはおりませず、この秘密は今も尚かくされたままになっておりますが、船の往来は今なお絶えることもございません。絶えることもございません〉

〈絶えることもございません〉を二度繰り返しているのは、彼女が内心ムカついていた証拠ではないか。男尊女卑を旨とする日本文化と、男女同権を説く西洋文化。正真正銘の「武士の娘」だった母や祖母と、「帰国子女」のハシリみたいな自身の娘たち。二つの文化と世代の間で、事実、彼女は悩んでいた。国際派の明治女性の矜持が光る、和魂洋才っていうより和才洋魂の本である。（引用元／ちくま文庫・大岩美代訳）

鉞子が本を書いたのは、夫の死後、二人の娘を育てるためだった。アメリカでの投稿からはじめ、ようやくつかんだ雑誌連載をもとに生まれた本。大岩美代の日本語訳も美しい。

杉本鉞子（すぎもと・えつこ　一八七三〜一九五〇）旧長岡藩家老稲垣平助の娘に生まれ、結婚を機に渡米。雑誌「アジア」に連載した『武士の娘』は大ヒットし、七か国語に翻訳された。

いま太陽の光りは濁っている。

『女工哀史』（一九二五年）細井和喜蔵

●大正期の元祖「ブラック企業」告発本

言葉はみんな知っていても、未読の人が多いかもしれない。『女工哀史』は元祖「ブラック企業」の告発本ともいうべき、大正末期のノンフィクションだ。著者の細井和喜蔵はジャーナリストでも研究者でもなく、自身も正真正銘の繊維労働者だった人。紡績女工の過酷な現実をレポートしたこの本は、出版と同時にベストセラーになった。

紡績工場（綿花を紡いで糸にする紡績部と、糸を織って布にする織布部）の実態を、彼は克明に描きだす。〈従業社員ならびに職工の階級が実に甚だしく、あたかも軍隊のようだ〉と記される組織の形態、巧妙をきわめる募集要項と雇用契約制度、深夜業を含めて一二時間を超える長時間労働、出来高制の賃金体系、不合格品を出した女工に科せられる罰金制度、平均温度四〇度超の「焦熱地獄」に加え機械の騒音と塵埃《じんあい》に悩まされる工場環境、賄《まかない》で出される食事、女工の心理や生理……。詳細なレポートに加えて資料や数字が織りこまれているあたりは研究書のようだ。

和喜蔵はいつも女性の味方だった。したがって、彼の怒りのほこ先は労働現場にとどまらず、全方位的である。

〈諸君は昔ならいざ知らず、今時そんな婦女子に化粧や身つくろいを禁止するような野蛮な人間が都会の工場にいるだろうかと疑を持つ人もあるだろう。しかし、実際においているのだからおっ魂気《たまげ》ざるを得ない〉とかね。

巻末で和喜蔵は、万民に労働を課す「義務労働」を提唱するが、これは今日のワークシェアリングやワークライフバランスにも通じる思想だ。〈万人倶《とも》に苦しみ、また万人倶に楽しむ。これぞ地上に築きあげし空想ならぬ天国であり、極楽浄土である。ああ！　その時の太陽はいかばかり輝かしい光を放ち、人生は楽しく、万物は麗わしくあることか？　いま太陽の光りは濁っている〉

目の前の事象を記すだけでなく、ずっと先の社会まで見通していた和喜蔵が本書を書き上げたのは、じつに二八歳のときだった。若者らしい理想をうたいあげ、全身全霊を込めた一文で締める。不世出の社会派ライターは、名コピーライターでもあったのだ。

和喜蔵は小説も書いており、特に自伝的小説『奴隷』『工場』は傑作。『女工哀史』の成立過程については名実ともにパートナーだった妻・高井としをの『わたしの「女工哀史」』に詳しい。

細井和喜蔵（ほそい・わきぞう　一八九七〜一九二五）婿養子の父が出生前に母と離縁し、幼くして母と祖母を失う。小学校を中退後、大阪や東京の紡績工場で働き、労働運動に参加するなかで同僚の堀としをと結婚。『女工哀史』を完成させるも、刊行の翌月に病没した。

晩はおいしい寿司でも食べましょう。

『放浪記』（一九三〇年）林芙美子

二十歳のフミコのブログと思えば

森光子主演のロングラン舞台公演（一九六一〜二〇〇九年。二〇一五年から主演は仲間由紀恵に交代）で有名になった本。では原作も、と思って林芙美子『放浪記』を手にしたあなたは目を白黒させるだろう。最初のページにこそ〈私は宿命的に放浪者である〉という有名な一文があるものの、そこは「放浪記以前」と題された序文だし、話があちこちに飛んで流れがさっぱり見えない。何なの、これは！

それもそのはず。自伝というふれこみながら、『放浪記』は若き日の芙美子の雑記帳の抜き書きで、ストーリーがはっきりした小説ではないからだ。しかも現在広く読まれている新潮文庫版『放浪記』には、ベストセラーになった改造社版の『放浪記』の後に、同じ雑記帳の未収録部分を集めた続編と続々編が「第二部」「第三部」として収まっている。

ややこしい構成のこの本を楽しむには、コツがいるんです。まず第二部、第三部は無視。序文は飛ばし、林芙美子の名前も顔も忘れてください。そして二十歳前後のただの女の子のブログだと思ってください。すると……。

ブロガーのフミコは住み込みで女中のバイトをしているらしい。たった二円の給料で急にバイト先をクビになったらしい。このままではホームレスになりそうだ。職業安定所に行ってみたけど、いいバイトはなかったらしい。——というように、みるみる話が見えてくる。読者を意識せずに書かれた日記みたいなブログと思えば、事実関係が「らしい」という程度に曖昧でも、急にポエムが出てきても気にならず、かえって想像力が刺激される。

第一部は特に幕切れがかわいらしい。女工や女給のバイトをしながら詩や童話を書いているらしいフミコのもとに童話の稿料二三円が届くのだ。

〈当分ひもじいめをしないでもすむ。胸がはずむ、ああうれしい〉と書くフミコ。〈私は窓をいっぱいあけて、上野の鐘を聞いた。晩はおいしい寿司でも食べましょう〉

若く貧しい女性がやっと手にした小さな成功のリアリティが寿司の一語ににじむ。ちなみにお芝居で有名なでんぐり返し（森光子）や側転（仲間由紀恵）のような場面は原作にはない。原作のフミコはもっと陰気なコなんです。

改造社版（初版）の『放浪記』は現在、ハルキ文庫版に収録されている。ただし、こちらの末尾は「晩は寿司でも食べよう」。林芙美子は生涯、テキストに手を入れ続けたのである。

林芙美子（はやし・ふみこ　一九〇三〜一九五一）貧しい家庭に育ち、上京後、職業を転々とするなかで創作を始め、『放浪記』がベストセラーに。戦中は従軍記も執筆。戦後は『浮雲』などで流行作家となった。

私はあうたんびに「あたい火事のすぐそばまでいって見て来たわ」と大きな声で言った。

『綴方教室』（一九三七年）豊田正子

●ベストセラーになった小学生の作文

教師の指導記録を付した小学生の文集がまさかのベストセラーとなり、高峰秀子主演で映画化もされ、東京下町のブリキ職人の娘は一躍有名人になってしまった。

豊田正子『綴方《つづりかた》教室』はそんな来歴の本。小学生の作文は当時「綴方」と呼ばれ、正子は鈴木三重吉が主宰する雑誌「赤い鳥」の常連投稿者だった。その入選作を中心にした本が支持を集めたのは、プロの作家ではとうてい書きえぬ庶民の生活ぶりが活写されていたからだ。

〈私の弟はとてもおもしろい子です。かおはまんまるです〉とは三年生の正子が綴った「光男」の書き出し。教師は〈概念的で、実感味が乏しい〉と評している。

それがめきめきスキルを上げ、「赤い鳥」の特選になった四年生時の作品「にわとり」は、一羽の鶏をつぶして料理するまでを固唾《かたず》をのんで見守った、みごとなドキュメンタリーになっている。

豊田家の暮らしは楽ではなかった。〈自転車、かっぱられちゃったよ〉という父のしょげたようすが印象的な「自転車」、仕事にあぶれて途方に暮れる両親を〈あたい、着物なんか、いらないよ〉と気づかう「困っていた頃のこと」などの困窮ぶりに胸がつまる。子どもの作文とはいえ、正子は週刊誌記者みたいな子だ。実名を出された人々は「ここまで書かれちゃたまんねえな」と思ったかもしれないが、それを許す寛容さが当時の下町にはあったのだろう。

最後の一編は半鐘が鳴ってから消火されるまでの一部始終を観察した「火事」。〈私はあうたんびに「あたい火事のすぐそばまでいって見て来たわ」と大きな声で言った〉という、帰途のようすを記したラストは興奮気味だ。火事と喧嘩は江戸の花というくらいで、火事場見物は相当おもしろかったのであろう。どんな題材でも暗くならないのが、この子の作品の美点なのだ。

当初は指導教師の名前で出版され、一銭の印税も正子には入らなかったという因縁つきの一冊。現在の岩波文庫版『新編　綴方教室』は後の『続綴方教室』や、初版で削られた部分も収録した、ほぼ完全版である。

私小説の伝統があるためか、自身の貧しい暮らしを率直に綴った少女の体験記はその後もたびたびベストセラーになった。代表的な作品は野澤富美子『煉瓦女工』、安本末子『にあんちゃん』など。

豊田正子（とよだ・まさこ　一九二二～二〇一〇）幼少時に書いた『綴方教室』がヒット。成人後も執筆活動を続け、中国文化大革命のルポなどを書く。一九八六年、『花の別れ』で日本エッセイスト・クラブ賞受賞。

みなさんにおたずねしたいと思います。――／君たちは、どう生きるか。

『君たちはどう生きるか』（一九三七年）吉野源三郎

●コペル君が学んだ社会のしくみ

二〇一七年に出た漫画版が二〇〇万部超のベストセラーになった本。吉野源三郎『君たちはどう生きるか』は、もとは戦前の「日本少国民文庫」の一冊だった。

〈コペル君は中学二年生です。／ほんとうの名は本田《ほんだ》潤一《じゅんいち》、コペル君というのはあだ名です〉と本は書き出される。

コペル君は成績はいいが身体が小さいのが悩み。お金持ちで物静かな水谷君、がっちりタイプで負けん気が強い北見君、貧しい豆腐店の息子で自ら店に立って家族を助ける浦川君。コペル君とそんな級友たちとの物語がメインをしめ、その合間に、父を亡くしたコペル君のために母の弟がつづった「おじさんのノート」が挟まる。

コペル君たちのお話にももちろんドキドキさせられるが、それと同じか、それ以上に秀逸なのが「おじさんのノート」である。コペルニクスの地動説からガンダーラの仏像まで、世界の森羅万象を語るおじさん。粉ミルクの缶からコペル君が発見した「人間分子の関係、網目の法則」を評しておじさんはいう。君が思いついた法則は「生産関係」というんだ。知識と教養にあふれたこのおじさんは、じつは大学を出てまもない二〇代の若者なのだが。

北見君が上級生に因縁をつけられて、いっしょに殴られようと約束したのに、友を裏切ってしまったコペル君。この事件が彼を成長させ、物語の最後でコペル君も自分のノートを書きはじめる。〈僕は、すべての人がおたがいによい友だちであるような、そういう世の中が来なければいけないと思います〉そして作者のラストメッセージ。

〈そこで、最後に、みなさんにおたずねしたいと思います。

――／君たちは、どう生きるか〉

「君たちはどう生きるか」というテーマで、人生論ではなく社会科学的なものの見方を説いているのが本書のユニークなところ。少しばかり鼻持ちならない匂いがするのは「未来の知識人」を想定した本だったせいだろう。

本書が出版された昭和一二（一九三七）年は日中開戦の年。この六～七年後には、まさにコペル君たちの世代が戦場に送り込まれ、「立派に死ね」と命じられたのだった。と思うと最後の問いかけが、よけい身にしみる。

戦後作者が手を入れたため、数バージョンがある作品。コペル君がラジオの実況を真似るのは、戦前版は早慶戦、戦後版は南海巨人戦だった。現在の岩波文庫版は戦前版に準拠。

吉野源三郎（よしの・げんざぶろう　一八九九～一九八一）山本有三編纂「日本少国民文庫」の編集主任、明治大学教授を経て、岩波書店入社。雑誌「世界」の初代編集長を務め、岩波少年文庫の創設にも尽力。

その暗号を読みとく仕事が即ち人工雪の研究であるということも出来るのである。

『雪』（一九三八年）中谷宇吉郎

雪は天からの手紙である

雪景色を優雅に愛でていられるのは〈雪の浅き国の楽《たの》しみ〉であって〈我《わが》越後のごとく年毎に幾丈《いくじょう》の雪を視ば何の楽き事かあらん〉。鈴木牧之『北越雪譜』の一節である。中谷宇吉郎『雪』は「雪と人生」と題された第一章を、『北越雪譜』のこの一節の引用からはじめている。

中谷宇吉郎は寺田寅彦の教えを受け、世界ではじめて人工の雪をつくることに成功した物理学者だ。『北越雪譜』にも雪の結晶の話は出てくるが、岩波新書創刊時の一冊として出版された『雪』はさらにその上を行く。針状結晶、角錐、角柱及び砲弾型、砲弾型組合せ、角板、立体樹枝型、鼓型、十二花などと名付けられ、細かく分類された結晶の形はきわめて多様。みんながイメージする六角形のあの形は結晶のほんの一部にすぎなかったのだ！（ちなみに雪印のマークみたいな六角形のあの結晶は樹枝状平板結晶）。

そんな「結果」もさることながら、この本のおもしろさは、そこにたどりつくまでの「過程」が詳述されている点である。最初は札幌の北海道大学で、次には十勝岳の中腹で雪の顕微鏡写真を撮る。撮った写真は三〇〇〇枚。

スキー場の便宜のために人工雪をつくるわけではございません。雪は上層で大気中の塵《ちり》を核にしてでき、地上に落ちてくる過程でさまざまに変化する。実験室でつくられた人工雪は上層の気象を知るための手がかりなのだ。

雪に人生をかけた宇吉郎の思想は、ぶっきらぼうだが、どこか詩的な最後の数行に凝縮されている。

〈雪の結晶は、天から送られた手紙であるということが出来る。そしてその中の文句は結晶の形及び模様という暗号で書かれているのである。その暗号を読みとく仕事が即ち人工雪の研究であるということも出来るのである〉

「雪は天から送られた手紙である」という有名な言葉の出典はここ。「手紙」や「暗号」という詩的な言葉が、じつは科学的な実験の結晶だったっていうのがちょっとステキだ。

宇吉郎の故郷・片山津温泉（石川県加賀市）には「中谷宇吉郎 雪の科学館」が、北大には「人工雪誕生の地」という六角形の記念碑が建つ。宇吉郎の墓の台座も六角形だそうだ。

中谷宇吉郎（なかや・うきちろう　一九〇〇〜一九六二）物理学者。寺田寅彦の指導を受け実験物理学の研究に尽力。世界初の人工雪製作に成功した。数々の科学随筆は科学解説書の古典として愛されている。

この山が日本人の眼の前に呈示するところの清純を求めてやまないに違いない。

『日本美の再発見』（一九三九年／ドイツ）ブルーノ・タウト

●日光東照宮より桂離宮だ！

ナチスの手を逃れて来日したドイツの建築家、ブルーノ・タウトは昭和八（一九三三）年から一一年まで日本に滞在し、各地を見て歩いた。『日本美の再発見』（増補改訂版は一九六二年）はその際の日本の建築探訪記である。

タウトが桂離宮を絶賛し、日光東照宮を否定したのは有名な話。〈日本の建築文化は、桂離宮におけるよりも高揚しえず、また日光におけるよりも低下しえなかった〉と。この評価が日本人の美意識にも影響したのは間違いない。

京都を出発、岐阜から飛騨高山を経由して富山へ抜け、日本海側を北上して、新潟、佐渡、鶴岡、秋田、弘前、青森へ。帰りは太平洋側を経由して、松島、仙台から一路東京へ。かかる旅程においてタウトが評価するのは白川郷の合掌造りや、秋田の飾らない民家である。半面、ハイカラ趣味のモダン建築などにはたいへん厳しい。

伊勢神宮の外宮《げくう》に代表される純日本的な美の価値を説いて日本を去ったタウト。「永遠なるもの」と題された最終章である、桂離宮論のラストは、建築物ではなく、日本を去る日に車窓から見た富士山の雄姿である。

〈これこそ日本である、最も明亮な形で表現せられた日本精神である〉とタウトはいう。〈日本にあって、この国土の冠《かん》冕《べん》ともいうべき富士山を仰ぎ見、また嘆賞する人々は、みずから欲すると否とに論なく、この山が日本人の眼の前に呈示するところの清純を求めてやまないに違いない〉

タウトほどの人でも、富士に魅了されるのだ。

今日、本書に登場する建築物のいくつかは広く世界に知られるところとなった。タウトが断罪した日光東照宮は「日光の社寺」の構成遺産としてユネスコの世界文化遺産に登録され、同じく世界遺産になった「古都京都の文化財」の構成遺産の中にタウトが絶賛した桂離宮は選ばれなかった。タウトご推選の白川郷が世界遺産になったことで一矢報いた形だが、この結果を知ったら、タウト先生は「わかっちょらん」と思っただろうか。（引用元／岩波新書・篠田英雄訳）

褒められた土地の人は胸をそらし、けなされた土地の人は憤然とする本。私（斎藤）が育った新潟の評価は「日本中で最悪の都会」。新潟市民にはつとに有名な自虐ネタである。

ブルーノ・タウト（一八八〇～一九三八）建築家。ドイツ表現派の旗手として多くの著名な集合住宅を建設した。ナチスからの弾圧を避け来日。桂離宮を絶賛し、日本文化を広く世界に紹介した。

かかる信仰あって、はじめて無双の仏体も造顕されたことは既に述べたとおりである。

『大和古寺風物誌』（一九四三年）亀井勝一郎

●仏像は美術品ではなく「み仏」だ！

いまやインバウンド観光でにぎわう奈良。この方の目に当節の仏像ブームや御朱印ブームはどう映るだろう。

亀井勝一郎『大和古寺風物誌』。日中開戦の年（一九三七＝昭和一二年）から十数年間、亀井は奈良に足を運び続けた。斑鳩宮《いかるがのみや》にはじまり、法隆寺、中宮寺、薬師寺、唐招提寺、東大寺と回って最後は新薬師寺でしめる。〈これで飛鳥白鳳天平の主なる古寺はひととおり歩いたことになる〉と著者も胸を張るように、和辻哲郎『古寺巡礼』と並んで戦後、長く読み継がれてきた古寺の定番ガイドである。

ではあるのだが、自由闊達な『古寺巡礼』と、目指す方向はまったく逆といっていい。本書が読者に与えた影響の功罪についても再考が必要だろう。

〈美術品を鑑賞すべく出かけた私にとって、仏像は一挙にして唯仏であった〉と亀井はいう。仏像は美術品ではなく「み仏」だ。鑑賞するのではなく「拝む」のだ。それが本書の基調で、すると一般の観光客は〈古寺を巡り、結構な美術品であるなどと見物して歩いているのは実に呑気なことである〉と揶揄される俗物だし、それどころか博物館の展示も、絵画の修復さえも疑問の対象と化すのである。

み仏への信心はしかも、最終章で微妙なブレを見せる。薬師信仰を最初に具現化し、病者貧民の救済に努めたのは天皇だった。〈天皇信仰という独自のものがわが史上には存在していた〉と亀井はいい、〈かかる信仰あって、はじめて無双の仏体も造顕されたことは既に述べたとおりである〉。仏への信仰が天皇信仰に変わってない？

ときは昭和一八年。聖徳太子への崇拝ではじまり天皇崇拝で終わる本書は、やはり「戦中の書」なのである。敗戦直後も〈観光地としての大和に、飢餓に衰えた無気力な同胞と、満腹の異邦の客人とが、悲しく行きかう有様を想像してぞっとする〉と書いた亀井。観光嫌いの俗物嫌い。オーバーツーリズムの話なんか聞いたら憤死するかもしれないな。

現在読めるのは一九五三年の改訂版。かつての中高生が修学旅行の際によく参考にした本。訪問する寺のラインナップを見ても、修学旅行のルート設定に影響を与えたのではないかと思われる。

亀井勝一郎（かめい・かついちろう　一九〇七～一九六六）プロレタリア文学の論客から転向し、仏教思想や日本の古典へ傾倒。「日本浪曼派」を創刊するとともに、「文學界」同人として「近代の超克」座談会を企画した。戦後は宗教的立場からの文明批評を盛んに行った。

日本は、帝国主義的な侵略企図は、けっして名誉に到る道ではないという教訓を（略）証明することであろう。

『菊と刀』（一九四六年／アメリカ）ルース・ベネディクト

●「恥の文化」のほんとの意味は

米国の文化人類学者ルース・ベネディクトは、『菊と刀』で日本の文化を「恥の文化」と呼んだ。――本は読んでいなくても、広く知られた事実である。

たとえば二〇一一年七月某日の衆院本会議で、ある議員は『菊と刀』が日本文化を「恥の文化」と分析したことを引きながら、「恥知らずな史上最低の首相と烙印を押される前に身を処すべきだ」と当時の首相に退陣を迫った。

この追及はややピントが外れている。ルース・ベネディクトはべつに「恥の文化」を賞賛したわけではないからだ。〈日本人はアメリカがこれまでに国をあげて戦った敵の中で、最も気心の知れない敵であった〉ではじまる本書は、戦時情報局の命で「不可解な日本人」を研究した書であった。芸術を愛し、菊作りの秘術をもつ半面、刀をあがめ、武士の栄誉を重んじる矛盾。義理、恩、人情などのキーワードを用いて、著者は「日本文化の型」を分析する。

米国が内面的な善悪の判断にもとづく「罪の文化」なら、日本は外的な強制力にもとづく「恥の文化」である。――この話は第一〇章に登場するが、そこに本書の眼目はなく、分量も少ない。むしろ注目すべきはラストである。

〈現在、日本人は、軍国主義を失敗に終わった光明と考えている〉と彼女はいう。日本は他国の動静を注視し、軍国主義が失敗でなかったと知れば、再び戦争に情熱を燃やすだろう。しかし〈もし他の国ぐににおいても失敗したということになれば、日本は、帝国主義的な侵略企図は、けっして名誉に到る道ではないという教訓を、いかによく身に体したかということを証明することであろう〉。

外圧に弱く、他国に追従する日本。戦後の日本は帝国主義的な侵略企図は持たなかったが、他国の顔色を見て動向を決めるという点では、彼女が予測した通りになった。米国の要請に従って日米安保条約を結び、沖縄の米軍基地を固定化させ、海外に自衛隊を派遣し、軍事費を増強してきた。これが「恥の文化」のなれの果てだということをどう考えればいいのだろう。（引用元／講談社学術文庫・長谷川松治訳）

文中の質問者は公明党の佐藤茂樹議員、相手は民主党の菅直人首相。首相は「すべての失政を押しつけ、責任を免れようとすることこそ、恥の文化に反する」と反論したが、これもややピント外れ。

ルース・ベネディクト（一八八七〜一九四八）文化人類学者。コロンビア大学の助教授時代、戦争情報局の日本班チーフとして『日本人の行動パターン』を執筆。これが『菊と刀』のもととなった。

『長崎の鐘』（一九四九年）永井隆

誠一と茅乃とは祈り終わって、十字をきった。

●原爆は天罰ではなく摂理

永井隆『長崎の鐘』は長崎の原爆に取材したノンフィクションである。一九四六年に脱稿するもGHQに差し止められ、条件つきで出版されたのは四九年。出版と同時にたちまちベストセラーとなった。

〈昭和二十年八月九日の太陽が、いつものとおり平凡に金比羅山から顔を出し、美しい浦上は、その最後の朝を迎えたのであった〉著者の永井隆は長崎医科大学の医師。附属医院で被爆し、原爆投下直後から医療隊の一員として人々の救護に当たった。永井はまた放射線を扱う関係で原子物理学にも精通しており、科学者の目で事態が冷静に観察されている。甘めのタイトルに反し、当事者による予想以上に硬派なレポートといえるだろう。

ところが後年、これが物議をかもすことになる。

終盤、市太郎さんという人物がいう。〈原子爆弾は天罰。殺された者は悪者だった。生き残った者は神様からの特別のお恵みをいただいたんだと。それじゃ私の家内と子供は悪者でしたか！〉それに永井は答えるのだ。

〈さあね、私はまるで反対の思想をもっています。原子爆弾が浦上に落ちたのは大きなみ摂理である。神の恵みである。浦上は神に感謝をささげねばならぬ〉爆心地となった浦上はキリシタン弾圧で多くの殉教者を出した土地。そこが被爆したのは他の地を救うための犠牲だったというのである。この発想は戦争責任を曖昧にする。批判が出たのも当然だろう。

ラストはしかし、渾身のメッセージである。鳴り響く浦上天主堂の鐘。彼は書く。〈原子野に泣く浦上人は世界に向かって叫ぶ。戦争をやめよ〉ここでやめればよかったのに、博士はもう一言付け加えた。祈りの言葉の後に続く一文は〈誠一と茅乃とは祈り終わって、十字をきった〉。

妻を亡くし、自らも白血病で余命が長くない永井。やがて残されるだろう四年生の息子と五歳の娘の姿で作品は幕を閉じる。父の立場での反戦の表明である。

「怒りの広島、祈りの長崎」のイメージに直結した作品。同名の歌謡曲も映画もヒットしたが、そのぶん叙情的に消費されたのが残念である。

被爆した浦上天主堂は保存の声が高かったのに撤去され、新しく建て替えられた。その経緯については高瀬毅『ナガサキ 消えたもう一つの「原爆ドーム」』に詳しい。

永井隆（ながい・たかし　一九〇八～一九五一）放射線医学の研究で白血病を患い、長崎の原爆で被爆。病床から著書を送り出し、『この子を残して』もベストセラーに。昭和天皇やヘレン・ケラーも見舞いに訪れた。

何よりも貴き宝持つ身には、富も誉れも願わざりけり

『牧野富太郎自叙伝』（一九五六年）牧野富太郎

●バンカラ植物学者の豪放な人生

植物分類学の父・牧野富太郎。知る人ぞ知る存在だった牧野をにわかにメジャーにしたのは二〇二三年の朝ドラことNHK連続テレビ小説「らんまん」である。

膨大な量の植物を採集し、分類し、図鑑に残した牧野富太郎は、ボタニカルアート（植物画）の達人であり、また闊達な随筆の書き手でもあった。『牧野富太郎自叙伝』は牧野が晩年に自身の人生を振り返った著作である。

〈土佐の国、高岡郡佐川《さかわ》町、この町は高知から西へ七里隔ったところにあり、その周囲は山で囲まれ、その間にずっと田が連り、春日川という川が流れている〉

郷里の自然誌から入るあたりはいかにもナチュラリストである。しかしながら、その人生は……。

裕福な造り酒屋に生まれるも、幼くして両親を亡くし、寺子屋と郷校で学んだ後に入った小学校はつまらなくて中退。一時は自由民権運動に身を投じ、二〇代は東京と高知を往復しながらの採集三昧。東大の植物学教室で研究に励むもいろいろあって出入り禁止になる。正式な助手に採用されても俸給がたった一五円かと嘆く、実家の財産は研究費に使いはたすが、そのくせ子どもは一三人も生まれる。六五歳で理学博士の学位を得た際に詠んだ歌はコレである。

〈何の奇も何の興趣も消え失せて／平凡化せるわれの学問〉

在野の学者でいたかったのに、むりやり学位を取らされた。おかげで平凡になってしまった、と。

豪放磊落といえば聞こえはいいが、いい気なもんだ。高知の実家といい東京の妻といい、犠牲になった家族はたまったものではない。実際、この自伝は徹底的に自分本位で、故郷に正妻を残したまま東京で別の所帯を持つなどの私生活にかかわる不都合な事実は隠している。

かくて末尾を飾るのは七五調のこんな詩だ。

〈学問は底の知れざる技芸なり／憂鬱は花を忘れし病気なり／わが庭はラボラトリーの名に恥じず／綿密に見れば見る程新事実／新事実積り積りてわが知識／何よりも貴き宝持つ身には、富も誉れも願わざりけり〉

研究三昧の人生を凝縮したような、いい気な詩。ときに牧野九一歳。呵々《かか》大笑する博士、いや悪童の姿が目に浮かぶ。

神木隆之介主演の「らんまん」は牧野をモデルにアレンジされたドラマ。関連書も多数出版されたが、負の側面も含めた牧野の生々しい人生は朝井まかての評伝小説『ボタニカ』に詳しい。

牧野富太郎（まきの・とみたろう　一八六二〜一九五七）東京大学理学部で植物分類学の研究に没頭。作成した標本は六〇万点に及び、二五〇〇種に上る新種・新変種の植物を命名。日本植物学の礎を築いた。

ノラやノラや、お前はもう帰つて来ないのか。

『ノラや』（一九五七年）内田百閒

●猫のことしか考えられない！

内田百閒、またの名を百鬼園先生のイメージは、借金（『大貧帳』）と汽車（『阿房列車』）と猫である。なかでも『ノラや』は猫文学史に燦然と輝く一冊だ。

〈猫のノラがお勝手の廊下の板敷と茶の間の境目に来て坐つてゐる〉という一文で『ノラや』ははじまる。

〈ノラと云ふ名前はイプセンの「人形の家」の「ノラ」から取つたのではない。それなら女であるが、うちのノラは雄で野良猫の子だからノラと云ふ〉

生の小あじとお値段高めの牛乳を常食とするノラ。出前の寿司の卵焼きが大好きで、向かいの靴屋の藤猫とはお友達である。内田夫妻はそんなノラを文字通り猫っかわいがりしていたが、そのノラがある日失踪してしまうのだ。

ある日とは三月二七日。猫のことで頭がいっぱいになった百閒はそれから五月一一日までの間、一日も欠かさず日記をつける。内容はすべてノラのこと。ノラを案じて泣き暮らし、近所の人や知人を巻き込み、迷い猫を尋ねる新聞の折り込み広告を何千枚も印刷し……。それでもノラは帰ってこない。最後にいたり、作家はとうとう猫本人に問いかける。

〈ノラや、お前は三月二十七日の昼間、木賊《とくさ》の繁みを抜けてどこへ行つてしまつたのだ。それから後は風の音がしても雨垂れが落ちてもお前が帰つたかと思ひ、今日は帰るか、今帰るかと待つたが、ノラやノラや、お前はもう帰つて来ないのか〉

『ノラや』は一応ここで終わるが、随筆は『ノラやノラや』『ノラに降る村しぐれ』『ノラ未だ帰らず』と続き、一三年後の『「ノラや」』で作家はまだその頃のことを書くのである。

〈昨夜ノラが帰つて来なかつたと思つた途端、全然予期しなかつた嗚咽《おえつ》がこみ上げ、忽ち自分の意識しない号泣となり、涙は滂沱《ぼうだ》として流れ出して枕を濡らした〉と。

猫だからこそ可能になり、猫だからこそ許された、めろめろの文章。百閒は後に読み返すのがつらくて推敲も校正もしなかったと述べているが、それでも「木賊の繁みを抜けて」以下、なんとはなしに名文になっているのがすごい。

ノラは結局帰ってこず、百閒はこの後、クルツ（略してクル）という名の猫を飼うが、六年後にはクルも病死する。これを読んで泣ける人は真性の猫中毒というべきであろう。

内田百閒（うちだ・ひゃっけん　一八八九〜一九七一）東京帝大在学中に漱石門下に入り、芥川龍之介らと親しむ。陸軍士官学校や法政大学等でドイツ語を教えた後、文筆業に専念。鉄道旅行記『阿房列車』や借金を題材にした随筆『大貧帳』など独特な諧謔に富んだ文章を得意とした。

こういう人たちを中軸にして戦争以前の村は前進していったのである。

『忘れられた日本人』（一九六〇年）宮本常一

「旅の巨人」のフィールドワーク

民俗学者として日本中を旅した宮本常一。「旅の巨人」と呼ばれる彼が生涯に歩いた距離は一六万キロ、地球四周分に当たる。その宮本の代表作が『忘れられた日本人』だ。中国、四国、対馬など西日本を中心に、自身が聞き出した老人のライフヒストリーが一三章分。

出てくる話はどれも短編小説のよう。

とりわけ本書を有名にした「土佐源氏」は、色男の光源氏も真っ青になる一編だ。高知県檮原《ゆすはら》村（現檮原町）の老人が語る、これは驚くべき性遍歴なのだ。

〈助平話ばかりじゃあいそがないのう〉などといいながら、次から次へと出てくる出てくる女性遍歴。〈わしの子供の頃はまだ学校へいく事をあんまりやかましういわなかったでのう。女の子とあそぶ方がよかった〉にはじまって、いわく〈このあたりは案外後家の多いところじゃ〉、いわく〈わしは庄屋のおかた（奥さん）に手をつけてのう〉。

ウソかマコトかあやしい部分も含め、いったい何なの、このモンスターみたいな爺さんは！「無字社会」と著者が呼ぶプレモダンのリアリティにぶったまげる。

本の最後に、宮本はしかし「文字をもつ伝承者」と題された二つの章を置く。本書の中では唯一東北の福島県草野村（現いわき市）の篤農家が最後の登場人物だ。

彼はたびたび訪ねてくる民俗学者に敬意を払い〈この学問は私のようなものを勇気づけますなァ、自分らの生活を卑下しなくてもいいことをおしえてくれるのですから……〉と語る。その人となりを紹介して宮本は書く。

民間のすぐれた伝承者が文字を持つと、古い伝承を後世に伝えるだけでなく、生活の改善に熱心に取り組む。〈その中には農民としての素朴でエネルギッシュな明るさが生きている。／そうしてこういう人たちを中軸にして戦争以前の村は前進していったのである〉

近代と前近代が同居した時代、あるいは前近代から近代への移行期を知る人々。ただの「おもしろおかしい逸話」の収集ではない。村への深い敬愛が感じられる結びである。

佐野眞一『旅する巨人』もその可能性に言及していたが、井出幸男『宮本常一と土佐源氏の真実』の調査により、今日「土佐源氏」は宮本の創作だったことが判明している。

宮本常一（みやもと・つねいち　一九〇七〜一九八一）小中学校の教員を務めながら、全国各地を踏査し、独自の民俗学を確立。その研究は、柳田國男の民俗学と対比して「宮本民俗学」とも呼ばれる。

その笑いは三池の闘争よりもまだ自由で、自由なだけつらく飛び散りました。

『まっくら』（一九六一年）森崎和江

●女坑夫が語った「私の人生」

炭鉱は男だけの現場にあらず。女性の坑内労働は昭和三（一九二八）年に原則禁止になったが徹底はされず、それ以後も坑内で働く女性は少なくなかった。森崎和江のデビュー作『まっくら』はそんな経験を持つ元女性炭鉱労働者一〇人の聞き書きを集めた希代のノンフィクションである。

〈坑内はあぶなかとこじゃけん。いのち知らずの仕事じゃけ〉である一方、〈女も男も同じごと仕事しよったですばい〉〈女のほうが力がないということはなかですばい。仕事は同じことじゃ〉という誇りも彼女らは持っていた。

切羽《きりは》で石炭を切り出す先山《さきやま》は男、石炭を運搬する後山《あとやま》は女。先山と後山は夫婦で分担する場合も多く、労働者同士、時には恋愛に発展することもあった。〈恋愛は多かったばい。若いもんはたいがい恋愛結婚たい〉〈男なんか手だまにとって悪いことしよりましたよ。ははははは〉

話者の名前もプロフィールもなく、九州の方言だけで語られた一人称のライフヒストリーは有無をいわせぬ迫力に満ち、また一章ごとに付けられた森崎の解題が、語りのパワーに流されそうな読者を現実に引き戻す。

最後の章「坑底の乳」は、一五歳から五〇年近く炭鉱で働き、子連れで坑内にも入ったという女性の語りだ。〈子どもを負ぶってさがりよったが、あんなひどいことしてよう生きとると思うばい〉〈時々、乳を飲ませてね〉座れるようになったら切羽で遊ばせたが〈這い出してね。石炭ねぶって遊びよる。危のうしてはらはらしよったねえ〉。

なんというスリリングな労働現場。

しかし彼女はこうもいうのだ。〈まあ奴隷じゃな昔は。資本家いうたらほんにひどいもんばい〉〈だれが坑内をそんなに立派にしたな。夜昼なしに働いたとはだれな〉

三池炭鉱の合理化に彼女は憤慨しているのだ。三池闘争の場で出会った女性たちが、仕事の仕方を笑って再現してくれたことを森崎は思い出す。〈その笑いは三池の闘争よりもまだ自由で、自由なだけつらく飛び散りました〉

個人史と歴史に残る争議とが、この瞬間、交錯する。個人の「私語り」に見えていた地の底の物語は、社会と、世界とつながっていたのである。

炭鉱が次々と閉山に追い込まれ、三井三池闘争の記憶がまだ鮮明だった頃の本。長く品切れ状態だったが、二〇二一年、出版から六〇年後に岩波文庫に入って手に取りやすくなった。

森崎和江（もりさき・かずえ　一九二七～二〇二二）朝鮮・大邱生まれ。谷川雁や石牟礼道子らと「サークル村」を創刊、文化運動・炭坑闘争に参加。性や命への問いを追究し、『からゆきさん』など数多くの著作を生んだ。

感無量というのではなかった。しかし、やはりハラにこたえた。

『何でも見てやろう』（一九六一年）小田実

●近代の「三代目」が見た世界

フルブライト留学生として小田実が渡米したのは一九五八年、二六歳のときだった。ハーバード大学で古代ギリシャ文学を専攻するも、学問はそっちのけ。「まあなんとかなるやろ」の精神で歩いた国はカナダ、メキシコ、ヨーロッパ各国、エジプト、イラン、インドなど二二か国。

『何でも見てやろう』は、このときの体験を描いたルポルタージュ。一日一ドルの元祖貧乏旅行記は、人を食った筆致もあってたちまちベストセラーとなった。

〈ひとつ、アメリカへ行ってやろう、と私は思った。三年前の秋のことである。理由はしごく簡単であった。私はアメリカを見たくなったのである〉

威勢のいいシンプルな書き出し。これが反米感情渦巻く六〇年安保闘争の頃に書かれたことを思うと、まだ二〇代だった著者の鼻息の荒さがうかがえる。国内で議論しているインテリたちに、彼は辟易していたのである。

そんな彼の洋行論が炸裂するのは最終章だ。自分たち五〇年代の日本人留学生を彼は「成金一家の三代目」にたとえる。明治初期に留学した一代目は西洋文明に無邪気に驚き模倣した。そんなオヤジの金で留学した二代目は外と内との矛盾に苦悩した。その点、三代目のわれわれは西洋にすでに同化している。だから次はアジアやアフリカなのだ、と。

最後、帰国した彼は床屋の椅子で〈カイロから東京までの間に、私の軽やかな足は、どれほどの重苦しいもののなかをつきぬけて来たことであろう〉と考える。

〈感無量というのではなかった。しかし、やはりハラにこたえた〉

何が「ハラにこたえた」のかはその後の小田の行動に表れていよう。帰国後、彼は予備校の講師となり、六五年には「ベトナムに平和を！市民連合」を発足させた。一方、その後の日本の若者たちは四代目の時代に入り、アジアから旅をはじめる沢木耕太郎『深夜特急』（一九八六年）を生んだ。

その伝でゆくと各国から日本への留学生が増えたいまは五代目の時代である。だけど、若者たちの海外熱は下降気味。日本はもう「成金一家」じゃありませんからね。三代目のパワーがうらやましい。

『深夜特急』にも本書に言及した部分があるけれど、二冊の性質はかなり異なる。小田が「世界の闇を知る旅」なら、沢木は「自分探しの旅」。時代の差なのか個性の差なのか。

小田実（おだ・まこと　一九三二〜二〇〇七）『何でも見てやろう』で世に認められる。「ベトナムに平和を！市民連合」（べ平連）などの市民運動のほか、旺盛な小説執筆活動でも実績を残した。

それは、ほかならぬ私たち人間の住む地球そのものに向けられていたのだ。

『沈黙の春』（一九六二年／アメリカ）レイチェル・カーソン

●世界にショックを与えた環境問題の原点

〈アメリカの奥深くわけ入ったところに、ある町があった〉

そんな寓話のような一文から、レイチェル・カーソン『沈黙の春』ははじまる。町には豊かな田園が広がり、春には野花が、秋には紅葉が人々を楽しませた。鳥がさえずり、川では魚が卵を産んだ。ところが、あるとき異変が起きた。家畜が病死し、人々の間にも死の影が広がった。自然は沈黙した。鳥の声も虫の羽音も聞こえなくなった。

殺虫剤や除草剤などの化学薬品が環境に与える影響を強い調子で告発したこの本が、世界中に大きなショックをもたらしたのは一九六〇年代。カーソンが特に問題にしたのは、DDTなどの塩化炭化水素系殺虫剤と、パラチオンなどの有機リン酸系殺虫剤だった。それらが水、土壌、植物（農作物）、動物（家畜）などに与えた影響は大きい。

〈化学薬品は、いまや現代の花形なのだ。（略）いまは大丈夫でもあとがこわいと言おうものなら、弱虫の思いすごしと、ののしられるのがおちだ〉

現在では修正が必要な箇所もあると指摘されている同書だが、環境問題の原点としての価値は変わらない。〈化学薬品もまた、放射線にまさるとも劣らぬ、おそろしい圧力を遺伝子に加えるのに〉といった一文には、世界中で核実験が行われていた時代的な背景もうかがえる。

最終章で〈応用昆虫学者のものの考え方やり方を見ると、まるで科学の石器時代を思わせる〉と彼女は書く。〈およそ学問とも呼べないような単純な科学の手中に最新の武器があるとは、何とそらおそろしい災難であろうか〉

そしてラストの一撃。〈おそろしい武器を考え出してはその鋒先《ほこさき》を昆虫に向けていたが、それは、ほかならぬ私たち人間の住む地球そのものに向けられていたのだ〉

「科学の石器時代」という表現が強烈だ。一般論としての警鐘ではなく、科学者批判で本書は閉じられるのである。（引用元／新潮文庫・青樹簗一訳）

農薬の大量散布を再考させた世界的なベストセラー。ベトナム戦争で枯れ葉剤が使用されたのは、この後だった。農薬の毒性に米軍が注目したとしたら、悪魔のような話である。

レイチェル・カーソン（一九〇七〜一九六四）生物学者。大学院修了後、合衆国漁業局で野生生物の研究者として働いた。本書は大ヒットし、環境保護運動の端緒ともなった。

自由というのは、もはや、不自由の反対語ではないのです。

『家出のすすめ』（一九六三年）寺山修司

●少年少女に上京を煽《あお》った青春のバイブル

かつての青少年は、早く家を出たいと願っていた。だから寺山修司『家出のすすめ』（初刊時の書名は『現代の青春論』）なんか読んじゃった日には大変だった。

家を出ようと決心し、半日ですごご舞い戻った高校生あり。うっかり家を出て、気がつけば何十年という中高年あり。かつては青春のバイブルだったのだ。

本書が放つメッセージは刺激的である。

〈あなたの家のなかへ、こころの姥捨山をつくることをはじめてください〉〈地方の若者たちはすべて家出すべきです〉と若者たちをけしかける。〈家を出て、お金がなきゃ、売春婦になったっていいじゃないか〉という乱暴な表現で『人形の家』のノラの行動を肯定する。家出をはばむ人々を〈あなたたちは、何もわかっちゃいないんだ〉とドヤしつけ、〈幸福な家庭であるからこそ、それを超克しなければならないのです〉と挑発する。事実、高度成長期、人々はこうして農村から都会へ出ていったのである。

ときは流れ、いまや「娘や息子が家を出ていきたがらない」と親が嘆く時代になった。この本が糾弾してやまない制度としての「家」の呪縛も希薄になった。『書を捨てよ、町へ出よう』（一九六七年）と煽られても「その前に捨てる書がないじゃん」な始末である。

それでも若い人をカブレさせる極論こそが本書の魅力というべきだろう。「悪徳のすすめ」「反俗のすすめ」に次ぐ最終章「自立のすすめ」で寺山は自由の意味を説く。「××からの自由（脱出）」なんていうのは原点に戻るだけで、自由のうちに入らない、と彼はいう。

〈たしかなことは自分の未来が自分の肉体の中にしかない、ということであり、世界史は自分の血管を潜り抜けるときにはじめてはっきりとした意味を持つものだ、ということです。／自由というのは、もはや、不自由の反対語ではないのです〉

このとき寺山修司二七歳。青森から上京した自分自身へのアジテーションのようにも見える。いまとなってはさすがに古めかしい点もあるものの、噛めば噛むほど味が出る「家出のするめ」みたいな本ではある。

『書を捨てよ、町へ出よう』と並んでヒットしたエッセイ集。「家出のするめ」は寺山修司記念館（青森県三沢市）のお土産で、包装はかつての角川文庫の表紙と同じ林静一のイラストだ。

寺山修司（てらやま・しゅうじ　一九三五～一九八三）青森県に生まれ、一〇代から歌人として早熟な才能を発揮。上京後は劇団「天井桟敷」を主宰。演劇や映画、小説、評論でも旺盛に作品を発表。肝硬変のため四七歳で死去。

たった三週間のあいだに、二貫目も太ってしまったわけだ。

『巴里の空の下オムレツのにおいは流れる』（一九六三年）　石井好子

行間から立ちのぼるバタの匂い

日本のシャンソン歌手の草分けである石井好子は名エッセイストでもあった。「暮しの手帖」の連載をまとめたロングセラー『巴里《パリ》の空の下オムレツのにおいは流れる』は池波正太郎や檀一雄に先んじる先駆的な旅と食のエッセイである。

最初の章の書き出しは〈「夕食にしましょうか」／マダムがドアから顔をだした〉。パリで暮らしはじめたばかりの石井にオムレツをふるまってくれた下宿先のマダム。

「ずいぶんたくさんバタを入れるのね」「そうよ、だから戦争中はずいぶん困ったわ」

このへんからエッセイは巧みにレシピに移行する。〈熱したバタにそそがれた卵は、強い火で底のほうからどんどん焼けてくる。それをフォークで手ばやく中央にむけて、前後左右にまぜ、……〉とかやられると、行間から立ちのぼる「バタ」の匂いが、もうたまらない！

日本人の海外渡航が自由化されるのは一九六四年。石井が歌手を目指して渡仏したのは一九五一年である。コールスロー、ハンバーガー、フォンデュ、ポトフ、ブィヤベーズ、ガーリックトースト、ニョッキ、クレープ……といった今日ではおなじみの料理の数々（すべて作り方つき！）も、読者にはとんでもなくハイカラに思えたにちがいない。

最終章で紹介されるのは、スペインやドイツやイタリアで出会った料理だ。パエリァ、ソーセージ、ザウエル・クラウツ、ラザーニ、ピツァ、ミネストローネ。

イタリア料理店では大皿のスパゲティの後にこってりした肉料理が出てきて、食べきれない。が、ケチな日本人とも思われたくない。かくて石井は嘆く。

〈一日二回山もりのスパゲティにチーズをたっぷりふりかけて食べたあげく、ケチな日本人とあなどられないため、愛国心を出して肉までたべたから、たった三週間のあいだに、二貫目も太ってしまったわけだ〉

二貫目といえば七・五キロ。数字はシャレにならないが、食べる話を体重の話で落とすのはちょっと粋。ひとさじの自虐的な表現がピリッと効いている。

「暮しの手帖」は一九四八年（この誌名になったのは五三年）創刊の生活雑誌。料理ページも当然あったが、料理と海外情報と読み物の楽しさが一体となった随筆は圧倒的に新しかった。

石井好子（いしい・よしこ　一九二二〜二〇一〇）シャンソン歌手、エッセイスト。戦後まもなくジャズ歌手としてデビュー後、渡仏しシャンソン歌手として欧州各国の舞台に出演。帰国後は日本のシャンソンブームを牽引する一方、音楽事務所を設立し加藤登紀子ら後進の育成にも積極的にあたった。

「二つのヴァイオリンのための協奏曲」を奏でて、しばし幽玄の世界を逍遥しようと試みるつもりでいる。

『ヨーロッパ退屈日記』（一九六五年）伊丹十三

●「ポパイ」に先んずること二〇年

日本男児が食べ物や着る物にこだわるのは、かつてはハシタナイことだった。禁が解かれたのは「ポパイ」（一九七六年創刊）を読んだ少年たちが大人になった一九八〇年代の中頃からだろう。伊丹十三『ヨーロッパ退屈日記』はそれより二〇年も前に、ヨーロッパ式の衣や食や車や芸術に関する講釈を垂れた先駆的なエッセイ集だ。

この本の一人称は「わたくし」である。

「わたくし」は日本式の外国語の発音や欧州のまねごと文化にたいへん厳しい。英国車ジャガーは「ジャギュア」、シャルル・ジョルダンは「シャルル・ジュールダン」と記述する。プディングをプリンと呼ぶ国を「うら悲しい」といい、ケチャップ炒めのナポリタンを「いためうどん」と断じる。ミモザという名のカクテル。アーティショーなる野菜。エルメスのバッグ。ミシュランが発行するガイドブック。いずれも当時の日本人には未知との遭遇であった。

だが、本の終盤で、もうひとりの伊丹十三が顔を出す。ラストは音楽談議である。四国松山ですごした高校時代の音楽体験から、彼は自分が音楽コンプレックスを克服するまでの過程を明かす。無名のピアニストとの出会い。バッハに心酔する友人、ヴァイオリンを習うその弟。自身も二一歳でヴァイオリンをはじめた伊丹は、楽器は幼児期から習うべしという説を〈最も悪質なデマである〉と否定する。

そして、くだんの友人の弟（彼はオーケストラの奏者になった）が訪ねてくるという話で一巻は閉じられるのだ。

〈われわれはバッハの「二つのヴァイオリンのための協奏曲」を奏でて、しばし幽玄の世界を逍遥しようと試みるつもりでいる〉

音楽体験の原点が得意のヨーロッパではなく、四国だったというパラドクス！　バッハに仮託した最後の一文は伊丹一流の照れ隠しと解すべきだろう。スノビズムの向こうのシャイな一面。思えば衣や食の話も、私小説的な「私語り」を避ける彼一流の策だったのかもしれない。

海外映画に出演するために渡欧した伊丹。初版の表紙に印刷された山口瞳のキャッチコピーは「この本を読んでニヤッと笑ったら、あなたは本格派で、しかもちょっと変なヒトです」だった。

伊丹十三（いたみ・じゅうぞう　一九三三〜一九九七）俳優、エッセイスト、翻訳家など多芸多才で知られるが、映画監督としてのデビュー作『お葬式』が高い評価を受け、以降映画監督として活躍。父は映画監督の伊丹万作、妻は俳優の宮本信子。

あとには、果てしない空と、小麦畑をなびかせて渡っていく風のささやきだけが残された。

『冷血』（一九六五年／アメリカ）トルーマン・カポーティ

全米を震撼させた事件に取材

トルーマン・カポーティの代表作『冷血』は、全米を震撼させた実際の事件に取材した作品。ノンフィクション・ノベルの傑作とされ、また出来事を見てきたように書くニュージャーナリズムの端緒を開くことにもなった。

〈ホルカム村はカンザス州西部の小麦畑がひろがる小高い平原に位置する〉一九五九年一一月、ホルカム村で、一家四人（大農場主のクラッター氏、妻ボニー、娘ナンシー、息子ケニヨン）が惨殺された。クラッター氏は宗教的な禁忌を守る人物で、一家に殺害される理由は見当たらない。作者は一家の日常を一人ずつ掘り下げる一方、二人の若者の動向を追う。ペリーとディック。事件の犯人である。被害者一家とは接点がなさそうな二人だったが、捜査官のデューイのもとにある人物からの密告が寄せられて……。

中盤以降で明らかになるのは、容疑者二人の成育歴と事件に至る経緯である。首謀者ディックと実行犯のペリー。とりわけ悲惨な少年時代（両親の離婚、酒乱だった母の死、横暴な父、妻を自殺に追いやり、後追い自殺した兄……）をおくったペリーは心に深い傷を負っていた。だが有罪判決が下り、三度の上訴もかなわず二人の死刑は執行された。

ラストは絞首刑の現場に立ち会った捜査官デューイの一年前の回想シーンだ。ホルカム村近くの墓地を訪れたデューイは、殺された娘ナンシーの親友で、第一発見者の一人だったスーザンに出会う。ゆかりの人の消息を語り、屈託なく笑って去るスーザン。

〈やがて、デューイも家路につき、木立に向かって歩を進め、その陰へと入っていった。あとには、果てしない空と、小麦畑をなびかせて渡っていく風のささやきだけが残された〉

美しい自然描写で終わるのは、事件を描いた作品の常套手段。しかし、デューイがここを訪れたのは死刑執行前の半端な時期だ。それでも作者は小麦畑ではじまった作品を、強引に小麦畑で終わらせた。この種の「癒やし」でもないと救われない。そんな作品。（引用元／新潮文庫・佐々田雅子訳）

作者は取材に五年余を費やした。ペリーの例は今日の青少年犯罪とも重なる点が多い。同じ手法で書かれた日本の作品としては、佐木隆三『復讐するは我にあり』（一九七五年）が有名。

トルーマン・カポーティ（一九二四〜一九八四）二三歳のデビュー作『遠い声、遠い部屋』が高く評価され、映画化もされた小説『ティファニーで朝食を』がヒットして世界的な認知度が上がった。

できるだけはやい機会に、いってみたいとねがっている。

『文明の生態史観』（一九六七年）梅棹忠夫

日本と西欧は「同質」だった⁉

梅棹忠夫『文明の生態史観』。学生時代に文庫で読んだ私はブッ飛んだ。歴史の常識をくつがえすような仮説が「どうだ！」とばかりに展開されていたからだ。

世界を西洋と東洋に二分するのはナンセンスである、という大胆な議論から話ははじまる。旧世界（ユーラシア大陸を中心とした地域）を大きな楕円にたとえると、歴史的に似ているのはむしろ西の端の西欧と東の端の日本である。ここには近代文明が育っている。一方、その中間に広がる乾燥地帯は四大文明発祥の地だが、近代文明は未成熟である。

こうして世界を第一地域（西欧と日本）と第二地域（それ以外）にバッサリ分けたうえで、著者は西欧と日本の「平行進化説」を唱えるのだ。第一地域の森林地帯は建設的だが、第二地域の砂漠の民は破壊的だ。第一地域には封建制やブルジョワ革命を経て民主主義が育ったが、専制君主制や植民地から独立した第二地域には独裁体制が目立つ……。

うっそー、と思いながらもつい乗せられる巧みな論理（初出は「中央公論」一九五七年二月号）。〈日本は、戦争にまけても、依然として高度の文明国である〉という宣言は、年来の西欧コンプレックスと、敗戦のダメージでへコんでいた日本人に多大な勇気を（あるいは慰撫を）与えたにちがいない。

しかも、読み直してみて改めて驚いた。〈最後に、すこし裏話を〉と断った後のラストがこれ。〈わたしが、西ヨーロッパおよび東ヨーロッパを実地にみていないことが、いまのおおきな弱点だ。できるだけはやい機会に、いってみたいとねがっている〉

み、みてなかったのか欧州を……。

それでも平気で不敵な仮説を出す。弱点も詰めの甘さも隠さない。挑戦的な内容なのに文章はあくまで下駄履きの気楽さ。ほとんど「オチ」といいたくなるような止め方に、関西アカデミズムの自由な雰囲気が垣間見える。

海外への渡航がままならなかった時代。日本との差によほど驚いたのか、アフガニスタン、パキスタン、インドへの学術調査旅行から戻った直後に『文明の生態史観』は書かれている。梅棹教授の発案による欧州への同様の調査旅行が実現したのはこの一〇年後のことだった。

今となっては「トンデモ」に近い論文だが、冷戦終結後のイスラムの台頭は「砂漠の民は破壊的」、ロシアのプーチン体制や中国の習近平体制は「第二地域は独裁的」の例証に見えるのがヤバい。

梅棹忠夫（うめさお・ただお　一九二〇～二〇一〇）日本における文化人類学の草分け的存在であり、大家。中央アジア、モンゴル、ヨーロッパ等世界中を調査、探検し、独自の文明論を確立した。

今は人足《ひとあし》も絶えて久しい野麦《のむぎ》峠に、地蔵様だけが笹原《ささはら》にいつもやさしくほほえみ、はかない人の世の歴史を語りかけている。

『あゝ野麦峠——ある製糸工女哀史』（一九六八年）山本茂実

●飛騨と信濃の県境を越えて

〈日本アルプスの中に野麦《のむぎ》峠とよぶ古い峠道がある〉

という一文で、山本茂実『あゝ野麦峠』ははじまる。野麦峠の標高は一六七二メートル。飛騨（岐阜県）と信濃（長野県）の県境に位置する街道きっての難所である。

この峠道を、年の瀬の吹雪の中、かたまって歩く娘たちの一群があった。明治、大正、昭和戦前期まで日本の重要な輸出産業だった生糸。本書はそんな基幹産業を支えた製糸工女たちの姿を、四〇〇人に及ぶ元工女の聞き書きから再現した希代のルポルタージュである。

「ある製糸工女哀史」という副題が示す通り、細井和喜蔵『女工哀史』を意識した書だ。が、同じ過酷な労働搾取を描くのでも、実証的な『女工哀史』に対し、こちらはむしろ読み物に近い。取材当時六〇～九〇代だった明治生まれの女性たちの生の声に〈野麦峠はダテには越さぬ／一つァー身のため親のため／男軍人女は工女／糸をひくのも国のため〉といった糸引き唄がはさまる。多様な声が響き合うさまはオーラルヒストリー（口述記録）ならではだ。

その喧噪《けんそう》を、冒頭と巻末に置かれた野麦峠の静けさが包み込む。工女たちの宿泊先だった峠の茶屋が栄えたことなどを伝えた後、本は〈その峠の茶屋も「戦艦大和」と共に姿を消し、今は人足《ひとあし》も絶えて久しい野麦峠に、地蔵様だけが笹原《ささはら》にいつもやさしくほほえみ、はかない人の世の歴史を語りかけている〉という一文で幕を閉じる。

重い題材を扱ったノンフィクションによくある「風景ではじまり風景で終わる」手法だが、細部にご注目。生糸の主たる輸出先はアメリカだった。よって太平洋戦争がはじまると製糸業はすたれ、多くは軍需工場に転用された。だから〈戦艦大和」と共に姿を消し〉なのだ。

かつての野麦街道は現在は県道として整備され、野麦峠には野麦集落の古い家屋を移築した「お助け小屋」と映画の一場面を再現した像が建つ。本書の名声ゆえである。「野麦」とは笹のこと。「笹原の地蔵様」にも意味はあるのだ。

大竹しのぶ、原田美枝子らが工女を演じた映画（山本薩夫監督・一九七九年）でも有名になった作品。「ああ飛騨が見える」という台詞で知られる政井みねの逸話は本書では冒頭近くに登場する。

山本茂実（やまもと・しげみ　一九一七～一九九八）長野県に生まれ、復員後、青年サークル運動や雑誌創刊に関わるほか、記録文学の書き手として活躍。本書は二五〇万部を超すベストセラーになった。

ほんとうに何年ぶりかで、あかるい光がパッと輝いていた。

『貝のうた』（一九六九年）沢村貞子

●名脇役女優の獄中生活

『貝のうた』は昭和の名脇役女優にして名随筆家でもあった沢村貞子の自伝的エッセイである。少女時代を描いた『私の浅草』と合わせ、NHK連続テレビ小説「おていちゃん」（一九七八年）の原作になった。

自身の夢を託して子どもは全員役者にすると決めていた父。兄（沢村国太郎）も弟（加東大介）も甥（長門裕之と津川雅彦）も俳優という一家ながら、子役としてその道に入った兄や弟とちがい、貞子は芝居は嫌いで学校が好き。家庭教師をしながら女学校に通い、円本を読みあさり、教師になることを夢みる文学少女だった。

かくして日本女子大にまで進むも、ささいなことで教師に幻滅。女優になろうと決心し、女子大に通いながら、山本安英のつてで新劇（新築地劇団）の研究生となった。ところが劇団はプロレタリア演劇運動に傾斜しており、貞子もまた治安維持法違反で特高に逮捕されてしまうのだ。

本書の中心を占めるのは二三歳から通算一年八か月にわたる凄惨な獄中生活である。不当な訊問、孤独な毎日、そして拷問。懲役三年、執行猶予五年の判決が下りて釈放された彼女はふりかえる。〈「働くものに幸福を……」ということばに共鳴したけれど、私に、ほんとうに「働くもの」の気持ちがわかっていただろうか〉

釈放後は仕事もなく、兄を頼って映画界に飛び込んだ貞子は、ようやく脇役女優としての道を見つけるが、次に待っていたのは戦争だった。女学校時代には関東大震災に、戦時中には興行先の大阪で空襲にあった貞子。

ラストは四五年八月一五日の光景だ。〈とうとう、また生きのびた。戦争は終わった。日本は敗れた。何もかも、すべてが引っくり返るにちがいない〉

そして貞子は自分も生き直そうと誓うのだ。〈私はそっと義妹の後ろに立って、外を見下ろした。あちこちの窓から、ほんとうに何年ぶりかで、あかるい光がパッと輝いていた〉灯火管制が解かれた後の町。戦争が終わったという実感がこもった、胸にしみるラストである。

「おていちゃん」で主役を演じたのは友里千賀子。著者は料理上手としても知られ、『わたしの台所』『わたしの献立日記』など食を中心にしたエッセイも多数残している。

沢村貞子（さわむら・さだこ　一九〇八〜一九九六）芸能一家の中で育ち、溝口健二監督『赤線地帯』ほか一〇〇本以上の映画に出演。『私の浅草』で日本エッセイスト・クラブ賞受賞。夫は映画・演劇評論家の大橋恭彦。

彼女は縁側にお供物を披露し、（略）じつにあどけない笑顔になってさしいだす。／「はい、どうぞ」

『苦海浄土――わが水俣病』（一九六九年）石牟礼道子

両親を水俣病で亡くした茨木妙子が最後の主役だ。謝罪に現れたチッソの社長に彼女はいった。〈よう来てくれなはりましたな。待っとりましたばい、十五年間！〉彼らが帰った後、〈十五年間考え続けたあれこればいおうと、思うとったのに。いえんじゃった〉と妙子は泣いた。

それから彼女は仏壇の供え物を下げた。〈いただきまっしょ、いただきまっしょ、社長さんのお土産ばみんなで〉そして包丁を手に〈彼女は縁側にお供物を披露し、ポン、ポンというような手つきでそれを切り放し、じつにあどけない笑顔になってさしいだす。／「はい、どうぞ」〉。

羊羹《ようかん》一本で一五年の怨嗟が晴れはしない。それでも彼女は笑顔になり、社長の手土産をみなで食べようという。著者はそこに〈古代の巫女《みこ》のよう〉な姿を見る。やっと迎えた一五年目の一区切り。妙子の動作が神聖な儀式に思えてくる。

第一回大宅壮一ノンフィクション賞を著者は辞退した。その後、『神々の村』『天の魚』が出て、現在の『苦海浄土』は全三部構成。

石牟礼道子（いしむれ・みちこ　一九二七～二〇一八）熊本県に生まれ、水俣に住む。代用教員、主婦を経て、同人誌「サークル村」で文学活動を始める。『苦海浄土』のほか、多数のノンフィクション作品を残した。

●イタコ芸と事実のはざまで

一九五六年、熊本県水俣市で確認された病はチッソ水俣工場が不知火《しらぬい》海に排出した廃液に起因するものだった。その事実を広く知らしめたのが石牟礼道子『苦海《くがい》浄土』だ。

全七章からなるこの本には、二種類の要素が混在している。①数字や資料とともに水俣病の諸相を伝える客観的な記述と、②患者のひとり語り、である。

高く評価されたのは主に②で、第三章「ゆき女きき書」は特に衝撃的だった。水俣病患者には言語障害が出る。坂上ゆきもそうだった。しかし彼女は語るのだ。〈嫁に来て三年もたたんうちに、こげん奇病になってしもた。残念か〉〈うちゃ、どうしてもこうしても、もういっぺん元の体にかえしてもろて、自分で舟漕いで働こうごたる〉

後日、講談社文庫版の解説で本書の出版に尽力した渡辺京二が重大な事実を明かした。患者の語りは聞き書きではなく「きき書」、事実上、石牟礼道子の創作なのだ、と。発話が困難な患者に憑依した語り！『苦海浄土』は「イタコ芸」が入った特異なノンフィクションなのだ。

第七章「昭和四十三年」は、原因物質はメチル水銀化合物だとして水俣病が公害病に認定された一九六八年の話だ。

こんな人間には、誰もかかりあわないことだ。避けることだ。

『どくろ杯』（一九七一年）金子光晴

破滅的カップルのアジア放浪旅

香港から東南アジアを経由してヨーロッパへ、といえば沢木耕太郎『深夜特急』のルートだが、この種の放浪旅のはしりは金子光晴だろう。

昭和三（一九二八）年、金子は妻の森三千代と上海に旅立ち、東南アジアからパリへと足かけ五年の〈めあても金もなしに、海外をほっつきまわるような、ゆきあたりばったりな旅〉を続けた。『どくろ杯』は後に『ねむれ巴里』『西ひがし』と合わせて三部作となる自伝的旅行記である。

五年の長旅かあ……などとうらやましがっている場合ではない。詩人である二人の関係は最初から破滅的だった。詩壇では認められたが定収入のない金子と、女子高等師範の学生だった三千代は恋愛感情のおもむくままに関係をもって「でき婚」をするが、仕事はままならない、生活は困窮する、夫は妻子を置いてほっつき歩く、妻は年下の恋人をつくる。荒れた生活を清算するため、妻の実家に子どもをあずけ、二人は日本を脱出したのだ。

が、日本を出てからも、芸術家くずれの邦人たちと上海で二年近くもウダウダとすごす二人。香港からシンガポールへと渡り、ようやくパリ行きの船に妻が乗るところで本書は終わるが、というのも二人分の船賃がなく、夫が陸路彼女を追

うハメになったからで。

そんな自分にあきれつつ、詩人は最後に書くのである。〈七十六歳まで詩を書いているのも、おなじこころかもしれない。こんな人間には、誰もかかりあわないことだ。避けることだ〉

これは自嘲ではなく自負と解釈すべきだろう。書き出しは〈みすみすろくな結果にはならないとわかっていても強行しなければならないなりゆきもあり〉なんだから。詩人なんかになったのも、恋愛のすったもんだも、逃避行さえも、四十余年の月日がすぎればすべて人生の勲章である。それを勲章と感じさせないのが老年に達した著者の余裕の芸。

「どくろ杯」とは、友人が蒙古で手に入れたと称する、人の頭蓋骨でつくった杯を指す。かっこ悪い旅行記のかっこよすぎる結び。ラストだけ読むと、まるでハードボイルドだ。

同じ旅に取材した金子作品『マレー蘭印紀行』（一九四〇年）も有名。こちらは旅の記憶が生々しいうちに書かれたせいか、若さがはじける散文詩風の作品だ。

金子光晴（かねこ・みつはる　一八九五〜一九七五）妻は作家の森三千代。早稲田大学、東京美術学校、慶應義塾大学をすべて中退。長くヨーロッパを放浪。軍国主義に対する反骨精神に貫かれた詩作が注目を集めた。

垂直の山から水平の極地へと、私の夢は無限にふくらんでいく。

『青春を山に賭けて』（一九七一年）植村直己

●そうだ、ヨーロッパ・アルプスに行こう

〈いやいやながら山登りをはじめて十年目、とうとう世界五大陸の最高峰を全部この足で登ってしまったんだから、われながらビックリする〉植村直己『青春を山に賭けて』の書き出しである。不世出の冒険家が残した、これは爽快な自伝的エッセイだ。

先輩のだまし討ちに近い形で明治大学の山岳部に入部。当初、日本アルプスの場所さえ知らなかった青年は、卒業がせまる頃には立派なヤマ屋になっていた。

就職なんかどうでもいい。外国に行きたい。〈そうだ、ヨーロッパ・アルプスに行こう。そして、日本にない氷河をこの目で見よう〉まずはバイト代を稼ごうと、船で渡米したのが一九六四年。本書はそれから五大陸最高峰を制覇するまでの旅と登頂の記録なのだ。

といっても、その内実は貧乏放浪記に近い。カネなしコネなし、あるのは若さと情熱だけ。カリフォルニアの農園では不法就労であわや強制送還になりかけ、スキー経験も浅いのにフランスではスキー場のパトロール隊に加わる。資金を貯めて現地にたどり着いても、いわれることは「ひとりで登るのはやめておけ」「命を大切にしろ」「許可できない」。

彼の目はしかし、ひとつの目標に到達するたびに、必ず「次」を発見するのである。モンブランの次はキリマンジャロ。アコンカグアの次はマッキンリー。マッキンリーの後は南極大陸単独横断！

しかし、南極への道は遠かった。一九七七年に出版された文庫版のあとがきに、それでも彼は新たな目標を書き足した。〈いまの私には、これまで人前では決して口にすまいと心に決めていた夢がある〉それは南極大陸の最高峰ビンソン・マシフへの登頂。〈山の経験を生かし、垂直の山から水平の極地へと、私の夢は無限にふくらんでいく〉

南極への夢は結局かなわないまま、八四年二月、マッキンリーへの冬季単独登頂後、不屈の冒険家は消息を絶った。このとき植村、四三歳。かつて南極大陸横断を誓ったその山で、彼は何を思っただろう。やはり無限の夢、だっただろうか。

植村が五大陸最高峰（モンブラン、キリマンジャロ、アコンカグア、エベレスト、マッキンリー）を制覇したのは一九七〇年。うち四峰は単独行。世界初の快挙だった。

植村直己（うえむら・なおみ　一九四一〜一九八四）登山家、冒険家。五大陸最高峰登頂に世界で初めて成功。一九八四年には世界初のマッキンリー冬季単独登頂に成功するも、翌日のチャーター機との交信後、消息を絶った。

私は花矢倉の上から、高野山のかたへ日が落ちるのを眺めながら、茫然とそんなことを思いつづけていた。

『かくれ里』（一九七一年）白洲正子

歩いて見て考えた近江と大和

白洲正子には近寄りがたいセレブのイメージがある。だが彼女は「韋駄天お正」の異名をとる名うての行動派だった。代表作『かくれ里』にもその一端がうかがえる。

〈秘境と呼ぶほど人里離れた山奥ではなく、ほんのちょっと街道筋からそれた所に、今でも「かくれ里」の名にふさわしいような、ひっそりとした真空地帯があり、そういう所を歩くのが、私は好きなのである〉

と宣言してはじまる紀行文。近江（滋賀県）と大和（奈良県）、さらに越前（福井県）や美濃（岐阜県）にも足を延ばし、山里の古刹を訪ね、能面や石仏との出会いを語る。オトナの渋い旅である。ただし、渋いだけでは終わらないのがこの本で、天衣無縫な思索が随所にはさまる。

最終章「葛城から吉野へ」も正子らしい一編。吉祥草寺（奈良県御所市）を訪ねた正子が語るのは、この地で生まれた役《えんの》行者《ぎょうじゃ》（役小角《えんのおづぬ》）と山岳信仰の話である。

役行者は修験道の開祖とされる七世紀の人物だが、彼も最初は〈ただえたいの知れぬ力に駆りたてられて、山から山へさまよったに違いない〉と正子は想像する。そして舞台は吉野の櫻本坊《さくらもと》（奈良県）に飛び、さらに思索が続くのだ。〈文化は発達しすぎると、柔弱に流れる。人間は自然から遠ざかると、病的になる〉それを救ったのは〈山岳信仰の野性とエネルギー〉で、役行者の精神は一〇〇年後の弘法大師に受け継がれた。吉野山と高野山は同じ山脈の峰続きで、九里（三六キロ）しか離れていない。行者たちなら一日の行程だが、〈それは何と近くて遠い道のりであることか。私は花矢倉の上から、高野山のかたへ日が落ちるのを眺めながら、茫然とそんなことを思いつづけていた〉。

吉野山（役行者）と高野山（弘法大師）をエイヤッとつなげる力業。役行者も弘法大師も山を歩き続けた人だった、という点に正子は注目する。自分だったら一日で三六キロを歩けるだろうかと自問する末尾。一時間四キロとして一日九時間、歩けるわけないじゃんか、と考えるのは凡人。

インドア派にはない発想。健脚家の思想である。

本書で紹介されたスポットはその後有名になり、地域の観光協会や旅行代理店が主催する「かくれ里」を歩くツアーも盛んになった。読んで学んで歩く、正子の旅の再現である。

白洲正子（しらす・まさこ　一九一〇～一九九八）樺山伯爵家に生まれ、幼少時より能や古美術に親しむ。米国留学後、実業家の白洲次郎と結婚。多くの随筆や評論を発表する。本書で読売文学賞を受賞。

かれは、窓ガラスを通して初夏の樹葉の色を見つめていた。

『関東大震災』（一九七三年）吉村昭

●まさかの予言が的中し……

二〇一一年の東日本大震災後、書店には震災関係の旧著が並んだ。大正期の震災を描いた吉村昭のノンフィクション『関東大震災』も、それで再発見された一冊。

本は一九一五（大正四）年一一月からはじまる。一二日から一七日まで、東京では六五回もの地震が観測された。これは大地震の前兆なのか。市民は騒然となる。

東京帝大地震学教室の主任教授・大森房吉と助教授の今村明恒は、「五〇年以内に大地震が東京を襲う」というかつて今村が発表した説をめぐって対立していたが、やがて今村の予言が的中する。一九二三年九月一日午前一一時五八分、相模湾を震源とするマグニチュード7・9の烈震が関東一円を襲ったのである。伊豆や房総に押し寄せた津波。多くの焼死者を出した東京下町。避難場所となった公園。流言の拡大と自警団の暴走。大杉栄殺害事件。被災者の証言をまじえて再現される震災の実態は凄絶の一言だ。

被災の状況をたんねんにたどった後、話は最後で再び二人の地震学者に戻ってくる。

震災時は海外にいて帰国途上の船で倒れた大森は「この度の大震災について、私は重大な責任を感じている」と述べて今村に後を託し、教授となった今村は、精力的な実地調査をして「次の大震災は大阪で起こる可能性がある」と予言する。ところが二人は真っ向から対立するのだ。

「知り得た情報はいち早く公表すべきだ」と主張する今村と、「パニックをあおるような情報は控えるべきだ」と考える大森。二人の立場は防災とどう向き合うかという、科学者の、あるいは政府や行政関係者のアンビバレントな思いを代表していよう。

だから今村は苦悩する。翌年五月、復興に向かう東京ではまた地震が頻発していたが、責任ある立場についた今村は、以前のように無邪気ではいられない。

〈無力感が、かれの胸にしみ入ってきた。／かれは、窓ガラスを通して初夏の樹葉の色を見つめていた〉

情報の統制こそが流言につながるという事例が本書には満載だ。ラストに用意された地震学者の無力感。情報はすみやかに開示すべし、が民主主義の原則ではあるのだが。

今村はこの後、私費で地震観測所を設立し、監視を続けた。一九四四年には東南海地震が、四六年には南海地震が起きたが、戦争中で東南海地震の事実は伏せられたという。

吉村昭（よしむら・あきら　一九二七〜二〇〇六）学習院大学中退。同人誌「赤絵」の仲間だった作家・津村節子と結婚。精力的かつ入念な取材を重ねた記録文学、歴史文学を旺盛に執筆した。

皺だらけの自分の黒い手に、衒《てら》いなくしかと感じているからかも知れない。

『洟をたらした神』（一九七四年）吉野せい

●文壇を驚嘆させた七五歳のデビュー作

小名浜（福島県現いわき市）の網元の娘に生まれ、文学を志すも二一歳で農民詩人の三野混沌《みのこんとん》（本名吉野義也）と結婚。七人の子を産み、福島で農婦の生活を送ってきた吉野せいが再び筆をとったのは半世紀後、夫を送った後だった。

七五歳で出版された初の随筆集『洟《はな》をたらした神』は文壇を驚嘆させ、大宅壮一ノンフィクション賞と田村俊子賞を受賞。結婚前に山村暮鳥の指導を受け、夫の死後、同郷の草野心平に「あんたは書かねばならない」と命じられた彼女の才能がようやく開花した瞬間だった。

一六編で構成された随筆集は、大正末期から戦中、戦後へと続くせいの年代記と重なっている。

〈ノボルはかぞえ年六つの男の子である〉と書き出される表題作は、幼い息子の話である。妹を背中にくくりつけているため仲間と遊べないノボルがある日、ヨーヨーが欲しいといいだした。家計が苦しく〈初めてねだったいじらしい希望〉をかなえてやれないせいは、来年学校に上がったら帽子もカバンも本も買ってやるからと諭すが……。

一歳前に逝った娘、移りゆく季節と農作業、炭鉱の出水事故で死んだ男性、特高に目をつけられていた夫。戦争を挟んだ山村の暮らしの描写は鮮烈である。

だが、最終章「私は百姓女」で彼女は書くのだ。〈この空の下で、この雲の変化する風景の中で、朽ちはてる今日まで私はあまり迷いもなかった〉と。

〈それは、さんらんたる王者の椅子の豪華さにほこり高くもたれるよりも、地辺でなし終えたやすらぎだけを、畑に、雲に、風に、すり切れた野良着の袖口から突き出たかたい皺だらけの自分の黒い手に、衒《てら》いなくしかと感じているからかも知れない〉

懲りに凝った文章で、農に生きた人生に悔いなしと誇り高く宣言するラストである。

五〇年もの間文学を封印してきた女性の虚勢にも逆転勝利宣言にも思えるが、〈野良着の袖口から突き出たかたい皺だらけの自分の黒い手〉の一言に迫力がこもる。五〇年を棒にふったのではない。農婦としての五〇年の歳月が彼女を作家にしたのである。

『洟をたらした神』は一九七八年、樫山文枝の主演で映画化された。また、いわき市は吉野せいを顕彰し、七八年より市民を対象にした公募の文学賞「吉野せい賞」を設けている。

吉野せい（よしの・せい　一八九九～一九七七）少女時代は小説家を志し、代用教員を経て詩人・三野混沌と結婚。同時に執筆をやめ、開墾・農耕に従事。七〇歳を過ぎて書いた本書が高く評価された。

私の口の中に、まだ「親知らず」は生えていない。

『わたしの渡世日記』（一九七六年）高峰秀子

●天才子役から人気女優へ

高峰秀子の自伝『わたしの渡世日記』はいきなり母の話からはじまる。〈私の母は、今年七十四歳である。母の唯一の誇りは天皇サマ（昭和天皇）と同じ年であること、そして最大の悲しみは一人娘の私が育ちすぎて手に負えなくなったことらしい〉

この母はもともとは秀子の叔母だった。四歳で、芸能ブローカーのような仕事をしていた養父と活動弁士だった養母の養女になった秀子は、五歳で松竹のオーディションを受け、子役となった。この母の活動弁士時代の芸名が「高峰秀子」だったという。

上巻で描かれるのは、そんな秀子の少女時代だ。

生家の父、特異なステージママである養母、加えて彼女を養女にしたいと望んだ大物歌手の東海林太郎。複雑な家庭環境と大人に囲まれた仕事とで、ろくに学校に通う時間すらなかった秀子は三〇歳になるまで二ケタのかけ算ができず、国語辞典を引いたこともなく、〈子供心にも「自分が一家の働き手」であることをウッスラと感じはじめていた〉。

天才子役から人気女優になった人の自伝的エッセイとは思えない内容と筆致。ときにガラッパチとさえいえる秀子の筆は冴え渡り、自身の境遇のみならず、戦前、戦中から戦後に至る社会の変化もきっちり書き込む。〈男たちは戦争をした。男たちは戦争に負けた。自業自得である。ワリを食ったのは女たちである〉とは、彼女が記した敗戦直後の感慨。

下巻では木下恵介監督の『カルメン故郷に帰る』や『二十四の瞳』など、二〇代でトップ女優に成長した秀子の姿が描かれ、三〇歳での、当時助監督だった松山善三との結婚で幕を閉じるが、最後はまた母の話に戻るのだ。

〈長い間のつきあいである。そして、まだまだ続く「母と娘」の縁である。／私の口の中に、まだ「親知らず」は生えていない〉

自伝を書く上でどうしても避けて通れなかった母との確執。「渡世」がそういう意味だったとは。ひとりの女性の半生記としても、昭和の芸能史としても、めっぽうおもしろい。

「週刊朝日」の連載当時から、個性的な筆致と社会に対する鋭い観察眼が話題になり、日本エッセイスト・クラブ賞を受賞した。今日でも人気の高い累計三〇〇万部のロングセラー。

高峰秀子（たかみね・ひでこ　一九二四〜二〇一〇）五歳で子役デビューし、出演作は三〇〇本超。映画賞受賞数が日本映画界最多。五五歳で引退。随筆業でも評価を受け、夫の映画監督・松山善三や、養女の作家・斎藤明美との共著も。

だからこの阿呆らしき時刻表極道の物語を終ることにする。

『時刻表2万キロ』（一九七八年）宮脇俊三

鉄道ファンを自称するあなたなら、当然、この本は知っているだろう。

宮脇俊三『時刻表2万キロ』。〈鉄道の「時刻表」にも愛読者がいる〉の一文ではじまるこの本は、鉄道マニアの存在を世に知らしめた記念碑的なノンフィクションであり、当時の国鉄全線を乗りつぶすまでの汗と涙の記録である。

●未乗区間の路線を求めて東へ西へ

なんといっても秀逸なのは、国鉄全線の九〇パーセント近くを乗り終えたところから、この本がはじまることであろう。乗り残した一〇パーセントあまりの区間は距離にすれば短いが、多くは僻遠の赤字線。しかもそれが全国にちらばっている。わずか数キロ、ときにはたった一駅分の未乗区間に乗るために、以前に乗った特急や急行を乗り継ぎ、あるいは金曜の夜行列車に飛び乗って遠路はるばる、あるときは九州へ、またあるときは北海道へと赴く。

それでも最後のときはやってくる。子どもの頃から四〇年以上時刻表を愛読してきた宮脇は、足尾線を最後に国鉄完乗を果たすと、時刻表を買い忘れるほど、はりあいを失ってしまうのだ。そこに入ってきた気仙沼線全線開通の朗報！　最終章はその気仙沼線にも乗ってしまった著者の切ないつぶやきである。〈これでまた乗る線がなくなってしまった〉

一九七〇年代後半は国鉄の赤字経営が問題化し、新線の計画も勢いを失いはじめた時代だった。そして迎える身も蓋もないエンディング。〈とにかく、乗るべき線がないから、もう書くこともない。だからこの阿呆らしき時刻表極道の物語を終ることにする〉

〈いかにも締まりがないので〉という断りつきで、じつはこの後、カレル・チャペック『園芸家12カ月』からの引用がつく。〈本物、いちばん肝心のものは、わたしたちの未来にある。新しい年を迎えるごとに高さとうつくしさがましていく。ありがたいことに、わたしたちはまた一年齢《とし》をとる〉

この終わり方も悪くはないが、ここは著者の含羞から来る、いうなればオマケである。〈阿呆らしき時刻表極道〉の一言を噛みしめるべし。真性のマニアは自分の趣味を吹聴しない。そのヤセ我慢ぶりがまた泣かせるのである。

本書に登場する路線の七割以上が後に廃線になったが、足尾線は「わたらせ渓谷鐵道」に模様替え。気仙沼線は東日本大震災後、JR東日本によるバス専用道として整備し直された。

宮脇俊三（みやわき・しゅんぞう　一九二六〜二〇〇三）中央公論社に勤め、「世界の歴史」「日本の歴史」シリーズ、中公新書を創刊。退職後、良質なエッセイを数多く執筆し、鉄道紀行文学というジャンルを確立した。

ここは輝くほど明るい闇の国家である。

『紀州――木の国・根の国物語』（一九七八年）中上健次

●「差別・被差別」へのまなざし

〈紀伊半島を六か月にわたって廻ってみる事にした〉副題は「木の国・根の国物語」。中上健次が残した唯一のルポルタージュ文学作品『紀州』の書き出しである。

すぐその後の文章は〈半島とはどこでもそうであるように、冷や飯を食わされ、厄介者扱いにされてきたところでもある。理由は簡単である。そこが、まさに半島である故〉。

司馬遼太郎『街道をゆく』を指して〈行政当局が敷いてくれた取材ルートに乗〉り、〈その土地のサワリの部分を、文人気質でサワッてみ〉るだけの旅だと批判する中上。『紀州』の方法論はまったく逆だ。自らの愛車を飛ばし、行く先々でアポなし取材を試み、土地の人々の一代記に耳を傾け、あるいは立ち止まって思索する。

新宮からスタートした旅は、和歌山県、三重県、奈良県の二十数か所をめぐって、最後は紀伊半島の付け根、大阪府の天王寺で終わるのだが、その間、作家の関心は一貫して「差別・被差別」に向けられるのだ。

熊野三社のひとつがある本宮では、古い神社跡の石碑に刻まれた「禁殺生穢悪」の文字に見入る。牛肉で有名な松阪では、有名牛肉料理店の前に屠場を訪れる。みなが参拝する伊勢神宮の森ではなく、その裏にある墓地に心を寄せる。バイオリンの弦などに使う、塩漬けされた馬の尻尾の毛を抜く青年の話など、一度読んだら一生忘れないだろう。

そんな旅の最後に作家は書くのだ。〈紀伊半島で私が視たのは、差別、被差別の豊かさだった。言ってみれば「美しい日本」の奥に入り込み、その日本の意味を考え、美しいという意味を考える事でもあった〉そしてラスト。〈ここは輝くほど明るい闇の国家である〉

差別、被差別の豊かさ。輝くほど明るい闇。ええっと、それってどういう意味？

太陽の光がふりそそぐ南紀白浜、深い森に囲まれた熊野古道など、紀伊半島には美しい観光地が多い。だけどその奥には……。かくして私たちは本を閉じた後も、「明るい闇の国家」という形容矛盾について考え続けるハメになる。大名旅行よろしく表層をなでただけの『街道をゆく』からはけっして出てこない表現である。

『街道をゆく』で紀州に関係するのは「堺・紀州街道」（四巻）、「甲賀と伊賀のみち」（七巻）、「熊野・古座街道」（八巻）、「紀ノ川流域」（三二巻）など。読み比べるのも一興だ。

中上健次（なかがみ・けんじ　一九四六～一九九二）プロフィールは156ページ参照。

人間の問題を解き放つ水路を開くために、尽きせぬ泉がそこにあるとわたしは考える。

『南方熊楠——地球志向の比較学』（一九七八年）鶴見和子

●日本のソローに光を当てて

出版界で南方熊楠《みなかたくまぐす》ブームが起こったのは一九九〇年代の初頭だった。鶴見和子『南方熊楠』はそれに先行する本である。副題は「地球志向の比較学」。柳田國男とともに〈日本の民俗学の草創者〉でありながら、〈この二人は、その学問の方法においても、その思想的出自と経歴においても、いたく対照的なのである〉とは「まえがき」の一部である。

植物学にも民俗学にも通じ、粘菌の研究などで知られる南方熊楠（一八六七～一九四一）。一九歳で渡米し三三歳で帰国するまで、一四年間をアメリカやイギリスですごした彼はしかし、大学にも行かず、学位もとらなかった。帰国後は紀州和歌山をほとんど出ず、〈自分で本を読み、本を写し、植物を採取し、観察し、文章を書いて、生涯を終えた〉。でも、いや、だからこそ彼の学問は権威に縛られることなく、独自の道を開いたのだと和子はいう。

彼女が特に強い共感と関心を示すのは、熊楠が唯一実践的に活動した「神社合祀反対運動」である。神社は原則として一村に一社とし、ほかの神社は廃止せよという明治政府の勅令に、熊楠は敢然と反対した。そんなことをしたら鎮守の森が消え、生態系が破壊されて、人心も荒廃するではないか、と。今日でいうエコロジーの思想である。

副題にいうとおり、和子の筆は、地球規模の比較論へと広がり、「南方熊楠の現代性」と題された最終章では、熊楠を〈二十世紀の日本のソロー〉と呼ぶ。〈ソローは、わたしがもっとも尊敬する十九世紀アメリカの思想家である〉知識の量ではむしろ熊楠のほうが上だし、〈思想性においては、南方はソローに匹敵する〉と。

熊楠への思いは、自らも戦前に渡米し、比較社会学者として枠にとらわれない仕事を続けた和子自身とも重なるところがあったからか。熊楠の入門書として最良の一冊。〈今、日本で起こっている、そして地球上で起こっている、人間の問題を解き放つ水路を開くために、尽きせぬ泉がそこにあるとわたしは考える〉というラストに思いがこもる。

ソロー（一八一七～一八六二）は、森での自給自足の経験を綴った『森の生活』（一八五四年）などで知られるナチュラリスト。俗世間と隔絶した生活を送った点も熊楠と共通する。

鶴見和子（つるみ・かずこ　一九一八～二〇〇六）一九四一年、アメリカで哲学修士号を取得。弟の哲学者・鶴見俊輔と「思想の科学」を創刊。柳田國男や南方熊楠らの民俗学を継承しつつ、独自の内発的発展論を唱えた。

では／このへんで／この小さな本も／さようなら。

『詩のこころを読む』（一九七九年）茨木のり子

●詩の鑑賞法と人生を重ねて

茨木のり子は「わたしが一番きれいだったとき」や「女の子のマーチ」で知られる詩人だ。晩年の「倚《よ》りかからず」でファンになった人もいるかもしれない。

しかし、彼女の隠れた名著は『詩のこころを読む』である。詩の鑑賞法を説きながら、人生についても語っちゃうアクロバットみたいな本。〈いい詩には、ひとの心を解き放ってくれる力があります〉と巻頭言でいう通り、誕生（「生まれて」）、恋愛（「恋唄」）、苦悩（「生きるじたばた」）、中高年期（「峠」）と、本は人生をたどる形で構成されている。

〈その鳩をくれないか　と　あのひとが言った／あげてもいいわ　と　あたしが答えた／おお　なんてかあいいんだ　と　あのひとがだきとった／くるくるってなくわ　と　あたしが言いそえた〉（高橋睦郎「鳩」）この詩を評して〈いま読んでも少しも照れくさくありません〉と著者はいう。〈照れくさかったり、むずがゆくなるのはダメな詩で、特に恋唄のばあい、それがはっきり出ます〉

〈コンロから御飯をおろす／卵を割ってかきまぜる／合間にウイスキーをひと口飲む／折紙で赤い鶴を折る〉（黒田三郎「夕方の三十分」）にはまず一言。〈誰にでもこんな「夕方の三十分」があったのではないでしょうか〉

最終章「別れ」のテーマは死で、おしまいの詩は岸田衿子「アランブラ宮の壁の」だ。

〈アランブラ宮の壁の／いりくんだつるくさのように／わたしは迷うことが好きだ／出口から入って入り口をさがすことも〉（『あかるい日の歌』所収）

これが全文。とっても短い詩なのである。

そして茨木のり子はいう。迷うことが好きって〈いいなあと思います〉。死を出口ではなく入り口と考えるのも素敵。人生でたったひとつわからないことがあるのも素敵。そう述べた後、急に彼女は書く。

〈では／このへんで／この小さな本も／さようなら。〉

「このへんで」にはサンダル履きの気楽さがある。仲のいい友達への手紙みたいな、喫茶店でおしゃべりをして別れるときの挨拶みたいな終わり方。そういう感じの本なのだ。

岸田衿子（一九二九〜二〇一一）は俳優の岸田今日子の実姉。「アランブラ宮の壁の」が死について語った詩だということも、本書の解説がなければ気がつかなかっただろう。

茨木のり子（いばらぎ・のりこ　一九二六〜二〇〇六）雑誌「詩学」への投稿作が評価され詩人として活動を始め、川崎洋と同人誌「櫂」を創刊。『倚りかからず』は詩集としては異例のベストセラーに。

私だけ、いつ、どこで途中下車したのだろう。

『犬が星見た――ロシア旅行』（一九七九年）武田百合子

ソ連への団体ツアーに参加して

「昭和四十四年六月十日　晴」から記録ははじまる。〈横浜大桟橋に九時十五分前に着く。／ハバロフスク号は真白い船だ。大桟橋の左に横づけになっていた〉

武田百合子『犬が星見た』は富士山麓での山荘暮らしを綴った『富士日記』で人気を博した武田百合子の旅日記。同行者は夫で作家の武田泰淳と、その友人で評論家の竹内好。文学者然とした取材旅行ではない団体ツアーで、一行は一〇人。泰淳も竹内も、そこではただのオジサンである。

闊達な竹内とは裏腹に、百合子が描く夫の泰淳はまことに甘ったれで気がきかない。しかも、行きの船中でもう「百合子。面白いか？　嬉しいか？」などと聞くのである。「面白くも嬉しくもまだない。だんだん嬉しくなると思う」と答える百合子。

ナホトカまで船で行き、列車でハバロフスクへ。その先は飛行機を乗り継いで中央アジアの都市に寄り、レニングラードへ、さらにモスクワへ。半日は博物館や寺院や宮殿などの観光地をバスで回り、残りは自由時間という修学旅行みたいな旅。その旅程を淡々と綴っているだけなのに、一行とともに大陸を旅しているような錯覚を覚える。

百合子の筆が冴えるのはディテールで、〈朝食／〇パン、バター／〇チーズ大切四片／〇にんにくの匂いの強いソーセージ四片／〇紅茶〉といった食事の記録は『富士日記』でもおなじみのものである。

旅はいちおう「七月四日　うす曇」で終わるが、「あとがき」にいたって、読む人はショックを受ける。泰淳も竹内も、もうこの世にはいないのだ。

〈帰国の折りの飛行機は、二人をのせそのまま宇宙船と化して軌道にのり、無明の宇宙を永遠に回遊している〉夫とその友人は楽しげに酒を飲んでいる。酒盛りには旅の仲間の銭高老人も加わる。百合子は書く。〈私だけ、いつ、どこで途中下車したのだろう〉

最後の最後で吐露された寂しさ。楽しいばかりの旅の景色が急にちがった風に見えてくる。

〈ビクターの犬そっくりに坐って、頭をかしげ、ふしぎそうに星空を見上げて動かない。／まことに、犬が星見た旅であった〉（あとがき）が表題の由来。泰淳は一九七六年、竹内は七七年に他界した。

武田百合子（たけだ・ゆりこ　一九二五～一九九三）カフェの店員時代に出会った作家の武田泰淳と結婚。夫の死後、『富士日記』でデビュー。『富士日記』は田村俊子賞、『犬が星見た』は読売文学賞を受賞した。

若い人たちがこの課題に正面から立ち向かってくださることを心から期待して、私の話を終わりたいと思います。

『日本の歴史をよみなおす（全）』（一九九一年）網野善彦

「百姓」は「農民」にあらず

網野善彦『日本の歴史をよみなおす』が出版されたのは、ベルリンの壁が崩壊し、日本では昭和天皇の崩御で元号が平成に変わった後だった。『続・日本の歴史をよみなおす』（一九九六年）と合わせて、時ならぬ「網野史観ブーム」が起きたのも、時代が大きく転換する中で、歴史への関心が高まっていたことが関係しよう。現在出ているちくま学芸文庫版は正編と続編を合わせて一冊にしたものである。

網野史観は稲作中心の旧来の日本の歴史とは大きく異なる。聖徳太子は「倭人」であって「日本人」ではない。「百姓」とは「農民」と同義ではなく、漁民、山民、商人、廻船人、職人など、「非農業民」を含む概念だった。四方を海で囲まれた日本列島は「孤立した島国」ではなく、海上交通が早くから発達した重商主義国だった。年貢も米に限らず、絹、綿、紙、金、鉄、馬、塩など多岐にわたっていた。

自然と人間のかかわり方の中でとらえなければ、歴史の本当の姿は見えてこない。歴史の転換点は一四世紀ごろにあり、その前後で社会のあり方は大きく変わった。そして現代はこの一四、五世紀に匹敵する歴史の転換期にある。

最終章「日本の社会を考えなおす」は一五世紀に現れた、農本主義から重商主義への転換に関する考察だ。江戸時代末期の都市には資本主義と呼んでもよい商工業・金融業の相当な蓄積があった。薩長土肥の諸藩も辺境の遅れた大名などではなく、海を通じて貿易をやっていた藩であり、すると明治維新に対する見方も変わるはずだ、と。

一〇代に向けたシリーズゆえ、ラストも若い読者へのメッセージである。歴史の転換期にあるいま、平和と自由と平等を実現するために、私たちは何をすべきか。

〈ここで私がのべた日本列島の社会の歴史像などよりも、はるかに深く正確な歴史認識を自らのものとして、若い人たちがこの課題に正面から立ち向かってくださることを心から期待して、私の話を終わりたいと思います〉

戦後歴史学の常識に逆らった、じつは過激な書。最後の一文もたんなる社交辞令ではなく、後進への万感の思いをこめたアジテーションと受け取るべきだろう。

現在では日本史の教科書にも（「町人と百姓」という程度ではあるが）「百姓」という語が登場する。

網野善彦（あみの・よしひこ　一九二八〜二〇〇四）専門は日本中世史。職能民・芸能民・海民など非農業民を主な研究対象とし、民俗学も取り入れた研究法は網野史学と呼ばれ、日本中世史研究に多大な影響を与えた。

私も、ユルスナールみたいに横でぱちんととめる、小学生みたいな、やわらかい革の靴をはきたい。

『ユルスナールの靴』(一九九六年) 須賀敦子

さすらう女性作家の足跡を追って

マルグリット・ユルスナールというフランスの女性作家がいる。一九〇三年にベルギーのブリュッセルで生まれ、ヨーロッパやアメリカなどの各地に住み、一九八七年にアメリカ北部メーン州の小さな島で八四年の生涯を閉じた。

須賀敦子『ユルスナールの靴』はそのユルスナールの人と作品に、自身の人生と記憶を重ね合わせた、作者の言葉を借りれば〈ユルスナールのあとについて歩くような〉作品である。書き出しは靴の話だ。

〈きっちり足に合った靴さえあれば、じぶんはどこまでも歩いていけるはずだ。そう心のどこかで思いつづけ、完璧な靴に出会わなかった不幸をかこちながら、私はこれまで生きてきたような気がする〉

ユルスナールが定住先を持たないノマドだったように、須賀敦子も二〇代でパリに留学してからローマ、ミラノと移り住み、計一五年をヨーロッパですごした。幼少期の思い出から、戦争中の女学校時代、各地で出会った隣人や風景や絵画の話が本書には満載である。

最終章「小さな白い家」で、作者はユルスナールの終焉の地を訪ね、彼女が伴侶の女性グレースと暮らした家と墓を見
る。そして最後はまた、靴の話に戻るのだ。

〈もうすこし老いて、いよいよ足が弱ったら、いったいどんな靴をはけばよいのだろう〉その年齢になって靴をあつらえるなら〈私も、ユルスナールみたいに横でぱちんととめる、小学生みたいな、やわらかい革の靴をはきたい〉。

最晩年の写真に写ったユルスナールの靴は作者が幼い頃の〈小さな編み上げの靴〉に似ていたというのだ。最初のほうのページに戻ると、おお、五歳の頃の写真に〈黒いエナメルの、横でパチンと留める靴〉が写っていた。

書き出しと書き終わりの、歩調を合わせた美しさは群を抜く。小さすぎるシンデレラの靴でも、大きすぎるピッピの靴でもない。人生をちゃんと歩いた人の靴の物語である。


五〇代後半で随筆を書きはじめた著者の最後の著作。ユルスナールの代表作『ハドリアヌス帝の回想』『黒の過程』への言及もあり。評伝と自伝と紀行文と文学論を合わせたような一冊。

須賀敦子(すが・あつこ 一九二九〜一九九八)大学卒業後イタリアに渡り、結婚。ミラノを拠点とする知識人グループに加わり、日本文学の翻訳などに携わる。夫と死別後、帰国し、イタリア文学者となる。

爆撃機の操縦士たちは、トルコ軍の兵士のように、「白い都」の美しさに魅了されて戦意を喪失することはなかった。

『嘘つきアーニャの真っ赤な真実』（二〇〇一年）米原万里

東欧の動乱を経た友人たちは

九歳から一四歳まで（西暦でいうと一九六〇年一月〜六四年一〇月）、米原万里は在プラハ・ソビエト学校の生徒だった。『嘘つきアーニャの真っ赤な真実』は当時の同級生三人との再会を描いた劇的なノンフィクションだ。

東欧の動乱とソ連の崩壊に世界が揺れた時期、マリはプラハ時代の学友を思い出していた。みんな無事でいるだろうか。そして後日、友の消息を求めて旅立つのだ。

ギリシャ人のリッツァは、医師になって統一後のドイツにいた。プラハ時代、母国の青い空に憧れ続けていたリッツァは、一度は帰国するも失望したようだった。〈私にとってギリシャで素晴らしかったのは、青空だけだったのよ〉とリッツァはいった（「リッツァの夢見た青空」）。

ルーマニア人のアーニャは、共産党の幹部を父に持ち、贅沢な暮らしをしていた。強烈な愛国者だったはずのアーニャは留学先のイギリスで結婚し、ロンドンにいた。〈自分は、九〇パーセント以上イギリス人だと思っている〉とアーニャはいった（「嘘つきアーニャの真っ赤な真実」）。

ユーゴスラビア人のヤースナことヤスミンカと会えたのは一九九五年だった。時は民族紛争の真っ只中。激戦地サラエボにいるという情報に戦慄したマリだったが、ヤースナはベオグラードにいた（「白い都のヤスミンカ」）。

ラストでヤースナはマリを丘の上の城壁に案内する。絶景が広がっていた。そこはプラハの学校で「トルコ軍が街のあまりの美しさに戦意を喪失して引き上げた」と聞いた場所だった。ヤースナは誇らしげだった。〈三一年前の地理の時間、黒板の前に立つヤースナがそこにいた〉

ここで終われば美しい幕切れだっただろう。だがマリはもう一言付け加えるのだ。三年半後の九九年三月、米国とNATO軍の爆撃機がベオグラードを襲ったことを。〈爆撃機の操縦士たちは、トルコ軍の兵士のように、「白い都」の美しさに魅了されて戦意を喪失することはなかった〉

大国に対する静かな怒りが込められたラスト。国家や民族の紛争が終わっていないことを鮮やかに示す一文である。

大宅壮一ノンフィクション賞を受賞した、米原万里の代表作。ロシアのウクライナ侵攻に、イスラエルのガザ攻撃に、彼女だったらどう反応しただろうかと考えずにはいられない。

米原万里（よねはら・まり　一九五〇〜二〇〇六）幼少期をチェコスロバキアで過ごし、ロシア語同時通訳者として報道や政治の場で活躍。作家に転身後、異文化理解について問う数多くのエッセイを書いた。

おわりに　エンディングの型と効用について

閉じた結末、開かれた結末

ざっくりいうと、小説の終わり方は大きく二つに分類できる。「閉じた結末（クローズド・エンディング）」と「開かれた結末（オープン・エンディング）」である。

閉じた結末とは、作中で提出されたすべての事件が解決して一件落着、大団円を迎える物語のこと。ハッピーエンド（困難を克服したチームが勝利するとか、恋人同士が結ばれるとか）であれ、バッドエンド（主人公が非業の死をとげるとか、家が滅亡するとか）であれ、昔話、神話、おとぎ話のたぐいは、おおむねこうだった。現在もエンターテインメント系文学の多くはこっちのタイプ。古典的な形式といえるだろう。

一方、開かれた結末は「終わらない物語」である。ラストまで来ても事件の解決はなく、主人公の行く末を置き去りにしたまま小説が終わる。無責任といえば無責任、欲求不満が残るといえば残る終わり方である。しかし、開かれた結末は、読者に判断がゆだねられる分、作品の多様な解釈を可能にする。また結末を回避することで、読者に独特の余韻を残す。純文学の、特に中短編はこっちが主流。比較的新しい形式である。

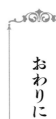

ハッピーエンド、バッドエンド

物語のエンディングには幸福な結末（ハッピーエンド）と不幸な結末（バッドエンド）がある。事件がすべて解決し、主人公らが幸福を得て「めでたしめでたし」で終わるのがハッピーエンド。不幸な結果や喪失感の中で幕が下りるのがバッドエンド（アンハッピーエンド）。

と思っている人が、おそらく多いだろう。悪が滅びて正義が勝つ物語。これを勧善懲悪劇という。ハッピーエンドの定石というべき物語の閉じ方だ。

しかしながら、単純な喜劇や悲劇が存在しないように、物語の末尾もそう単純に「幸福な結末」と「不幸な結末」には二分できない。

第一に、誰の立場に立つかで結論は異なる。『白雪姫』や『シンデレラ』は一見ハッピーエンドだが、最後にひどい目にあう悪役（継母や姉）の側からいえばバッドエンドだ。勧善懲悪劇とはすなわち「二重の結末」を持った物語なのだ。

第二に、幸福なのか不幸なのか、一概には判断できない場合がある。『マッチ売りの少女』や『人魚姫』はヒロインの死で終わる点では悲劇だが、最後に「救い」が与えられる点ではハッピーエンドともいえる。逆に、ラストで王子と結ばれた白雪姫やシンデレラが、この先、幸福になれる保証はない。『眠れる森の美女』の後日談が好例だろう。

おとぎ話でさえそうなのだ。近代小説ともなれば、喜劇と悲劇、幸福と不幸の境界はもっと曖昧だ。人生と同じで、ハッピーとアンハッピーは常に紙一重なのである。

褒賞的な結末、懲罰的な結末

勧善懲悪劇は古いタイプの物語で、近代小説にはなじまない。

とはいえ人は意外に保守的で、努力した人は報われる、道を踏み外した人は罰せられる、という結末にホッとするのは否めない。

そこで活躍するのが「天恵」や「天罰」を差配する「神」である。

聖書の一節が引用されたり、神への讃美の言葉が登場したり、不幸な主人公を天国に導き入れたり、特にキリスト教精神が根付いている西洋文学において、神の存在は欠かせない。さらに作劇上の都合からいうと、神の力さえ借りれば、悲惨な結末は救済に転じ、物語には教訓的な意味が生じる。まことに神は便利な、いやありがたい存在なのだ。

半面、神はイケズで、キリスト教精神に反する人物は、主役であっても時に容赦なく罰せられる。姦通小説はその典型だろう。『クレーヴの奥方』も『アンナ・カレーニナ』も『ボヴァリー夫人』もヒロインは最後、(作者の手で)殺される。日本文学の場合は不倫でなくても殺される。『不如帰《ほととぎす》』も『金色夜叉』も『野菊の墓』も『真珠夫人』もラストでヒロインは死ぬ。つまるところは「天罰」だ。女性の恋愛には神だけでなく市民社会も厳しかった。「汝、姦淫するなかれ」は、小説の世界も長く支配していたのである。

意外な結末、寸止めの結末

物語の多彩なエンディングの中でも、特にドラマチックなのは、思いがけない結末を迎える

「どんでん返し」の逆転劇だろう。味方と思っていた人物がじつは敵だった、というようなどんでん返しは、時代小説やミステリーではおなじみである。

一八〇度の逆転劇でなくても、読者の想像を裏切る「意外な結末」「予想に反した結末」は、登場人物の評価を変え、時に物語の色彩まで変える。

目の前の順風満帆な未来を捨てて困難な道を選んだヒロインが最終的には幸せな暮らしを手に入れる、二重の逆転劇を含んだ『ジェイン・エア』。ずっと耐えてきた妻が死に際に至って夫に引導を渡す『女坂』。優秀な公務員がじつは別の思いを抱いていたと判明する『パニック』。いずれも読者の意表を突く一種の逆転劇だろう。

もうひとつ、もしかしたら逆転劇以上にドラマチックなのが、新たなトラブルが起こる直前で時間が止まる「寸止めの結末」である。

『金閣寺』は死を念じていた主人公が「生きよう」と思った瞬間で、『遠雷』はにぎやかな宴席の裏で主人公が祖母の死を知ったところで終わる。『最後のひと葉』は病床の女性が「ひと葉の秘密」を知った瞬間で、『マルタの鷹』は面倒な女性が訪ねてきたところで時間が止まり、幕が下りる。いずれも直後に「もうひと波瀾」「新たな修羅場」が予想されるが、そこはあえて書き進めず、読者の想像力にゆだねられる。

『吾輩は猫である』は猫の死で終わるように見えるけれども、猫が死を意識しただけで、どこにも死んだとは書かれていない。逆に『迷路』の場合、空襲の中で老人が内縁の妻に「寝よう」と呼びかけるのは、明示されてはいないものの、死を予感させる。これも一種の「寸止めの結末」である。小説は時間を自由に操作できる芸術なのだ。

風景が「いい仕事」をする終わり方

物語の構造を離れ、最後の一文にのみ着目してみよう。

まず、よくあるのは、風景（音の風景を含む）の描写で閉じるやり方である。

〈あとには、果てしない空と、小麦畑をなびかせて渡っていく風のささやきだけが残された〉（『冷血』）／〈今は人足も絶えて久しい野麦峠に、地蔵様だけが笹原にいつもやさしくほほえみ、はかない人の世の歴史を語りかけている〉（『あ、野麦峠』）

最後にこのような一文が入ると、あら不思議、急に「文学的」な雰囲気が醸し出される。風景の描写には、興奮を静め、不安を緩和させる効用があるのだ。そのため特に人の死を含む悲惨な物語の場合、風景の描写は愛用される。映画やドラマのラストで、エンドロールとともに美しい風景や静かな音楽が流れるのと同じである。

風景描写に「人」を加える手もある。

〈（華子は）見る間に色の様々を変えて見せる海を、いつまでも眺めていた〉（『紀ノ川』）／〈かれは、窓ガラスを通して初夏の樹葉の色を見つめていた〉（『関東大震災』）

風景を眺める（見つめる）人、である。眺める（見つめる）人の心には過去への惜別だったり将来への不安だったり、なんらかの感慨が湧いているのだが、それをズバリとはいわず、彼や彼女の視線に託す。すると、またまた文学性が増す。

冒頭の風景描写は〈国境の長いトンネルを抜けると雪国であった〉であれ〈木曽路はすべて山の中である〉であれ、物語の舞台（環境、背景）を知らせるのが目的だ。一方ラストの風景は、物語に奥行きと陰影を与えるツールである。極端な話、対象は何でもいいのだ。仮にあなたが何か書いていて終わり方で困ったら、とりあえず付け足しておこう。「外には風が吹いていた」「空はどこまでも青かった」「私は遠い山を見つめた」音楽でいえば最終楽章のコーダにも似た文学的な終わり方が演出できるはずである（保証はしない）。

人が「もうひと仕事」する終わり方

とはいえ風景描写で終わるのは、物語に強引に幕を引く、いってみれば「ごまかし」である。風景でごまかしたくなければ、登場人物に「もうひと働き」してもらうしかない。「風景を眺める（見つめる）人」のバリエーションである。

〈（彼は）再び山道を向うへ、彼の下宿のある方へ、下って行った〉（『暗い絵』）／〈（三四郎は）ただ口の中で迷羊《ストレイ・シープ》、迷羊《ストレイ・シープ》と繰り返した〉（『三四郎』）／〈彼はあの冒険を切り抜けたのが自分の力であることを知っていた〉（『潮騒』）

歩く、つぶやく、しゃべる、考える。人の動きや状態や思索で話が終わると、「物語はここでいったん終わりだが、彼や彼女の人生はまだこの先も続いていくのだ」という途上感が出る。登場人物の台詞や手紙で終わるのもこの仲間である。

ラストに新たな展開を予想させる行動を盛りこむと、より「途上感」が高まる。

〈彼の父はもうそろそろ彼の絵を描くことにも叱言《こごと》を言い出してきた〉（『清兵衛と瓢箪』）／〈お島は順吉にそうも言って、この頃考えている自分の企画《もくろみ》をほのめかした〉（『あらくれ』）／〈僕は歯をかみしめて立ちあがり、より暗い樹枝のあいだ、より暗い草の茂みへむかって駈けこんだ〉（『芽むしり仔撃ち』）

この後、彼や彼女がどうなるかは誰にもわからない。「開かれた結末（オープン・エンディング）」ならではの、期待と不安を孕んだ純文学チックな終わり方だ。

語り手がしゃしゃり出てくる終わり方

評論やエッセイは、ラストでしばしば書き手の主張が誇示される。読者に対する警句、問いかけ、メッセージ。これがピタリと決まると、最強のパワーを発揮する。〈人にして人を毛嫌いするなかれ〉（『学問のすゝめ』）／〈ここは輝くほど明るい闇の国家である〉（『紀州』）／〈万国のプロレタリア団結せよ！〉（『共産党宣言』）

いずれも、優れたキャッチコピーである。

ところがフィクションの場合でも、それまで透明に近かった語り手が、結末近くでしゃしゃり出てきて持論を語りだす場合がままあるのだ。ひとつは「知人の身の上」を語っていた語り手が、最終盤で「自分らしさ」を発揮するケース。『嵐が丘』も『月と六ペンス』も『グレート・ギャツビー』もそうだった。主人公の死後の「主役乗っ取り劇」である。

もうひとつは、語り手が読者に直接語りかけるケースである。〈読者は無用の臆測をせぬが好い〉（『雁』）／〈こんな人間には、誰もかかりあわないことだ。避けることだ〉（『どくろ杯』）

舞台上の演者にいきなり話しかけられたようなもので、読者は面食らう。しかし半面、それは冷静ぶってた語り手の感情が垣間見える瞬間である。衣装を脱いで、書き手が素に戻った瞬間ともいえる。唐突な態度も言い訳も書き手の情熱に免じて許してやろう。

作者にとっての結末、読者にとっての結末

既存の本や詩を引用する、天を仰いで「神よ」と呼びかける、後日談を記す、続編の予告をする。これ以外にも、作品の終わり方には無数のパターンが存在する。

なにしろ一編の最後を飾るフィナーレだ、さぞや名文ぞろいにちがいない……のかと思いきや、実際はそうでもない。「着地がみごと決まって拍手喝采」な作品はむしろ少ない。書き出しで読者の心をグッとつかみ、フィニッシュをピタッと決めて美しく舞台を去りたいと願っても、人生と同じで作品も、そう上手くはいかないのである。

それでもラスト一行に書き手の思いが込められているのは事実だろう。どんな文章も書き始めるのは容易だが、書き終わるのは難しい。「未完の大作」が意外に多いことでわかるように、書き終える前に人生が終わることすらあるのだ。ラスト一行を記すときには「やっと書き終えた」の感慨がよぎる。余計な一言を、そりゃ付け加えたくもなろう。

読者にとってもラストの一行はゴールである「全巻の終わりですよ〜」と鐘を打ち鳴らすような一行あり、「それ蛇足ちゃう?」な一行あり、「これで終わりかい」な一行あり。いずれにしてもそれは「やっと読み終えた」という達成感が得られる瞬間で、通常はそこで読書も終わる。しかし本を閉じる前に立ち止まり、あるいは後日再び本を開き、最後の一行を読み直してみたら……。この先はいわないでおこう。「寸止めの結末」である。

ま 行

や 行

ら 行

わ 行

な　行

は　行

さ　行

た　行

人名索引

各著作者の作品紹介ページのみ記載しました

あ 行

か 行

装幀　山影麻奈

斎藤美奈子
1956年新潟県生まれ。児童書等の編集者を経て、94年に文芸評論『妊娠小説』でデビュー。以後、各紙誌で文芸評論や書評を執筆。2002年『文章読本さん江』で、第１回小林秀雄賞受賞。他に『挑発する少女小説』『出世と恋愛　近代文学で読む男と女』『あなたの代わりに読みました　政治から文学まで、意識高めの150冊』など著書多数。

ラスト１行《ぎょう》でわかる名作《めいさく》300選《せん》

2025年１月25日　初版発行

著　者　斎藤美奈子《さいとうみなこ》
発行者　安 部 順 一
発行所　中央公論新社
〒100-8152　東京都千代田区大手町1-7-1
電話　販売 03-5299-1730　編集 03-5299-1740
URL https://www.chuko.co.jp/

ＤＴＰ　嵐下英治
印　刷　ＴＯＰＰＡＮクロレ
製　本　大口製本印刷

Published by CHUOKORON-SHINSHA, INC.
Printed in Japan　ISBN978-4-12-005881-3 C0095